“十二五”普通高等教育本科国家级规划教材
中国科学技术大学国家基础科学人才培养基地物理学丛书
主 编 杨国桢 副主编 程福臻

热学 热力学与统计物理(上册)

(第二版)

曹烈兆 周子舫 编著

科 学 出 版 社
北 京

内 容 简 介

本书分上、下册，包括普通物理的“热学”部分和四大力学的“热力学与统计物理”的主要内容. 在内容取舍上，避免重复，以满足教学学时缩短的需要.

上册包括温度、热力学三定律及热力学函数的应用，相变及非平衡热力学. 同时把气体运动论作为统计物理的初步介绍.

下册包括玻尔兹曼统计、费米统计和玻色统计，并由此导出了经典统计. 书中还介绍了系综理论、非平衡态的玻尔兹曼输运方程、涨落理论和布朗运动.

本书适合物理学相关专业学生以及其他需要物理知识较多的非物理专业的学生使用.

图书在版编目(CIP)数据

热学、热力学与统计物理. 上册/曹烈兆，周子舫编著. —2 版. —北京：科学出版社，2014. 12
中国科学技术大学国家基础科学人才培养基地物理学丛书/杨国桢主编
“十二五”普通高等教育本科国家级规划教材
ISBN 978-7-03-041470-0

Ⅰ. ①热… Ⅱ. ①曹… ②周… Ⅲ. ①热学-高等学校-教材 ②热力学-高等学校-教材 ③统计物理学-高等学校-教材 Ⅳ. ①O551 ②O414

中国版本图书馆 CIP 数据核字(2014)第 170608 号

责任编辑：王 刚 窦京涛 / 责任校对：彭 涛
责任印制：赵 博 / 封面设计：迷底书装

科学出版社 出版
北京东黄城根北街 16 号
邮政编码：100717
http://www.sciencep.com
天津市新科印刷有限公司印刷
科学出版社发行 各地新华书店经销
*
2008 年 1 月第 一 版 开本：787×1092 1/16
2014 年 12 月第 二 版 印张：14 3/4
2024 年 11 月第十八次印刷 字数：358 000

定价：45.00 元

第二版丛书序

2008 年这套丛书正式出版，至今使用已五年，回想当初编书动机，有一点值得一提. 我初到中国科学技术大学理学院担任院长，一次拜访吴杭生先生，向他问起科大的特点在哪里，他回答在于它的本科教学，数理基础课教得认真，学生学得努力，特别体现在十年 CUSPEA 考试(中美联合招收赴美攻读物理博士生考试)中，科大学生表现突出. 接着谈起一所大学对社会最重要的贡献是什么，他认为是培养出优秀的学生，当前特别是培养出优秀的本科生. 这次交谈给了我很深的印象和启示. 后来一些参加过 CUSPEA 教学的老教师向我提出，编一套科大物理类本科生物理教材，我便欣然同意，并且在大家一致的请求下担任了主编. 我的期望是，通过编写这套丛书将 CUSPEA 教学的一些成果能保留下来，进而发扬光大.

应该说这套书是在十年 CUSPEA 班的教学内容与经验基础上发展出来的，它所涵盖的内容有相当的深度与广度，系统性与科学的严谨性突出；另外，注重了普通物理与理论物理的关联与融合、各本书物理内容的相互呼应. 但是，使用了五年后，经过教师的教学实践与学生的互动，发现了一些不尽如人意的地方和错误，这次能纳入"'十二五'普通高等教育本科国家级规划教材"是个很好的修改机会，同时大家也同意出版配套的习题解答，也许更便于校内外的教师选用. 为大学本科生教学做一点贡献是我们的责任，也是我们的荣幸. 盼望更多的使用本套书的老师和同学提出宝贵建议.

杨国桢

2013 年 10 月于合肥

第一版丛书序

2008年是中国科学技术大学建校五十周年.值此筹备校庆之际,由几位长年从事基础物理教学的老师建议,编著一套理科基础物理教程,向校庆五十周年献礼.这一建议在理学院很快达成了共识,并受到学校的高度重视和大力支持.随后,理学院立即组织了在理科基础物理教学方面有丰富教学经验的老师,组成了老、中、青相结合的班子,着手编著这套丛书,并以此进一步推动理科基础物理的教学改革与创新.

中国科学技术大学在老一辈物理学家、教育家吴有训先生、严济慈先生、钱临照先生、赵忠尧先生、施汝为先生的亲自带领和指导下,一贯重视基础物理教学,历经五十年如一日的坚持,现已形成良好的教学传统.特别是严济慈和钱临照两位先生在世时身体力行,多年讲授本科生的力学、理论力学、电磁学、电动力学等基础课.他们以渊博的学识、精湛的讲课艺术、高尚的师德,带领出一批又一批杰出的年轻教员,培养了一届又一届优秀学生.这套丛书的作者,应该说都直接或间接受到过两位先生的教诲.出版这套丛书也是表达作者对先生的深深感激和最好纪念.

这套丛书共九本:《力学与理论力学》(上、下)、《电磁学与电动力学》(上、下)、《光学》、《原子物理与量子力学》(上、下)、《热学　热力学与统计物理》(上、下).每本约40万字,主要是为物理学相关专业本科生编写的,也可供工科专业物理教师参考.每本书的教学学时约为72学时.可以认为,这套丛书系列不仅是普通物理与理论物理横向关联、纵向自洽的基础物理教程,同时更加适合我校理科人才培养的教学安排,并充分考虑了与数学教学的相互配合.因此,在教材的设置上,《力学与理论力学》(上、下)、《电磁学与电动力学》(上、下)中,上册部分分别是普通物理内容,而下册部分为理论物理内容.还要指出的是,在《原子物理与量子力学》(上、下)、《热学　热力学与统计物理》(上、下)中,考虑到普通物理与理论物理内容的界限已不再那样泾渭分明,而比较直接地用现代的、实用的概念、物理图像和理论来阐述,这确实不失为是一种有意义的尝试.

这套丛书在编著过程中,不仅广泛吸取了校内老师的经验,采纳了学生的意见,而且还征求了中国科学院许多相关专家的意见和建议,体现了"所系结合"的特点.同时,还聘请了兄弟院校及校内有丰富教学经验的教授进行双重审稿,期望将其错误概率降至最低.

历经几年,在科学出版社的大力支持下,这套丛书终于面世,愿她能在理科教学改革与创新中起到一点作用,成为引玉之砖,共同来促进物理学教学水平的提高及其优秀人才的培养,并望广大师生及有关专家们继续提出宝贵意见和建议,以便改进. 最后,对方方面面为这套丛书编著与出版的完成所付出艰辛努力及其给予关心、帮助的同志表示深切感谢!

中国科学技术大学理学院院长

杨国桢 院士

2007 年 10 月

第二版前言

本书第二版保持了第一版的基本结构和特色，对一些讲得不足和不妥之处进行了修改和补充，对一些文字和公式上的错误都一一作了改正，使全书读起来更加流畅.

与本书习题配套的习题解答不久也将面世，它的出版将会帮助学生对所学知识的理解，巩固和提高学习效果，这将有利于这门课程的教学.

自 2008 年本书出版以来，受到了广大读者的欢迎，在使用本书过程中，一些同仁和学生提出了许多宝贵的意见和建议，有的已在本书第二版中得到了响应；此外，科学出版社的领导和工作人员在本书的出版中给予了许多指导和帮助，在此，我们一并向他们表示衷心的感谢.

曹烈兆　周子舫

2013 年 11 月

第一版前言

本书是在中国科学技术大学物理系和近代物理系多年讲授"热力学与统计物理"课程的基础上编写的.1977年恢复高考招生后,吴杭生先生讲授物理系和近代物理系的"热力学与统计物理"课程.在他的提议下,把"热力学与统计物理"课程改到"量子力学"课程后面讲.他连续讲授了三年,在此期间我们随堂听课和记录.三年后我们接替他讲授"热力学与统计物理"课程至今.在我们后来的讲课过程中他一直给予密切的关注和指导,这使我们受益匪浅.在20世纪90年代吴杭生先生本想让我们把讲课记录整理出来,写一本"热力学与统计物理"书,但因种种原因他放弃了自己写书的打算.后来又让我们来编写,但他还没有来得及看我们编写的稿子,就过早地离开了我们.我们谨以本书表达对吴杭生先生的衷心感谢和深切怀念.

我们在讲授"热力学与统计物理"课程和编写此书时,注重以下几个特点:①把熵流和熵产生提前到热力学第二定律中讲述,给热力学第二定律以全面的阐述;②为强调内能和熵两个最基本的热力学函数,其他用不同自变量定义的热力学函数均以勒让德变换给出;③用"最小尺度"的观点把微观可逆性和宏观不可逆性统一起来;④由于本课程在量子力学后面讲述,三种统计均以量子概念引进,而经典统计仅放在玻尔兹曼统计后面以经典极限给出.

本套丛书是一套将普通物理的四部分和理论物理的四大力学连通的教材(还包括光学和现代光学)."热学"和"热力学与统计物理"合在一起分两册出版,但与其他课程不同的是热学和热力学部分重复的内容较多,因此我们就把热学和热力学部分合在一起写成一册.虽然按照中国科学技术大学理学院的教学计划,"热学"课程要在本科第二学期讲授,而"热力学与统计物理"则在第六学期讲授,这样做会带来不便,但好处是本书的内容可以连贯起来,给学生一个处理热现象的整体的理论体系.

本课程的安排如下:"热学"课程讲授第1、2、3、5、9和10章(其中第3章中的第6和第7节可以放在"热力学与统计物理" 课程中讲授)."热力学与统计物理"课程讲授第1、2和3章时可用较少的学时(8学时左右),这几章重复还是必要的,而且要做相应的习题.在重复部分,每章的习题之前面部分用于"热学"课程,后面较难的部分可用于"热力学与统计物理"课程.第4、6、7和8章由"热力学与统计物理"课程讲述."热力学与统计物理"课程中的热力学部分大约用30学时;下册的统计物理部分用50学时.具体安排请参考正文之后的学时分配和习题安排的参考意见.本书有些内容已超出教学大纲的要求,这些已用 * 号标出,供有兴趣的读者参阅.

在本书的编写过程中,得到了中国科学技术大学教务处和理学院领导的关心和大力支持,也得到了许多同行的鼓励和帮助.中国科学院物理研究所的陈兆甲教授和中国科学技术大学的郑久仁教授审阅了书稿,中国科学院物理研究所的李宏成教授仔细阅读了本书,提出了不少宝贵的意见和有益的建议.编者在此一并向他们表示衷心的感谢.

由于编者的学识水平有限,书中不妥之处在所难免,恳请同行和读者提出宝贵意见.

曹烈兆　周子舫

2007 年 9 月

目　录

第二版丛书序

第一版丛书序

第二版前言

第一版前言

第 1 章　热力学平衡态　温度……1

1.1　热现象的统计和热力学研究方法……1

1.2　热力学平衡态　状态变量……2

1.3　热力学第零定律　温度……3

1.4　物态方程……5

1.5　温标……9

1.5.1　热力学温标和摄氏温标……9

1.5.2　国际温标……10

*1.6　实用温度计……11

1.6.1　气体温度计……11

1.6.2　蒸气压温度计……12

1.6.3　电阻温度计……13

1.6.4　电容温度计……15

1.6.5　热电偶温度计……15

1.6.6　光学高温计……16

第 2 章　热力学第一定律　内能……18

2.1　系统状态随时间的变化　过程……18

2.2　热力学第一定律　内能……19

2.3　准静态过程　功……20

2.4　热容量　焓……22

2.5　热量传递的三种方式……23

2.6　理想气体的内能　做功和吸热……24

2.7 卡诺(Carnot)循环 …… 26
2.8 热机和制冷机 …… 27
2.8.1 斯特林(Stirling)循环 …… 28
2.8.2 埃里克松(Ericsson)循环和磁制冷机 …… 30
*2.8.3 热声发动机和热声制冷机 …… 32
第3章 热力学第二定律 熵 …… 35
3.1 不可逆过程 …… 35
3.2 热力学第二定律 …… 36
3.3 卡诺定理 …… 37
3.4 热力学温标 …… 38
3.5 态函数——熵 …… 40
3.6 熵流和熵产生 …… 43
3.7 特殊情况下的熵产生计算 …… 44
第4章 热力学函数和应用 热力学第三定律 …… 47
4.1 引言 …… 47
4.2 勒让德(Legendre)变换 …… 47
4.3 麦克斯韦关系 …… 48
4.4 特性函数 …… 49
4.5 热力学第三定律 …… 51
4.6 流体的节流制冷 …… 53
4.7 流体的绝热膨胀或压缩 …… 56
4.7.1 气体的绝热膨胀制冷 …… 57
4.7.2 液体 ^{4}He 和液体 ^{3}He 减压降温 …… 57
4.7.3 液体 ^{3}He 绝热固化 …… 57
*4.7.4 ^{3}He-^{4}He 稀释制冷机 …… 58
4.8 顺磁体的绝热去磁 …… 59
4.8.1 顺磁盐绝热去磁 …… 59
4.8.2 核去磁 …… 61
4.9 负温度的获得 …… 63
4.10 比热容 C_y 和 C_x …… 64
4.11 表面能 …… 67

4.12 黑体辐射和辐射传热 …… 68
*4.13 渗透压 …… 73
第5章 相变(Ⅰ) …… 78
5.1 物质的三态——气体、液体和固体 …… 78
5.2 固体的性质 …… 79
5.3 液体的性质 …… 83
5.4 液晶 *液晶显示 …… 89
5.4.1 液晶的结构和液晶相的分类 …… 89
*5.4.2 液晶显示 …… 92
5.5 物质的气、液、固相变 …… 95
5.6 平衡判据 …… 99
5.7 相平衡条件 化学势 …… 101
5.8 克拉珀龙(Clapeyron)方程 …… 103
第6章 相变(Ⅱ) …… 105
6.1 相图和相变分类 …… 105
6.2 相变现象 …… 108
6.3 过冷过热现象 …… 124
6.4 朗道(Landau)二级相变理论 …… 128
6.5 临界现象——临界指数和标度律 …… 131
第7章 多元系复相平衡和化学平衡 …… 137
7.1 粒子数可变体系 …… 137
7.2 多元系复相平衡条件 …… 140
7.3 吉布斯相律 …… 141
7.4 化学平衡 …… 144
第8章 非平衡热力学(输运现象) 非平衡态相变 …… 149
8.1 输运现象的经验规律 …… 149
8.2 基本假设 …… 151
8.3 熵密度产生率$\frac{d_iS}{dt}$和昂萨格关系 …… 152
8.4 电动效应 …… 156

8.5 热电效应 …… 157

8.6 非平衡态相变 …… 163

第 9 章 气体动理论(Ⅰ) …… 166

9.1 压强 …… 166

9.2 温度 …… 167

9.3 范德瓦耳斯方程 …… 168

9.4 麦克斯韦速度分布律 …… 170

9.5 玻尔兹曼分布 …… 175

9.6 能量均分定理 …… 176

9.7 在玻色-爱因斯坦凝聚实验中的应用 …… 177

9.8 气体热容量 …… 180

第 10 章 气体动理论(Ⅱ) …… 181

10.1 平均自由程 …… 181

10.2 扩散 …… 183

10.3 热传导 …… 185

10.4 黏滞系数 …… 186

10.5 输运系数之间的关系 …… 187

习题与答案 …… 189

参考书目 …… 212

附录Ⅰ 中英文人名对照 …… 213

附录Ⅱ 基本物理常量 …… 215

附录Ⅲ 积分公式 …… 216

名词索引 …… 217

学时分配与习题安排的参考意见 …… 220

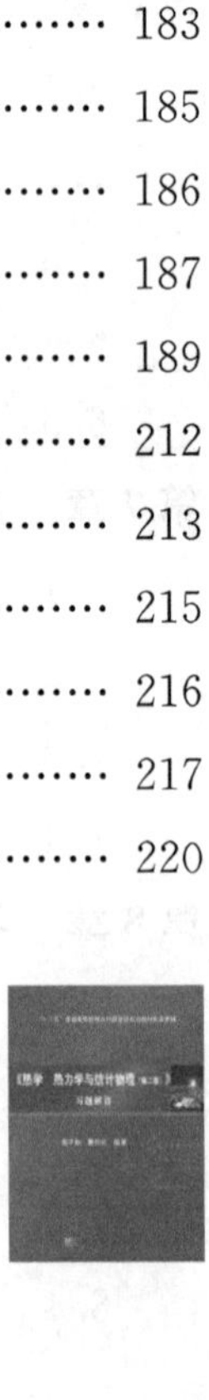

第 *1* 章　热力学平衡态　温度

1.1　热现象的统计和热力学研究方法

物体的冷热程度用物理量“温度”来表示，物体的物理性质随温度的变化称热现象.研究热现象有两种方法，即热力学和统计物理的方法.热力学是宏观理论，它以实验上总结出的三个实验定律（热力学第一定律、热力学第二定律和热力学第三定律）为基础，研究物体的热现象，可得到物体宏观物理量之间的关系，并可讨论物理过程进行的方向.从热力学得到的结果是可靠的和普遍的，对一切物体都适用，它的缺点是不考虑物体的具体结构，因而不能给出某物质的具体性质，同时对涨落现象也不能给出解释.统计物理是微观理论，它从物质的微观结构出发，即物体由分子、原子或离子组成，并从这些粒子的运动和它们之间的相互作用，用统计的方法得到物体的宏观性质（热性质），但对具体物体的微观结构在计算中要作简化假定，得到的结果是近似的，必须与实验作比较.所以两种方法各有其优缺点，两者是相辅相成的.

任何物体都由大量的分子、原子组成，如稀薄的气体在标准情况下每立方厘米有 2.7×10^{19} 个分子，在液体和固体中，每立方厘米有10^{22}个粒子.每个粒子（原子、分子或离子）都处于连续不断的无规则的运动中，此运动称为分子的热运动.热运动与温度有关，温度越高分子的热运动越剧烈，平动动能越大.布朗运动（微小的悬浮粒子在液体中的随机运动）和扩散现象都是此观点的实验基础.如果我们假设物体中的每个粒子都遵守牛顿第二定律，解出每个粒子的运动方程，然后来求出物体的宏观性质，如比热容或热导率，实际上这是不可能的.那么多方程靠现在的计算机无法完成，以后计算机发展了是否可能？但这还不是原则上的困难，根本的困难在于力学规律是可逆的，而热学规律是不可逆的，如何从可逆的规律导出不可逆的规律？由大量微观粒子组成的系统的宏观性质，只能基于力学规律，借助于统计方法来研究.把概率论用于被研究的系统的各种结构模型，基于等概率原理，能用统计方法求出宏观物理量的平均值，如气体的分子热运动速度的平均值或能量的平均值、固体的比热容等，并能对热力学三个定律给出统计解释，对涨落现象也给出合理的解释.气体动理论（kinetic theory of gas）又称气体运动论、分子运动论等，它是统计物理学的一个方面，它根据气体分子处于连续不断的无规热运动状态，分子之间的距离要比分子的直径大得多，分子之间的碰撞和分子与器壁的碰撞为弹性碰撞，导出了理想气体的压强表达式，把这个表达式与理想气体的状态方程比较导出了气体的温度与分子的平均平动动能之间的关系，得到了温度的微观解释，以及温度平衡时分子速度的分布函数等. 用它还可导出气体中的非平衡态的性质(输运性质)，即扩散现象、热传导和黏滞现象的性质. 此理论对以上的物理现象给出了直观的理解.

1.2 热力学平衡态 状态变量

在热学中作为研究对象的宏观物体是由大量原子、分子、电子等微观粒子所组成的. 宏观物体很复杂，而且还与周围的其他物体发生作用. 我们把所研究的物体称为系统或体系(system)，而把与系统发生作用的周围的其他物体称为环境或外界(surroundings).

如果所研究的系统与外界既不交换能量又不交换物质，我们称此系统为孤立系；如果系统与外界交换能量而不交换物质，称此系统为封闭系；如果系统与外界既交换能量又交换物质，称此系统为开放系.

如果所研究的系统的各部分完全一样，称它为均匀系或单相系，如气体. 如果所研究的系统的各部分不同且有界面时，称它为非均匀系或复相系，如液体和蒸气共存的体系.

系统的性质是多方面的，包括力学性质、电磁学性质、化学性质等，我们在研究一种性质时，往往认为其他性质固定不变而不予考虑，如研究系统的力学性质时，就不管电磁学性质和化学性质等，这样就形成了物理学的不同分支. 不同分支将引进不同的状态参量(或变量)来描述，它们均是对实际系统的抽象.

状态参量是指确定系统状态的量. 在力学体系中，引进坐标、速度、加速度等描述物体的运动，用力和压强描述受力状态；在电磁学体系中，用电场强度、电极化强度和磁感应强度、磁化强度等描述物体的电磁性质；在化学体系中，用化学组成的含量摩尔数作为变量. 在这些变量中，还有一个共同的变量是几何变量. 但是在考虑这些体系时，都忽略了物体的冷热程度，即温度对体系的影响. 在热力学中必须引进温度这个变量. 另外我们以前考虑的能量守恒是狭义的，在热力学中必须把传热这种能量转换形式考虑进去，这样我们所研究的体系就是实际体系了. 一般说来，热力学所研究的对象是实际存在的任何体系，是极其广泛的.

在热力学中我们着重研究客观物体的一种特殊状态——平衡态，首先来定义热力学平衡态. 所谓平衡态是指这样一种特殊状态，在没有外界影响的前提下，物体各部分的性质在长时间内不发生变化. 如在力学中，平衡态是指在没有外界影响的条件下，物体的力学性质在长时间内不发生变化. 在热力学中，处于平衡态的物体的性质要求包括力学性质、电磁学性质、化学性质和几何性质等在长时间内不发生变化. 它比其他学科分支的平衡态定义更加严格,故给其一个特殊的名词,称热力学平衡态.

热力学平衡态包括力学平衡、化学平衡、热平衡和相平衡,这四种平衡都达到了,才称热力学平衡态. 热力学平衡态是一种动态平衡,称热动平衡,而且是指宏观的平衡,当体系达到平衡后,仍会发生偏离平衡态的微小偏差,称之为涨落. 这里还要注意热力学平衡与热平衡的差别. 1.3 节将讲到热平衡.

为什么我们要把重点放在研究热力学平衡态,主要有两个原因,其一是对实际系统,在热力学中我们真正感兴趣的是平衡态时的性质. 例如,我们拉一根橡皮绳,要知道的是,用了多少力,橡皮绳伸长多少,而不是拉的过程. 又如,我们研究化学反应,想知道的是要多少反应物产生多少生成物,而不是反应过程. 其二是如果平衡态的性质研究清楚了,则研究非平衡态性质就有了一个基础. 如要研究一个非平衡系统的性质,可以把此系统分成很多小的子系统,这些子系统可看成是局部平衡态. 这种方法有很强的适用性. 另外,研究平衡附近的涨落时,还要用到统计方法.

在热力学平衡条件下,要描写热力学体系就必须引进若干变量,热力学体系要用 4 种变量来描述,它们是几何变量(如体积 V、面积 S 和长度 l)、力学变量(如压强 p、力 F)、电磁学变量(如电场强度 E、电极化强度 P 和磁感应强度 B、磁化强度 M)、化学变量(物质的量 n). 温度(T)是这 4 种变量的一个函数. 由于它直接反映热运动的强度,经常把它直接取作描述体系状态的变量. 包括温度在内的这 5 种变量称热力学变量. 由此可对热力学体系下一个严格的定义,即凡是用这 5 种变量描述的体系称热力学体系. 当然在具体考虑一个体系时,并不一定要把 5 种变量都用上,由给定的系统来决定其变量数.

在热力学中我们可以把热力学量分成两类:广延量和强度量. 凡是与体系的总质量成正比的量称为广延量,如体积 V、面积 S 和磁矩 M 等. 而与体系的总质量无关的量称为强度量,如压强 p、电场强度 E 和磁感应强度 B 等.

1.3 热力学第零定律 温度

下面我们研究热平衡与温度的关系.

任何一个系统(孤立体系或与周围固定环境接触的体系),当经过长时间后,都会达到不随时间变化的状态. 如一杯开水放在桌子上,周围环境是大气,设大气的温度不变,经过一定时间后,开水的温度就会降到大气的温度而不再改变,达到一个热平衡态. 热平衡是两个均匀系之间热交换的平衡(如杯中的开水和周围的大气),若在两个均匀系之间放一个特殊的壁使其分开,不发生热交换,因而达不到热平衡,此壁称绝热壁,而不绝热的壁称透热壁. 无绝热壁隔开的物体之间的相互接触称热接触.

Uhlenbeck 根据实验事实作出假定:系统的状态必趋近而达到热平衡态. 并称之为“热力学第零定律”,也称热平衡定律(因它的提出在热力学第一定律和第二定律之后,而建立平衡态又必须在第一、第二定律之前,故称第零定律).

热力学第零定律还有其他的表述方式,R. H. Fowler 对热力学第零定律表述为:如果两个系统建立了热平衡态,则两个系统必有一个相等的态函数.

为建立温度概念,用热平衡定律的另一种表述方式:如果 A 和 B 达到热平衡,而 B 和 C 也达到热平衡,则 A 与 C 也一定处于热平衡. 以上这些表述应看成是经验结果的基本假定,其正确性已为实验证实.

下面先讲一下气体的实验定律. 玻意耳(Boyle)在 1662 年发现:在等温情况下,气体的压强 p 和体积 V 之乘积为一常数,称玻意耳定律,即

$$pV = 常数 \tag{1.3.1}$$

查理(Charles)和盖吕萨克(Gay Lussac)从实验上又发现:在等压情况下,气体的体积 V 与温度成正比,称盖吕萨克定律(或在等容情况下,气体的压强 p 与温度成正比——查理定律),即

$$\frac{V}{T} = 常数 \quad \left(\frac{p}{T} = 常数\right) \tag{1.3.2}$$

其中,T 是后面将提到的热力学温度或绝对温度. 上式还可写成:$V=V_0(1+\alpha_V t)$ 或 $p=p_0(1+\alpha_p t)$,这里 t 是摄氏温度,它与热力学温度 T 的关系为

$$t/℃ = T/\mathrm{K} - 273.15 \quad (见 1.5 节温标定义) \tag{1.3.3}$$

V_0 和 p_0 是 $t=0$℃时的体积和压强,α_V 和 α_p 分别为体积膨胀系数和压力系数,合并以上两定律,可得

$$\frac{pV}{T} = 常数 \tag{1.3.4}$$

称为理想气体的物态方程,对于实际气体仅适用于稀薄气体的情况. 由于气体只有两个独立变量,所以实际气体的物态方程可写成

$$f(p,V,T) = 0 \tag{1.3.5}$$

理想气体的物态方程仅是它的特例.

下面根据热力学第零定律来定义温度. 设有 A、B、C 三种气体,如 $A(p_A,V_A)$ 和 $B(p_B,V_B)$ 处于热平衡,则可表示成

$$f_{AB}(p_A,V_A;p_B,V_B) = 0 \quad 或 \quad p_B = f'_{AB}(p_A,V_A;V_B) \tag{1.3.6}$$

若 B 与 $C(p_C,V_C)$ 也处于热平衡,同理可得

$$f_{BC}(p_B,V_B;p_C,V_C) = 0 \quad 或 \quad p_B = f'_{BC}(p_C,V_C;V_B) \tag{1.3.7}$$

由式(1.3.6)与式(1.3.7),可得

$$f'_{AB}(p_A,V_A;V_B) = f'_{BC}(p_C,V_C;V_B) \tag{1.3.8}$$

根据热平衡定律,A 与 C 必处于热平衡,所以

$$f_{AC}(p_A, V_A; p_C, V_C) = 0 \tag{1.3.9}$$

比较式(1.3.8)和式(1.3.9)两式，仅与 A 和 C 有关，与 B 的变量无关，所以式(1.3.8)可写成

$$f''_{AB}(p_A, V_A) = f''_{BC}(p_C, V_C) \tag{1.3.10}$$

此式表明存在一个态函数，即温度

$$T_A = T_C \tag{1.3.11}$$

以上是从热力学第零定律给出了温度的概念. 从热力学第零定律还可以给出测量温度的方法，假如把 B 作为温度计，先和 A 接触，达到热平衡，然后与 C 接触，B 的参数不变，也与 C 达到了热平衡，则表明 A 和 C 的温度相等. 但是测量温度还需要温度的数值表示方法，这就需要所谓温标的定义，这将在 1.5 节中给出.

1.4 物态方程

上面已经提到气体的物态方程. 一般来讲，当一个系统处在热力学平衡条件下，描写系统的 5 种变量并不是独立的，存在一个函数关系，称物态方程，即

$$f(x_1, x_2, x_3, x_4, T) = 0$$

在热力学中，物态方程只能从实验中得到，不能由热力学理论导出，统计物理中可从基本原理导出若干体系的物态方程.

下面介绍几种常用的体系的物态方程.

1) 理想气体的物态方程

所谓理想气体是指实际气体在气体压强 $p \to 0$ 的极限情况，或者说是完全满足玻意耳定律的气体. 其物态方程为

$$pV = nRT \tag{1.4.1}$$

其中，n 为气体的物质的量，R 为气体常数，它的数值是从实验上得到的，即测量 0℃(273.15K)、一个大气压(1atm①)下的一摩尔(1mol)理想气体的体积 V_0，其值为

$$V_0 = 22.4138 \times 10^{-3}\,\text{m}^3 \cdot \text{mol}^{-1}$$

再从 $R = \dfrac{p_0 V_0}{273.15\text{K}}$ 得到 R 的值为

$$R = 8.3144\,\text{J} \cdot \text{mol}^{-1} \cdot \text{K}^{-1} = 8.2057 \times 10^{-2}\,\text{atm} \cdot \text{L} \cdot \text{mol}^{-1} \cdot \text{K}^{-1}$$

一摩尔($n=1$)的理想气体的物态方程为

$$pV = RT$$

2) 混合理想气体的物态方程

由几种不同化学成分组成的气体称混合气体，如空气. 它的物态方程可从道尔

① $1\text{atm} = 1.01325 \times 10^5\,\text{Pa}$.

顿(Dalton)分压定律和上面的理想气体的物态方程得到. 道尔顿从实验上得到:混合气体的压强是各组分的分压强之和. 即

$$p = p_1 + p_2 + p_3 + \cdots + p_n \tag{1.4.2}$$

把它代入理想气体的物态方程可得

$$(p_1 + p_2 + p_3 + \cdots + p_n)V = (n_1 + n_2 + n_3 + \cdots + n_n)RT \tag{1.4.3}$$

其中,n_1,n_2,…是混合气体中各组分的物质的量. 由于道尔顿分压定律仅对理想气体严格成立,所以以上方程是混合理想气体的物态方程.

3) 实际气体的物态方程

比较简单且常用的方程为范德瓦耳斯方程

$$\left(p + \frac{a}{V^2}\right)(V - b) = RT \quad (n = 1) \tag{1.4.4}$$

$$\left(p + n^2\frac{a}{V^2}\right)(V - nb) = nRT \quad (n = n) \tag{1.4.5}$$

更为一般的方程称卡末林-昂内斯(Kamerlingh Onnes)方程

$$pV = nRT + Bp + Cp^2 + Dp^3 + \cdots \tag{1.4.6}$$

或

$$pV = nRT + \frac{B'}{V} + \frac{C'}{V^2} + \frac{D'}{V^3} + \cdots \tag{1.4.7}$$

其中,系数 $B,C,D,\cdots$ 和 $B',C',D',\cdots$ 称第二、第三、第四位力系数(virial coefficient). 上两式也可写成如下形式($A=nRT$):

$$pV = A + Bp + Cp^2 + Dp^3 + \cdots$$

$$pV = A + \frac{B'}{V} + \frac{C'}{V^2} + \frac{D'}{V^3} + \cdots$$

两组位力系数的关系为

$$B' = AB, \quad C' = A^2C + AB^2, \quad D' = A^3D + 3A^2BC + AB^3, \quad \cdots$$

4) 液体表面膜的物态方程

液体和它的蒸气的内界面形成一个特殊的热力学系统,它既不同于蒸气,也不同于液体. 液体称为液相,蒸气称为气相,而把它们之间的界面称为界面相,或表面相. 由于表面相很薄,也称液体表面膜. 表面膜的厚度大约为 1nm(即等于分子之间的吸引力的有效距离). 在表面膜上,垂直于膜的方向上,界面上的分子一边受气体分子的吸引,而另一边受液体分子的吸引. 液体边对它的吸引力要大得多,所以膜内的分子容易向液体内部方向运动. 这样在膜的厚度内,靠近液体边的分子密度比靠近气体边的密度要大,密度是逐渐变化的. 而在表面内,又受到周围分子的吸引,如在表面内任意画一条线,则线上的分子受到左边分子对它的吸引力等于右边分子对它的吸引力,但方向相反,故线上的分子受到一个张力. 单位线长上在垂直方向受到的表面张力称表面张力系数. 此表面张力与温度有关,温度越高表面张力

越小，表面张力与温度的关系即液体表面膜的物态方程，实验上得到

$$\sigma = \sigma_0\left(1-\frac{t}{t_0}\right)^n \tag{1.4.8}$$

其中，σ 是表面张力系数，σ_0 是摄氏温度 0℃时的表面张力系数；t 为摄氏温度，t_0 是与临界温度差几度的一个温度，它与液体本身有关，对给定的液体，它是常数；n 是在 1～2 之间的一个数，也取决于具体的液体，对给定的液体也是常数.

5）顺磁介质的物态方程

一个体积为 V 的顺磁体，在磁场 H 中，系统的磁矩为 M，它们之间的关系为

$$\frac{M}{V} = \chi H \tag{1.4.9}$$

其中，$\frac{M}{V}=m$ 为磁化强度，χ为磁化率，它与温度的关系遵守居里定律

$$\chi(T) = \frac{C}{T} \tag{1.4.10}$$

C 为居里常数. 把式(1.4.9)代入，即为物态方程

$$\frac{M}{V} = \frac{C}{T}H \tag{1.4.11}$$

这里三个变量是$\frac{M}{V}$、H 和 $T\left(f\left(\frac{M}{V},H,T\right)=0\right)$.

6）弹性棒、橡皮带、延伸线的物态方程

设拉伸前的棒长为 l_0，外界施加一个拉力（或称张力）t，棒伸长到 l，棒的温度为 T，从实验得到张力 t 与棒长和温度的关系为

$$t = AT\left(\frac{l}{l_0}-\frac{l_0^2}{l^2}\right) \tag{1.4.12}$$

其中，A 为常数，公式中的三个变量是 t、l 和 T（即 $f(t,l,T)=0$）.

7）可逆电池的物态方程

电池的电动势 ε 和摄氏温度 t 的关系为

$$\varepsilon = \varepsilon_0 + \alpha(t-20℃) + \beta(t-20℃)^2 + \gamma(t-20℃)^3 \tag{1.4.13}$$

其中，ε_0 是温度为 20℃时的电动势，t 为摄氏温度，α、β、γ 为常数.

液体和固体的物态方程可从实验上测定它们的等压膨胀系数、等温压缩系数或等容压力系数来得到. 下面先从物态方程的一般表达式证明两个重要的微分等式，然后给出以上三个系数之间的关系. 三个变量的物态方程为

$$f(x_1,x_2,T) = 0 \tag{1.4.14}$$

先用一般的证明方法，如果有

$$f(x,y,z) = 0$$

则可得

$$x = x(y,z), \quad \mathrm{d}x = \left(\frac{\partial x}{\partial y}\right)_z \mathrm{d}y + \left(\frac{\partial x}{\partial z}\right)_y \mathrm{d}z \tag{1.4.15}$$

$$y = y(x,z), \quad \mathrm{d}y = \left(\frac{\partial y}{\partial x}\right)_z \mathrm{d}x + \left(\frac{\partial y}{\partial z}\right)_x \mathrm{d}z \tag{1.4.16}$$

把式(1.4.16)代入式(1.4.15)中的 dy,则可得

$$\mathrm{d}x = \left(\frac{\partial x}{\partial y}\right)_z \left(\frac{\partial y}{\partial x}\right)_z \mathrm{d}x + \left[\left(\frac{\partial x}{\partial y}\right)_z \left(\frac{\partial y}{\partial z}\right)_x + \left(\frac{\partial x}{\partial z}\right)_y\right]\mathrm{d}z$$

因 x、y、z 三个变量只有两个是独立的,如选 x、z 作为独立变量,比较上式中 dx、dz 在等式两边的系数,可得

$$\left(\frac{\partial x}{\partial y}\right)_z = \frac{1}{\left(\frac{\partial y}{\partial x}\right)_z} \tag{1.4.17}$$

和

$$\left(\frac{\partial x}{\partial y}\right)_z \left(\frac{\partial y}{\partial z}\right)_x \left(\frac{\partial z}{\partial x}\right)_y = -1 \tag{1.4.18}$$

用物态方程中的三个变量代替 x、y、z,式(1.4.18)可写成

$$\left(\frac{\partial x_1}{\partial x_2}\right)_T \left(\frac{\partial x_2}{\partial T}\right)_{x_1} \left(\frac{\partial T}{\partial x_1}\right)_{x_2} = -1 \tag{1.4.19}$$

对 p、V 系统,式(1.4.17)和(1.4.19)可写成

$$\left(\frac{\partial p}{\partial V}\right)_T = \frac{1}{\left(\frac{\partial V}{\partial p}\right)_T} \tag{1.4.20}$$

$$\left(\frac{\partial p}{\partial V}\right)_T \left(\frac{\partial V}{\partial T}\right)_p \left(\frac{\partial T}{\partial p}\right)_V = -1 \tag{1.4.21}$$

用理想气体的物态方程可验证上式.

下面对 p、V 系统定义三个系数:

等压膨胀系数

$$\alpha = \frac{1}{V}\left(\frac{\partial V}{\partial T}\right)_p \tag{1.4.22}$$

等温压缩系数

$$\kappa = -\frac{1}{V}\left(\frac{\partial V}{\partial p}\right)_T \tag{1.4.23}$$

等容压力系数

$$\beta = \frac{1}{p}\left(\frac{\partial p}{\partial T}\right)_V \tag{1.4.24}$$

用式(1.4.21)可得到三个系数之间的关系

$$\alpha = \kappa\beta p \tag{1.4.25}$$

这样三个系数中，只要知道两个，就可得出另一个. 液体和固体的物态方程可从三个系数中已知两个求得. 因 β 不易测量，一般测量 α 和 κ.

理想气体的三个系数很易得到

$$\alpha=\frac{1}{T},\quad \kappa=\frac{1}{p},\quad \beta=\frac{1}{T}$$

另外一个常用到的系数为体积弹性模量 B，它是等温压缩系数 κ 的倒数.

$$B=\frac{1}{\kappa}=-V\left(\frac{\partial p}{\partial V}\right)_T \tag{1.4.26}$$

此系数在固体中用得较多.

1.5 温　　标

1.5.1 热力学温标和摄氏温标

热力学温标的定义要用热力学第二定律，这里我们先使用它，在第 3 章中再进行严格的证明. 热力学温标给出一个绝对零度，这个最低的温度只能无限接近，不能达到(即热力学第三定律).

在国际温标中，热力学温度 T 的单位是开尔文(Kelvin)，简称开，符号为 K，定义为水三相点的热力学温度的 1/273.16. 这样水的冰点是 273.15K，由此来定义摄氏温度：

$$t/℃ = T/\mathrm{K}-273.15$$

摄氏温度的单位是摄氏度，与开尔文相等，其符号为℃.

我们在前面物态方程中使用的温度均是热力学温度.

热力学温标定义的温度仅是理论上的，实验上难以实现，但在后面将证明热力学温标与理想气体温标等同. 虽然理想气体温标也是理论上的，但它可以用等容气体温度计来逼近它，从而给出热力学温度.

等容气体温度计测量温度的原理是利用理想气体的物态方程

$$pV=nRT,\quad T=\frac{pV}{nR}$$

气体充在气泡中，气泡的体积为 V_0，保持不变. 气泡与待测温度的物体保持很好的热接触，充气量 n 是已知的，只要测定压强 p，就可知温度 T. 但是此时得到的温度还不是我们所要求的，因用的是理想气体的物态方程，所以要使 $p\to 0$. 在实验上可以逐步减小充气量 n，测定逐步降低的压强 p，从 $p_1, p_2, p_3, \cdots$ 可得到 T_1，$T_2, T_3, \cdots$，在 p-T 图上画出一条直线延长至 $p\to 0$，在温度轴上的交点就是待测温度“T”.

摄氏温标建立在热力学温标之前，以水的冰点为 0℃，水的沸点为 100℃，中间

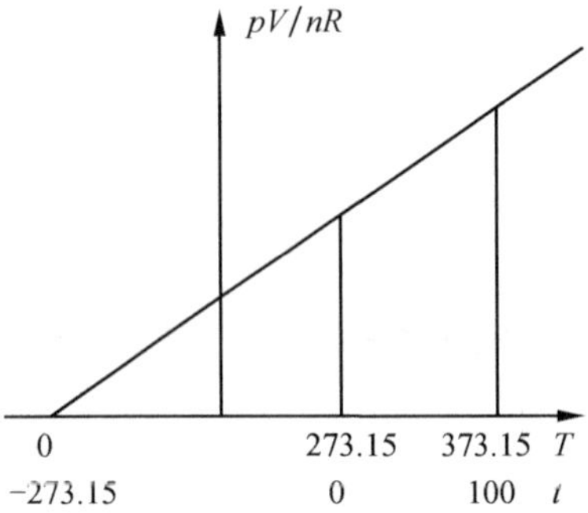

图 1.1 理想气体温标示意图

等分. 摄氏温度的符号为 t，单位为℃. 在 1960 年，国际计量大会对摄氏温标重新定义，从热力学温标导出

$$t/℃ = T/\mathrm{K} - 273.15$$

这样定义的摄氏温标就和热力学温标一致了. 理想气体温标表示在图 1.1 中. 热力学温标的绝对零度在摄氏温标中为 −273.15℃.

从国际标准上讲，只用以上两个温标，但有些国家还在用另一种温标——华氏温标，它的单位是华氏度，符号为℉，与摄氏温度的关系为

$$t_{\mathrm{F}}/℉ = \frac{9}{5}t/℃ + 32 \tag{1.5.1}$$

1.5.2 国际温标

由于用等容气体温度计直接实现热力学温度在技术上有很大的难度，只有少数几个国家能做到，为了各国有一个都可以接受的一致的测温标准，从 1927 年开始国际计量大会就制定了国际温标(the international temperature scale)，并经几次修改，现在使用的是 1990 国际温标(简称 ITS-90).

1990 国际温标对热力学温度和摄氏温度的定义与上相同，温标的最低温度为 0.65K. ITS-90 借助于定义的 17 个固定点、规定的不同温区的温度计和温度计的测温性质与温度的关系来定义温标. 在 0.65K 和 5.0K 之间用 ^{3}He 和 ^{4}He 蒸气压温度计及它们的蒸气压与温度的关系来定义；在 3.0K 和氖的三相点(24.5561K)之间用气体温度计在三个温度点校正并用内插公式来定义；在平衡氢的三相点(13.8033K)和银的凝固点(1234.93K)之间用铂电阻温度计在一组固定点校正并用内插公式来定义；在银的凝固点以上用光学高温计，用一个固定点和普朗克辐射定律来定义. ITS-90 定义的固定点列于表 1.1 中.

表 1.1 ITS-90 定义的固定点

序 号	T_{90}/K	t_{90}/℃	材 料	状 态
1	3～5	−270.15～−268.15	氦(He)	蒸气压点
2	13.8033	−259.3467	平衡氢(e-H_2)[1)]	三相点[2)]
3	～17	～−256.15	平衡氢或氦	蒸气压点(或气体温度计点)
4	～20.3	～−252.85	平衡氢或氦	蒸气压点(或气体温度计点)
5	24.5561	−248.5939	氖(Ne)	三相点
6	54.3584	−218.7916	氧(O_2)	三相点
7	83.8058	−189.3442	氩(Ar)	三相点

续表

序号	T_{90}/K	t_{90}/℃	材料	状态
8	234.3156	−38.8344	汞(Hg)	三相点
9	273.16	0.01	水(H_2O)	三相点
10	302.9146	29.7646	镓(Ga)	熔点3)
11	429.7485	156.5985	铟(In)	凝固点
12	505.078	231.928	锡(Sn)	凝固点
13	692.677	419.527	锌(Zn)	凝固点
14	933.473	660.323	铝(Al)	凝固点
15	1234.93	961.78	银(Ag)	凝固点
16	1337.33	1064.18	金(Au)	凝固点
17	1357.77	1084.62	铜(Cu)	凝固点

注:1)平衡氢(e-H_2)指正氢和仲氢平衡时的氢;2)三相点是固体、液体和蒸气三相平衡的温度;3)熔点和凝固点是固相和液相在压强101325Pa下的平衡温度.

有了国际温标后,各国均可以复现ITS-90,再向全国传递.

在0.65K以下还没有国际温标,当然人们希望要有一个一致认可的,直至低得多的温度的温标.从目前研究的情况看,可能会选用一些固定点,如超导体的零磁场转变点.例如:$AuIn_2$、$AuAl_2$、Ir、Be、W,它们的T_c分别为207mK、161mK、99mK、23mK、16mK;以及^{3}He的熔化压($T_c\approx$3mK)和零压下^{3}He的超流转变点($T_c\sim$1mK)等.

*1.6 实用温度计

原则上只要物质的任一性质随温度单调变化就可用来制作温度计,但在使用上要考虑多种因素,如物理量随温度变化要大,以提高测量精度;用来测温的物理量随温度变化要稳定,经过多次热循环后变化很小;用来测温的物理量要有合适的仪表来测量等等.下面介绍若干实用的温度计,根据要求的测温范围、测温精度、被测样品的大小和是否在磁场中使用等因素选择合适的温度计.

1.6.1 气体温度计

精密的气体温度计用来实现理想气体温标,也即热力学温标,只有几个国家有此温度计.用来复现国际温标的标准的气体温度计非常复杂.这里仅介绍实验室和工业上用的气体温度计.

图1.2是一个简单的等容气体温度计,通常充氦气和氢气,测温泡A用一根毛细管和压力表B连接,A和B的体积分别为V和v,在一定的不确定度范围内,气体可看成"理想"气体,对定量的气体,可得

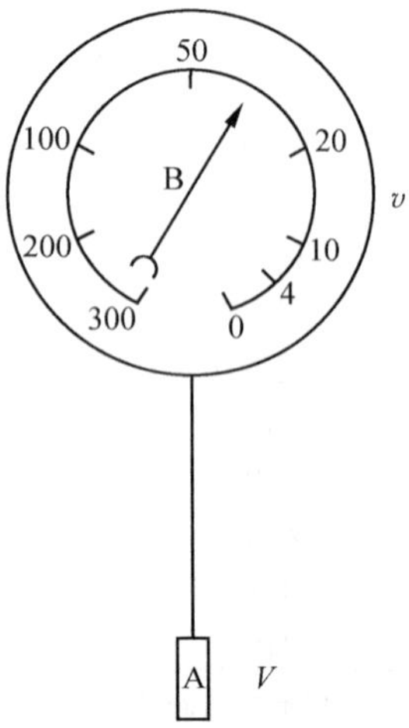

图 1.2 简单的等容气体温度计

$$\frac{pV}{T} = C$$

如果系统在室温 T_0 时,充气压力为 p_0,忽略毛细管的体积,则在温度 T 时的压力 p 满足

$$\frac{pv}{T_0} + \frac{pV}{T} = \frac{p_0 v}{T_0} + \frac{p_0 V}{T_0}$$

因此

$$\frac{1}{T}(VT_0) + v = \frac{1}{p}(p_0 v + p_0 V)$$

如果 V 和 v 已知,用两或三个已知温度对系统进行校正,就可从压力表的读数 p 决定未知温度 T.

气体温度计在低温下使用时,可让 v 大于 V,以增加温度计的灵敏度. 如果要求 p 与 T 成线性关系,则要求 V 足够大,即在整个测温区气体的绝大部分要在温泡内. 一些在工业设备上用的气体温度计,如空分设备、液氮机和氢、氦液化器等,并不要求高的精度,温泡可以做得小一点,在几个温度点上校正后,给出压力和温度的对应关系,可直接从压力表的读数知道温度, 用来操作设备.

1.6.2 蒸气压温度计

标准的蒸气压温度计用来定义 0.65K 和 5.0K 之间的国际温标(^{3}He 和^{4}He 的蒸气压),实验室和工业上使用的蒸气压温度计不必要求那么高的准确度,可以自己制作. 由于液化气体的蒸气压随温度的变化较快,它可用来做次级温度计,校正其他温度计,也可用它直接测温. 液体的蒸气压与温度的关系都有现成的数据表,最好直接查表得到温度. 也可使用公式从压力算得温度,这可从克劳修斯-克拉珀龙(Clausius-Clapeyron)方程(见第 5 章)得到.

$$\frac{dp}{dT} = \frac{L}{T\Delta V}$$

其中,L 为潜热,$\Delta V \approx V = \frac{RT}{p}$,$V$ 是气体的体积,积分可得(L=常数)

$$\lg p = \frac{A}{T} + B$$

一般 L 与温度有关,如果 L 与温度成线性关系,即

$$L = L_0 + aT$$

则可得

$$\lg p = \frac{A}{T} + B\lg T + C$$

用此公式计算的压力和温度的关系与实验测量值很接近，但是还是用蒸气压与温度关系的数据表更为方便.

蒸气压温度计的使用温区不太宽，如液氦、液氢、液氧和液氮的温区分别为1～4.2K、14～20K、55～90K和63～77K.在使用中特别要注意气体的纯度，要用高纯度的气体放入蒸发室中，气体中有少量杂质对温度的测量有很大影响，如氮气中有少量氧，就会改变待测温度的蒸气压.使用液氢时要注意正氢和仲氢的问题，一定要用催化剂使液氢转变成平衡氢.在液体^4He的蒸气压温度计中，要注意在2.17K附近出现正常液体到超流体的转变.在低于2.17K的范围，在抽气管壁上会形成超流氦膜，沿着管壁向上爬直至2.17K处，在较热的地方，氦膜蒸发快，蒸发的气体回流至温泡，形成一个稳定的热流，液体和温泡壁之间就存在温差.为防止氦膜爬行，可在温泡和抽气管道的接口处做一个限流孔，直径为0.5mm或1mm，可以大大减小氦膜流.

1.6.3 电阻温度计

1）铂电阻温度计

精密的铂电阻温度计用来定义13.8033K(氢的三相点)与961.78℃(银的凝固点)之间的国际温标，这种标准铂电阻温度计的铂丝是高纯度的，要求满足$W(100℃)=\dfrac{R(100℃)}{R(0.01℃)}>1.39244$.此电阻比越高，铂丝的纯度就越高，均由国家计量局或国家实验室保存并用来向下传递.实验室和工业上用的温度计称工业铂电阻温度计，它的W(100℃)约为1.385，用在−200℃到850℃的温区.虽然铂电阻温度计可延伸至13K或更低，但低温段灵敏度很低，没有必要用它，可用下面讲的锗电阻温度计和铑铁电阻温度计，它们的灵敏度要比铂电阻温度计高得多.铂电阻温度计可用多种方法制作，但比较好的结构是把铂丝做成螺旋，放在两孔的高纯氧化铝管内，用黏合剂把螺旋的一侧固定在管壁上，中间灌入氧化铝粉末，用来防止螺旋的自由振动.

电阻的测量采用四引线法，两根电流引线接电阻的两端，两根电压引线焊在离两端有一定距离的两点，这样可避免引线电阻，测量时电流反向，用两次测量值求平均，以消除乱真电动势的影响.铂电阻温度计的电阻和温度的关系由生产单位标定.

2）铑铁电阻温度计

它属于合金类的电阻温度计.研究发现含微量铁的铑铁合金，尤其是含0.5%摩尔浓度铁的合金做成的温度计，灵敏度大，重复性好，广泛用于1～300K温区的测量.实验室使用商品化的工业型铑铁电阻温度计.

3）半导体电阻温度计

它的电阻和温度的关系与金属电阻温度计的相反，随温度的升高而减小，下面介绍几种常用的半导体电阻温度计.

锗电阻温度计. 它分 n 型锗(掺砷)和 p 型锗两种，n 型锗电阻温度计的电阻-温度特性比 p 型的有规律，两种型号的 n 型温度计表示在图 1.3 中(Ge 100 和 Ge 1000). 该电阻温度计一般用于 1～100K 的温区，50K 以下的灵敏度很高，低温端也有用到 50mK 的. 由于锗的电阻率对杂质浓度很敏感，故商品温度计之间无互换性，要逐个标定，商家会给出标定曲线.

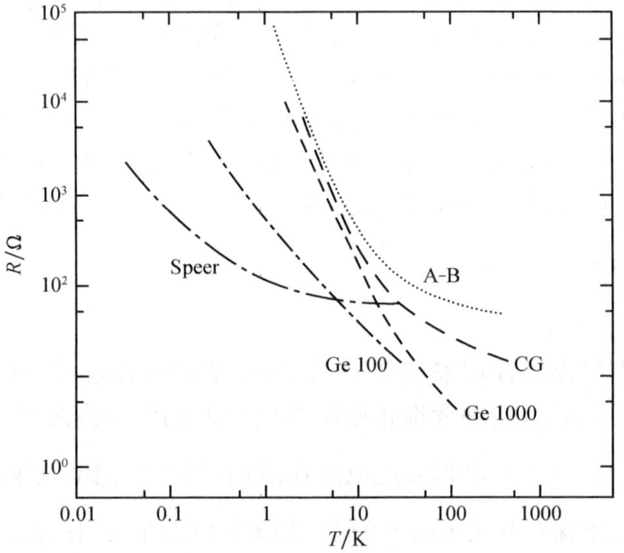

图 1.3　一些半导体电阻温度计的 R-T 曲线

A-B 是 Allen-Bradley 碳电阻；Speer 为 Speer 碳电阻；CG 为碳玻璃电阻；Ge 100 和 Ge 1000 为锗电阻

碳电阻温度计. 从大量的实验研究工作找到一些商品碳电阻很适合做低温下的温度计，如 Allen-Bradley 碳电阻，Speer 碳电阻和日本的 Matsushita 碳电阻，在图 1.3 中给出了两种品牌的碳电阻的 R-T 曲线. 这些电阻适合在低温下使用，室温标称阻值大的用于较高温区，而阻值小的用于较低温区. Matsushita 碳电阻更适合于 10mK～5K 温区. 碳电阻温度计的缺点是多次热循环后，阻值会发生变化，必须定期校正.

碳玻璃电阻温度计. 由碳沉积于多孔玻璃中形成无定形的碳纤维而做成.(多孔玻璃的制备是从碱性硼硅酸盐玻璃中除去富硼相，留下由 30nm 直径的硅酸盐小球构成的物质，小球无规则分布，间隔 3nm 或 4nm). 它的 R-T 曲线也在图 1.3 中，它特别适合在磁场中使用，其电阻值随磁场变化不大，但磁场超过 5～8T，则应该用下面介绍的电容温度计.

商品生产的 RuO_2 温度计也是半导体型的温度计，它的体积很小，可用于热测量中. 在小样品的温度测量中更为有用.

1.6.4 电容温度计

由于晶体的介电常量不受磁场的影响，电容温度计主要用于磁场下的测温或用于磁场下标定电阻温度计和热偶温度计. KCl：Li 和 KCl：OH 电容温度计可用于 0.1～30K，电容值约为 10pF. 电容和温度的关系为：$C=a+b/T$. 结晶 $SrTiO_3$ 玻璃陶瓷温度计有更高的电容值. 在 0.1K 有一个极小值(约 14nF)，随着温度的升高而增加，在 70K 有极大值(19nF)，然后减小到室温时的 5nF. 实验证明磁场高达 14T，电容无变化. 目前玻璃陶瓷温度计有商品出售，一个典型的商品电容温度计在使用频率 5kHz 时，其电容值为：110nf(305K)、10nf(77K)、7nf(4.2K). 使用电容温度计时要注意，热循环会改变电容值.

1.6.5 热电偶温度计

热电偶温度计广泛使用于实验室和工业设备中，有些用于 1～300K 的低温温区，有些用于 0～2000℃的高温温区.

在图 1.4(a)中，一根金属棒的两端温差为 ΔT，下端能量高的电子向上运动，达到平衡时，形成电势差 ΔE. 绝对热电势为：$S=\dfrac{\Delta E}{\Delta T}$. 但在实际使用中是测量两个不同金属的绝对热电势之差，可用两种方法测量，如图 1.4(b)和(c). 若到测量仪器的距离较长，用方法(c)，这时连接 T_2 端至仪器的两条线要用同一金属 C，且 T_2 端的两个接点要在同一温度. 测量时把 T_1 端放在待测温度，T_2 端放在一个参考温度点上，一般用冰点(0℃). 低温热电偶也可选低温液体(如液氮)作参考温度点. 低温热电偶常用的有铜-康铜热电偶，铜-金铁热电偶(其中 Au+0.07%(质量分数)Fe 用得较多). 铜-康铜热电偶用在 77～300K 温区(77K 以下也可用，但灵敏度

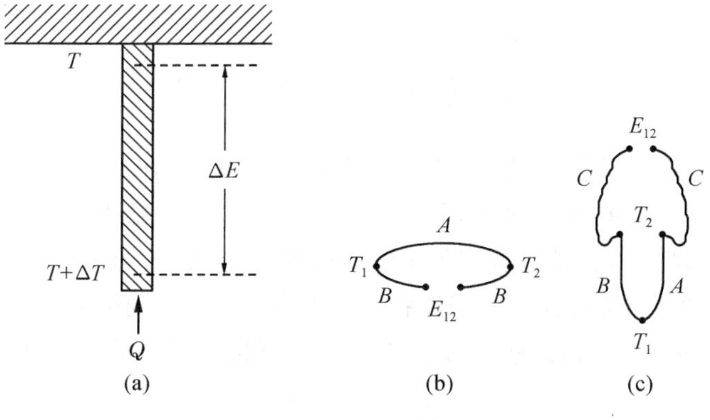

图 1.4 热电偶温度计

低),铜-金铁热电偶用在 2~300K(高温段灵敏度低).热电势差与温度的关系均有现成的表可查.

高温用的热电偶有标准序列,列于表 1.2 中,均有商品出售.分度表可查到,使用时可根据测量温区选择.

表 1.2 热电偶的型号和使用温区

型 号	材 料	使用温区/℃
T 型	铜(+)/铜镍合金(−)	−200~400
J 型	铁(+)/铜镍合金(−)	0~760
K 型	镍铬合金(+)/镍铝合金(−)	−200~1260
E 型	镍铬合金(+)/铜镍合金(−)	0~870
N 型	镍铬硅合金(+)/镍硅合金(−)	0~1300
R 型	铂 13%铑(+)/铂(−)	−50~1700
S 型	铂 10%铑(+)/铂(−)	−50~1600
B 型	铂 30%铑(+)/铂 6%铑(−)	0~1820
—	钨 5%铼(+)/钨 2%铼(−)	0~2200

1.6.6 光学高温计

在银的凝固点 961.78℃以上,国际温标用一个固定点和普朗克辐射定律来定义(见 4.12 节).普朗克辐射定律为

$$L_\lambda(T)=\frac{c_1\lambda^{-5}}{\mathrm{e}^{c_2/\lambda T}-1}$$

其中,$L_\lambda(T)$是温度为 T 时,波长为 λ 的黑体辐射的能量流密度(单位时间单位面积辐射的能量),称辐出度,c_1 和 c_2 是辐射常数.当 λ 很小时,$\mathrm{e}^{c_2/\lambda T}\gg 1$,上述公式就变成维恩公式

$$L_\lambda(T)=\frac{c_1\lambda^{-5}}{\mathrm{e}^{c_2/\lambda T}}$$

国际温标 ITS-90 由下式定义:

$$\frac{L_\lambda(T_{90})}{L_\lambda[T_{90}(x)]}=\frac{\mathrm{e}^{c_2/\lambda T_{90}(x)}-1}{\mathrm{e}^{c_2/\lambda T_{90}}-1}$$

其中,$T_{90}(x)$是三个固定点银、金和铜凝固点的任何一个,$c_2=0.014388\mathrm{m\cdot K}$.上式定义的温度与 λ 有关,而在实际的光学高温计中要用滤光片,如取红光,$\lambda=650\mathrm{nm}$,它并不是严格的单色光,所以必须用黑体炉校正.在可见光区和近可见光谱区工作的单色光学高温计,可采用钨带灯校正.远红外辐射温度计还可用内插公式,它的 $\lambda=900\mathrm{nm}$,半宽度为 14nm,平均有效波长与温度的关系用下式表示:

$$\lambda_{\mathrm{e}}=A+\frac{B}{T}$$

若用硅光敏二极管作检测元件,如果探测元件的电流足够小($<1\mu\mathrm{A}$),信号电压

$V(T)$与辐出度成正比

$$V(T)=C\cdot\exp(-c_2/\lambda T)$$

这里用了维恩公式，两式联合可得

$$V(T)=C\cdot\exp[-c_2/(AT+B)]$$

此公式可在四、五个固定点上测量电压 $V(T)$，拟合后给出三个常数 A、B、C. 在400℃到2000℃内插，准确度为±0.5℃(600～1100℃)、±2℃(在1500℃).

以上讲的所有温度计的标定只能由国家计量局和国家实验室来做，使用者要购买标定好的温度计，并注意使用年限. 但标定好的温度计价格是很贵的，如果使用的温度计较多，可以用一个标定好的温度计作“标准”，来校正其他未标定的温度计，但这样“标定”的温度计的不确定度会增加.

第2章 热力学第一定律 内能

2.1 系统状态随时间的变化 过程

个热力学系统处于热力学平衡态时，只要没有外界的作用，它的状态变量就不随时间变化. 如果外界对系统产生影响，则平衡态就会被破坏，从而过渡到另一个平衡态.

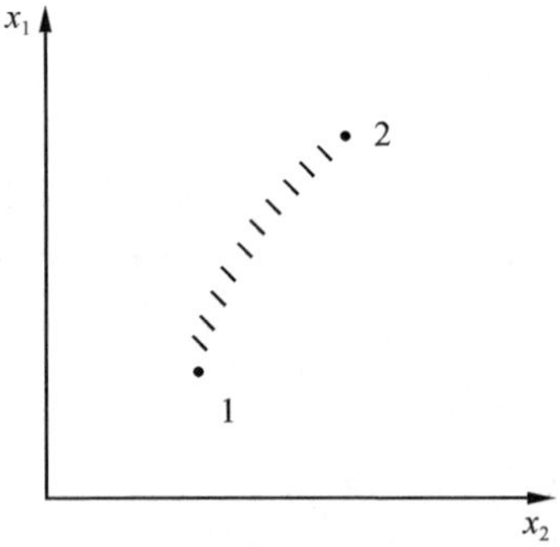

图 2.1 状态随时间的变化

假如系统的状态方程用下式表示：

$$f(x_1, x_2, T) = 0$$

取系统的独立变量为 x_1、x_2，以 x_1 为纵坐标，以 x_2 为横坐标，则系统的平衡态可表示为图中的一个点，如图 2.1 中的点 1. 如果外界对系统产生影响，从一个平衡态 1 过渡到另一个平衡态 2，其中间过程无法在图中画出，因在中间的变化过程中，系统不处在平衡态，即 x_1、x_2 不确定. 我们把由于外界对系统的作用使热力学系统从一个平衡态过渡到另一个平衡态称为一个过程.

外界对系统的作用有两种方式，即做功和传热.

1) 外界对系统做功

下面举例说明外界对系统做功如何改变系统的状态. 图 2.2(a)中给出由活塞封住的气缸内存有气体，它的状态为(p_1, V_1, T_1)；外界压缩气体，对系统做功后，气体的状态发生变化，其状态为(p_2, V_2, T_2)，示于图 2.2(b)中，如果系统是与外界

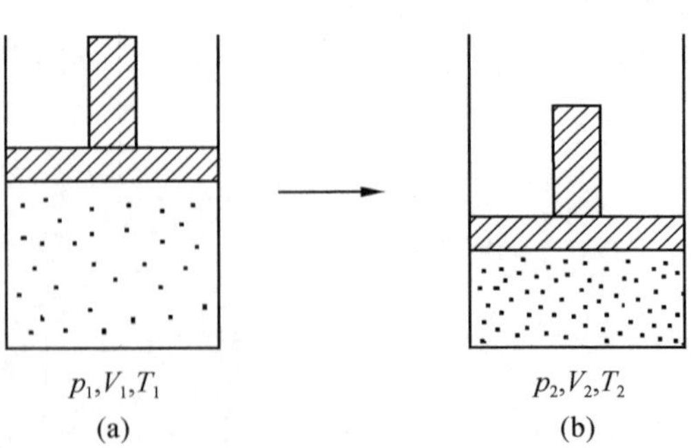

图 2.2 外界对系统做功改变系统的状态

绝热的(即系统与外界不发生热量交换),系统做的功就转变成系统本身的能量,称内能,用U表示.设状态1时气体的内能为U_1,状态2时气体的内能为U_2,外界压缩气体做功为W,从实验上得到

$$U_2 - U_1 = W \tag{2.1.1}$$

焦耳做了大量的实验证明,系统内能的增加只与初态和末态有关,与做功的方式无关,也就是与绝热做功的过程无关.说明内能是一个态函数,即仅是平衡态时的状态变量的函数.内能可表示成$U(x_1, x_2)$.

2) 传热改变系统的状态

设气缸中的气体其初始状态为(p_1, V_1, T_1),活塞是被卡死的,不能移动,如图2.3(a).在气缸底部加热,使其状态改变至状态2,即(p_2, V_1, T_2),如图2.3(b).体积未变,而压强和温度增高了,气体的内能增加来自外界传给气体的热量Q,即

$$U_2 - U_1 = Q \tag{2.1.2}$$

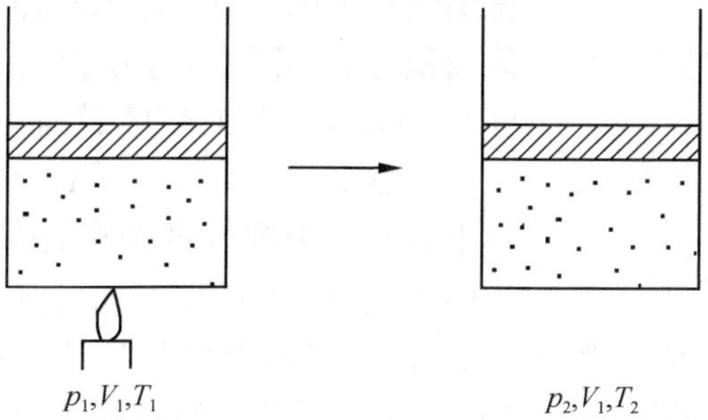

图2.3 外界对系统加热改变系统状态

做功和传热是改变系统状态的两种方式,是外界与系统之间能量交换的两种不同的形式.热量和功的单位均是焦[耳](J).

做功可以是外界对系统做功,也可以是系统对外界做功.我们定义:系统对外界做功为ΔW,外界对系统做功为$-\Delta W$;系统吸收热量为ΔQ,系统放出热量为$-\Delta Q$.

2.2 热力学第一定律 内能

如果系统从一个状态变化到另一个状态的过程中,外界对系统做功$-\Delta W$,系统吸收热量ΔQ,内能的改变为

$$\Delta U = \Delta Q - \Delta W \quad 或 \quad \Delta Q = \Delta U + \Delta W \tag{2.2.1}$$

后一式的表述是:系统吸收的热量等于系统内能的增加及系统对外做的功之和,这就是热力学第一定律,它是能量之间的转换和守恒定律,是从经验中总结出来的热力学基本定律.

对于无限小的元过程,热力学第一定律可写成

$$đQ = dU + đW \tag{2.2.2}$$

系统的内能是态函数,它只与系统所处的状态有关,而与系统发生变化的过程无关. 状态变量确定,则内能确定. 我们关心的是系统状态变化前后内能的变化,而不是所在状态的内能的绝对值,这和势能情况类似. 功和热量不是态函数,它们是在系统发生变化的过程中发生的. 功和热量与具体的过程有关.

2.3 准静态过程 功

本节考虑功的计算. 功在力学中的定义是力乘上位移,在热力学中只考虑系统对外界做的功(或外界对系统做功),不考虑系统内部一部分对另一部分做的功.

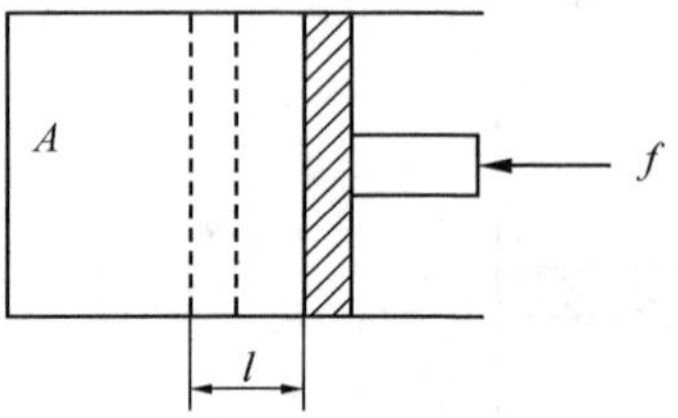

图 2.4 压缩气体做功

现在考虑一个简单的情况,气体的做功. 如果压缩气缸中的气体,给活塞加一个力 f,设活塞的截面积为 A,外界加的力 $f=p'\cdot A$,p'为外加压强(图 2.4). 则外界对气体做的功为

$$\Delta W = f\cdot l = p'A\cdot l = -p'\cdot\Delta V$$

其中,l 是活塞移动的距离,$\Delta V=-A\cdot l$ 为气体体积的变化,这里 p'是外加压强,不是气体内部的压强. 当活塞移动时,气体经受到一个力,且气体内部各处的压强 p 是不一样的,靠近活塞处最大,向里逐渐减小. 这样就无法用气体的状态变量 p 来表示. 为了用系统的状态变量表示功,即用 p 代替 p',必须对做功的过程加以限制. 我们从经验中知道,p'与 p 的差别来自活塞运动的速度,活塞运动的越慢,p'越接近 p,当活塞移动得无限缓慢时,$p'=p$. 从热力学上讲,就是使过程的每一步都保持平衡态. 这样的过程称"准静态过程". 但是在实际的过程中,还存在摩擦力,所以必须是"无摩擦的准静态过程"才能使 $p'=p$. 从广义上讲,应是"无能量损耗的准静态过程",但为了简单起见,我们以后就称之为准静态过程. 由此气体对外界做的功可表示成

$$\Delta W = p\cdot\Delta V \tag{2.3.1}$$

对元过程功表示成

$$đW = p\cdot dV \tag{2.3.2}$$

准静态过程是理论上的概念,实际中并不存在,但是它的重要性在于用它可以计算内能的变化. 有一个实际的做功过程,要计算内能的变化. 由于内能是一个态函数,与过程无关,我们可以设想用一个准静态过程来代替实际过程,把内能的变化计算出来. 另外,准静态过程和非静态过程是一个相对的概念,如对"无摩擦"的要求而言,如果力很大,而摩擦力又很小,我们就可把它当成"无摩擦"来考虑. 对

“无限缓慢”的要求，在实际中无法实现，但可以逼近它. 举例来说，假如我们要测量一个样品的电阻随温度的变化，可以逐个温度测量其电阻值，每一个温度等一段时间，让其电阻值不再变化时就可看成达到了平衡态. 由于测量仪器都有其精度，不必等待无限长时间. 假如用计算机记录数据，可以进行连续测量. 在一定时间内连续升温测出一条曲线，然后在相同时间内连续降温再测出一条曲线. 如果两条曲线不重合，表明升降温时间太短，必须延长时间，直至两条曲线完全重合，就可认为在测量仪器的精度内已达到了平衡态，数据是可靠的. 在热机或制冷机的工程设计中，也可用准静态过程计算，然后针对具体情况再作修正.

有了准静态过程的概念，我们就可给出各种系统的做功表达式.

1) p-V 体系

$$đW = p \cdot \mathrm{d}V, \quad \Delta W = \int_{V_1}^{V_2} p\mathrm{d}V \tag{2.3.3}$$

积分要沿具体的过程. 从上述积分可知，在 p-V 图上，从 1→2 的过程所做的功就是曲线下方所包围的面积.

2) 弹性棒、橡皮带、延伸线

$$đW = -F \cdot \mathrm{d}l, \quad \Delta W = -\int_{l_1}^{l_2} F\mathrm{d}l \tag{2.3.4}$$

其中，F 是拉力，l 为长度.

3) 液体表面膜

液体表面膜做功的表达式可从线框上右边的活动臂拉出的肥皂膜(图 2.5)来得到，如向外的拉力为 f，线框的宽度为 l，向外拉的距离为 s，则外力做的功为 $\Delta W' = f \cdot s = 2\sigma l s = \sigma A$，因线框的两边各有一个表面膜，故膜的面积是线框面积的 2 倍，其中，σ 为表面张力系数. 可得液体表面膜做功为 $\Delta W = -\sigma A$，写成微分和积分形式为

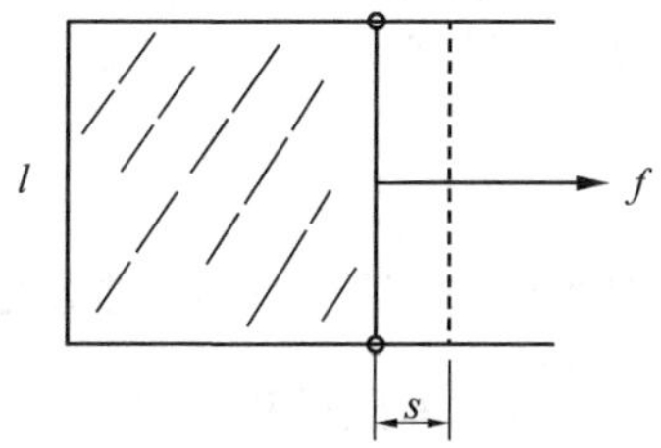

图 2.5　液体表面膜做功

$$đW = -\sigma \cdot \mathrm{d}A, \quad \Delta W = -\int_{A_1}^{A_2} \sigma \cdot \mathrm{d}A \tag{2.3.5}$$

4) 顺磁介质(单位体积)

$$đW = -\mu_0 H \cdot \mathrm{d}M, \quad \Delta W = -\int \mu_0 H\mathrm{d}M \tag{2.3.6}$$

其中，H 是磁场，M 是磁化强度.

5) 电介质(单位体积)

$$đW = -E \cdot \mathrm{d}P, \quad \Delta W = -\int E\mathrm{d}P \tag{2.3.7}$$

其中，E 是电场，P 是电极化强度.

6）可逆电池

$$đW = -E \cdot dZ, \quad \Delta W = -\int E dZ \tag{2.3.8}$$

其中，E 是电动势，Z 是电荷.

2.4 热容量 焓

热容量是宏观物体的一个重要的热力学参量，它定义为：$C_x = đQ/dT$，其中 $đQ$ 是物体温度升高 dT 所需的热量，x 代表一个特定的过程（如等压过程或等容过程等）. 单位质量物质的热容量称比热容，如千克比热容和摩尔比热容等. 在热力学中，比热容数据只能从实验上得到，而在气体动理论与统计物理中可以从理论上计算.

利用比热容数据可以计算在一个过程中物体所吸收的热量. 由于热量是过程中的量，故必须针对具体过程来计算. 其公式为

$$\Delta Q = \int C_x dT \tag{2.4.1}$$

对于 pV 体系，等容过程和等压过程的热量计算分别用以下公式：

$$\Delta Q = \int C_V dT, \quad \Delta Q = \int C_p dT \tag{2.4.2}$$

对于等容过程，根据热力学第一定律 $đQ = dU + đW = dU + p dV$，由于 V 不变，所以 $đQ = dU$，则

$$C_V = \left(\frac{\partial U}{\partial T}\right)_V \quad \text{（等容过程）} \tag{2.4.3}$$

对等压过程我们可以对等地引进一个态函数，用它的全微分来表示 C_p，即 $C_p = \left(\frac{\partial H}{\partial T}\right)_p$（等压过程）. 此态函数 H 称为焓，它的定义是

$$H = U + pV \tag{2.4.4}$$

$$dH = dU + p dV + V dp$$

由于

$$đQ = dU + đW = dH - p dV - V dp + p dV = dH - V dp$$

所以

$$C_p = \left(\frac{\partial H}{\partial T}\right)_p \quad \text{（等压过程）} \tag{2.4.5}$$

式(2.4.5)表明在等压过程中，系统吸收的热量等于焓的增加值. 在实验上测量的是 C_p，而不是 C_V，所以从 C_p 可得到焓在不同压强下的值，在工程计算中有广泛的应用.

以上是对特殊过程而言的，一般来说，H 是 T 和 p 的函数，而 U 是 T 和 V 的函数. 所以 C_p 和 C_V 也分别是 T 和 p 的函数与 T 和 V 的函数.

2.5 热量传递的三种方式

只要存在温差，就会发生热量的传递.热量传递有以下三种方式：传导传热、对流传热和辐射传热.

1）传导传热，可发生在固体、液体和气体中

传热的客体无宏观的运动，当存在温差时，由原子和分子的碰撞传递能量，温度高的部分原子和分子的无规热运动能量大，通过碰撞把能量传递给温度低的部分的原子和分子.在金属中，除原子的热振动传递能量外，自由电子也传递能量.对于图 2.6 中的规则物体，从实验上得到，在单位时间内通过传导传热所传递的热量为

$$\dot{Q}=\frac{\kappa A(T_2-T_1)}{l} \qquad (2.5.1)$$

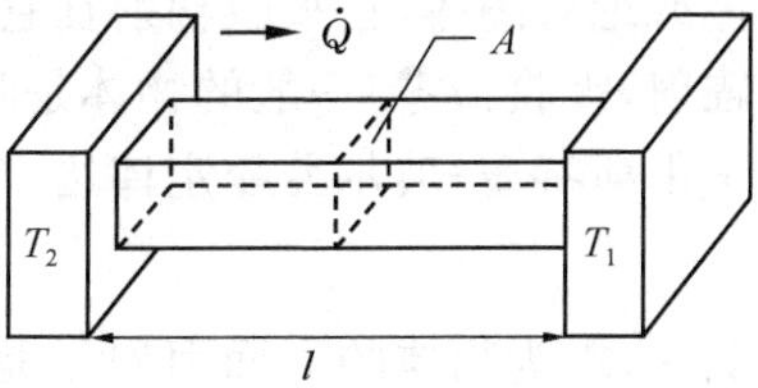

图 2.6 规则固体中的热传导

其中，l 是物体的长度，A 是物体的横截面，T_2-T_1 为两端的温差，κ 为热导率.κ 与温度有关，下表给出室温下若干物质的热导率数据（表 2.1 中的数据仅供参考）.

表 2.1 一些物质在室温(295K)的热导率 κ （单位：$W\cdot m^{-1}\cdot K^{-1}$）

名　称	κ 的数值	名　称	κ 的数值
银	427	铅	35
铜	400	不锈钢	14
金	317	冰	2.2
铝	235	玻璃	0.84
硅	150	水	0.6
铁	82	木头	～0.1
锡	67	空气	0.023

2）对流传热，在液体和气体中发生

它由宏观物质的流动来传递热量，是最有效的传热方式.对流传热有两种形式：自然对流和强迫对流.

自然对流由浮力引起.流体被加热而膨胀，密度减小向上升，密度大的冷流体下降过来补充，从而形成流体的宏观对流.如房间中的暖气置于下方，热空气向上，冷空气向下形成对流而加热房间.又如，大气和海洋中的对流能把大量的热量从地球的一方传往另一方.

强迫对流是施加一个外力迫使流体对流.如空调器用风扇使其冷空气或热空气在房间中对流.

3）辐射传热是由电磁波传递能量

任何一个物体，只要温度高于绝对零度，均产生辐射，这是因为物体中的原子和分子处于无规的热运动中，由于电荷的加速而发射电磁波. 它可以通过真空或物质传播，如太阳通过辐射传热把大量的热量传给地球. 物体的温度越高，原子和分子的热运动越强烈，辐射能量也越高.

任何物体可以辐射能量，同样任何物体也可以吸收辐射的能量. 吸收能量的多少除温度外，还决定于物体的表面. 黑的物体吸收得多，而白的物体吸收得少，这就是夏天在阳光下为什么穿白色衣服，而不穿黑色衣服的缘故. 同样黑的物体辐射的能量多，而白的物体辐射的能量少. 理想的辐射体也是理想的吸收体，称为理想黑体或绝对黑体，它吸收辐射在它上面的全部能量，而理想的白体或亮体反射全部的辐射，吸收为零. 一般的物体是吸收一部分，反射一部分. 单位时间内物体辐射的热量由斯特藩-玻尔兹曼定律给出

$$\dot{Q} = \varepsilon A \sigma T^4 \tag{2.5.2}$$

其中，A 为物体的表面面积，σ 是斯特藩-玻尔兹曼常数，它的数值为

$$\sigma = 5.67 \times 10^{-8} \mathrm{J \cdot s^{-1} \cdot m^{-2} \cdot K^{-4}}$$

ε 称辐射率或发射率，理想黑体的 $\varepsilon=1$，理想亮体的 $\varepsilon=0$，一般物体的 ε 在 0～1 之间，若干物体在室温下的发射率数据在表 2.2 中给出. 有关两个温度不同的物体之间通过辐射传热所传递的热量计算和斯特藩-玻尔兹曼定律的理论推导将在后面的章节中给出，这里不再详述.

表 2.2　一些物体在室温下的发射率

材　料	ε 值	材　料	ε 值
铝（清洁抛光）	0.04	铜（高度氧化）	0.6
铝（高度氧化）	0.31	不锈钢	0.074
铜（清洁抛光）	0.02	玻璃	0.9

2.6　理想气体的内能　做功和吸热

焦耳从气体的自由膨胀实验中得到气体的内能只与温度有关而与其体积无关，称焦耳定律，即

$$U = U(T) \tag{2.6.1}$$

他的实验是把两个容器放在水中，其中一个容器装有压缩气体，另一个容器抽成真空，两容器用阀门连接. 打开阀门使两边气体平衡，然后测量水的温度，发现水温未变. 气体与水无热量交换，根据热力学第一定律，气体内能不变. 也就是说，在此实验中得到，在气体内能不变的情况下，其体积改变而温度不变. 即

$$\left(\frac{\partial T}{\partial V}\right)_U = 0 \tag{2.6.2}$$

$\left(\frac{\partial T}{\partial V}\right)_U$ 称为焦耳系数. 由偏导数

$$\left(\frac{\partial U}{\partial V}\right)_T = -\left(\frac{\partial U}{\partial T}\right)_V\left(\frac{\partial T}{\partial V}\right)_U = -C_V\left(\frac{\partial T}{\partial V}\right)_U = 0$$

得:理想气体的内能与体积无关,U 仅是温度 T 的函数. 焦耳定律对实际气体而言,只是在稀薄气体情况下才近似成立,但对理想气体是严格成立的.

因 U 仅是温度 T 的函数,而 $H=U(T)+pV=U(T)+nRT=H(T)$,理想气体的焓也仅是温度 T 的函数,故 C_V 和 C_p 也仅是温度 T 的函数,由此可得理想气体的下列公式:

$$U = \int C_V \mathrm{d}T + U_0 \tag{2.6.3}$$

$$H = \int C_p \mathrm{d}T + H_0 \tag{2.6.4}$$

$$C_p - C_V = \frac{\mathrm{d}H}{\mathrm{d}T} - \frac{\mathrm{d}U}{\mathrm{d}T} = nR \tag{2.6.5}$$

令$\frac{C_p}{C_V}=\gamma$,则

$$C_V = \frac{nR}{\gamma-1}, \quad C_p = \frac{\gamma nR}{\gamma-1} \tag{2.6.6}$$

下面我们讨论以理想气体为工作介质的准静态过程的功的计算$\left(\Delta W = \int_1^2 p\mathrm{d}V\right)$.

(1) 等压过程,p=常数.

$$\Delta W = \int_1^2 p\mathrm{d}V = p(V_2 - V_1) \tag{2.6.7}$$

系统做的功取自外界热源和系统内能的减少.

(2) 等容过程,V=常数.

$\Delta W=0$,故 $\Delta U=\Delta Q$,系统内能的增加等于系统从外界吸收的热量.

(3) 等温过程,pV=常数.

$$\Delta W = \int_1^2 p\mathrm{d}V = \int_{V_1}^{V_2} \frac{RT}{V}\mathrm{d}V = RT\ln\frac{V_2}{V_1} \tag{2.6.8}$$

由于理想气体在等温过程中内能不变,系统做的功取自外界热源.

(4) 绝热过程,$\Delta Q=0$.

系统对外做的功 $\mathrm{d}W=p\mathrm{d}V$ 取自系统内能的减少. 由于理想气体的内能仅是温度的函数,所以 $\mathrm{d}U=C_V\mathrm{d}T$,故

$$\Delta W = -\Delta U = -C_V \Delta T = C_V(T_1 - T_2) = \frac{nR}{\gamma - 1}(T_1 - T_2) \tag{2.6.9}$$

绝热过程的过程方程可从 $C_V \mathrm{d}T + p\mathrm{d}V = 0$ 和理想气体的物态方程之全微分 $p\mathrm{d}V + V\mathrm{d}p = nR\mathrm{d}T = C_V(\gamma - 1)\mathrm{d}T$ 得到

$$\frac{\mathrm{d}p}{p} + \gamma \frac{\mathrm{d}V}{V} = 0 \tag{2.6.10}$$

如把 γ 看成常数,则式(2.6.10)积分可得

$$pV^{\gamma} = 常数 \tag{2.6.11}$$

用物态方程可得绝热过程方程的另两个表达式

$$TV^{\gamma-1} = 常数, \quad \frac{p^{\gamma-1}}{T^{\gamma}} = 常数 \tag{2.6.12}$$

(5) 多方过程,$pV^n =$ 常数,$1 < n < \gamma$. 可得

$$\Delta W = \frac{nR}{n-1}(T_1 - T_2) \tag{2.6.13}$$

如果我们用 $pV^n =$ 常数来表示上面 5 个过程,则 n 值分别为 0、∞、1、γ、n 时(这里用 N 表示气体的物质的量),它们分别代表等压过程、等容过程、等温过程、绝热过程和多方过程. 它们在 p-V 图上的表示在图 2.7 中给出.

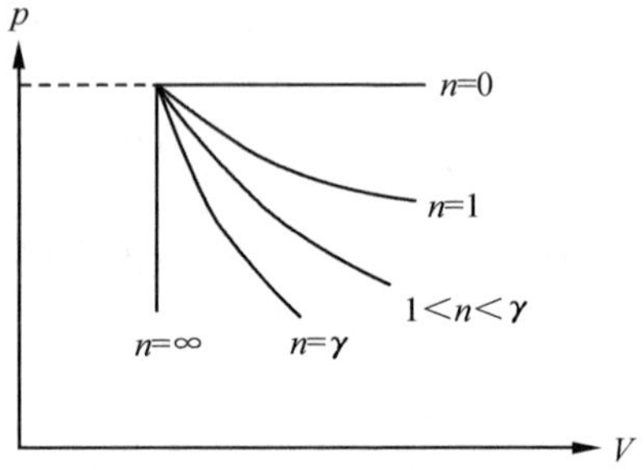

图 2.7 5 个过程在 p-V 图上的表示

2.7 卡诺(Carnot)循环

系统从某一状态出发,经过一系列变化又回到原来状态,此过程称循环过程. 一个重要的循环过程是卡诺循环,它由 4 个准静态过程组成,两个等温过程和两个绝热过程,见图 2.8. 下面讨论以理想气体为工作介质的卡诺循环. $1 \to 2$ 为等温(T_1)膨胀过程,气体从高温热源吸热 Q_1,对外做功 W_1,$Q_1 = W_1 = RT_1 \ln \frac{V_2}{V_1}$;$2 \to 3$ 为绝热膨胀过程,$T_1 V_2^{\gamma-1} = T_2 V_3^{\gamma-1}$,对外做功 $W_2 = C_V(T_1 - T_2)$;$3 \to 4$ 是等温(T_2)压缩过程,系统放热 Q_2,外界对系统做功 W_3,$Q_2 = W_3 = RT_2 \ln \frac{V_3}{V_4}$;$4 \to 1$ 为绝热压缩过程,$T_1 V_1^{\gamma-1} = T_2 V_4^{\gamma-1}$,外界对系统做功 $W_4 = C_V(T_1 - T_2)$. 循环过程终了,系统对外做的净功为 $W = W_1 + W_2 - W_3 - W_4 = RT_1 \ln \frac{V_2}{V_1} - RT_2 \ln \frac{V_3}{V_4}$,系统从高温热源吸热为 Q_1. 定义热机的效率

$$\eta = \frac{W}{Q_1} \tag{2.7.1}$$

则可逆卡诺循环的效率为

$$\eta=\frac{W}{Q_1}=\frac{RT_1\ln\frac{V_2}{V_1}-RT_2\ln\frac{V_3}{V_4}}{RT_1\ln\frac{V_2}{V_1}}$$

$$=\frac{T_1-T_2}{T_1}=1-\frac{T_2}{T_1} \tag{2.7.2}$$

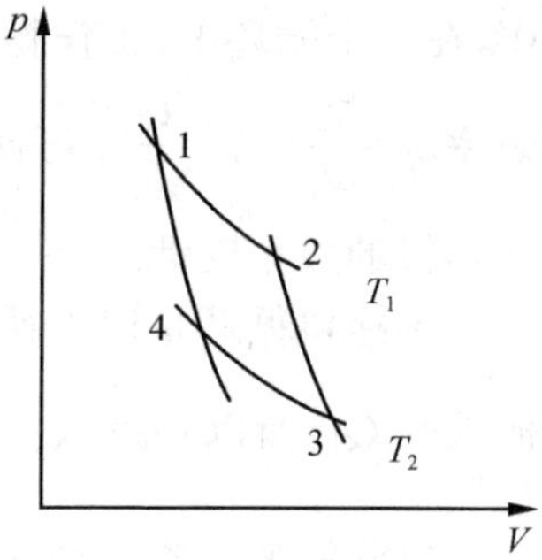

图 2.8 卡诺循环

可逆卡诺热机的效率仅与两个热源的温度有关，而且要向低温热源放出热量，所以其效率总是小于1.

卡诺循环的逆循环为制冷循环，制冷机的工作效率称制冷系数，定义为

$$\eta'=\frac{Q_2}{W}\text{（1 单位功可从低温热源取出的热量）} \tag{2.7.3}$$

可逆卡诺循环制冷机的制冷系数为

$$\eta'=\frac{Q_2}{W}=\frac{T_2}{T_1-T_2} \tag{2.7.4}$$

其中，Q_2是逆循环中从低温热源（T_2）吸收的热量，W 是外界对系统做的功. 向高温热源放出的热量 $Q_1=Q_2+W$.

2.8 热机和制冷机

自从 18 世纪发明蒸汽机以来，人们研究出多种形式的热机和制冷机. 热机用于产生动力，制冷机用来制造低温的环境. 热机和制冷机的工作原理表示在图 2.9 中. 热机在一个循环过程中从高温热源吸热 Q_1，向低温热源放热 Q_2，并对外做功

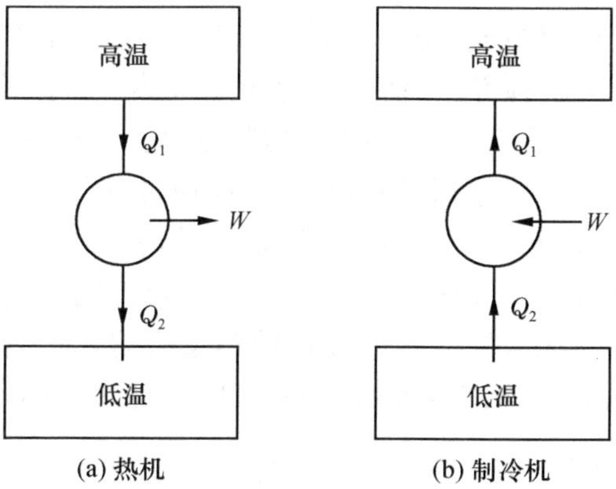

图 2.9 热机和制冷机

W,在一个循环中,工作物质的内能变化等于零,所以做的功 $W=Q_1-Q_2$. 热机的效率 $\eta=\frac{W}{Q_1}=1-\frac{Q_2}{Q_1}$. 可逆卡诺热机是一个理想热机,实际的热机效率总比可逆卡诺热机的效率要低.

制冷机循环是以上循环的逆循环,从低温热源吸热 Q_2,外界做功 W,向高温热源放热 Q_1,所以 $Q_1=Q_2+W$. 制冷机的制冷系数 $\eta'=\frac{Q_2}{W}=\frac{Q_2}{Q_1-Q_2}$.

制冷机的制冷系数 η'可大于 1. 如果我们假定 $\eta'=\frac{Q_2}{W}=4$,而 $Q_2=Q_1-W$,则 $\frac{Q_1-W}{W}=4$,$\frac{Q_1}{W}=5$,也就是说我们用电机做功 1J,高温热源可得到 5J 的热量. 如果用制冷机来加热房间(作为高温热源),而户外空气作为低温热源,这样是非常有利的. 因为我们用 1J 电能通过电阻器加热也就只能得到约 1J 的热量.

这个思想早在 1852 年开尔文(Kelvin)就提出了,但直至 20 世纪 30 年代才制成商用"热泵"(heat pump)(空调机). 冬天用来加热房间,夏天转一下阀门,让制冷工质(氨或氟利昂)反向流动,用来冷却房间. 商用制冷机的制冷系数 η'为 2~7.

2.8.1 斯特林(Stirling)循环

1816 年苏格兰教堂的牧师 Robert Stirling 设计了一个热机,把燃烧燃料的部分热量转化成功,但后来发明了蒸汽机和内燃机,人们就忘却了此热机. 而蒸汽机和内燃机得到了广泛的应用. 内燃机以气缸内燃烧的气体为工作物质,对四冲程火花塞点燃式汽油发动机之循环,它的理想循环是奥托循环(Otto cycle);而四冲程压燃式柴油机,它的理想循环是狄塞尔循环(Diesel cycle). 奥托循环和狄塞尔循环见本章的习题.

直到 20 世纪 40 年代,Philips 公司才把斯特林循环恢复. Stirling 循环由两个等温过程和两个等容过程组成(图 2.10). 开始时,右边的压缩活塞处于气缸底部,左边的膨胀活塞处于气缸顶部. 右活塞等温压缩气体至气缸中部,左活塞不动,气体压缩产生的热量 Q_2传给冷源,气体温度保持在 T_2(1→2);然后右活塞运动至顶部,左活塞下行至中部,保持体积不变,强迫气体通过"回热器"R,有部分气体进入高温区,气体吸热 Q_R(2→3);第三步,右活塞不动,左活塞等温(T_1)膨胀至底部,气体从高温热源吸热 Q_1(3→4);最后,两个活塞相反方向运动,强迫气体通过回热器 R,气体从高温到低温区,放给回热器 R 的热量为 Q_R(此热量就是 2→3 气体吸收的热量),保持体积不变,从 4 回到 1. 如果气体是理想气体,此理想循环中,吸热为 Q_1,放热 Q_2,做功 $W=Q_1-Q_2$,因此热机的效率为 $\eta=\frac{Q_1-Q_2}{Q_1}=1-\frac{Q_2}{Q_1}=1-\frac{T_2}{T_1}$,与卡诺循环效率相同.

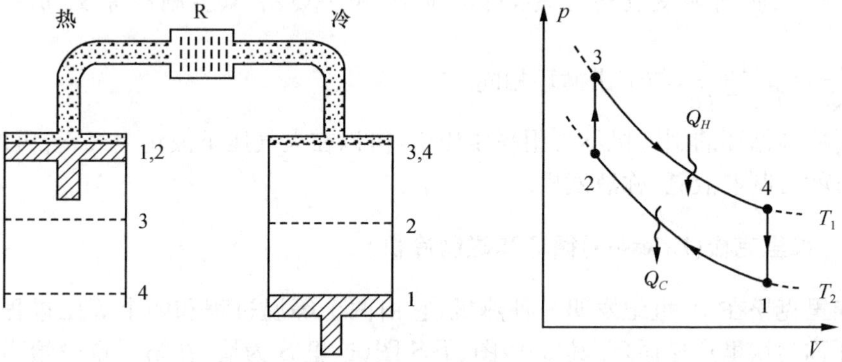

图 2.10　斯特林循环和 p-V 图

如果以上循环逆向运转，就成为制冷机，广泛用于得到 90～12K 的温度，其循环表示在图 2.11 中. 这是一个较为实际的示意图. 气缸 A 由主活塞 B 封闭，气缸中容有几乎是理想的气体（氦气），辅活塞 C 把气缸分成两个空间，D 处在室温，E 处在低温. D 和 E 之间由环状的通道 F 连接. 通道上有一个回热器（regenerator）G，它由高热容量的多空材料做成（如很细的铜丝绒），在它的两端形成温差，如图 2.11 中最右边的图所示. 制冷循环由以下 4 个过程组成（图 2.11 中的 p-V 图）：Ⅰ，(1→2) 主活塞 B 在空间 D 中等温压缩，产生的热量 $Q_H=RT_H\ln\dfrac{V_1}{V_2}$，由冷却器 H 带走. Ⅱ，(2→3) 移动活塞 C，使气体通过回热器 G 到空间 E，气体在回热器中被可逆地冷却，气体的热量 Q_R 被存在回热器中. Ⅲ，(3→4) 活塞 B 和活塞 C 一起运动，气体在冷空间 E 膨胀，产生的冷量 $Q_C=RT_C\ln\dfrac{V_4}{V_3}$ 通过盘管 J 放出，并被利用. Ⅳ，(4→1) 气体回到空间 D，且被存在回热器中的热量 (Q_R) 加热升温至 T_H，在

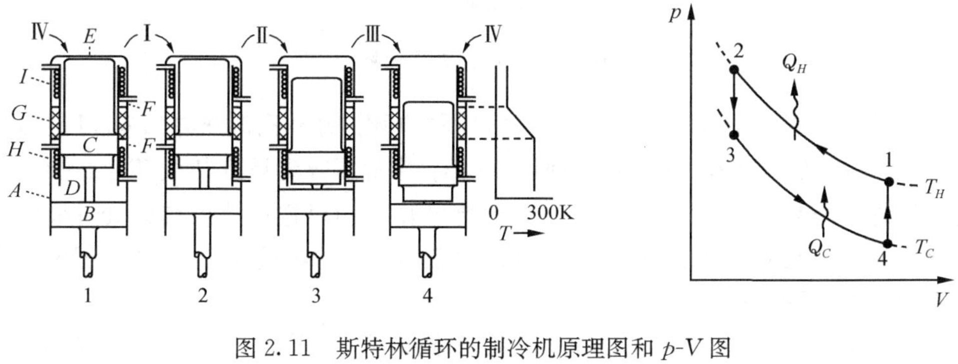

图 2.11　斯特林循环的制冷机原理图和 p-V 图

此循环中工质内能变化等于零,外界做功 $W=Q_H-Q_C$,制冷系数 $\eta'=\frac{Q_C}{W}=\frac{Q_C}{Q_H-Q_C}=\frac{T_C}{T_H-T_C}$,与卡诺循环相同.

斯特林循环的制冷机不必用高压压机,可以在大气压下液化空气.若再加一个分馏塔就可制取液氮,称液氮机.

2.8.2 埃里克松(Ericsson)循环和磁制冷机

埃里克松在19世纪发明一种热机,它由两个等温过程和两个等压过程组成,此循环称为埃里克松循环.其 p-V 图、T-S 图(这里 S 为熵,在第3章中给出,这里讲的具体应用——磁制冷机,可回过头来看)及热机的示意图表示在图2.12中.

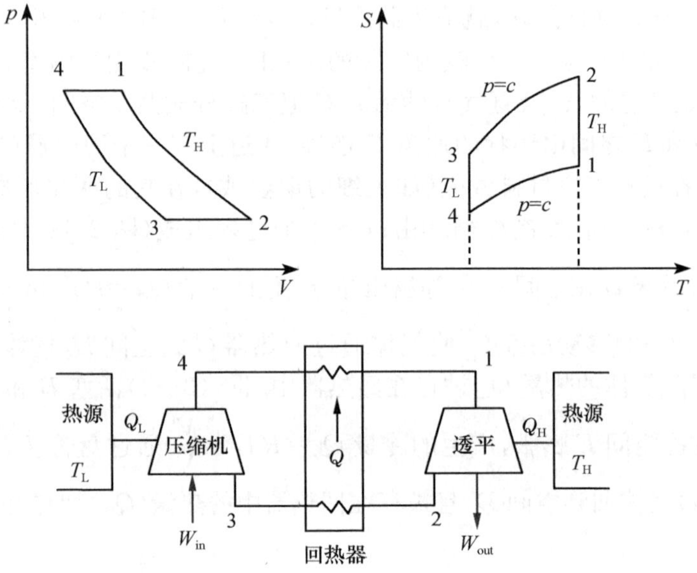

图2.12 埃里克松循环

流体在膨胀机中等温膨胀(1→2),对外做功 W_1,并从高温热源(T_{H})可逆地吸收热量 Q_1;然后流体在回热器(一种热交换器)中等压降温被冷却至 T_{L}(2→3);再等温压缩(3→4),外界输入功 W_2,并向低温热源(T_{L})可逆地放出热量 Q_2;最后流体被等压加热至初始状态(4→1),此过程中流体得到的热量等于2→3过程中放出的热量,净存储能量为零.

假定流体为理想气体,此循环过程中做的功为:$W=W_1-W_2=R(T_{\mathrm{H}}-T_{\mathrm{L}})\ln\frac{V_2}{V_1}$$\left(注意:\frac{V_2}{V_1}=\frac{V_3}{V_4}\right)$,从热源吸热为:$Q=RT_{\mathrm{H}}\ln\frac{V_2}{V_1}=W_1$,所以此循环的效率

为 $\eta=1-\frac{T_L}{T_H}$，与卡诺循环的效率相同. 如果取 $T_L=300K$，$T_H=1200K$，则该循环的理论效率能达到 75%. 不过由于回热器的尺寸过大和造价过高，此热机未被采用.

但是其逆循环近年来被用来作为磁制冷机，此循环的 T-S 图表示在图 2.13 中. 它由两个等温过程和两个等磁场过程组成(两个等磁场过程代替两个等压过程)，磁制冷工质用 $Gd_3Ga_5O_{12}$、$Dy_3Al_5O_{12}$ 等.

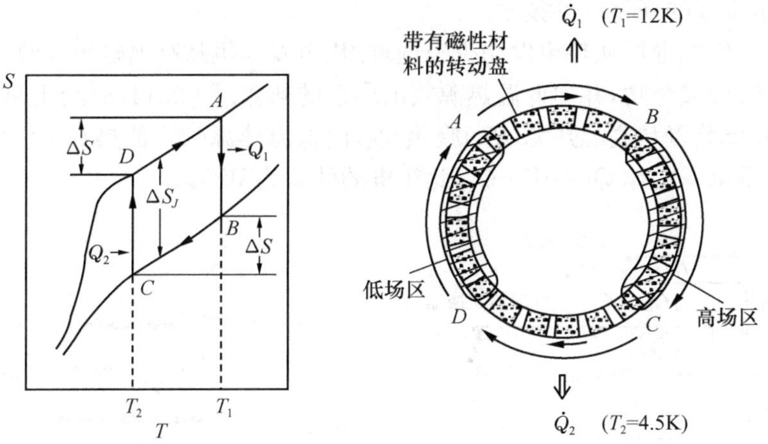

图 2.13　磁制冷机

首先从 A 等温磁化至 B，磁场从 0 增加到 B_0，磁熵减小 ΔS_J，磁制冷工质向热库(T_1)放出热量 $Q_1=T_1\Delta S_J$；然后执行一个等磁场过程($B\to C$)，磁制冷工质从温度 T_1 冷却至 T_2，向回热器放出熵 ΔS；再从 C 等温去磁至 D，磁场从 B_0 降至 0，磁制冷工质从外热源(T_2)吸收热量 $Q_2=T_2\Delta S_J$；最后从 D 经等磁场过程回到初始状态 A，磁制冷工质从回热器取回 $B\to C$ 过程中放出的全部热量，温度回到 T_1. 执行此埃里克松循环的磁制冷机的示意图也表示在图 2.13 中. 带有磁性材料的旋转圆盘在循环中分别通过高温区、高磁场区、低温区和低磁场区而完成两个等温过程和两个等磁场过程的循环(磁制冷机也可做成往复式的机器).

磁制冷机也可用卡诺循环，但只能工作在 15K 以下，因为磁制冷工质的晶格熵是热负荷的函数，它随温度的上升而增加. 埃里克松循环由于用两个等磁场过程代替了卡诺循环中的两个绝热过程，可以移去晶格熵的效应，可在更高的温度工作. 但磁制冷工质要用铁磁材料，如 Ga 或 Fe 部分替代 Ga 的 $Gd_3Ga_5O_{12}$ 及某些巨磁阻材料.

磁制冷机目前还处在研究阶段，尤其是室温区间的磁制冷机各国都下大力气在研究，有望用它来取代氟利昂作为制冷工质的电冰箱和空调机.

*2.8.3　热声发动机和热声制冷机

声音在管内的气体中传播时，振荡的气体与固体器壁之间的热相互作用产生很多热声现象，如自激气体振荡和声热泵等. 声波在气体中产生压强振荡和位移振荡，且压强振荡通常伴随温度的振荡. 热声效应虽然早已发现，但真正用来制造热机（发动机）和制冷机则是近 20 年的事. 由于这类热机和制冷机不用连杆-活塞和旋转透平等运动部件，仅靠声的自激振荡对气体压缩和膨胀，所以制造成本低，运转可靠，是未来的新型制冷技术.

它的操作原理可从热声发动机来理解. 热声发动机从高温热源吸收热量，把一部分热量转换成声功，并向低温热源放出剩余的热量. 图 2.14(a)给出热驱动的热机示意图. 此装置从高温热源（T_h）吸热 Q_h，向低温热源（T_c）放热 Q_c，产生声功 W. 根据热力学第一定律 $Q_h=W+Q_c$，此热机的效率为 W/Q_h.

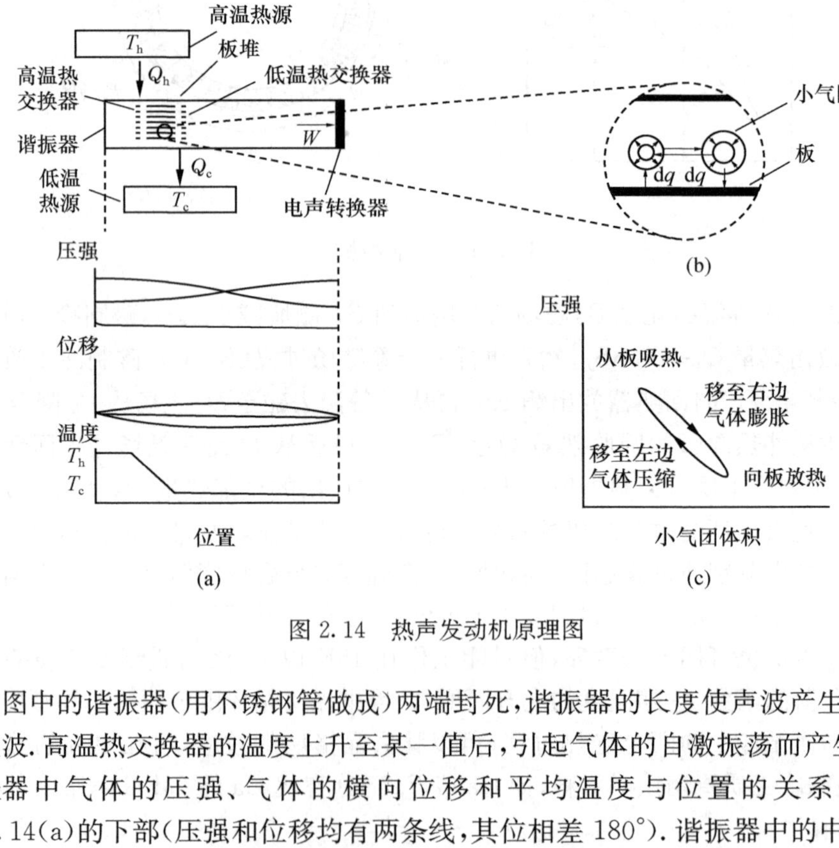

图 2.14　热声发动机原理图

图中的谐振器（用不锈钢管做成）两端封死，谐振器的长度使声波产生半波长的驻波. 高温热交换器的温度上升至某一值后，引起气体的自激振荡而产生声波，谐振器中气体的压强、气体的横向位移和平均温度与位置的关系表示在图 2.14(a)的下部（压强和位移均有两条线，其位相差 180°）. 谐振器中的中心部件是“热交换单元”，它由高温热交换器和低温热交换器及夹在中间的一个“板堆”组成. “热交换单元”所处的位置在谐振器的左边，处于振荡压强和振荡位移的非零处. 两个热交换器各由一组铜片组成，在气流方向上是开放的，并与热源和冷源有好的热接触. "板堆"由中间留间隙(约毫米量级)的一组平行固体板组成，在气流方向上开放，是用高热容量的材料做成的，以维持两热交换器之间的一个光滑的温度梯度(图 2.14(a)下面的温度曲线).

为理解由此简单的结构如何把热量转换成声功，现把板堆中的一小部分放大，表示在图 2.14(b)中. 看两板之间的一个小气团，驻波带着小气团从左至右和从右至左. 当小气团在板的较左边位置时，热量从相对热的板传给小气团，使其膨胀；当小气团在板的较右边位置时，热量从小气团传给相对冷的板，使其收缩(一般情况下，压强振荡的幅值是平均压强的 3%～10%，而位移振荡的幅值与板堆中的板长之比与上值基本相同). 由于膨胀发生在循环的高压相，收缩发生在循环的低压相，所以小气团对外界做功(小气团的工作循环在图 2.14(c)中给出). 这样小气团在声振荡的每个循环中对外界做的净功传给驻波. 在板堆中有很多这样的小气团，所有小气团均传递声功给驻波，而驻波又把功传递给谐振器最右端的电声转换器转换成电能. 另外，每个小气团从板堆中吸收的热量除做功外，还存储一点热量，到更远一点的右方放给板堆. 这样总的效应就是从高温热交换器吸热 Q_h，向低温热交换器放热 Q_c，对外界做功 W.

热声制冷机的工作原理表示在图 2.15 中，非常类似于上面讲的热声发动机. 重要的区别是在板堆中的温度梯度要比热声发动机小得多. 没有右边的电声转换器，谐振器的左边加声波发声器，对气体做功. 声波发声器可以是电驱动的(用改装的扬声器)，也可以是热声发动机(这时声功不转换成电能，而是声功输出).

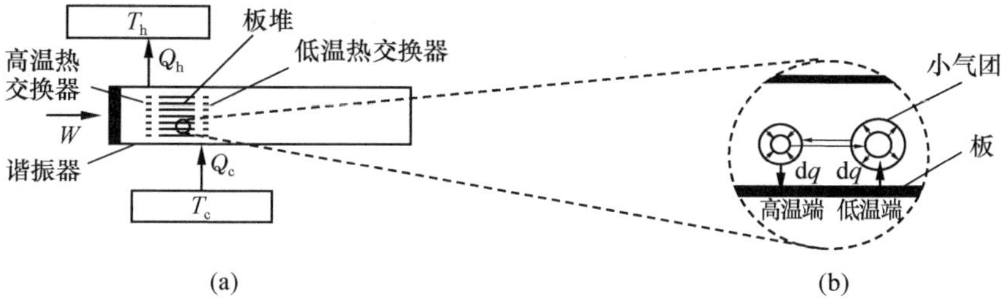

图 2.15　热声制冷机原理图

现在看图 2.15(b)，以理解制冷机工作的原理. 由于板堆中两端的温差比较小，小气团沿板堆间隙振荡，经受温度的变化时主要有来自声压对它的绝热压缩和膨胀，而小气团与板之间的热传输次之. 当小气团在板的左边时，由于受驻波的绝热压缩，它的温度高于板的温度，所以小气团放热给板. 当小气团在板的右边位置时，由于绝热膨胀，它的温度又低于板的温度，从而从板吸收热量. 因此小气团在声波的每一个周期中，把热量从右边移到左边，与温度梯度逆向. 在板堆中所有小气团都类同，总的效应是从低温热源（T_c）吸热 Q_c，向高温热源（T_h）放出热量 Q_h，而小气团从驻波吸收功 W. 那么 $W+Q_c=Q_h$，制冷系数为 $\varepsilon=Q_c/W$.

由上讨论可知，在板堆中的温度梯度的大小决定着一个热声器件是制冷机（外界做功）还是发动机（对外做功）. 热机中温度梯度大，小气团在板堆中位移至左边时，绝热压缩后发现它的温度比板堆的局部温度低，所以就从板中吸热；而在制冷机中温度梯度小，当小气团位移至左边时，经绝热压缩后发现它的温度比板堆的局部温度高，所以它在板的较高温度处放出热量.

目前已用热声器件做成了模型机器，用来液化天然气或制成冰箱. 例如，1999年 Los Alamos 国家实验室制成的热声斯特林发动机，谐振器长约 4m，充进 3MPa 压力的氦气，共振频率 80Hz，$T_h=725℃$，$T_c=15℃$，输出功 710W，效率 $\eta=0.30$，是卡诺效率的 42%. 他们曾用热声发动机驱动一个热声制冷机（脉冲管型），冷至 $T_c=180\text{K}$，冷却功率为 30W. 此种装置无一个运动部件，而且工作介质又是惰性气体，对于未来环保型的制冷行业有极大的应用前景.

第3章 热力学第二定律 熵

3.1 不可逆过程

一个过程的每一步都可在相反方向进行而不引起其他变化，称可逆过程，反之，引起其他变化的过程称不可逆过程.

准静态过程是可逆过程，它的每一步都处在热力学平衡态. 除了准静态过程，其他一切实际过程均是不可逆过程，即任何一个实际过程均可向相反方向进行，但要引起外界的变化. 一切实际过程均不可逆反映了热力学的规律，这和力学规律是完全不同的. 这就是热力学第二定律所表达的基本事实.

但实际过程在自然界有无穷多个，无法一一证明，故只能用逻辑推理的方法来说明热力学第二定律所表达的基本事实——实际过程均是不可逆过程. 首先看准静态过程，它是一个理想的过程，要求进行得无限缓慢且无摩擦或无能量损耗，这在实际过程中是做不到的，所以实际过程就不可能是可逆过程. 再看一些极端的例子，如人的生长过程，炸弹的爆炸过程，气体的扩散过程等，均是不可逆过程.

下面我们分析两个典型的过程来说明以上事实. 第一个是摩擦生热过程. 我们可以用两块石头在大水池中互相摩擦，产生的热量传给水，所以在此过程中我们做的功完全变成了热量；或者用电阻器通电流在水中加热，电流做的功也全部变成了热量. 但是它的逆过程——把热量全部变成功却是不可能的. 要把热量转变成功需要一个热机，它从热源吸收热量 Q_1，对外界做功 W，要想循环做功就必须向低温热源放出热量 Q_2，就是在理想的情况下(如不考虑摩擦)也不可能使 $Q_2=0$，也就是说不可能把从热源吸收的热量 Q_1 全部变成功. 第二个例子是热传导过程. 假如我们把一杯开水放在桌子上，房间中空气的温度是室温，开水就会自动地慢慢冷至室温，开水把它的热量全部给了空气. 我们把周围的空气称为大热源，它的热容量无限大，即增加热量不改变它的温度，又如海水也是大热源. 热传导过程也是不可逆过程，不可能把周围空气的热量自动地传给杯中的水，使其成为开水而不引起其他变化. 要让热量从冷的物体传到热的物体，需要一个制冷机，对制冷机做功，把低温热源的热量取出，传至高温热源. 这个过程中外界做了功. 热量不会自动地从低温热源传到高温热源.

另外，还可以用反证法来分析，如果在实际过程中有一个过程是可逆过程，则可证明其他宏观过程都是可逆的. 假定热传导过程是可逆的，即热量可以从低温热源自动传至高温热源，则可以证明摩擦生热也是可逆的，即热量可以全部转化成功，而不发生其他变化. 图 3.1(a)中一个热机工作在两个热源之间，从热源吸收热量 Q_1，对外做功 W，向低温热源放出热量 Q_2，$W=Q_1-Q_2$，由于热传导过程可逆，把 Q_2 直接传到高温热源，这两个过程合起来最终的结果是热机从高温热源吸收的热量 Q_1-Q_2 全部转化成功，而未发生其他变化，即摩擦生热也是可逆的. 同样，假定摩擦生热过程是可逆的，可以证明热传导过程也是可逆的. 图 3.1(b)中，一个制冷机从低温热源吸热 Q_1，外界做功 W，向高温热源放出热量 Q_2，$Q_2=Q_1+W$，若把其中一部分热量全部转化成功 W(摩擦生热过程可逆)，则最终的结果是热量 Q_1 自动传给了高温热源，而未发生其他变化.

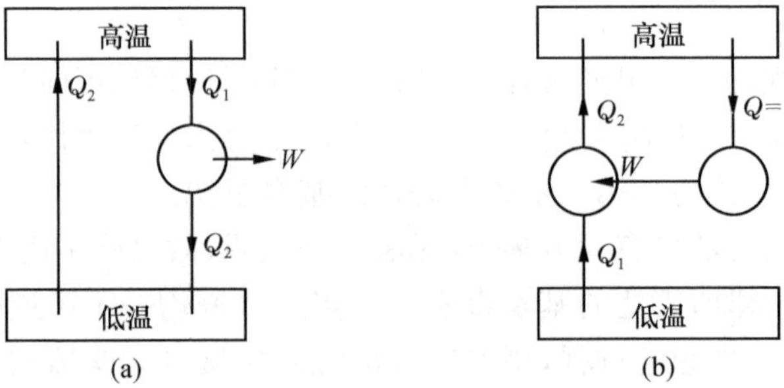

图 3.1 热传导过程可逆导致摩擦生热可逆，反之亦然

以上仅是说明(但并不是证明)宏观过程不可逆的事实，也是热力学第二定律要表述的事实.

3.2 热力学第二定律

热力学第二定律是从经验中得到的，它有几种表述方式. 一般的表述为：任何一个宏观过程向相反方向进行而不引起其他变化，是不可能的. 历史上有以下几种表述方式.

1850 年克劳修斯(Clausius)根据热传导的逆过程的不可能性提出以下说法：不可能把热量从低温物体传到高温物体而不引起其他变化. 此称为克劳修斯说法.

1851 年开尔文(Kelvin)根据摩擦生热的逆过程的不可能性提出一个说法，后经普朗克(Planck)简述为：不可能从单一热源取热使它全部变成功而不引起其他变化. 此称为开尔文-普朗克说法.

奥斯特瓦尔德(Ostwald)提出另一个重要的说法：第二类永动机是不可能实现的. 所谓第二类永动机是指一个热机仅从单一热源吸热而转变成功，而无其他变化.

虽然有上述几种不同的说法，但可以证明是等价的.

这里要强调的是“不引起其他变化”. 下面以理想气体的自由膨胀来说明此点，一个理想气体等温可逆地膨胀，对外做了功，由于理想气体的自由膨胀内能不变，$\Delta U=0$，则理想气体做的功等于气体在膨胀过程中吸收的热量，吸收的热量全部变成了功. 这似乎违反了热力学第二定律的 Kelvin-Planck 说法，但实际上有其他变化，在此过程中当过程终了时气体占据了更大的体积. 所以上述过程是热力学第二定律所允许的.

3.3 卡诺定理

下面我们考虑工作于两个热源之间的循环过程. 如果一个循环过程是准静态的，则它的每一步都是热力学平衡态，在两个独立状态变量构成的平面图上，可用一条闭合曲线来表示它. 但如果是非静态的过程，照例是画不出曲线的. 这里约定不管是否是准静态过程，均用一闭合曲线来表示循环过程.

一个热机工作于两个热源 T_1 和 T_2 之间（$T_1>T_2$），在一个循环过程中，从 T_1 吸热 Q_1，对外做功 W，向 T_2 放热 Q_2，则热机的效率为

$$\eta=\frac{W}{Q_1}$$

卡诺定理说：所有工作于同温热源和同温冷源之间的循环过程以可逆循环的效率最大. 此定理可从热力学第二定律证明.

在图 3.2 中，一个可逆循环和一个不可逆循环工作于同一热源（T_1）和同一冷源（T_2）之间，可逆循环（R）从热源吸热 Q_1，对外做功 W，向冷源放热 Q_2，它的效率为

$$\eta_R=\frac{W}{Q_1}$$

不可逆循环（I）从热源吸热 Q_1，对外做功 W'，向冷源放热 Q_2'，它的效率为

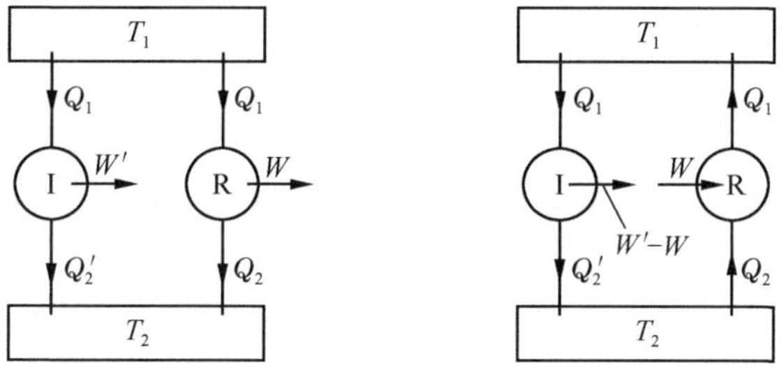

图 3.2　卡诺定理的证明，R 代表可逆循环，I 代表不可逆循环

$$\eta_{\mathrm{I}} = \frac{W'}{Q_1}$$

下面用反证法来证明卡诺定理. 如果卡诺定理不对,即 $\eta_{\mathrm{I}} > \eta_{\mathrm{R}}$,那么 $W' > W$. 这样我们可以把两个循环联合起来工作(图 3.2 的右图),让可逆循环(R)倒过来工作,由于不可逆循环(I)做的功大,故分出一部分 W 作为对可逆循环做的功,另一部分 $W' - W$ 为不可逆循环对外界做的功. 联合循环的结果是:不可逆循环从热源吸热 Q_1,可逆循环又向冷源放热 Q_1,高温热源无变化. 联合循环做功 $W' - W$,而从冷源吸热为 $Q_2 - Q'_2$. 因为

$$W' = Q_1 - Q'_2, \quad W = Q_1 - Q_2$$

可得 $W' - W = Q_2 - Q'_2$,最终的结果是从单一热源吸收的热量全部转变成功,而未发生其他变化. 这是违反热力学第二定律的 Kelvin 说法的,所以假设的前提是错的,只能是

$$\eta_{\mathrm{I}} \leqslant \eta_{\mathrm{R}}$$

这就证明了卡诺定理.

下面证明卡诺定理的一个重要推论:工作于同温热源和同温冷源之间的可逆循环的效率均相同. 证明如下:设有两个可逆循环 R_1 和 R_2,由于 R_1 是可逆循环,则可得

$$\eta_{\mathrm{R}_1} \geqslant \eta_{\mathrm{R}_2}$$

又因为 R_2 也是可逆循环,则

$$\eta_{\mathrm{R}_2} \geqslant \eta_{\mathrm{R}_1}$$

既然两式均要成立,只能是 $\eta_{\mathrm{R}_1} = \eta_{\mathrm{R}_2}$,以上证明未涉及工作物质,所以此推论与工作物质无关. 从此推论可导出热力学温标及态函数熵.

3.4 热力学温标

按卡诺定理的推论,一个可逆热机的效率与工作物质无关,只与两个热源的温度有关,所以可把效率写成

$$\eta = 1 - \frac{Q_2}{Q_1} = 1 - f(\theta_1, \theta_2)$$

其中,θ_1 和 θ_2 分别是高温热源和低温热源的温度,Q_1 和 Q_2是热机从高温热源吸收的热量与向低温热源放出的热量.

现在考虑图 3.3 中的三个可逆循环(温度 $\theta_3 > \theta_1 > \theta_2$),热机 1 从高温热源($\theta_1$)吸热 Q_1,向低温热源(θ_2)放热 Q_2,它的效率为

$$\eta_1 = 1 - \frac{Q_2}{Q_1} = 1 - f(\theta_1, \theta_2)$$

改写成

$$\frac{Q_2}{Q_1}=1-\eta_1=f(\theta_1,\theta_2)$$

对热机 2 和热机 3 同理可得

$$\frac{Q_2}{Q_3}=1-\eta_2=f(\theta_3,\theta_2)$$

$$\frac{Q_1}{Q_3}=1-\eta_3=f(\theta_3,\theta_1)$$

所以

$$\frac{Q_2}{Q_1}=f(\theta_1,\theta_2)=\frac{Q_2}{Q_3}\bigg/\frac{Q_1}{Q_3}=\frac{f(\theta_3,\theta_2)}{f(\theta_3,\theta_1)}=\frac{f(\theta_2)}{f(\theta_1)}$$

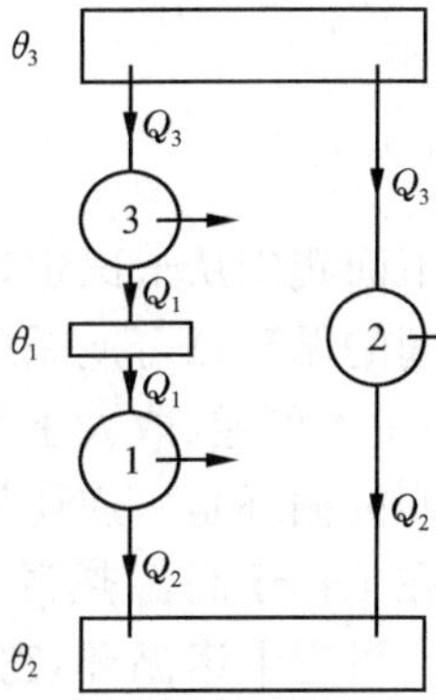

图 3.3 热力学温标的导出

$f(\theta_1)$和 $f(\theta_2)$是温度的函数，可取最简单的形式，定义热力学温标取 $f(\theta)=T$，可得

$$\frac{Q_2}{Q_1}=\frac{T_2}{T_1}$$

如取 $T_1=273.16\text{K}$，那么 $T_2=273.16\text{K}\times\frac{Q_2}{Q_1}$. 这样，我们只要做一个可逆热机，把一端放在水的三相点，另一端放在待测温度，测出热量 Q_1 和 Q_2，就可得 T. 对可逆循环，工质的温度和热源的温度相等.

但是可逆热机在实验上是无法实现的，所以热力学温标仅是理论温标. 为了实现热力学温标，下面我们证明理想气体温标和热力学温标的等同性.

用理想气体作工作介质，执行一个卡诺循环，热源和冷源的温度分别为 θ_1 和 θ_2，它的效率为(2.7 节)

$$\eta'=1-\frac{\theta_2}{\theta_1}$$

由于两个工作在同温热源和同温冷源之间的可逆热机效率相等，所以

$$\eta'=1-\frac{\theta_2}{\theta_1}=1-\frac{T_2}{T_1}$$

$$\frac{\theta_2}{\theta_1}=\frac{T_2}{T_1}$$

如取 $\theta_1=T_1$，则 $\theta_2=T_2$，也就是说理想气体温标和热力学温标相等. 虽然理想气体温标仍是理论上的温标，但它可用等容气体温度计去逼近它($p\to 0$).

从热力学温标的定义$\frac{Q_2}{Q_1}=\frac{T_2}{T_1}$，得到 $T_2=273.16\text{K}\times\frac{Q_2}{Q_1}$. Q_2越小，则 T_2 越低，当 Q_2取最小的可能值零时，则 $T=0\text{K}$，这就是绝对零度. 热力学温标的最低温度是 0K. 按热力学第二定律，Q_2不能为零. 若 $Q_2=0$，就违背了热力学第二定律. 实验告诉我们，确实如此，这正是热力学第三定律所肯定的.

3.5 态函数——熵

下面我们从卡诺定理导出态函数熵. 卡诺定理指出工作于同温热源和同温冷源之间的循环以可逆循环效率最大,即 $\eta_R \geqslant \eta$,这就给出判别此循环是可逆(取等号)还是不可逆(取大于号)的准则. 下面我们要导出判别工作于同温热源和同温冷源之间的循环是可逆还是不可逆的更为方便的形式.

在工作于高温热源(T_1)和低温热源(T_2)的循环中,有一个特殊的可逆循环——可逆卡诺循环,它的效率为

$$\eta_R = \frac{W}{Q_1} = 1 - \frac{T_2}{T_1}$$

由于工作于同温热源(T_1)和同温冷源(T_2)之间的可逆循环的效率均相同,所以它的效率可代表所有工作于同温热源和同温冷源之间的可逆循环. 对于工作于 T_1 和 T_2 之间的任一循环,它的效率为

$$\eta = \frac{W}{Q_1} = 1 - \frac{Q_2}{Q_1}$$

这样我们可以得到

$$1 - \frac{T_2}{T_1} \geqslant 1 - \frac{Q_2}{Q_1}$$

或

$$\frac{T_2}{T_1} \leqslant \frac{Q_2}{Q_1}$$

如果取吸热为正,放热为负,则得

$$\frac{Q_1}{T_1} + \frac{Q_2}{T_2} \leqslant 0$$

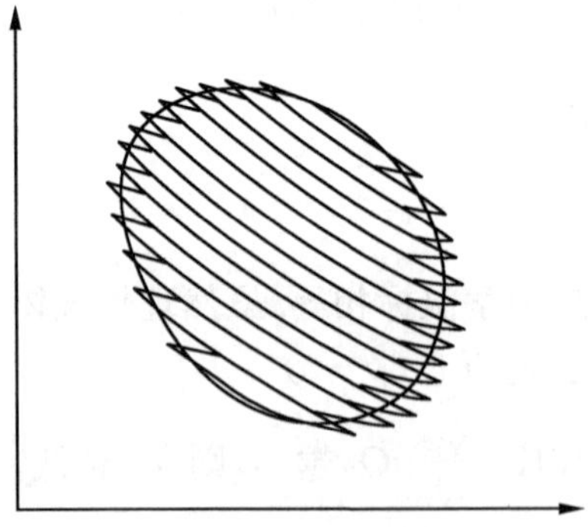

图 3.4 一个任意循环可分成无限多个小循环

这样我们得到了判别工作于两个热源之间的循环过程是否可逆的较为方便的形式,此式称为克劳修斯等式和不等式.

但是一个循环过程不一定只工作于两个热源之间,也可以工作于多个热源之间,所以还必须推广到更一般的情况. 现有一个任意的循环,如图 3.4 所示. 我们可以把此循环分成无限多个小循环,对于每一个小循环有

$$\frac{Q_1}{T_1} + \frac{Q_2}{T_2} \leqslant 0, \quad \frac{Q_3}{T_3} + \frac{Q_4}{T_4} \leqslant 0, \quad \cdots$$

把所有的小循环加在一起得

$$\frac{Q_1}{T_1}+\frac{Q_2}{T_2}+\frac{Q_3}{T_3}+\frac{Q_4}{T_4}+\cdots\leqslant 0$$

由于相邻循环的中间过程互相抵消了(这里要注意的是中间过程是在想象中引进的,可取为可逆过程),仅留下锯齿型的循环,当循环个数趋向于无穷,则锯齿型的循环就趋向于实际循环,可得

$$\oint\frac{\mathrm{d}Q}{T}\leqslant 0\quad(\text{可逆循环取等号,不可逆循环取小于号})$$

其中,T 是热源温度.

以上给出了判别任意一个循环是否可逆的准则,下面还要把它推广到任意一个过程上去,给出判别任意一个过程是否可逆的准则.先考虑一个由两个可逆过程组成的可逆循环,见图 3.5(a).图中一个可逆过程 R_1 从 A 到 B,另一个可逆过程 R_2 从 B 到 A,完成一个循环,可得

$$\oint_{\mathrm{R}_1+\mathrm{R}_2}\frac{\mathrm{d}Q}{T}=0$$

它可分解成

$$\int_A^B\frac{\mathrm{d}Q}{T}+\int_B^A\frac{\mathrm{d}Q}{T}=0$$

则

$$\int_{A(\mathrm{R}_1)}^B\frac{\mathrm{d}Q}{T}=-\int_{B(\mathrm{R}_2)}^A\frac{\mathrm{d}Q}{T}=\int_{A(-\mathrm{R}_2)}^B\frac{\mathrm{d}Q}{T}$$

从此等式可看出 A、B 两点的积分沿途径(R_1)和沿途径($-\mathrm{R}_2$)相等.这表明存在一个态函数,称它为熵,用 S 表示.上面的积分可写成

$$\int_{A(\mathrm{R})}^B\frac{\mathrm{d}Q}{T}=S_B-S_A$$

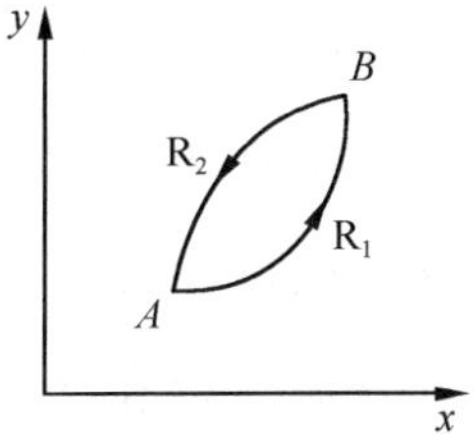

(a) 两个可逆过程组成的循环

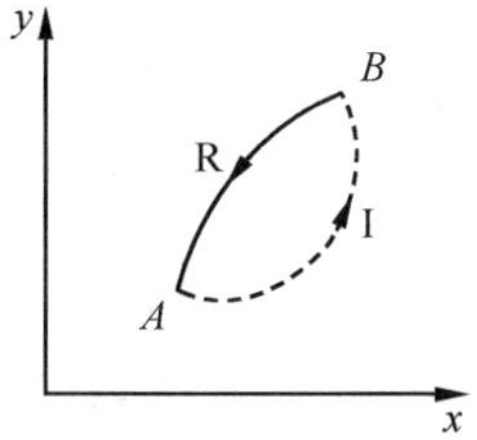

(b) 一个可逆过程和一个不可逆过程组成的循环

图 3.5

所以熵是状态参量的函数.下面讨论由一个可逆过程和一个不可逆过程组成的循环,见图3.5(b).一个不可逆过程I从A到B,而一个可逆过程R从B回到A,对此循环有

$$\oint_{\mathrm{I+R}} \frac{\mathrm{d}Q}{T} < 0$$

写成两个过程为

$$\int_{A(\mathrm{I})}^{B} \frac{\mathrm{d}Q}{T} + \int_{B(\mathrm{R})}^{A} \frac{\mathrm{d}Q}{T} < 0$$

其中可逆过程可倒过来,得

$$\int_{A(\mathrm{I})}^{B} \frac{\mathrm{d}Q}{T} < \int_{A(-\mathrm{R})}^{B} \frac{\mathrm{d}Q}{T} = S_B - S_A$$

上面两种情况合起来就可得到

$$S_B - S_A \geqslant \int_A^B \frac{\mathrm{d}Q}{T} \quad (\text{可逆取等号,不可逆取大于号})$$

把上式推广到元过程

$$\mathrm{d}S \geqslant \frac{\mathrm{d}Q}{T}$$

这里可看到$\mathrm{d}Q$不是态函数,但乘上一个积分因子$1/T$就变成了态函数.

态函数熵S是一个重要的热力学函数.下面我们介绍在热工计算和制冷技术中经常用到的T-S图和S-T图.从$\mathrm{d}S \geqslant \frac{\mathrm{d}Q}{T}$可得,对一个元可逆过程$\mathrm{d}S = \frac{\mathrm{d}Q}{T}$.一个可逆过程从状态$A$到状态$B$系统所吸收的热量为:$Q = \int_A^B T\mathrm{d}S$,此式对任何过程都适用.它在$T$-$S$图上就是$AB$曲线下方的面积(图3.6).各种多方过程在$T$-$S$图上的表示见图3.7.对等温过程($n=1$)和绝热过程(即等熵过程$n=\gamma$)是一目了然的,对等压过程($n=0$),若是等压膨胀,要吸热,因而熵增加,温度升高,曲线向右上方,斜率为$\left(\frac{\mathrm{d}T}{\mathrm{d}S}\right)_p = \frac{T}{C_p}$.对等容过程($n=\infty$),曲线也向右上方,斜率为$\left(\frac{\mathrm{d}T}{\mathrm{d}S}\right)_V = \frac{T}{C_V}$,斜率比等压过程大($C_p > C_V$).对多方过程,$1 < n < \gamma$,曲线在等温过程和绝热过程之间,在右下方.对任意一个循环过程在T-S图上可计算循环过程中吸收的热量、放出的热量和系统对外做的功.只要画两条平行与T轴,并分别与循环曲线的左右两边相切,则两切点以上的过程所吸收的热量就是上方曲线下的面积,两切点以下的过

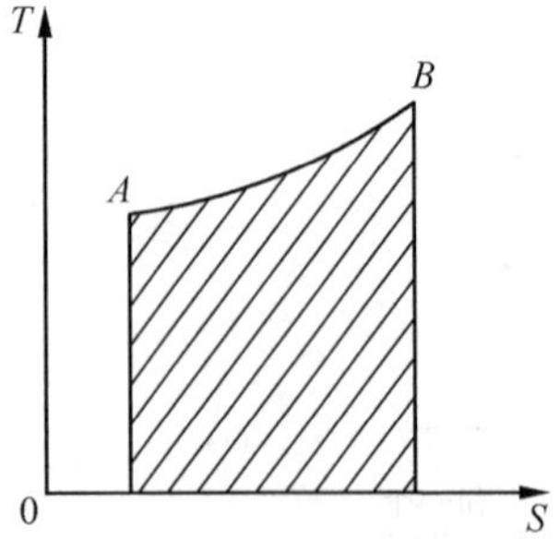

图3.6 T-S图

程所放出的热量就是下方曲线下的面积，系统对外做的功就是循环曲线包围的面积.

在制冷技术中经常用到 S-T 图. 各种过程在 S-T 图上的表示，只要把 T-S 图作适当的翻转即可，见图 3.8.

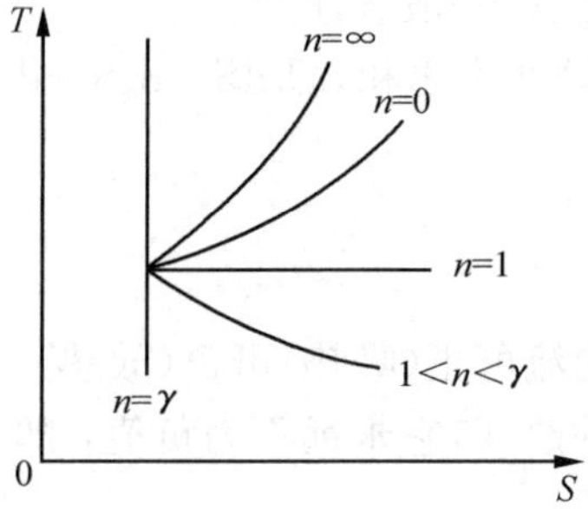

图 3.7　过程在 T-S 图上的表示

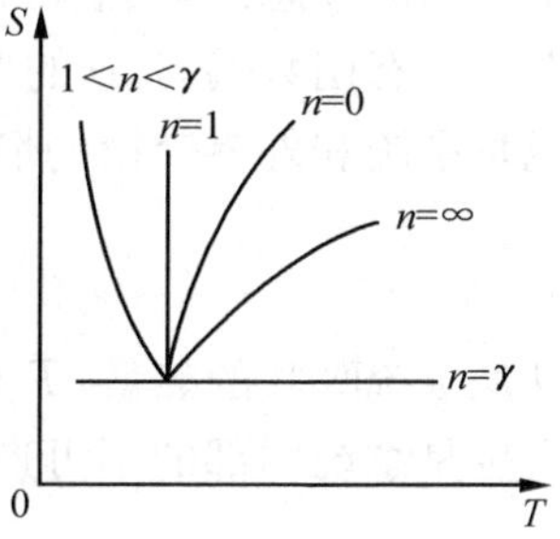

图 3.8　S-T 图

3.6　熵流和熵产生

对于任何一个可逆过程有

$$\mathrm{d}S = \frac{\mathrm{d}Q}{T}$$

这意味着外界的热量流入系统引起熵的增加，我们把 $\frac{\mathrm{d}Q}{T}$ 称为熵流，用 $\mathrm{d_e}S$ 来表示，即

$$\mathrm{d_e}S = \frac{\mathrm{d}Q}{T}$$

热量也可以从系统流到外界，使系统的熵减小，$\mathrm{d_e}S<0$，称为负熵流. 可逆过程中吸热还是放热决定系统的熵是增加还是减小. 对一个绝热可逆过程

$$\mathrm{d}Q = 0, \quad \mathrm{d_e}S = 0$$

对于一个不可逆过程

$$\mathrm{d}S > \frac{\mathrm{d}Q}{T}$$

如果是一个绝热不可逆过程，则

$$\mathrm{d}Q = 0, \quad \mathrm{d_e}S = \frac{\mathrm{d}Q}{T} = 0$$

而 $\mathrm{d}S>0$，在绝热不可逆过程中，没有熵流，但是系统的熵还是增加的，这是由于系统内部的不可逆变化引起的熵的增加，我们称它为熵产生，用符号 $\mathrm{d_i}S$ 表示. 对绝热不可逆过程

$$dS = d_iS > 0$$

熵产生总是大于零(不可逆过程)或等于零(可逆过程). 对于任意一个不可逆过程,既有熵流也有熵产生

$$dS = d_eS + d_iS$$

有了上面的概念后,我们可以把热力学第二定律一般表述为:

存在一个态函数熵 S,它的变化等于熵流和熵产生之和,即 $dS=d_eS+d_iS$.

熵流是系统和外界交换的熵

$$d_eS = \frac{dQ}{T}$$

其中,dQ 是系统吸收的热量,T 是系统的温度. 熵流可正(吸热)可负(放热).

熵产生是系统内部的不可逆过程引起的熵的改变,它永远不为负值,即

$$d_iS \geqslant 0$$

从热力学第一定律和热力学第二定律可以得到以下的基本关系式:

$$TdS = dU + dW + Td_iS$$

对于可逆过程

$$d_iS = 0$$

如果 $dW = \sum_i Y_i dx_i$,其中 x_i 为外参量,Y_i 是其对应的广义力,则

$$TdS = dU + \sum_i Y_i dx_i$$

对于 p-V 体系,上式可写成

$$TdS = dU + pdV$$

3.7 特殊情况下的熵产生计算

一般情况下不可逆过程的熵产生计算将在第 8 章中讲,这里我们仅考虑一些特殊情况下不可逆过程的熵产生计算. 首先考虑初态和终态是平衡态,系统经历一个不可逆过程. 因为熵是态函数,我们可以选任意一个可逆过程来计算不可逆过程的熵产生,只要这个可逆过程的初态和终态与所考虑的不可逆过程的相同. 则系统熵的变化为

$$\Delta S = S_f - S_i = \int_i^f \frac{dQ}{T}$$

积分沿可逆过程的路径. 下面举一些例子来计算不可逆过程的熵产生.

1) 系统和大热源接触,外界对系统做功 W

如系统为黏滞液体,它经受一个不规则扰动,此过程有能量损耗,是一个不可

逆过程. 对系统做的功 W 转化成热量 Q 传给大热源，变成大热源的内能. 过程终了时系统状态无变化，所以系统的熵不变

$$\Delta S(\text{系统}) = 0$$

大热源的熵增加

$$\Delta S(\text{环境}) = \frac{+Q}{T} = \frac{W}{T}$$

我们把系统的熵变和环境的熵变之和称为宇宙的熵变，所以

$$\Delta S(\text{宇宙}) = \Delta S(\text{系统}) + \Delta S(\text{环境}) = \frac{W}{T}$$

2）与上述过程相同，但系统不和大热源接触，而是与外界绝热

在此过程中有能量损耗，是一个不可逆过程. 外界对系统做的功 W 转化成热量，变成系统的内能，使系统的温度升高，从 T_i 升至 T_f. 假定保持压强不变. 为了计算此不可逆过程的熵产生，可以选择一个等压可逆过程，初态为 (T_i, p)，终态为 (T_f, p). 此过程的熵变为

$$\Delta S(\text{系统}) = \int_{T_i}^{T_f} \frac{dQ}{T} = \int_{T_i}^{T_f} \frac{C_p dT}{T} = C_p \ln \frac{T_f}{T_i} \quad (\text{假定 } C_p \text{ 为常数})$$

$$\Delta S(\text{环境}) = 0, \quad \Delta S(\text{宇宙}) = C_p \ln \frac{T_f}{T_i}$$

3）气体的自由膨胀过程，在此过程中，体积从 V_i 变到 V_f

由于理想气体自由膨胀过程温度不变，所以 $T_i = T_f = T$. 可用一个可逆等温过程来计算熵变

$$\Delta S(\text{系统}) = \int_{V_i}^{V_f} \frac{dQ}{T} = \int_{V_i}^{V_f} \frac{dU + dW}{T} = \int_{V_i}^{V_f} \frac{dW}{T} = nR\int_{V_i}^{V_f} \frac{dV}{V} = nR \ln \frac{V_f}{V_i}$$

这里用了理想气体的内能仅是温度的函数. 自由膨胀是绝热进行的，所以

$$\Delta S(\text{环境}) = 0$$

$$\Delta S(\text{宇宙}) = nR \ln \frac{V_f}{V_i}$$

4）热传导过程

热量 Q 从一个热源（温度为 T_1）通过一个系统传给一个冷源（温度为 T_2），系统保持不变. 在此不可逆过程中，有

$$\Delta S(\text{系统}) = 0$$

$$\Delta S(\text{热源}) = -\frac{Q}{T_1}$$

$$\Delta S(\text{冷源}) = +\frac{Q}{T_2}$$

$$\Delta S(\text{环境}) = \frac{Q}{T_2} - \frac{Q}{T_1}$$

5）两种不同气体的互扩散

一个容器的体积为 $2V$,中间用一个隔板把两种不同气体分开,两种气体的温度均为 T,体积各为 V,然后把隔板抽掉,互扩散后达到充分混合. 此不可逆过程可看成两个理想气体的自由膨胀. 设两种气体的质量均为 1mol,对每个气体的熵变为

$$\Delta S_1 = \Delta S_2 = nR\ln\frac{V_f}{V_i} = R\ln 2$$

总熵变为

$$\Delta S = \Delta S_1 + \Delta S_2 = 2R\ln 2$$

6）热传导棒的熵变

上面我们讨论的不可逆过程均是初态和终态都是平衡态,现在我们讨论一个初态是非平衡态而终态是平衡态的情况. 一根长 L 的均匀金属棒,截面积为 A,两端分别与热库(T_1)和冷库(T_2)接触达到热稳定态. 然后与热库和冷库脱离,这时棒与外界热绝缘,经过一段时间后,整根金属棒由于内部的热传导,最后达到平衡态,终温为 T_f,现计算此过程的熵变.

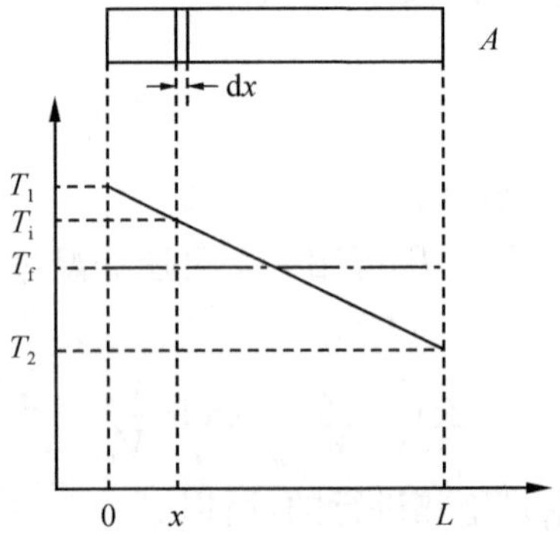

图 3.9 金属棒在初态和终态时的温度分布

棒在初态和终态时的温度分布见图 3.9. 利用局部平衡假设,虽然初态时棒处于非平衡态,但在 x 处的小体积元 $A\mathrm{d}x$ 可认为处在平衡态,这样对小体积元来说初态和终态均是平衡态. 先计算小体积元的熵变,然后对整根金属棒积分就可得到热传导棒的熵变. 设金属棒的密度为 ρ,小体积元的质量为 $\rho A\mathrm{d}x$,材料的比热容 C_p 与温度无关,则小体积元的热容量为:$C_p\rho A\mathrm{d}x$. 小体积元的温度变化 $\mathrm{d}T$ 时,吸收(或放出)热量 $\mathrm{d}Q = C_p\rho A\mathrm{d}x\mathrm{d}T$. 小体积元从温度 T_i 变到 T_f 的熵变为 $\mathrm{d}S = \int_{T_i}^{T_f}\frac{\mathrm{d}Q}{T}$,其中

$$T_f = \frac{T_1 + T_2}{2},\quad T_i = T_1 - \frac{T_1 - T_2}{L}x$$

$$\mathrm{d}S = C_p\rho A\mathrm{d}x\int_{T_i}^{T_f}\frac{\mathrm{d}T}{T} = C_p\rho A\mathrm{d}x\ln\frac{T_f}{T_i} = -C_p\rho A\mathrm{d}x\ln\left(\frac{T_1}{T_f} - \frac{T_1 - T_2}{LT_f}x\right)$$

对棒积分得总熵变

$$\begin{aligned}\Delta S &= -C_p\rho A\int_0^L \ln\left(\frac{T_1}{T_f} - \frac{T_1 - T_2}{LT_f}x\right)\mathrm{d}x \\ &= C_p\rho AL\left(1 + \ln T_f + \frac{T_2}{T_1 - T_2}\ln T_2 - \frac{T_1}{T_1 - T_2}\ln T_1\right)\end{aligned}$$

第 4 章　热力学函数和应用　热力学第三定律

4.1 引　　言

从热力学第一、第二定律得到热力学的基本公式

$$TdS = dU + đW + Td_iS \tag{4.1.1}$$

对可逆过程有

$$Td_iS = 0$$

式(4.1.1)可写成

$$dU = TdS - đW = TdS - ydx \tag{4.1.2}$$

对 pV 体系

$$dU = TdS - pdV \tag{4.1.3}$$

式(4.1.3)为选取 S 和 V 为独立自变量时，内能 U 的全微分表达式. 当我们用它来讨论气体的绝热膨胀过程时，就非常方便. 因为 $dS=0$，所以 $dU=-pdV$，即外界对系统做的功等于系统内能的增加. 原则上可以用上式讨论各种问题. 但在实际应用中，对某些经常遇到的物理条件，用其他热力学函数更为方便. 如讨论等温、等压过程时，用 S 和 V 做自变量的热力学函数就很不方便了，这时最好用 T 和 V 或 T 和 p 做自变量的热力学函数. 另一方面，从实验上讲，温度和压强是可以控制的，而 S 和 V 做自变量就不好控制. 再从热力学第一、第二定律本身来讲，它们是自然界的普遍定律，它们的数学表达式也应反映热力学的特点——普遍性. 所以我们要把热力学第一、第二定律的数学表达式用不同的自变量来表达，这就要引进其他的热力学函数.

4.2 勒让德(Legendre)变换

为了引进其他的热力学函数，我们要用数学上的勒让德变换. 如果 L 是 n 个变量$(a_1, a_2, a_3, \cdots, a_n)$的函数，可写成

$$L = L(a_1, a_2, a_3, \cdots, a_n) \tag{4.2.1}$$

它的全微分为

$$dL = A_1 da_1 + A_2 da_2 + \cdots + A_n da_n \tag{4.2.2}$$

定义一个新函数

$$\bar{L} = L - A_1 a_1 \tag{4.2.3}$$

新函数的全微分为

$$\mathrm{d}\bar{L} = \mathrm{d}L - A_1 \mathrm{d}a_1 - a_1 \mathrm{d}A_1 = -a_1 \mathrm{d}A_1 + A_2 \mathrm{d}a_2 + \cdots + A_n \mathrm{d}a_n \tag{4.2.4}$$

$\bar{L}$ 是自变量$(A_1, a_2, a_3, \cdots, a_n)$的函数.原来的自变量 a_1 变换成 A_1.

下面用勒让德变换得到新的热力学函数.从内能 U 出发有

$$U = U(S,x), \quad \mathrm{d}U = T\mathrm{d}S - y\mathrm{d}x \tag{4.2.5}$$

把变量 x 转变成变量 y,新函数应是 $U+yx=H$,这就是前面讲过的态函数焓 H.

$$H = H(S,y), \quad \mathrm{d}H = T\mathrm{d}S + x\mathrm{d}y \tag{4.2.6}$$

如果把内能 U 的自变量 S 换成 T,可得另一个新函数 $U-TS=F$,称自由能.

$$F = F(T,x), \quad \mathrm{d}F = -S\mathrm{d}T - y\mathrm{d}x \tag{4.2.7}$$

再把自由能中的变量 x 换成 y,得 $F+yx=U-TS+xy=G$,称吉布斯函数.

$$G = G(T,y), \quad \mathrm{d}G = -S\mathrm{d}T + x\mathrm{d}y \tag{4.2.8}$$

上面用 4 个自变量(S,T,x,y)得到 4 个热力学函数(U,H,F,G).但以上自变量和函数的定义不是绝对的,自变量和函数之间可以互换,其中以(U,x)为自变量定义的函数 S 在统计物理中将用到,即

$$\mathrm{d}S = \frac{1}{T}\mathrm{d}U + \frac{y}{T}\mathrm{d}x, \quad \frac{1}{T} = \left(\frac{\partial S}{\partial U}\right)_x, \quad \frac{y}{T} = \left(\frac{\partial S}{\partial x}\right)_U \tag{4.2.9}$$

由于 p-V 体系用得较多,对 p-V 体系的热力学函数表达式为

$$U = U(S,V), \quad \mathrm{d}U = T\mathrm{d}S - p\mathrm{d}V \tag{4.2.10}$$

$$H = U + pV \quad H = H(S,p), \quad \mathrm{d}H = T\mathrm{d}S + V\mathrm{d}p \tag{4.2.11}$$

$$F = U - TS \quad F = F(T,V), \quad \mathrm{d}F = -S\mathrm{d}T - p\mathrm{d}V \tag{4.2.12}$$

$$G = F + pV = U - TS + pV \quad G = G(T,p), \quad \mathrm{d}G = -S\mathrm{d}T + V\mathrm{d}p \tag{4.2.13}$$

4.3 麦克斯韦关系

下面讨论 4 个自变量(S,T,x,y)定义的 4 个热力学函数(U,H,F,G),它们的两个自变量之间的关系.以 S 和 x 为自变量的函数是 U,从

$$\mathrm{d}U = T\mathrm{d}S - y\mathrm{d}x$$

可得

$$T = \left(\frac{\partial U}{\partial S}\right)_x, \quad y = -\left(\frac{\partial U}{\partial x}\right)_S$$

T 对 x 偏微商,y 对 S 偏微商可得

$$\left(\frac{\partial T}{\partial x}\right)_S = -\left(\frac{\partial y}{\partial S}\right)_x \tag{4.3.1}$$

从其他三个函数同理可得

$$dH = TdS + xdy$$

$$T = \left(\frac{\partial H}{\partial S}\right)_y, \quad x = \left(\frac{\partial H}{\partial y}\right)_S$$

$$\left(\frac{\partial T}{\partial y}\right)_S = \left(\frac{\partial x}{\partial S}\right)_y \tag{4.3.2}$$

$$dF = -SdT - ydx$$

$$S = -\left(\frac{\partial F}{\partial T}\right)_x, \quad y = -\left(\frac{\partial F}{\partial x}\right)_T$$

$$\left(\frac{\partial S}{\partial x}\right)_T = \left(\frac{\partial y}{\partial T}\right)_x \tag{4.3.3}$$

$$dG = -SdT + xdy$$

$$S = -\left(\frac{\partial G}{\partial T}\right)_y, \quad x = \left(\frac{\partial G}{\partial y}\right)_T$$

$$\left(\frac{\partial S}{\partial y}\right)_T = -\left(\frac{\partial x}{\partial T}\right)_y \tag{4.3.4}$$

上面4个公式(4.3.1)、(4.3.2)、(4.3.3)、(4.3.4)称麦克斯韦(Maxwell)关系式，简称麦氏关系，它们在热力学量之间的转换中非常重要. 下面给出在 p-V 体系中麦氏关系的表示式：

$$\left(\frac{\partial p}{\partial S}\right)_V = -\left(\frac{\partial T}{\partial V}\right)_S, \quad \left(\frac{\partial V}{\partial S}\right)_p = \left(\frac{\partial T}{\partial p}\right)_S$$

$$\left(\frac{\partial S}{\partial V}\right)_T = \left(\frac{\partial p}{\partial T}\right)_V, \quad \left(\frac{\partial S}{\partial p}\right)_T = -\left(\frac{\partial V}{\partial T}\right)_p \tag{4.3.5}$$

4个麦氏关系可用以下方法记忆：以 S、p、T、V 为顺序，沿等式的四角转一圈，如果 S、p 在等式的一边，则等式取负号；如果 S、p 在等式的两边，则等式取正号.

4.4 特性函数

从热力学第一定律和热力学第二定律引入了两个重要的热力学函数：内能和熵. 只要已知物态方程和比热容(由实验得到)，就可以计算热力学函数. 如以 T、V 为自变量，物态方程表示为

$$p = p(T, V)$$

从热力学基本方程

$$TdS = dU + pdV$$

可得

$$dU = C_V dT + \left[T\left(\frac{\partial p}{\partial T}\right)_V - p\right]dV \tag{4.4.1}$$

$$dS = \frac{C_V}{T}dT + \left(\frac{\partial p}{\partial T}\right)_V dV \tag{4.4.2}$$

对任一条积分线路积分可得 U 和 S 的值.

如以 T、p 为自变量,物态方程表示为

$$V = V(T, p)$$

先求焓($H=U+pV$)

$$dH = C_p dT + \left[V - T\left(\frac{\partial V}{\partial T}\right)_p\right]dp \tag{4.4.3}$$

积分求得焓值,然后求内能

$$U = H - pV = H - pV(T, p) \tag{4.4.4}$$

再求熵

$$dS = \frac{C_p}{T}dT - \left(\frac{\partial V}{\partial T}\right)_p dp \tag{4.4.5}$$

积分得熵值.

除了以上求热力学函数的方法外,还有另一种方法. 即选定一组自变量(称为自然变量),求出一个热力学函数,其他的热力学函数可从此热力学函数求得. 此热力学函数称特性函数. 如以(T、V)为自然变量的特性函数是 $F(T,V)$,以(T,p)为自然变量的特性函数是 $G(T,p)$. 特性函数可从物态方程和比热容来求,也可用统计物理的方法来求.

下面从已知特性函数求其他热力学函数. 以(T、V)为自变量的特性函数是 $F(T,V)$. 由

$$dF = -SdT - pdV \tag{4.4.6}$$

可得熵和压强为

$$S = -\left(\frac{\partial F}{\partial T}\right)_V \tag{4.4.7}$$

$$p = -\left(\frac{\partial F}{\partial V}\right)_T \tag{4.4.8}$$

从式(4.4.8)可得物态方程,在统计物理中将用到此式. 内能为

$$U = F + TS = F - T\left(\frac{\partial F}{\partial T}\right)_V \tag{4.4.9}$$

此式称吉布斯-亥姆霍兹方程. 吉布斯函数和焓为

$$G = F + pV = F - V\left(\frac{\partial F}{\partial V}\right)_T \tag{4.4.10}$$

$$H = U + pV = F - T\left(\frac{\partial F}{\partial T}\right)_V - V\left(\frac{\partial F}{\partial V}\right)_T \tag{4.4.11}$$

以(T,p)为自变量的特性函数是 $G(T,p)$. 由

$$dG = -SdT + Vdp$$

得

$$S = -\left(\frac{\partial G}{\partial T}\right)_p \tag{4.4.12}$$

$$V = \left(\frac{\partial G}{\partial p}\right)_T \tag{4.4.13}$$

此式可得物态方程

$$H = G + TS = G - T\left(\frac{\partial G}{\partial T}\right)_p \tag{4.4.14}$$

式(4.4.14)也称吉布斯-亥姆霍兹方程.

$$F = G - pV = G - p\left(\frac{\partial G}{\partial p}\right)_T \tag{4.4.15}$$

$$U = G - pV + TS = G - p\left(\frac{\partial G}{\partial p}\right)_T - T\left(\frac{\partial G}{\partial T}\right)_p \tag{4.4.16}$$

在统计物理中要用到以(U、V)为自变量的特性函数 $S(U,V)$,用它求其他热力学函数的公式

$$\mathrm{d}S = \frac{1}{T}\mathrm{d}U + \frac{p}{T}\mathrm{d}V \tag{4.4.17}$$

可得

$$\frac{1}{T} = \left(\frac{\partial S}{\partial U}\right)_V, \quad \frac{p}{T} = \left(\frac{\partial S}{\partial V}\right)_U \tag{4.4.18}$$

两式联合得

$$p = \left(\frac{\partial S}{\partial V}\right)_U \Big/ \left(\frac{\partial S}{\partial U}\right)_V \tag{4.4.19}$$

热力学函数 H、F、G 的表达式分别为

$$H = U + pV = U + \left[\left(\frac{\partial S}{\partial V}\right)_U \Big/ \left(\frac{\partial S}{\partial U}\right)_V\right] \cdot V \tag{4.4.20}$$

$$F = U - TS = U - \left[1 \Big/ \left(\frac{\partial S}{\partial U}\right)_V\right] \cdot S \tag{4.4.21}$$

$$\begin{aligned} G &= U - TS + pV \\ &= U - \left[1 \Big/ \left(\frac{\partial S}{\partial U}\right)_V\right] \cdot S + \left[\left(\frac{\partial S}{\partial V}\right)_T \Big/ \left(\frac{\partial S}{\partial U}\right)_V\right] \cdot V \end{aligned} \tag{4.4.22}$$

热力学函数的应用以及已知某些热力学量(一般是实验上可测的)求其他热力学量的方法将在下面叙述.

4.5 热力学第三定律

热力学第二定律引进了态函数熵,从微分关系,可以把熵的值确定到相差一个

任意的常数. 但此常数不能从热力学第一定律和第二定律得到. 为了确定熵的绝对值,要用热力学第三定律.

对各种物质在极低温下的性质研究导致热力学第三定律的建立,这个定律也称能斯特(Nernst)定律,是能斯特研究各种化学反应在低温下的性质得到的,它的内容是:凝聚体系在等温过程中的熵变随温度趋于绝对零度时趋于零,即

$$\lim_{T\to 0}(\Delta S)_T = 0 \tag{4.5.1}$$

热力学第三定律另一个等价表述是绝对零度不能达到原理,即不可能用有限的步骤使物体冷至绝对零度. 利用绝对零度不能达到原理可导出能斯特定律.

根据热力学第三定理,$(\Delta S)_{T\to 0}=0$,熵的公式可写成

$$S = S_0 + \int_0^T C_X \frac{\mathrm{d}T}{T} \tag{4.5.2}$$

熵常数 S_0 是一个绝对常数,与状态变量无关. 1911 年,普朗克把能斯特定律又发展一步,把熵常数选择为零. 熵的公式变成

$$S = \int_0^T C_x \frac{\mathrm{d}T}{T} \tag{4.5.3}$$

这样就把熵的数值完全确定了,不含任何常数,因而称为绝对熵. 熵函数的确定只需一个热容量的数据就够了,不必再用物态方程,但积分时要保持 x 不变.

在绝对零度时,任何物体的熵都变为零(温度趋向于零时要其他某些条件不变,如体积不变等)是量子统计的结论. 如果系统具有一系列能级 $E_0,E_1,E_2,\cdots,E_n$,在绝对零度时,系统必然处于能量最低的量子态——基态,这时微观态只有一个. 根据量子统计中的玻尔兹曼关系,$S=k\ln W$,其中 W 为微观态数目,则 $S=k\ln 1=0$. $W=1$ 意味着基态是非简并的,有很多体系,如晶格结构、量子气体等满足此条件. 但并不必须要求 $W=1$. 即使 $W\gg 1$,但仍满足量子统计中的热力学极限

$$\lim_{N\to\infty}\frac{S(0)}{N} = k\lim_{N\to\infty}\frac{\ln W}{N} \to 0 \tag{4.5.4}$$

则 $T\to 0, S(0)\to 0$ 仍能很好成立.

对于宏观物体,其能谱实际上是连续的,因而 E_1 和 E_0 之差很小,要在非常低的、观察不到的温度才能显示上述熵趋于零的行为. 但对有些体系可在高得多的温度上就开始显示出来,如理想的量子玻色气体,在 $T=T_0=\frac{\hbar^2}{k_\mathrm{B}m}\left(\frac{N}{V}\right)^{2/3}$ 时就能显示. 而对费米理想气体,在温度取低于费米能量相应的温度时就开始显示. 对于金属中的电子气体,此温度可很高,因为电子的质量很小.

所有物体的定容热容量 C_v 在 $T=0\mathrm{K}$ 时也为零. 从实验上讲,如果系统的温度足够低,粒子的平均动能 kT 远小于 E_0 和 E_1 之间的差,那么系统的热激发就不足以将它从 E_0 的状态转移到 E_1 的状态,因此在极低温下系统将处于最低能量 E_0

的状态中，这时系统的内能$U=E_0$，系统的定容热容量为

$$C_V=\left(\frac{\mathrm{d}U}{\mathrm{d}T}\right)_V=\left(\frac{\mathrm{d}E_0}{\mathrm{d}T}\right)_V=0 \tag{4.5.5}$$

即定容热容量在绝对零度时，等于零. 利用麦氏关系还可以导出等容压力系数和等压膨胀系数在绝对零度时也等于零. 用式(4.5.2)，因为当$T\to 0$，$S_0\to 0$，而S_0是一个绝对常数，与x无关，如x为p或V，则利用麦氏关系可得

$$\left(\frac{\partial p}{\partial T}\right)_V=\left(\frac{\partial S}{\partial V}\right)_T=0$$

$$-\left(\frac{\partial V}{\partial T}\right)_p=\left(\frac{\partial S}{\partial p}\right)_T=0$$

即

$$\lim_{T\to 0}\left(\frac{\partial P}{\partial T}\right)_V=0,\quad \lim_{T\to 0}\left(\frac{\partial V}{\partial T}\right)_p=0 \tag{4.5.6}$$

这就是等容压力系数和等压膨胀系数在绝对零度时也等于零(但压缩系数一般不等于零).

再从

$$C_p=C_V+T\left(\frac{\partial P}{\partial T}\right)_V\left(\frac{\partial V}{\partial T}\right)_p$$

可得$T=0\mathrm{K}$时

$$C_p=0 \tag{4.5.7}$$

即定压热容量在绝对零度时也等于零.

4.6 流体的节流制冷

态函数焓的应用之一是气体的等焓膨胀或称节流(throttling)膨胀，原理装置表示在图4.1中. 在一根绝热的管子中间，有一个绝热隔板，板中间有一小孔，两端各有一活塞(图4.1). 在初始状态时，左边的活塞A与隔板之间的体积为V_1，气体的压力P_1，右边的活塞B紧贴着隔板. 活塞A以等压P_1缓慢向右推进，使气体通过小孔，并以等压P_2推进活塞B，$P_2<P_1$. 过程终了时，活塞A运动至隔板，活塞B终止运动时的气体体积为V_2. 对此过程应用热力学第一定律$\Delta Q=\Delta U+\Delta W$，因为$\Delta Q=0$，所以$\Delta U=-\Delta W$.

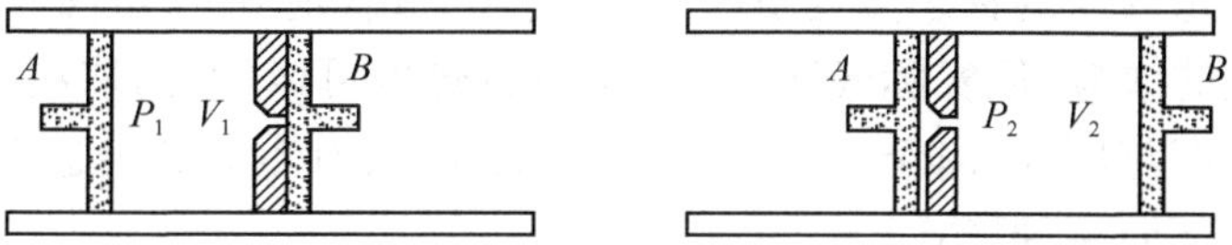

图4.1 等焓膨胀

$$U_2 - U_1 = -\int_0^{V_2} P_2 \mathrm{d}V - \int_{V_1}^{0} P_1 \mathrm{d}V = P_1 V_1 - P_2 V_2$$

$$U_1 + P_1 V_1 = U_2 + P_2 V_2, \quad H_1 = H_2 \tag{4.6.1}$$

流体的等焓膨胀是获得低温的重要手段，我们先从热力学上导出焦耳-汤姆孙系数（焦汤系数），即等焓情况下，单位压强的变化引起的温度变化

$$\mu = \left(\frac{\partial T}{\partial p}\right)_H \tag{4.6.2}$$

在推导焦汤系数的公式前，先介绍雅可比行列式，它在热力学导数运算中很有用. 如 u 和 v 是 x、y 的函数，雅可比行列式定义为

$$\frac{\partial(u,v)}{\partial(x,y)} = \begin{vmatrix} \dfrac{\partial u}{\partial x}, \dfrac{\partial u}{\partial y} \\ \dfrac{\partial v}{\partial x}, \dfrac{\partial v}{\partial y} \end{vmatrix} = \frac{\partial u}{\partial x} \cdot \frac{\partial v}{\partial y} - \frac{\partial u}{\partial y} \cdot \frac{\partial v}{\partial x} \tag{4.6.3}$$

从上面的定义容易证明，雅可比行列式有以下性质：

$$\frac{\partial(u,v)}{\partial(x,y)} = 1 \Big/ \frac{\partial(x,y)}{\partial(u,v)} \tag{4.6.4}$$

$$\left(\frac{\partial u}{\partial x}\right)_y = \frac{\partial(u,y)}{\partial(x,y)} \tag{4.6.5}$$

$$\frac{\partial(u,v)}{\partial(x,y)} = -\frac{\partial(v,u)}{\partial(x,y)} \tag{4.6.6}$$

$$\frac{\partial(u,v)}{\partial(x,y)} = \frac{\partial(u,v)}{\partial(x,s)} \cdot \frac{\partial(x,s)}{\partial(x,y)} \tag{4.6.7}$$

下面我们用雅可比行列式证明焦汤系数的公式

$$\mu = \left(\frac{\partial T}{\partial p}\right)_H = \frac{\partial(T,H)}{\partial(p,H)} = \frac{\partial(T,H)}{\partial(T,p)} \cdot \frac{\partial(T,p)}{\partial(p,H)} = -\left(\frac{\partial H}{\partial p}\right)_T \Big/ \left(\frac{\partial H}{\partial T}\right)_p$$

用焓的全微分公式 $\mathrm{d}H = T\mathrm{d}S + V\mathrm{d}p$，可得

$$\left(\frac{\partial H}{\partial T}\right)_p = T\left(\frac{\partial S}{\partial T}\right)_p = C_p$$

$$\left(\frac{\partial H}{\partial p}\right)_T = T\left(\frac{\partial S}{\partial p}\right)_T + V = -T\left(\frac{\partial V}{\partial T}\right)_p + V$$

$$\mu = \frac{1}{C_p}\left[T\left(\frac{\partial V}{\partial T}\right)_p - V\right] \tag{4.6.8}$$

如果把理想气体的物态方程 $pV = RT$ 代入上式，则 $\mu = 0$，理想气体的等焓膨胀无改变温度的效应. 但实际气体 $\mu \neq 0$，可以致热也可以制冷，取决于气体的性质和它所处的温度与压强. 由于实际气体的状态方程会有不同的表达方式，如昂内斯方程可表示成下面两种形式：

$$pV = RT + Bp + Cp^2 + Dp^3 + \cdots \tag{4.6.9}$$

或

$$pV = RT + \frac{B'}{V} + \frac{C'}{V^2} + \frac{D'}{V^3} + \cdots \tag{4.6.10}$$

焦汤系数的公式对式(4.6.9)微商很方便，但对式(4.6.10)却不方便，所以我们要把式(4.6.8)变一下表达方式. 用公式

$$\left(\frac{\partial V}{\partial T}\right)_p \left(\frac{\partial T}{\partial p}\right)_V \left(\frac{\partial p}{\partial V}\right)_T = -1$$

可得

$$\mu = -\frac{V\left(\frac{\partial p}{\partial V}\right)_T + T\left(\frac{\partial p}{\partial T}\right)_V}{C_p\left(\frac{\partial p}{\partial V}\right)_T} \tag{4.6.11}$$

如果已知物态方程，则可算出 μ. 对实际气体，μ 可大于零(减压降温)也可小于零(减压升温)，当 $\mu=0$ 时的温度称反转温度，图 4.2 中给出遵守范德瓦耳斯方程的气体的反转曲线，图中曲线之内是减压降温的，而曲线之外升温. 图中的温度和压强是相对于临界点的温度和压强给出的，即 $T_r = T/T_c$，$p_r = p/p_c$，T_c 和 p_c 是临界点的温度和压强值. 反转曲线的顶端在 $T_r=3$，$p_r=9$ 处，最高的反转温度 $T_r=6\frac{3}{4}$.

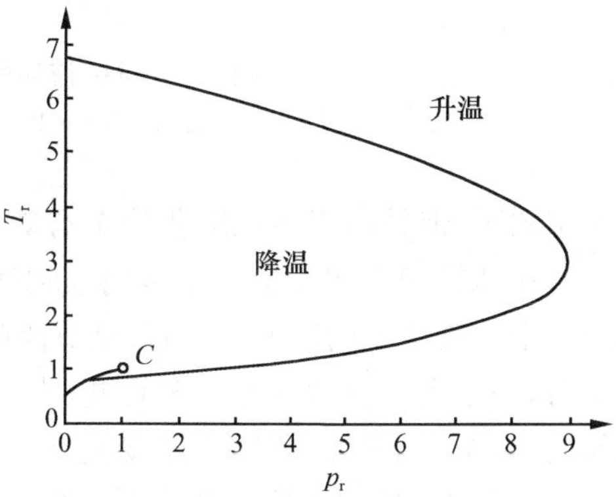

图 4.2 范德瓦耳斯流体的反转曲线

图中 C 点是临界点，连接 C 点和坐标原点的线是蒸气压曲线

对于不同的气体，反转温度与压强有关. 举例来说，当 $p=1\text{atm}$ 时，N_2 气、O_2 气、H_2 气和 He 气的最高反转温度分别为 621K、893K、205K 和 51K.

常用的流体的焓数据可以查到. 作为一个例子，图 4.3 给出了 ^{3}He 流体的焓数据. 图中的曲线是给定压强下，焓与温度的关系. 从图可查出压降引起的温降，如在气相状态的 A—B 线，压强从 10atm 降至真空，温度下降 2.2K，又如在汽液共存的两相状态的 C—D 线，从 1.03K 下降至 0.28K.

等焓膨胀也称节流膨胀，在制冷工业设备上有广泛应用. 工业设备和实验设备上用针尖阀(节流阀)替代多孔塞. 在早期的设备上单用节流膨胀生产低温液体，高压空气经节流膨胀生产液空，经分馏设备生产出液氮(77K)或液氧(90K). 生产液氢(20K)需要用液氮预冷，因它的反转温度在室温以下. 而生产液氦(4.2K)先经液氮预冷，再用液氢预冷，然后节流. 后来发明了膨胀机(见 4.7 节)，不必用那么多预

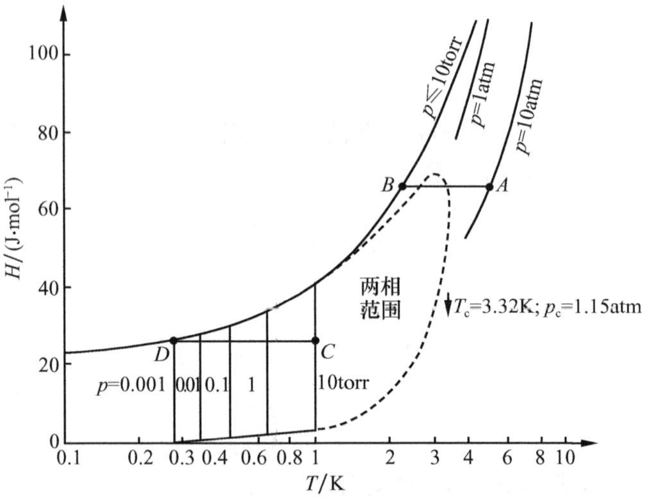

图 4.3 ^{3}He 流体的焓与温度、压强的关系

注意:1atm=101.325kPa,1torr=133.322Pa

冷步骤了,但是由于节流膨胀简单有效,所以最后的一级冷却均用它.

在冰箱和空调设备上也是用氟利昂节流制冷.在低温液氦装置中,用针尖阀可把一个大气压下的液氦(4.2K)经节流膨胀达到1.2K的温度.在冷却一些超导磁体时,一个大气压的液氦经多孔塞(由银粉烧结而成)节流膨胀到真空(由机械泵抽氦气)冷至1.8K.使超导磁体浸泡在1.8K的超流氦中,一方面可提高磁场强度,另一方面1.8K时的超流氦有最高的传热系数,可防止超导磁体的失超.

4.7 流体的绝热膨胀或压缩

气体的绝热膨胀是气体液化和制冷的重要手段,顺磁体的绝热去磁是达到极低温的方法.一般而言,当广义力绝热变化时,体系温度的改变表示为$\left(\frac{\partial T}{\partial y}\right)_S$.下面证明

$$\left(\frac{\partial T}{\partial y}\right)_S=\frac{T}{C_y}\left(\frac{\partial x}{\partial T}\right)_y \tag{4.7.1}$$

用公式$\left(\frac{\partial T}{\partial y}\right)_S\left(\frac{\partial y}{\partial S}\right)_T\left(\frac{\partial S}{\partial T}\right)_y=-1$和麦氏关系可得

$$\left(\frac{\partial T}{\partial y}\right)_S=\frac{-1}{\left(\frac{\partial S}{\partial T}\right)_y}\cdot\left(\frac{\partial S}{\partial y}\right)_T=\frac{-T}{C_y}\cdot\left(-\frac{\partial x}{\partial T}\right)_y=\frac{T}{C_y}\cdot\left(\frac{\partial x}{\partial T}\right)_y$$

4.7.1 气体的绝热膨胀制冷

对 p-V 体系，上式变为

$$\left(\frac{\partial T}{\partial p}\right)_S=\frac{T}{C_p}\left(\frac{\partial V}{\partial T}\right)_p \tag{4.7.2}$$

由于热膨胀系数为正，所以式(4.7.2)大于零，故气体的绝热膨胀总是制冷的. 原则上可以用此法直接生产液氢和液氦. 但是为了提高效率和节省费用，往往用液氮先预冷，而后高压气体经膨胀机绝热膨胀制冷. 膨胀机出口的冷气体再冷却另一路高压气体，最后经节流阀节流膨胀.

4.7.2 液体 ^{4}He 和液体 ^{3}He 减压降温

要获得低于 4.2K 的温度，可以简单地采用液体^{4}He 和液体^{3}He 减压液池. 如果使流体可逆和绝热地膨胀，在过程中做外功，可以设想流体被约束在一个绝热的圆筒容器中，容器的一端是一个无摩擦的活塞，它克服外压强运动，保持非常低的速度，尽可能避免不可逆性，让过程是准静态的. 单相状态时，温度的变化可用下式表示：

$$\left(\frac{\partial T}{\partial V}\right)_S=-\frac{T}{C_V}\left(\frac{\partial p}{\partial T}\right)_V \tag{4.7.3}$$

证明如下：

$$\left(\frac{\partial T}{\partial V}\right)_S=\frac{\partial(T,S)}{\partial(V,S)}=\frac{\partial(T,S)}{\partial(T,V)}\cdot\frac{\partial(T,V)}{\partial(V,S)}=-\frac{T}{C_V}\left(\frac{\partial p}{\partial T}\right)_V$$

推导中要用到麦氏关系. 由理想气体的绝热方程和单原子气体的比热容值，可得

$$T_{\mathrm{f}}=T_{\mathrm{i}}(V_{\mathrm{i}}/V_{\mathrm{f}})^{2/3} \tag{4.7.4}$$

液体^{4}He 和液体^{3}He 减压液池就是利用这种方式制冷，但是蒸气的体积太大，用运动活塞不实际，而用机械泵替代活塞，使液体蒸发和膨胀. 液体^{4}He 减压液池可冷至 1K，而液体^{3}He 减压液池冷至 0.2～0.3K.

4.7.3 液体 ^{3}He 绝热固化

它的制冷原理与减压液池的制冷原理基本相同，但此时两相是液体和固体，而不是气体和液体，而且是绝热压缩液体变成固体的过程中冷却，此制冷机称 Pomeranchuk 制冷机. 普通液体凝固的温度随压强的增加而升高，在 p-T 图上熔化线的斜率是正的. 对液体^{3}He 而言，当温度大于 0.32K 时和普通液体相同，而当温度低于 0.32K 时出现反常的熔化曲线，凝固的温度随压强的增加而降低. 所以在绝热条件下，压缩液体变成固体时要吸收热量，从而冷却固液共存相，可以达到 1mK 的温度. 但由于制作比较困难，冷却液体^{3}He 以外的样品也相当困难，所以现

在已被稀释制冷机代替. 但在 1965～1975 年它是重要的制冷方法，在发现液体 ^3He 的超流动性上起了非常重要的作用.

* 4.7.4 ^3He-^4He 稀释制冷机

^3He-^4He 稀释制冷是 20 世纪 60 年代末在充分研究 ^3He-^4He 溶液的物理性质的基础上提出的，并在实验室制成. 目前绝大多数实验室均购买商品稀释制冷机，它是达到 mK 温度的重要研究设备. 它的制冷原理要在理解 ^3He-^4He 混合液的性质后才能完全理解. 但我们可以简单理解为“蒸发冷却”的一种复杂变形.

液体 ^4He 在 2.17K 以下变成超流体，而液体 ^3He 要在 3mK 以下才成超流体，在 5mK 以上是正常液体. 当液体 ^3He 加到液体 ^4He 中，混合液体的超流转变温度将下降，如图 4.4 所示. 当 ^3He 浓度达到 67%（$T=0.87$K）时，混合液将分成上下两层，上层是较轻的富 ^3He 相，下层是较重的富 ^4He 相. 对富 ^3He 相，当温度很低时，几乎都是 ^3He 液体；而富 ^4He 相，当温度下降到绝对零度时仍有 6.4% 的 ^3He. 当 $T\leqslant 500$mK，溶剂 ^4He 的黏滞系数为零，熵为零，由此比热容为零. 它常被描述为“有质量的真空”. 结果是被溶于其中的 ^3He 的行为就像理想气体，但它具有有效质量 $m_3^*=2.4m_3$. 假如把下层富 ^4He 相中的 ^3He 设法“取走”，则上层富 ^3He 相中的 ^3He 原子将穿过相分离面，并吸收混合的潜热，冷却就能获得. 这可从图 4.5 的原理图中理解. 图中是一个倒置的“蒸发液池”，装有相分离的 ^3He 和 ^4He 混合液的容器，称为“混合室”. 不能用泵直接抽走 ^3He，因此时蒸气压很低，要使用另外的方法，即外加一个“蒸馏器”. 这也表示在图 4.5 中. 这里要用到“渗透压”的概念（4.13 节），溶液中的溶质原子将施加一个附加的压强. 在稀溶液中，渗透压为

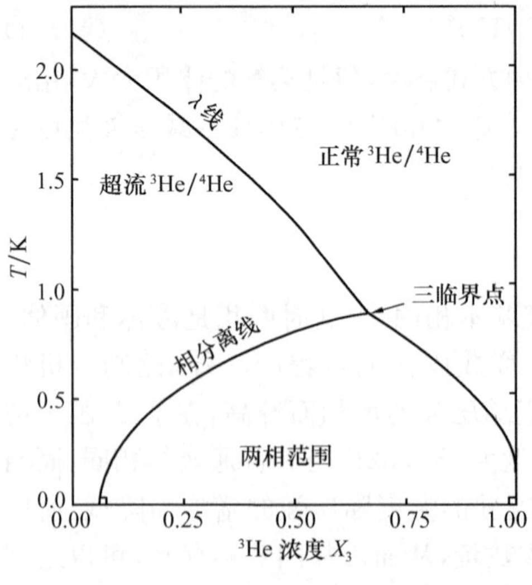

图 4.4 ^3He-^4He 混合液的相图

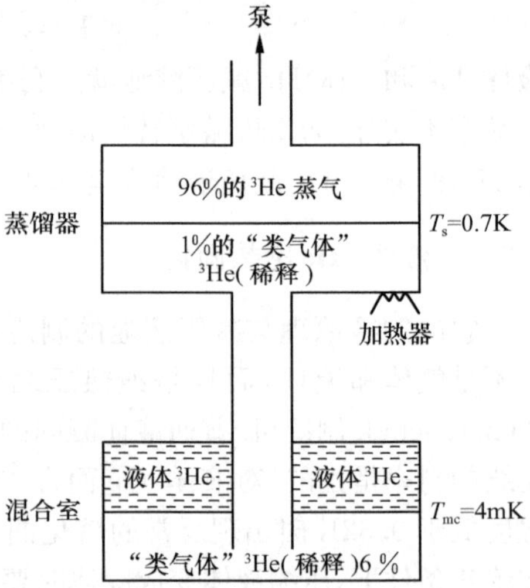

图 4.5 稀释制冷原理图

$$p_{os} = \frac{n_1 RT}{V} \tag{4.7.5}$$

其中，n_1 为溶质的物质的量. 此压强在 ^3He-^4He 溶液中是很大的. 如当 $T\to 0$ 时，对 1%的 ^3He 溶液，p_{os}=20cm 液氦高度. 蒸馏器一般工作在 0.7K，此时蒸馏器中混合液的 ^3He 若为 1%，则液面上方的蒸气中 ^3He 含量高达 96%. 这是由于在 0.7K 时，^3He 的蒸气压比 ^4He 的要高得多. 这时再用泵来抽蒸馏器中的蒸气，则抽的几乎都是 ^3He 了. 这样抽出的 ^3He 再让其回来，加上热交换器，就可连续制冷达到 mK 的温度. 目前稀释制冷机的最低温度可达到 2mK，商用的稀释制冷机最低温度为 5mK 左右.

4.8 顺磁体的绝热去磁

液体 ^4He 的温度（1atm 下）是 4.2K，减压可达到 1.2K. 液体 ^3He 在一个大气压下温度为 3.2K，减压可达到 0.3K. 要获得更低的温度需要采用其他技术. 在 20 世纪 30 年代开始使用顺磁盐的绝热去磁技术，达到 mK 的温度. 但在 20 世纪 60 年代出现了 ^3He-^4He 稀释制冷机，可达到的最低温度为 2～4mK，逐步替代了顺磁盐的绝热去磁技术. 另一方面，核的顺磁体的绝热去磁技术由于稀释制冷机和超导磁体的出现，得到了进一步的发展，可使样品冷却到 μK 的温度，而核自旋体系本身可达到 nK（10^{-9}K）和 pK（10^{-12}K）的温度. 虽然顺磁盐的绝热去磁在极低温技术中已经退下来了，但是在液氮温度以上，甚至到室温范围正在发展室温磁制冷机（第 1 章），而且在热力学原理上，顺磁盐的绝热去磁和核去磁是相同的. 所以，下面先介绍顺磁盐的绝热去磁，然后介绍核去磁.

4.8.1 顺磁盐绝热去磁

顺磁盐的一个典型例子是硝酸铈镁盐，它的化学式为 $2Ce(NO_3)_3\cdot 3Mg(NO_3)_2\cdot 24H_2O$，其中磁离子为 Ce^{3+}. 由于有 24 个水分子隔开，所以磁离子之间相互作用很弱. 顺磁体的元功表达式为

$$đW = -\mu_0 H dM$$

在绝热条件下，顺磁盐在磁场中去磁的温降表示成 $\left(\frac{\partial T}{\partial H}\right)_S$. 由式（4.7.1）直接可得

$$\left(\frac{\partial T}{\partial H}\right)_S = -\frac{\mu_0 T}{C_H}\left(\frac{\partial M}{\partial T}\right)_H \tag{4.8.1}$$

其中，C_H 为等磁场下的比热容. 居里定律为

$$M = \frac{C}{T}H\cdot V \tag{4.8.2}$$

其中,C 是居里常数,V 是顺磁盐的体积. 把它代入式(4.8.1)得

$$\left(\frac{\partial T}{\partial H}\right)_S = \frac{\mu_0 CV}{C_H T}H \tag{4.8.3}$$

顺磁盐的熵图与绝热去磁的过程表示在图 4.6 中. 开始未加磁场时,把顺磁盐冷却到 1K(液氦减压),这时真空室内充有热交换气体(氦气);然后加磁场,这时外界磁场对顺磁盐做功,产生的热量由热交换气体传给液氦,顺磁盐的温度仍保持 1K. 此过程称等温磁化过程(图 4.6(a)A—B). 接着抽掉热交换气体,让顺磁盐处于与外界热绝缘状态,去掉磁场,顺磁盐的温度下降,此过程为绝热去磁过程(图 4.6(a)B—C). 最后顺磁盐吸收外界的漏热,温度逐步上升至初始温度(1K),沿着 $H=0$ 的熵曲线从 C 回到 A,完成一个循环. 下次降温再从头开始,所以绝热去磁的制冷是一次性的.

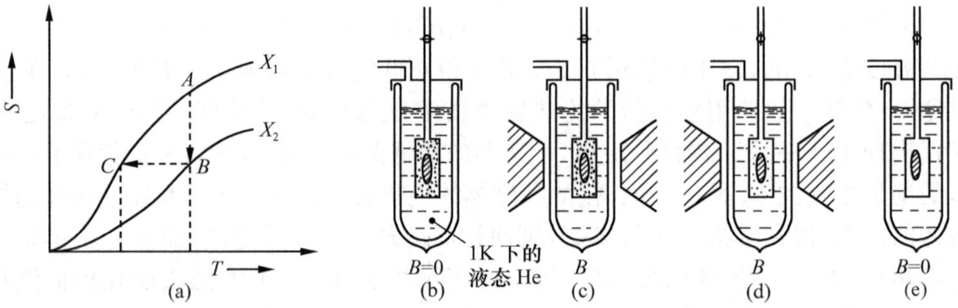

图 4.6 顺磁盐的熵与温度的关系(左图)以及绝热去磁的过程(右图)

下面对绝热去磁中的热力学过程做一些分析. 等温磁化过程中,设温度为 T_i,磁场从零增加到 H_i,顺磁盐放出的热量为

$$\Delta Q_1 = T_\mathrm{i}\Delta S = T_\mathrm{i}[S(H_\mathrm{i},T_\mathrm{i}) - S(0,T_\mathrm{i})] = T_\mathrm{i}\int_0^{H_\mathrm{i}}\left(\frac{\partial S}{\partial H}\right)_T \mathrm{d}H \tag{4.8.4}$$

用麦氏关系式(4.8.4)变成

$$\Delta Q_1 = T_\mathrm{i}\cdot\mu_0\int_0^{H_\mathrm{i}}\left(\frac{\partial M}{\partial T}\right)_H \mathrm{d}H \tag{4.8.5}$$

用居里定律代入上式,读者还可做进一步计算.

绝热去磁过程中,熵不变,设最终温度为 T_f. 如果比热容 C_H 与温度无关,则可对式(4.8.3)积分算出最终温度 T_f. 但一般 C_H 与温度有关,下面我们求另一个计算最终温度 T_f 的公式. 由于是等熵过程,故

$$S(H_\mathrm{i},T_\mathrm{i}) = S(0,T_\mathrm{f}) \tag{4.8.6}$$

$$C_H = T\left(\frac{\partial S}{\partial T}\right)_H, \quad C_{H=0} = C_0 = T\left(\frac{\partial S}{\partial T}\right)_{H=0}$$

可得零磁场下,温度从 T_i 到 T_f 的熵差(沿 ST 图的 A—C 曲线)

$$S(0,T_i)-S(0,T_f)=\int_{T_f}^{T_i}\frac{C_0}{T}\mathrm{d}T \tag{4.8.7}$$

而

$$S(0,T_i)-S(0,T_f)=S(0,T_i)-S(H_i,T_i)=-\mu_0\int_0^{H_i}\left(\frac{\partial M}{\partial T}\right)_H\mathrm{d}H$$

上式推导过程中第一步用了式(4.8.6),第二步用了式(4.8.4).再用式(4.8.7),可得

$$\int_{T_i}^{T_f}\frac{C_0}{T}\mathrm{d}T=\mu_0\int_0^{H_i}\left(\frac{\partial M}{\partial T}\right)_H\mathrm{d}H \tag{4.8.8}$$

用 $C_0(T)$代替了式(4.8.1)中的 $C_H(T)$,在零磁场下测量比热容与温度的关系要比磁场下的测量容易.这是式(4.8.8)的优点.假如把 $C_0(T)$和 $C_H(T)$都看成常数,且都等于 C,则两式是一样的,读者可自行证明.

顺磁盐绝热去磁可获得的最低温度为 1～2mK,在 1mK 以下,电子自旋体系的相互作用能量与热运动能量 kT 相比拟,因而将发生自发磁有序.为了要获得更低的温度,就必须寻找在 1mK 以下自旋体系仍然无序的体系.只有核自旋体系符合此要求,因核子磁矩比电子磁矩要小 1000 多倍,所以有的核自旋体系要到 nK 或 pK 的温度才发生核磁有序,但要找到合适的材料.有些材料如固体^{3}He,由于原子和原子实体之间的相互交换作用(因^{3}He 具有核自旋,实际是自旋-自旋交换作用)而在 1mK 就发生自发磁有序了,又如化合物 $PrNi_5$ 在 0.4mK 发生磁有序,但像铜、银等金属磁有序温度就很低.铜是一个合适的材料,它在 58nK 才发生磁有序.

4.8.2 核去磁

核去磁的原理和顺磁盐绝热去磁相同,在图 4.7 中给出.核去磁级(由一束铜棒组成)接在稀释制冷机的下面.中间有一个超导热开关,控制核去磁级和稀释制冷机之间的热的接触或断开,起到顺磁盐绝热去磁中的交换气的作用.磁场由超导磁体产生(6～10T).

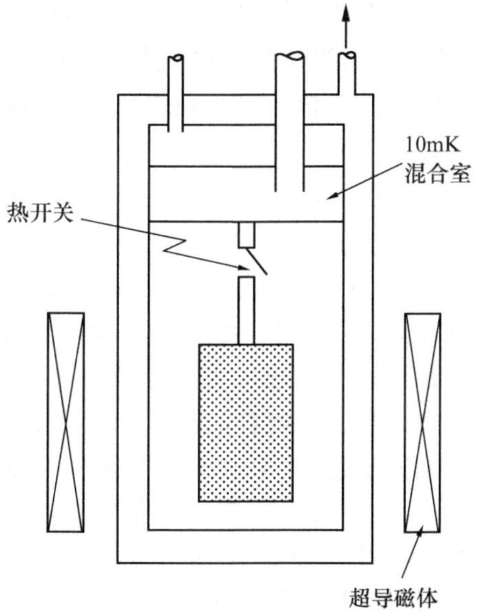

图 4.7 核去磁装置示意图

计算最终温度,用核自旋体系的熵公式.核自旋体系可以看作 N 个弱相互作用的核磁矩的一个体系,它们所处的温度高于其磁有序温度.在足够高的温度和低的磁场下,系统的熵可表示为(统计物理中将导出此公式)

$$S = Nk\ln(2z+1) \tag{4.8.9}$$

其中,z 是自旋量子数(铜的 $z=3/2$). 熵与温度和磁场的关系可由下式表示:

$$\frac{S}{Nk} = \ln(2z+1) - \frac{C}{2k\mu_0}\frac{V}{N}\frac{(B^2+B_{\text{int}}^2)}{T^2} \tag{4.8.10}$$

其中,B 是外磁场,B_{int}为内场,它是一个小值,如铜的 $B_{\text{int}}=7.2\times10^{-5}$T,$C$ 是居里常数,V 是样品体积. 绝热去磁过程从初始温度 T_i(=10mK)、初始磁场 B_i(主要用于控制和消去实验区的边缘磁场)开始,在绝热条件下退磁场至终场 B_f(不到零,因磁场为零时核的热容量太小,很小的漏热就会使核体系的温度很快上升,无法冷却样品,一般取 0.2~0.3T),达到终温 T_f. 用以上的熵公式可得绝热去磁的终温为

$$T_f = T_i\left(\frac{B_f^2+B_{\text{int}}^2}{B_i^2+B_{\text{int}}^2}\right)^{1/2} \tag{4.8.11}$$

注意公式中的内场 B_{int}虽然很小,但不能去掉,否则如果退磁场至零终场,则会出现 $T_f=0$,这是违反热力学第三定律的.

实验样品放在铜的下面或上面,要和铜保持良好的热接触. 核去磁制冷也是一次性的,但有足够的实验时间,一次实验结束后再从头开始. 以上讲的是在稀释制冷机下面挂了一级核去磁级,达到的温度小于 1mK. 为了达到更低的温度,需要在稀释制冷机下面挂两级核去磁级,第二级核去磁装置(用铜)与第一级核去磁装置(一般用 $PrNi_5$)之间也要用超导开关隔开. 用两级核去磁的方法,可使样品的温度冷到 10^{-5}K(μK 量级).

但在研究核自旋系统本身的性质时,如在核自旋系统的自发磁有序的实验中(第 6 章),第一级核去磁装置(用铜)和第二级核去磁级之间不必用超导开关隔开. 这时第二级核去磁级就是研究核自旋系统的样品本身(铜、银或铑等简单金属),由于在极低温下核自旋系统和晶格加电子系统是分开的,当核自旋系统冷到 nK 或 pK 温度时,晶格加电子系统仍在 μK 量级,要数小时核自旋系统才会热到晶格加电子系统的温度(图 4.8). 从下面一个例子的冷却程序来说明这两个系统之间的关系. 由于金属中的电子系统和晶格系统热平衡很快,所以晶格系统和电子系统总处在同一温度下,就称晶格加电子系统. 研究核自旋系统的样品本身性质时,首先由稀释制冷机把一级和二级核去磁级冷到约 15mK,在两级上都加上磁场,加磁过程中的热量由稀释制冷机取走,仍在 15mK. 然后断开稀释制冷机和一级核去磁级之间的热连接. 第一级核去磁级绝热去磁,冷至 200μK. 在磁场中的二级核去磁级也冷至 200μK,因二级也是实验样品(如银),这时银的晶格加电子系统和核自旋系统都处在 200μK. 然后第二级核去磁级再绝热去磁,使核自旋系统冷至 nK 或 pK 量级. 核自旋系统本身在 τ_2(称自旋-自旋弛豫时间)时间内达到热平衡,τ_2 比较短,约毫秒量级. 核自旋系统(在 nK)要和晶格加电子系统(在 200μK)达到热平

衡的时间 τ_1(称自旋-晶格弛豫时间)非常长,在几小时的量级,所以在这段时间中可以对核自旋系统本身的性质进行实验研究. 下面介绍的负温度的获得也是用同样的装置.

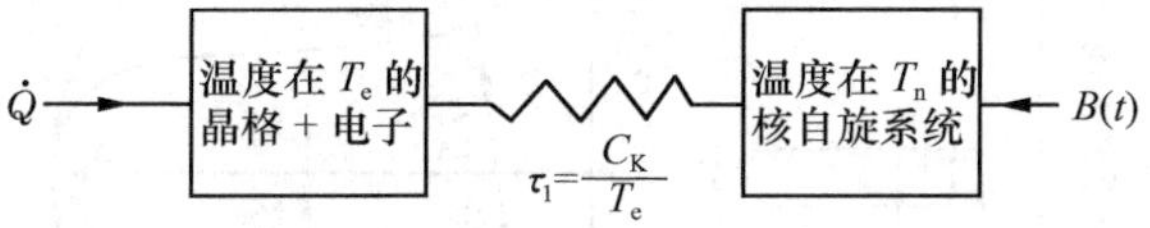

图 4.8 在 T_e 处的晶格加电子系统从热漏得到热量,通过 Korringa 机制和 T_n 处的核自旋系统交换热量(C_K 为 Korringa 常数)

4.9 负温度的获得

所谓负温度是指在某些特殊系统中达到的一种状态,如核自旋系统和激光系统. 系统处在负温度的区域并不位于"绝对零度之下",而是位于"无限大温度之上". 从这个意义上说,负温度比正温度"更高". 下面我们从核自旋系统来了解负温度的获得. 实验是在稀释制冷机下面挂两级核去磁级做的. 第一级核去磁装置用铜,第二级核去磁装置兼样品用银或铑. 因为银和铑的核自旋 $I=\frac{1}{2}$,它们的自旋-自旋弛豫时间 τ_2 较长,约有 10ms. 在极低温下,只要在时间 $t\ll\tau_2$ 内,迅速翻转磁场,就可实现从 $T>0$ 到 $T<0$ 的粒子数反转. 从某种意义上说,体系从正温度通过 $T=\pm\infty$ 到负温度,没有通过绝对零度,因此并不违反热力学第三定律. τ_2 在铜中要比银中短 100 倍,所以要在铜中获得负温度就困难得多.

银和铑的能级在磁场下只有上下两个能级,下能级上是核磁矩 m 平行于外场,上能级上核磁矩 m 反平行于外场. 核在两个能级上的分布由玻尔兹曼因子 $\exp(m\cdot B/kT)$ 决定. 在正温度时,上能级上的核子数总是小于下能级上的核子数. 在绝对零度,所有的核均处在 m 平行于 B 的基态上. 这表示在图 4.9 中. 当温度从 $T=+0$ 升高,核反转进入上能级. 在 $T=+\infty$,两个能级上有相同数目的自旋. 当能量进一步增加,上能级上的核子数大于下能级上的核子数,核自旋的分布仍能用玻尔兹曼因子描述,但 $T<0$. 最后,当温度从负温度边接近零时,即 $T\to-0$,所有的核自旋都占据在上能级上.

当具有负温度的系统与具有正温度的系统热接触时,能量总是从负温度系统流向正温度系统. 晶格和传导电子不能冷到一个负温度状态,这是因为在此情况能谱上没有上面的边界,在 $T<0$ 时,体系的能量是无限的. 当 $|T|\to0$ 时,正、负温度的差别是在正温度能量趋于极小,负温度能量趋于极大.

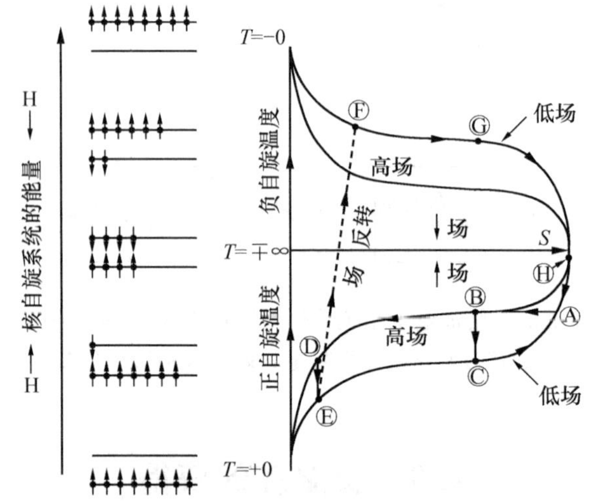

图 4.9 银或铑中负温度获得的示意图

下面按图 4.9 说明在银和铑中得到负温度的实验程序.

Ⓗ→Ⓐ:两个核级由稀释制冷机冷至 $T_i=15\text{mK}$.

Ⓐ→Ⓑ:在磁场慢慢增加到 $B_i=8\text{T}$ 下极化.

Ⓑ→Ⓒ:第一核级绝热去磁至 $B_f=100\text{mT}$,得到 $T_f=200\mu\text{K}$.

Ⓑ→Ⓓ:第二核级(Ag 或 Rh)在 $B_i=8\text{T}$ 下冷却至 $200\mu\text{K}$.

Ⓓ→Ⓔ:Ag 或 Rh 从 8T 绝热去磁至 $400\mu\text{T}$,自旋体系冷至 nK 范围,由慢的自旋-晶格弛豫($\tau_1=14\text{h}$)而与传导电子热绝缘. 此时传导电子仍在 $200\mu\text{K}$. 再继续去磁至零场(图中未标出),在铑中达到创纪录的 280pK.

Ⓔ→Ⓕ:负温度的获得是由翻转 $400\mu\text{T}$ 磁场,要在 1ms 之内完成. 迅速的反转要损失一些极化. 再去磁至零场(图中未标出),在铑中达到创纪录的 −750pK.

Ⓕ→Ⓖ→Ⓗ→Ⓐ:体系开始损失它的负极化,经过几小时,穿过 $T=-\infty=+\infty$,从负温度到正温度.

Ⓒ→Ⓐ:第一核级慢慢热起来,在 100mT 磁场下从 $200\mu\text{K}$ 升至 15mK. 到此新的一轮实验又可重新开始.

4.10 比热容 C_y 和 C_x

比热容是物质的重要参数之一,物质的热容量 $C=\lim\limits_{\Delta T\to 0}\left(\dfrac{\Delta Q}{\Delta T}\right)$,单位质量的物

质的热容量称比热容. 由于 $đQ = TdS - Td_iS$，对可逆过程，$d_iS = 0$，所以 $đQ = TdS$，而 $S = S(x, y)$，故

$$C_y = T\left(\frac{\partial S}{\partial T}\right)_y, \quad C_x = T\left(\frac{\partial S}{\partial T}\right)_x \tag{4.10.1}$$

对 p-V 体系

$$C_p = T\left(\frac{\partial S}{\partial T}\right)_p, \quad C_V = T\left(\frac{\partial S}{\partial T}\right)_V \tag{4.10.2}$$

对磁介质体系，相应的是 C_H 和 C_M.

在实验上我们只能测量 C_p 和 C_H，而不能测量 C_V 和 C_M，这是因为保持压强和磁场不变是很容易做到的，但要保持体积和磁化强度不变很难做到. 图 4.10 给出了测量比热容的装置示意图. 一般情况下，为了防止漏热，要把样品放在高真空条件下进行测量(压强 $p=0$). 若要测压强下的比热容，则需另设计装置.

在理论上我们只能得到 C_V 和 C_M(见统计物理)，而两种比热容 C_p 和 C_V 的值是不同的，图 4.11 中给出了铜在不同温度下两种比热容 C_p 和 C_V 的值.

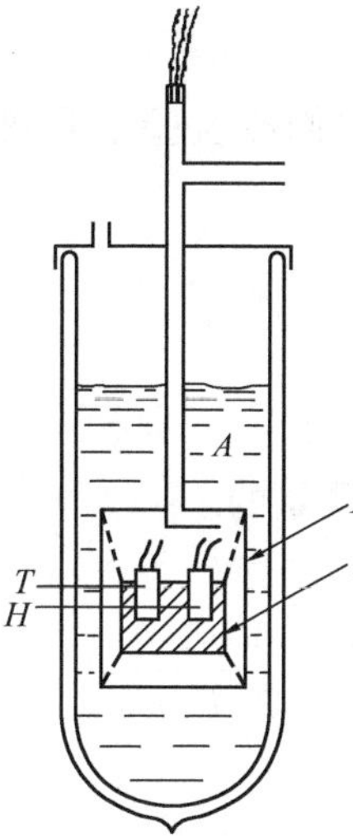

图 4.10　比热容测量装置

样品(S)用尼龙线吊在真空室(X)中，H 为加热器，T 为温度计

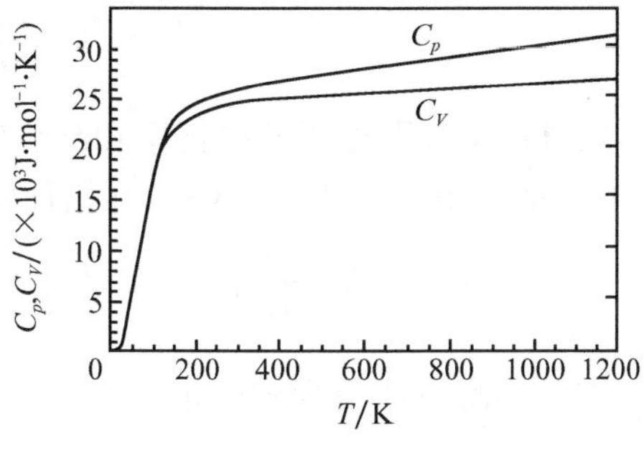

图 4.11　铜的 C_p 和 C_V 随温度的变化(p=1atm)

为了实验和理论之间的比较，我们要得到 C_y 和 C_x 之间的转换关系，下面要证明以下两个关系式：

$$\frac{C_y}{C_x} = \frac{\left(\frac{\partial x}{\partial y}\right)_T}{\left(\frac{\partial x}{\partial y}\right)_S} \tag{4.10.3}$$

$$C_y - C_x = T\left(\frac{\partial y}{\partial T}\right)_x \left(\frac{\partial x}{\partial T}\right)_y \tag{4.10.4}$$

下面用雅可比行列式证明以上两式

$$\frac{C_y}{C_x} = \frac{T\left(\frac{\partial S}{\partial T}\right)_y}{T\left(\frac{\partial S}{\partial T}\right)_x} = \frac{\frac{\partial(S,y)}{\partial(T,y)}}{\frac{\partial(S,x)}{\partial(T,x)}} = \frac{\partial(S,y)}{\partial(S,x)} \times \frac{\partial(T,x)}{\partial(T,y)}$$

$$= \frac{\left(\frac{\partial x}{\partial y}\right)_T}{\left(\frac{\partial x}{\partial y}\right)_S}$$

上面仅是一种证明方法,等式的证明也可以从右边的分子或分母开始证明.

下面给出不同体系的表式. 对 p-V 体系,可得

$$\frac{C_p}{C_V} = \frac{\left(\frac{\partial V}{\partial p}\right)_T}{\left(\frac{\partial V}{\partial p}\right)_S} = \frac{-\frac{1}{V}\left(\frac{\partial V}{\partial p}\right)_T}{-\frac{1}{V}\left(\frac{\partial V}{\partial p}\right)_S} = \frac{\kappa_T}{\kappa_S} \tag{4.10.5}$$

其中,κ_T 和 κ_S 分别为等温压缩系数和绝热压缩系数,它们在实验上是可以测量的. 对顺磁介质系统为

$$\frac{C_H}{C_M} = \frac{\left(\frac{\partial M}{\partial H}\right)_T}{\left(\frac{\partial M}{\partial H}\right)_S} = \frac{\chi_T}{\chi_S} \tag{4.10.6}$$

其中,χ_T 和 χ_S 分别称等温磁化率和绝热磁化率,也是可测量的.

下面证明第二个表式. 从 C_x 开始证明

$$C_x = T\left(\frac{\partial S}{\partial T}\right)_x = T\frac{\partial(S,x)}{\partial(T,x)} = T\frac{\partial(S,x)}{\partial(T,y)} \times \frac{\partial(T,y)}{\partial(T,x)}$$

把 $\frac{\partial(S,x)}{\partial(T,y)}$ 用雅可比行列式的定义展开,并用麦氏关系

$$\left(\frac{\partial S}{\partial y}\right)_T = -\left(\frac{\partial x}{\partial T}\right)_y$$

可得

$$C_x = C_y + T\left(\frac{\partial x}{\partial T}\right)_y \left(\frac{\partial x}{\partial T}\right)_y \left(\frac{\partial y}{\partial x}\right)_T$$

再使用关系

$$\left(\frac{\partial x}{\partial T}\right)_y \left(\frac{\partial T}{\partial y}\right)_x \left(\frac{\partial y}{\partial x}\right)_T = -1$$

得

$$C_y - C_x = T\left(\frac{\partial x}{\partial T}\right)_y\left(\frac{\partial y}{\partial T}\right)_x$$

用于 p-V 体系

$$C_p - C_V = T\left(\frac{\partial V}{\partial T}\right)_p\left(\frac{\partial p}{\partial T}\right)_V \tag{4.10.7}$$

只要已知物态方程就可求出 $C_p - C_V$ 之值.在固体中常用式(4.10.7)的变形

$$C_p - C_V = \alpha^2 BVT \tag{4.10.8}$$

其中,α 为等压膨胀系数或称体积膨胀系数,B 为体积模量,是等温压缩系数的倒数,即

$$B = \frac{1}{\kappa_T} \tag{4.10.9}$$

4.11 表 面 能

在液体和它的蒸气之间有一个分界面,看起来是一个几何平面,但实际上是一个过渡层.它的厚度约为几个原子层,在这一层中,它的密度从液体的密度逐步过渡到蒸气的密度,所以这一层的性质既不同于液体,也不同于气体.从热力学意义上讲,它是另一个热力学系统,或另一个相,我们把它叫做表面相,或界面相.由于表面层厚度很小,系统的体积 $V\to 0$,描述系统的几何变量为表面面积 A.

表面相广泛存在于各种物体中,不单是液体和蒸气之间.如铁磁体中两个磁畴之间,金属的不同晶粒之间等等,在凝聚态物理中是经常遇到的.

表面相作为一个热力学系统,它的元功表达式为

$$\mathrm{d}W = -\sigma \mathrm{d}A$$

其中,σ 为表面张力系数,A 为表面面积.表面相的内能是一个很重要的物理量,单位面积的内能称表面能或界面能,$u=\frac{U}{A}$.表面能在实验上无法测量,但它又是对一些体系判别其性质的重要依据.如超导体中,超导相和正常相的界面能是判别其属于Ⅰ类超导体还是Ⅱ类超导体的判据.界面能大于零是Ⅰ类超导体,而小于零就属于Ⅱ类超导体,两类超导体在电磁性质上是很不相同的.

下面以液体和蒸气之间的表面膜为例,用热力学的方法把表面能的不可测量转到实验上的可测量.液体表面膜的表面张力是可以测量的,即前面提到的表面膜的物态方程

$$\sigma(t) = \sigma_0\left(1 - \frac{t}{t_c}\right)^n \tag{4.11.1}$$

其中,σ_0 是 $t=0$℃时的表面张力系数,t_c 是临界点的温度(这里作了点近似).下面证明表面能与表面张力之间的关系

$$u=\sigma-T\frac{\mathrm{d}\sigma}{\mathrm{d}T} \tag{4.11.2}$$

为了证明上式,用吉布斯-亥姆霍兹方程

$$U=F-T\left(\frac{\partial F}{\partial T}\right)_V$$

由于现在讨论的是表面膜,体积用面积代替,方程两边对面积 A 微商,并保持温度不变,可得

$$\left(\frac{\partial U}{\partial A}\right)_T=\left(\frac{\partial F}{\partial A}\right)_T-T\left[\frac{\partial}{\partial A}\left(\frac{\partial F}{\partial T}\right)_A\right]_T$$

利用自由能的全微分表式 $\mathrm{d}F=-S\mathrm{d}T+\sigma\mathrm{d}A$,可得

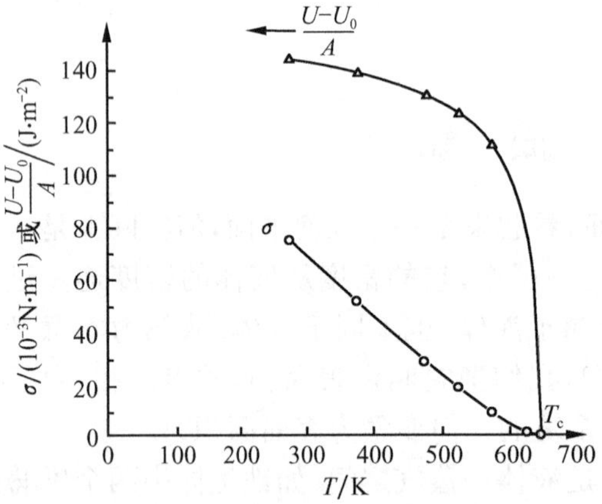

图 4.12　水的表面张力与温度的关系及表面能与温度的关系,U_0 为 $T=T_c$ 时的内能

$$\left(\frac{\partial F}{\partial A}\right)_T=\sigma$$

则

$$u=\sigma-T\frac{\mathrm{d}\sigma}{\mathrm{d}T}\quad(\sigma \text{ 仅是温度的函数})$$

这样可从测量表面张力与温度的关系求得表面能与温度的关系. 如水和水蒸气在平衡时,表面张力与温度的关系用式(4.11.1)表示. 其中 $t_c=374℃$($T_c=647\mathrm{K}$),$n=1.2$,$\sigma_0=75.5\mathrm{dyn\cdot cm^{-1}}$($1\mathrm{dyn\cdot cm^{-1}}=10^{-3}\mathrm{N\cdot m^{-1}}$ 或 $\mathrm{J\cdot m^{-2}}$). 表面张力与温度的关系及计算的表面能与温度的关系表示在图 4.12 中.

4.12 黑体辐射和辐射传热

一个物体只要有温度就会向外辐射电磁波,此辐射称热辐射. 当物体处在室温时,辐射的是远红外光. 加热至 500℃时,开始辐射部分暗红的可见光. 加热至 1500℃时,就发出白光,还有紫外光. 从实验得知温度越高,总辐射能越大,而且波长较短的辐射能增强. 可见热辐射能量与波长和温度有关.

我们定义单位时间内、通过单位面积上在波长 λ 附近的单位波长间隔内的辐射能量为 $J_\lambda(T)$,称单色辐射通量密度:$J_\lambda(T)=\frac{\mathrm{d}u_\lambda(T)}{\mathrm{d}\lambda\mathrm{d}s}$,其中 $\mathrm{d}u_\lambda(T)$ 为单位时间内从面积 $\mathrm{d}s$ 上发射的波长在 $\lambda\sim\lambda+\mathrm{d}\lambda$ 的能量. 单位时间内、通过单位面积向一侧辐射的所有波长的能量称该物体的辐射通量密度,用 J 表示

$$J=\int_0^\infty J_\lambda(T)\mathrm{d}\lambda \tag{4.12.1}$$

物体在热辐射的同时，也吸收周围物体发射的辐射能. 如果单位时间内射到此物体表面上波长在$\lambda\sim\lambda+\mathrm{d}\lambda$的能量为$\mathrm{d}u_\lambda(T)$，被其吸收的部分为$\mathrm{d}u'_\lambda(T)$，则定义该物体的单色吸收系数为$a_\lambda(T)=\dfrac{\mathrm{d}u'_\lambda}{\mathrm{d}u_\lambda}$. 此系数不会大于1. 可以证明辐射本领大的物体，吸收本领也大. 基尔霍夫定律给出：一个物体的单色辐射通量密度与单色吸收系数之比值与物质的性质无关，只是波长和温度的函数. 如果一个物体对所有波长的吸收系数都为1，此物体称绝对黑体. 它的吸收系数定义为a，即$a=1$. 自然界无理想的黑体，但可人工制造. 可用石墨做成带小孔的管状容器，放在有电加热丝的炉子中，加热石墨管，从小孔中发出的热辐射很接近绝对黑体的热辐射. 此黑体的热辐射称黑体辐射. 有了黑体炉我们就可测量黑体单色辐射通量密度$J_\lambda(T)$在不同温度下与波长λ的关系，如图4.13所示. 1900年普朗克从量子概念导出著名的普朗克黑体辐射公式，即

$$J_\lambda(T)=\frac{c_1\lambda^{-5}}{\mathrm{e}^{c_2/\lambda T}-1} \tag{4.12.2}$$

此式与实验符合很好. 在此之前，维恩曾从热力学得到

$$J_\lambda(T)=c_1\lambda^{-5}\mathrm{e}^{-\frac{c_2}{\lambda T}} \tag{4.12.3}$$

此为维恩公式，它在短波长区与实验符合(图4.13(a)中的2). 瑞利和金斯从电磁理论与能量均分定理导出另一个公式

$$J_\lambda(T)=2\pi ckT\lambda^{-4} \tag{4.12.4}$$

此称瑞利-金斯公式，它在长波长区与实验符合(图4.13(a)中的3). 实际上后面两个公式分别是普朗克黑体辐射公式在短波和长波时的极限. $J_\lambda(T)$是λ和T的函数，在任意温度T，函数J_λ在$\lambda=\lambda_{\mathrm{m}}$处有一个极大值，它随温度的升高向短波长方

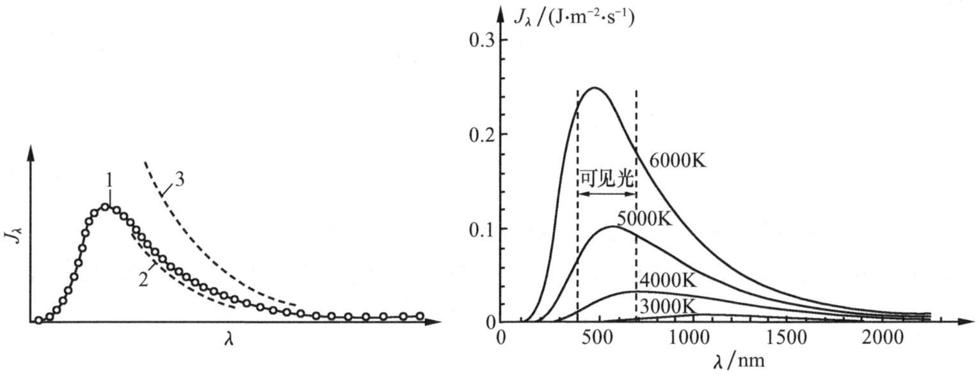

(a) 黑体辐射的单色辐射通量密度$J_\lambda(T)$与λ的关系，图中1为普朗克公式；2为维恩公式；3为瑞利-金斯公式

(b) 不同温度下的$J_\lambda(T)$-λ的曲线

图4.13

向移动(图 4.13(b)),此称维恩(Wien)位移定律.由普朗克公式求极值可得

$$\lambda_m T = \text{const.} \quad (\text{Wien 常数}) \tag{4.12.5}$$

Wien 常数的实验值为 $2900\mu\text{m}\cdot\text{K}$. 可得: $T=300\text{K}, \lambda_m=9.67\mu\text{m}$; $T=200\text{K}, \lambda_m=14.5\mu\text{m}$; $T=77\text{K}, \lambda_m=37.7\mu\text{m}$; $T=4.2\text{K}, \lambda_m=690\mu\text{m}$.

绝对黑体的辐射通量密度 J 与温度的 4 次方成正比: $J=\sigma T^4$, σ 为斯特藩-玻尔兹曼常数,其值为: $\sigma=5.67\times10^{-8}\,\text{W}/(\text{m}^2\cdot\text{K}^4)$. 它首先由斯特藩从实验上得到,而后由玻尔兹曼从理论上推出.此式可从普朗克式(4.12.2)积分得到

$$J=\int_0^\infty J_\lambda(T)\,\mathrm{d}\lambda=\int_0^\infty \frac{c_1\cdot\lambda^{-5}}{\mathrm{e}^{c_2/\lambda T}-1}\mathrm{d}\lambda$$

$$=\frac{2\pi^5k^4}{15c^2h^3}T^4=\frac{\pi^2k^4}{60c^2\hbar^3}T^4=\sigma T^4 \tag{4.12.6}$$

其中,已把 $c_1=2\pi hc^2$, $c_2=hc/k$ 代入.上面 $J_\lambda(T)$ 的几个公式和 J 的公式及其系数可从统计物理导出.

现在我们从热力学角度来讨论黑体辐射问题.如有一个体积为 V 的腔体(黑体),温度为 T,则腔体中存在一个辐射场,设辐射场的能量为 U,单位体积的能量(内能)为 $u=\dfrac{U}{V}$. 辐射场是电磁波,它对腔体的内壁将施加一个压强 p. p 与单位体积的内能成正比,即

$$p=\frac{1}{3}u \tag{4.12.7}$$

辐射场像 p-V 体系,压缩使其体积减小,则对内壁的压强增加.由热力学第二定律可以证明,辐射场的内能密度 u 与空腔的体积无关,只是辐射场温度的函数.即如果有两个体积不同的腔体,只要它们的温度相等,则它们的 u 一定相等,所以 u 可写成

$$u=\frac{U(T,V)}{V}=u(T) \tag{4.12.8}$$

这样压强与温度的关系变为

$$p=\frac{1}{3}u(T) \tag{4.12.9}$$

式(4.12.9)也称辐射场的物态方程(在统计物理中将导出此式).

下面用辐射场的物态方程来求辐射场的热力学量.用吉布斯-亥姆霍兹方程:

$$U=F-T\left(\frac{\partial F}{\partial T}\right)_V$$

在温度不变时对体积求偏导数,可得

$$\left(\frac{\partial U}{\partial V}\right)_T=\left(\frac{\partial F}{\partial V}\right)_T-T\left[\frac{\partial}{\partial V}\left(\frac{\partial F}{\partial T}\right)_V\right]_T$$

则

$$u = -p + T\left(\frac{\partial p}{\partial T}\right)_V$$

用辐射场的物态方程(4.12.9)代入，得

$$\frac{\mathrm{d}u}{u} = 4\,\frac{\mathrm{d}T}{T}$$

$$u = aT^4 \tag{4.12.10}$$

其中，a 为常数，辐射内能密度 u 与温度 T^4 成正比. 上面的公式也可从统计物理导出，且可求出此常数值，即

$$u = aT^4 = \frac{\pi^2 k^4}{15c^3\hbar^3}T^4 \quad (c\ \text{为光速}) \tag{4.12.11}$$

从 u 和物态方程可求出此体系的熵，用下式：

$$T\mathrm{d}S = \mathrm{d}U + p\mathrm{d}V = \mathrm{d}(Vu) + \frac{1}{3}u\mathrm{d}V$$

把 $u=aT^4$ 代入，并积分得

$$S = \frac{4}{3}aT^3V \tag{4.12.12}$$

已知 u 还可求出黑体辐射的辐射通量密度 J（单位时间内通过单位面积向一侧辐射的能量），从式(4.12.6)和式(4.12.11)有

$$J = \frac{1}{4}cu$$

辐射通量密度 J 和辐射内能密度 u 之间的关系也可从辐射能量传播的积分得出. 如果是平面电磁波，它的传播方向与面积元 $\mathrm{d}A$ 的法线方向平行，那么在 $\mathrm{d}t$ 时间内向一侧辐射的能量为 $u\cdot c\mathrm{d}t\cdot \mathrm{d}A$（即在以 $\mathrm{d}A$ 为底，高为 $c\mathrm{d}t$ 的圆柱体内的能量）.

若辐射场向各个方向传播，且辐射是各向同性的，传播方向在 $\mathrm{d}\Omega$ 立体角内，在 $\mathrm{d}t$ 时间内通过面积元 $\mathrm{d}A$ 向一侧辐射的能量为 $u\cdot c\mathrm{d}t\cdot \mathrm{d}A\cdot \frac{\mathrm{d}\Omega}{4\pi}\cos\theta$，这里 θ 是传播方向与 $\mathrm{d}A$ 的法线方向之间的夹角. 在 $\mathrm{d}t$ 时间内通过面积元 $\mathrm{d}A$ 向一侧辐射的总能量为

$$\begin{aligned} J\cdot \mathrm{d}A\cdot \mathrm{d}t &= \frac{u\cdot c\mathrm{d}t\mathrm{d}A}{4\pi}\int \cos\theta\cdot \mathrm{d}\Omega \\ &= \frac{uc\,\mathrm{d}t\mathrm{d}A}{4\pi}\int_0^{\frac{\pi}{2}}\sin\theta\cdot\cos\theta\cdot \mathrm{d}\theta\int_0^{2\pi}\mathrm{d}\varphi = \frac{1}{4}cu\mathrm{d}A\cdot \mathrm{d}t \end{aligned}$$

得到

$$J = \frac{1}{4}cu$$

用式(4.12.11)代入得

$$J = \frac{1}{4}caT^4 = \sigma T^4 \tag{4.12.13}$$

此公式用于辐射传热的计算.

一个物体只要温度不为零,它就会向外辐射能量(热量),并且把热量传给温度低的物体或它的周围环境.辐射能量的本领除与温度有关外,还取决于物体的表面和辐射的波长.一个绝对黑体,它能吸收辐射在它上面的全部能量,所以它的吸收率 $a=1$,发射率 $\varepsilon=1$,反射率定义为

$$R = 1-\varepsilon = 1-a$$

对绝对黑体 $R=0$;如果是"绝对亮体",它完全不吸收辐射在它上面的能量,故 $a=0,\varepsilon=0,R=1$.上面两种情况是理想情况,一般物体吸收率 a 在 0~1.若干材料的吸收率在表 4.1 中给出.

表 4.1 一些材料的吸收率实验测量值(T=300K)

材 料	a 值	材 料	a 值
清洁抛光的铝箔	0.04	金箔	0.02~0.03
高度氧化的铝	0.31	银板	0.02~0.03
清洁抛光的铜	0.02	不锈钢	0.074
高度氧化的铜	0.6	玻璃	0.9

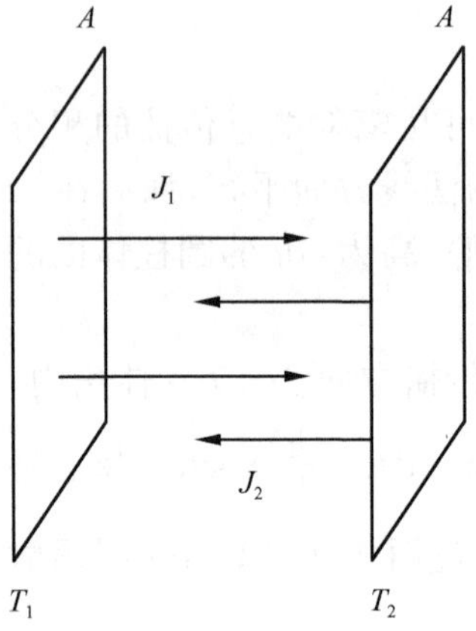

图 4.14 两个平行表面之间的辐射传热

作为一个例子下面来计算面积均为 A 的两个平行表面之间由于辐射所传递的热量,用公式 $J=\sigma T^4$ 计算.如图 4.14 中所示,两板的温度分别为 T_1 和 T_2,T_1 大于 T_2,从左边向右边辐射在单位时间内所传递的热量为

$$\dot{Q}_1 = \sigma A T_1^4$$

从右边向左边辐射所传递的热量为

$$\dot{Q}_2 = \sigma A T_2^4$$

故从高温板向低温板传递的净热量为

$$\dot{Q} = \sigma A(T_1^4 - T_2^4), \quad \varepsilon_1 = \varepsilon_2 = 1 \quad (\text{均为绝对黑体})$$

如果左边板的 $\varepsilon_1=1$,右边的板 $\varepsilon_2<1$,要考虑右板的反射.这时两板之间的热量传递为

$$\dot{Q}_1 = \sigma A T_1^4$$

$$\dot{Q}_2 = \sigma A T_2^4 \cdot \varepsilon_2$$

$\dot{Q}_1$ 中有一部分要反射回来,其值为

$$\dot{Q}_{2\to 1} = \sigma A T_1^4 \cdot R = \sigma A T_1^4 \cdot (1-\varepsilon_2)$$

所以传递的净热量为

$$\dot{Q}=\sigma A(T_1^4-T_1^4\cdot R-T_2^4\cdot\varepsilon_2)=\sigma A(T_1^4-T_2^4)\cdot\varepsilon_2$$

在这种情况下传递的热量要比两个黑体的情况小.

如果两板均为非黑体,发射率分别为 ε_1 和 ε_2,则传递的热量为

$$\dot{Q}_1=\varepsilon_1\sigma AT_1^4+(1-\varepsilon_1)\dot{Q}_2$$

$$\dot{Q}_2=\varepsilon_2\sigma AT_2^4+(1-\varepsilon_2)\dot{Q}_1$$

上述两个方程联立解得

$$\dot{Q}=\dot{Q}_1-\dot{Q}_2=\sigma A(T_1^4-T_2^4)\frac{\varepsilon_1\varepsilon_2}{\varepsilon_1+\varepsilon_2-\varepsilon_1\varepsilon_2}$$

此式令 $\varepsilon_1=1$,可得前面的公式.假如 $\varepsilon_1=\varepsilon_2=\varepsilon\ll1$(亮体),传递的热量将大大减小.

$$\dot{Q}=\sigma A(T_1^4-T_2^4)\cdot\frac{\varepsilon}{2}$$

在储存低温液体的容器中就用此原理来提高绝热效果.

另外为了进一步减小辐射传热,在低温容器抽成高真空的内外壁之间放一些"热屏".如在图4.14中,在两个板之间插入面积仍为 A 的另一块板("热屏").为简单起见,令三块板均为黑体.中间热屏的温度设为 T_0,则在有热屏时插入板的两边单位时间内传递的热量分别为

$$\dot{Q}_1=\sigma A(T_1^4-T_0^4)$$

$$\dot{Q}_2=\sigma A(T_0^4-T_2^4)$$

两边的热流应相等,即

$$\dot{Q}_1=\dot{Q}_2=\dot{Q}$$

得

$$T_0^4=\frac{1}{2}(T_1^4+T_2^4)$$

代入 $\dot{Q}_1$ 或 $\dot{Q}_2$ 的方程,可得此时的传热 $\dot{Q}=\frac{1}{2}\sigma A(T_1^4-T_2^4)$,仅为无热屏时的一半.如果热屏的反射率为 R,则有热屏时的辐射通量密度与无热屏时的辐射通量密度之比为(读者可自行计算)

$$\frac{J'}{J}=\frac{1-R}{2}$$

若 $R=0.95$,$J'/J=2.5\%$.储存液氦的容器就是用多个热屏,放在内外壁之间的高真空夹层中,可大大减小辐射传热,不必再在外面用液氮来保护.

*4.13 渗透压

1. 稀溶液中的渗透压

一个烧杯中放有纯水.一根两端开口的玻管中放糖溶液,其下端用"半透膜"封

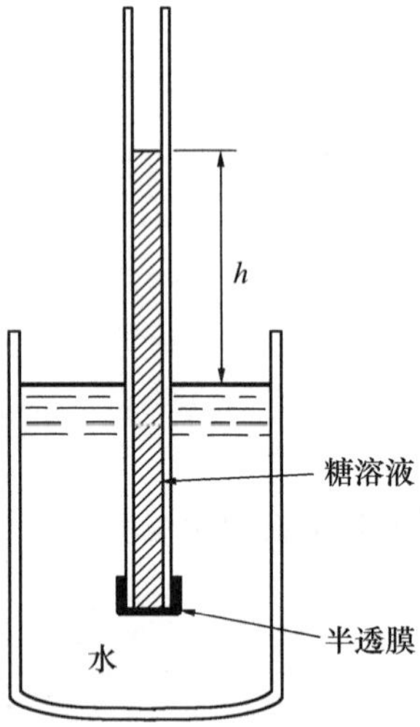

图 4.15 产生渗透压的示意图

住(半透膜仅让水分子通过,而糖分子较大通不过),然后把它放入烧杯的水中.发现糖溶液的液面会高出杯中的水平面(图 4.15).糖溶液的压强比纯水的压强高 ρgh,其中 ρ 是糖溶液的密度.糖分子的存在引起的过压称溶液中由糖施加的"渗透压".

实验上得出,在一个很稀的溶液中,如果溶质的量为 $n_1$mol,在温度 T 和体积 V 内,这些溶质施加的压强为:

$$p_{\text{os}}=\frac{n_1RT}{V}\tag{4.13.1}$$

此方程可从热力学导出.

一种溶液,溶剂为 $n_0$mol 和溶质为 $n_1$mol,且$\frac{n_1}{n_0}\ll 1$,溶液的自由能为 $F=U-TS$,其中 U 是 T、p、n_0、n_1 的函数.下面分别求内能 U 和熵 S.对内能作泰勒级数展开可得

$$U(T,p,n_0,n_1)=U(T,p,n_0,0)+n_1\left(\frac{\partial U}{\partial n_1}\right)_{n_1=0}+\cdots\approx n_0u_0(T,p)+n_1u_1(T,p)$$

其中,u_0 是纯溶剂的摩尔内能.同样体积可展开为

$$V(T,p,n_0,n_1)=n_0v_0(T,p)+n_1v_1(T,p)$$

其中,v_0 是纯溶剂的摩尔体积.溶液的熵为

$$\mathrm{d}S=\frac{\mathrm{d}Q}{T}=\frac{1}{T}(\mathrm{d}U+p\mathrm{d}V)=n_0\left[\frac{1}{T}(\mathrm{d}u_0+p\mathrm{d}v_0)+\frac{n_1}{n_0}\frac{1}{T}(\mathrm{d}u_1+p\mathrm{d}v_1)\right]$$

在溶液经受一个无限小的过程中,n_0、n_1 保持不变,因$\frac{n_1}{n_0}$是任意的,所以上式可写成

$$\mathrm{d}s_0=\frac{1}{T}(\mathrm{d}u_0+p\mathrm{d}v_0)$$

$$\mathrm{d}s_1=\frac{1}{T}(\mathrm{d}u_1+p\mathrm{d}v_1)$$

故总熵为

$$S(T,p,n_0,n_1)=n_0s_0(T,p)+n_1s_1(T,p)+S_M(n_0,n_1)\tag{4.13.2}$$

其中,$S_M(n_0,n_1)$是积分常数,与 T、p 无关.常数的确定可从压强很低而温度很高时,使溶液完全蒸发成两个理想气体的混合物得到.这时熵可严格计算.

1mol 理想气体的熵为

$$s(T,p)=c_p\ln T-R\ln p+s_0$$

n_0 mol、n_1 mol 的两个理想气体的混合熵为

$$S(T,p,n_0,n_1)=(n_0c_{p_0}+n_1c_{p_1})\ln T-n_0R\ln p_0-n_1R\ln p_1+n_0s_0+n_1s_1$$

根据道尔顿分压定律：$p=p_0+p_1$，有

$$p_0=\frac{n_0p}{n_0+n_1}\approx p$$

$$p_1=\frac{n_1p}{n_0+n_1}\approx\frac{n_1}{n_0}p$$

$$S(T,p,n_0,n_1)=(n_0c_{p_0}+n_1c_{p_1})\ln T-(n_0+n_1)R\ln p-n_1R\ln\left(\frac{n_1}{n_0}\right)+n_0s_0+n_1s_1$$

与式(4.13.2)比较可得

$$S_M(n_0,n_1)=-n_1R\ln\left(\frac{n_1}{n_0}\right)+n_0s_0+n_1s_1 \qquad (4.13.3)$$

等式右边第一项是两个气体的混合熵，从下面可看出渗透压是由混合熵引起的.

溶液的自由能可写成以下形式：

$$F(T,p,n_0,n_1)=n_0f_0(T,p)+n_1f_1(T,p)+n_1RT\ln(n_1/n_0)$$

$f_0(T,p)$为 1mol 纯溶剂的自由能，$f_0(T,p)$和 $f_1(T,p)$的具体形式对导出渗透压无关.

为了得到渗透压的公式，我们考虑如图 4.16 所示的装置. 容器的左边是溶液，右边是纯溶剂，中间由半透膜隔开. 溶液的压强高于溶剂压强 p_{os}，此复合系统总自由能为

$$F=(n_0+n_0')f_0+n_1f_1+n_1RT\ln(n_1/n_0)$$

假定半透膜是刚性的，能可逆地移动，并保持温度和总体积不变. 当只考虑纯溶剂时，n_0 若变化 dn_0，则 n_0' 就变化 $-dn_0$，溶液体积改变 v_0dn_0，复合系统做功为

$$dW=p_{os}v_0dn_0$$

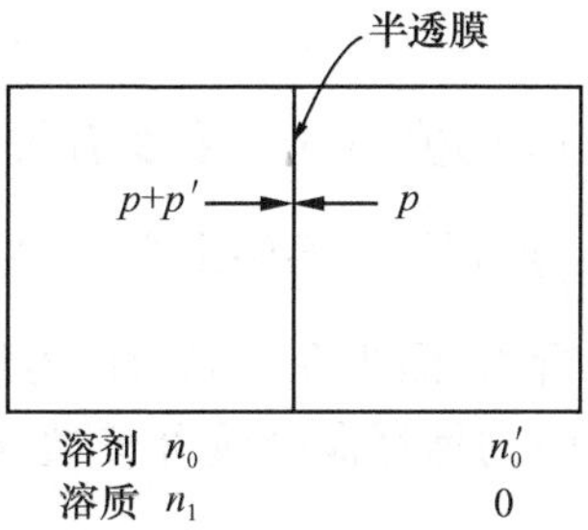

图 4.16 推导渗透压的辅助图($p'=p_{os}$)

它等于自由能的负变化

$$-dF=\frac{n_1}{n_0}RTdn_0$$

两式相等即得渗透压

$$p_{os}=\frac{n_1RT}{n_0v_0}=\frac{n_1RT}{V}\quad(因\ n_1/n_0\ll 1,故\ V=n_0v_0) \qquad (4.13.4)$$

式(4.13.4)在溶液中很有用处，如由于渗透压的存在，导致溶液的沸点比纯溶剂要高；当生物细胞(大部分是水)浸入糖溶液中可吸收糖.

2. 渗透压在^{3}He-^{4}He 稀释制冷机中的应用

在 4.7 节中讲到，稀释制冷机混合室中的液体由于渗透压的作用，可升至蒸馏

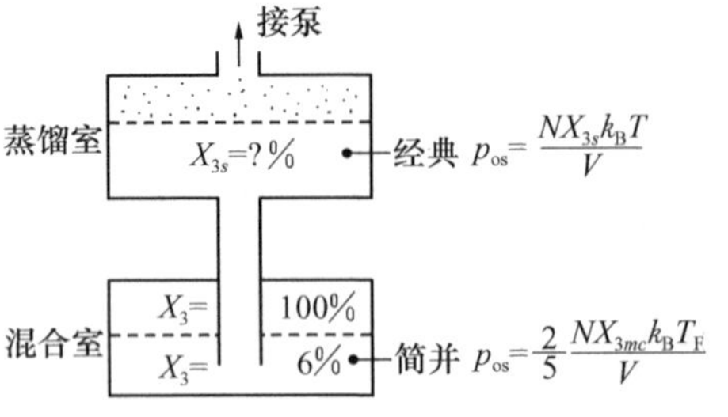

图 4.17 稀释制冷机中的渗透压

室.下面我们分析渗透压在稀释制冷机中的重要作用.^{3}He-^{4}He 混合液(溶液)在温度为 0.87K 以下就分成两层,上层为富^{3}He 液体,下层为富^{4}He 液体,当温度很低时,上层基本上是纯^{3}He,而下层直至 $T=0$K 仍有 6% mol ^{3}He 溶于超流^{4}He 液体中,见图 4.17 下部的混合室,图中 $X_3=\frac{N_3}{N_3+N_4}=\frac{N_3}{N}$为^{3}He 的摩尔浓度(下层),上层 $X_3=100\%$.当^{3}He 原子从上层穿过分界面至下层时,就会吸收热量从而制冷,为了可得到连续制冷,必须连续取走^{3}He 原子,这就要靠与混合室连接的蒸馏室.蒸馏室底部有一根管子通到混合室的下层,靠渗透压的作用使混合液升至蒸馏室,由于液氦的密度很小,1L 液氦仅有 0.125kg,当 $X_3=0.01$,$T\to 0$ 时,p_{os} 有 20cm 液氦高度.

在稀溶液中,^{3}He 可看成费米气体,从统计力学中可得到强简并理想费米气体的费米温度为

$$T_F(X_3)=\frac{h^2}{8k_Bm_3^*(X_3)}\left(\frac{3NX_3}{\pi V}\right)^{2/3}$$

T_F 的值与^{3}He 浓度有关,如 $X_3=0.05$ 时,$T_F=360$mK;当 $X_3=0.013$ 时,$T_F=150$mK.从实验上得到,当 $T<\frac{1}{3}T_F$ 时,稀释混合液的行为近似于费米简并气体的行为,而当 $T>T_F$ 时,为经典气体的行为.蒸馏器一般工作在 0.7K,所以在蒸馏器中的稀释混合液可按"经典气体"处理.在此溶液中的渗透压为

$$p_{os}=\frac{NX_{3s}k_BT}{V} \tag{4.13.5}$$

而在混合室中稀释混合液的温度要低得多(4mK),溶解的"气体"是费米简并的,其渗透压为

$$p_{os}=\frac{2}{5}\frac{NX_{3mc}k_BT_F}{V} \tag{4.13.6}$$

蒸馏器中的渗透压应等于混合室中的渗透压.用上面两式相等,可得到一个 X_{3s}的值,从而可得到蒸馏器中^{3}He 和^{4}He 在蒸气中的分压强 p_3 和 p_4,选择最佳工作条件的 X_{3s}.比如在 0.7K,$X_3=0.01$ 时,$p_3=10.75$Pa,$p_4=0.29$Pa,$p_3/p_4=37$,这时如果从蒸馏器上方用泵抽蒸气,则抽走的绝大部分是^{3}He,这实际上是抽走混合室中下部的^{3}He.这样混合室上部的^{3}He 就可连续穿过界面,得到连续制冷的效果.

3. *液体中的悬浮粒子*

悬浮在水中的小粒子能施加渗透压吗?当然要直接测量一个水中的悬浮粒子

施加的渗透压是不可能的，因为它太小了，如有 $5\times10^{10}\,\text{cm}^{-3}$ 粒子，在室温下渗透压仅为 10^{-9} atm. 因而只能用间接的方法测量. 1905 年爱因斯坦(Einstein)提出测量垂直圆筒中的悬浮粒子的密度 $n(x)$，可知是否有渗透压存在. 如果没有渗透压，所有的悬浮粒子最终将沉入底部.

假定存在一个渗透压，我们就可导出 $n(x)$. 在高度为 x 处的渗透压为

$$p'_{\text{os}}(x) = n(x)kT$$

如果 $n(x)$ 不是一个常数，则在高度 x 处作用于粒子上每单位面积上的力为

$$F_{\text{os}}(x) = -kT\frac{\mathrm{d}n(x)}{\mathrm{d}x}$$

由于重力作用于粒子上每单位面积上的力为

$$F_g(x) = -mgn(x)$$

m 是悬浮粒子的质量，平衡时两力相消(忽略浮力)，得

$$\frac{\mathrm{d}n(x)}{\mathrm{d}x} + \frac{mg}{kT}n(x) = 0$$

则

$$n(x) = n(0)\mathrm{e}^{-mgx/kT} \tag{4.13.7}$$

此公式为实验所证明.

第5章 相 变 (Ⅰ)

5.1 物质的三态——气体、液体和固体

单元系是由一种分子组成的物质,它可以三种状态存在,即气态、液态和固态,这决定于物质所处的温度和压强,它们的状态图表示在图 5.1 中.

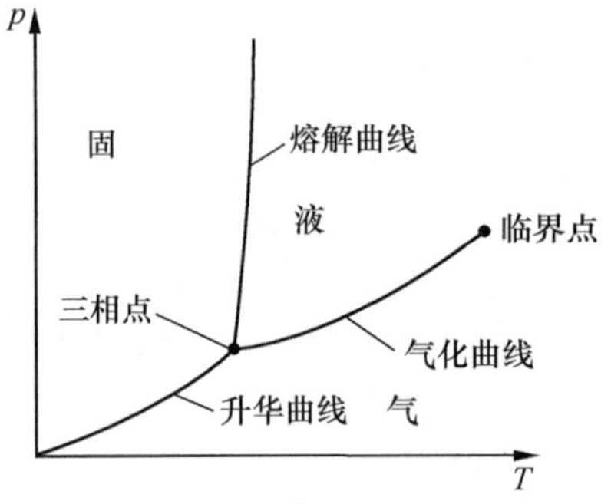

图 5.1 物质的三相图

物质存在的状态由分子的热运动和分子之间的相互作用两者竞争来决定.分子之间的相互作用力包括吸引力和排斥力.吸引力来自分子电荷的相互极化作用,排斥力来自两个分子外层电子间的静电斥力和泡利原理引起的斥力.气态是最无序的,由于分子的热运动能量比分子之间的相互作用能量要大得多,所以它以分子的热运动为主.故气态时,它可占据任意形状、任意大小的空间.随温度下降(保持压强不变),分子之间的作用力将使其凝聚成液体,体积变小.气液转变是在某一固定温度下发生的.液体中分子的热运动表现为在某一位置振动后又移到另一位置振动,虽然它仍可占据任意形状的空间,但体积被限定了.温度再往下降,液体将固化,转变成固相.固体中分子的热运动就只能在固定位置上振动,形状和体积均被限定了.气相在压强低时也可直接转变成固相,或反之,固相直接转变成气相,谓之升华.固相转变成液相、液相转变成气相和固相直接转变成气相时温度都不变,且都要吸收热量,此类相变在热力学上称一级相变.气、液、固三相共存的温度称三相点.在物质的汽化曲线上有一个特殊的点,它在气-液相变线的顶端,称临界点.在临界点处的相变不吸收热量,但有比热容等的突变,此类相变称二级相变.这些相变线和相变点均已在图 5.1 中标出.

物质的液态和固态统称凝聚态,它们的分子数密度约 $10^{22}\sim10^{23}\,\mathrm{cm^{-3}}$,而气态的分子数密度要小 3 或 4 个量级.在气、液、固三态中,气态最无序,液态比气态有序,液态为短程有序,长程无序,而固态又比液态更有序,为长程有序(指晶态固体).在讨论气、液、固相变之前,我们将先简单介绍固体和液体的性质.

5.2 固体的性质

固体有晶体和非晶体两大类，晶体又细分成单晶体和多晶体. 岩盐、水晶和金属等是晶体，其中岩盐、水晶是单晶，金属是多晶；而玻璃、塑料等是非晶体.

下面先看单晶的特征. 天然的单晶体，其外形是由若干平面围成的凸多面体，同一单晶的外形可以不同，如 NaCl 单晶，外形可以是立方体、八面体或两者的混合，但它们各相应晶面间的夹角是恒定的，此称晶面角守恒定律，这是单晶的第一个特性. 单晶的第二个特性是具有各向异性的性质，它们的力学、热学、光学和电学性质都是各向异性的. 第三个特性是具有确定的熔点，晶体从开始熔解至全部变成液体发生在同一个温度.

多晶体如金属与单晶的区别是它的无规则的外形，它们是由很多小晶粒组成的，晶粒的大小为 1～100μm，晶粒内部有规则的结构、各向异性的性质. 对大块样品而言，由于许多小晶粒无规则的排列，故是各向同性的. 多晶体与单晶体一样有确定的熔点.

晶体的微观结构（晶格结构）由 X 射线衍射实验所揭示，晶体中的粒子呈有规则的、周期性的排列. 如用点（格点）来表示粒子的质心，则格点形成的周期性空间排列称空间点阵. 用几何学上的六面体作为最小单元，向三个方向重复排列，就可得到整个空间点阵. 故晶体是长程有序的（空间点阵有 14 种类型），此最小单元称原胞. 面心立方晶格的原胞表示在图 5.2 中. 但在结晶学上，为了反映晶体存在的对称性，采用的原胞并不是最小单元. 如图 5.3 中所示，为 CsCl 的晶体结构. 根据结晶学上原胞的边长与它们之间的夹角，晶体可分为 7 个晶系（三斜、单斜、正交、三方、六方、四方和立方）.

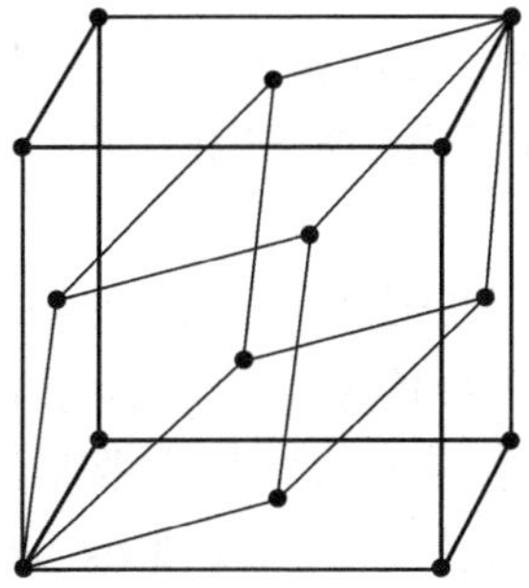
图 5.2　面心立方晶格的原胞

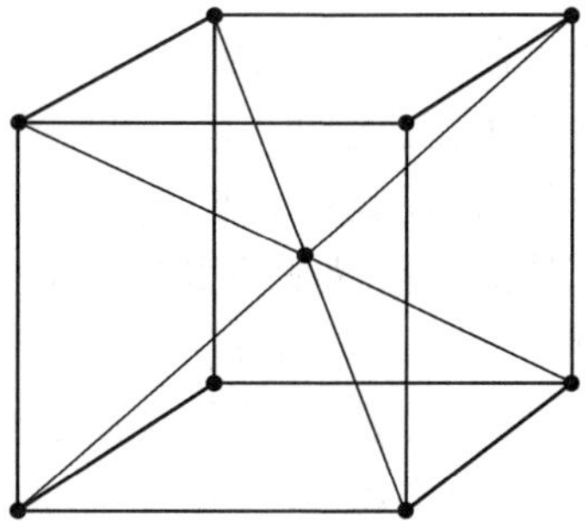
图 5.3　CsCl 的晶体结构（体心立方）

晶体的热性质是由粒子之间的相互作用和它的热运动来决定的. 晶体中粒子之间的相互作用很强，比它的热运动能量大得多，所以晶体中粒子只能在其平衡位置附近做微小的振动,称为热振动(晶格振动).它是晶体中粒子热运动的基本形式.热振动随温度的升高而增大,且有些原子会有足够的能量离开它的平衡位置,形成空位或填隙原子.热振动产生的空位数和填隙原子数服从玻氏分布 $n=Ne^{-u/kT}$(见第9章),其中 N 是晶体原子的总数,u 表示原子从格点移到表面(空位)所需的能量或其他粒子从表面移到间隙(填隙原子)所需的能量.以上这些热缺陷的数目与晶体的原子数相比是很小的,但对晶体的性质有很大影响.

晶格振动位移与格点距离相比很小,故在室温情况下,可把一个粒子的振动看成是三个方向上的简谐振动.根据能量均分定理,每个一维简谐振动有动能和势能两部分,其平均能量共为 kT,故每一个粒子的平均振动能量为 $3kT$. 1mol 固体的总振动能量为 $U=N_A\cdot 3kT=3RT$,其摩尔比热容为

$$C=\frac{\mathrm{d}U}{\mathrm{d}T}=3R=25\,\mathrm{J}\cdot\mathrm{mol}^{-1}\cdot\mathrm{K}^{-1} \tag{5.2.1}$$

此称为杜隆-珀蒂定律,是比热容的高温极限.在低温下比热容随温度的下降而下降,这时经典的杜隆-珀蒂定律不适用了,要用量子力学的观点解释.晶体中的格点的振动不是彼此独立的.由于存在强的相互作用,一个格点的振动会牵连其他格点的振动,因而以波的形式在晶体中转播.这些波经界面反射形成各种波长和频率的驻波.驻波模式数等于晶体内所有原子自由度数的和,晶体中各种热振动可看作这些驻波的合成.驻波数随频率有一个分布.依量子力学的观点,驻波的能量是量子化的.可引入"声子"的概念,认为一个模式的驻波对应一个频率的声子.每个声子的能量为 $h\nu=\hbar\omega$,其中 ν 为频率,ω 为角频率.温度升高,晶格振动能量大,声子数增多.假如所有声子的频率都相同,用统计方法(见统计物理部分)可计算出比热容与温度的关系.高温时与杜隆-珀蒂定律相符,低温下得到比热容随温度的下降而减小,此模型称爱因斯坦模型.但此模型得到的结果在低温下与实验不符.德拜考虑了声子的频率 ω 有一个分布,并假设有一个最大的截止频率 ω_D,用统计方法得到低温下的比热容与温度的 T^3 定律,结果与实验相符.此模型称德拜模型.在金属中除声子比热容外,电子对比热容也有贡献,因电子比热容与温度的一次方成正比,故只有在很低温度下,电子比热容才是重要的.

固体的热传导现象也是晶格振动引起的.由于存在强相互作用,如果固体的两端温度不一样,温度高的一端热振动能量大,能量就会传给热振动能量较小的粒子,依此逐步传递,使热量从高温端传向低温端.非金属中的导热主要是以上的传热机制,称晶格热导.在金属中除了晶格热导外,还有由电子的无规热运动引起的电子热导,而且以电子热导为主.

固体的热膨胀由热振动的非简谐部分引起.在比热容的解释中只是把晶格振动简单看成简谐振动,但为了解释热膨胀,必须考虑晶格振动的非简谐部分.分子之间相互作用的势能与分子之间的距离的关系在图5.4中给出,固体热膨胀的原

因可简单说明如下：粒子的平衡位置在 O 点，两粒子之间的平均距离为 r_0，粒子在平衡位置附近振动时，要求能量（动能 ε 加势能 E）守恒，即

$$\varepsilon + E(r_1) = \varepsilon + E(r_2)$$

由于左边曲线（斥力势能）较陡，而右边曲线（引力势能）较平缓，能量守恒要求

$$r_2 - r_0 > r_0 - r_1$$

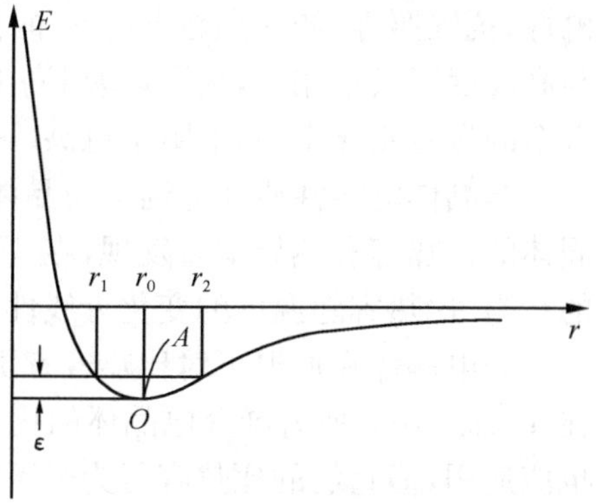

图 5.4　分子之间的相互作用势

粒子的平均距离 $\bar{r} = \frac{r_1 + r_2}{2} > r_0$，而且随着温度的升高，$\varepsilon$ 增大，$\bar{r}$ 也随之增大，如图中的 O—A 线. 这样由于温度的升高固体的体积随之增大，引起热膨胀.

热扩散是由于有些原子可离开它的平衡位置，形成空位或填隙原子（热缺陷）. 较小的填隙原子可在晶格的间隙中移动；而空位形成后，附近其他的原子就可向空位移动，通过此机制晶体中的粒子就可从一处移向另一处，这就是固体中的扩散机制. 自扩散系数 D 的表达式与液体相同（见下节），但数值比液体的小.

非晶态如玻璃、塑料等与晶体的重要区别是没有确定的熔点，在熔解过程中开始时变软，然后随温度的升高逐步软化，直至变成液体，此过程是在一个温度区间内发生的. 另外它的性质是各向同性的.

20 世纪 60 年代，美国的杜威兹（P. Duwez）用快速冷却液态金属的方法制备了非晶态金属和合金后，非晶态研究进入了快速发展时期，开展了广泛的基础和应用研究. 非晶态金属与 SiO_2 及其他铝、钙、镁等氧化物的无机玻璃固体不同，后者很容易得到非晶态（或称玻璃态）. 但要得到非晶态金属和合金则要困难得多. 因为液态金属和合金极易晶化，必须要用高速冷却的方法，让液态金属的无序结构（亚稳态）保持下来形成非晶态结构. 制备非晶态金属和合金的方法主要有液相急冷法和气相沉积法. 液相急冷法中包括喷枪法、活塞砧座法、双辊急冷法和单滚筒离心急冷法. 其中一些方法每分钟可以生产出 2km 的非晶态金属玻璃薄膜，为物理学家的研究创造了条件. 气相沉积法是先要把晶态材料的原子或分子离解，然后沉积到低温冷却底板上，方法可以是溅射、真空蒸发沉积、电解及化学沉积法和辉光放电分解法等. 气相沉积法只能制造薄膜和几毫米厚的块材.

非晶态金属和合金有很多实际应用，尤以非晶硅太阳能电池和金属玻璃（metglas）的应用最受瞩目. 非晶硅太阳能电池是清洁能源，且用之不尽. 非晶硅可以采用大面积薄膜工艺生产，成本低，目标是要提高光电转换效率，将与单晶硅太阳能电池竞争. 金属玻璃具有优异的物理性质，如高强度、高韧性、高硬度、抗腐蚀性、软

磁性、抗辐照等. 如非晶态 $Fe_{80}B_{20}$ 的强度是结构钢的 7 倍，非晶态 $Pd_{80}Si_{20}$ 的硬度与高硬度工具钢相当，金属玻璃 $Fe_{72}Cr_8P_{13}C_7$ 的抗腐蚀性远比不锈钢好. 非晶软磁合金的有效磁导率高，电阻率也高，可在电子和电力工业上得到应用.

非晶体的热性质在低温下与晶体不同. 从 20 世纪 70 年代开始，在研究非晶态固体的比热容和热导率时发现，在 1K 温度以下几乎所有的非晶态固体都有相似的行为. 比热容随温度的变化近线性关系，热导率与温度的 T^2 成比例.

介电晶体在低温下对比热容有贡献的仅是长波声子，德拜模型是很好的近似. 在 $T<\theta_D/100$，所有纯介电晶体的比热容均符合 T^3 定律. 连续介质近似对非晶体也应适用，但它们的比热容行为却不同，可表示为

$$C = C_1 T + C_3 T^3$$

在远低于 1K 时，主要是线性项起作用.

晶态材料的晶格热导可用下式表示：

$$\kappa = \frac{1}{3} C v l \tag{5.2.2}$$

其中，C 是单位体积声子的比热容，v 为平均声速，l 为声子的平均自由程. 低温下声子平均自由程受样品尺寸的限制，与温度无关，v 对给定材料是常数，故 κ 与温度的关系决定于比热容与温度的关系，即 $C \propto T^3$，所以热导率 $\kappa \propto T^3$. 而非晶态固体在低温下的热导率与温度的关系与晶态材料不同，实验上得到 $\kappa \propto T^2$. 这是非晶态固体的普遍行为. 这在图 5.5 中给出.

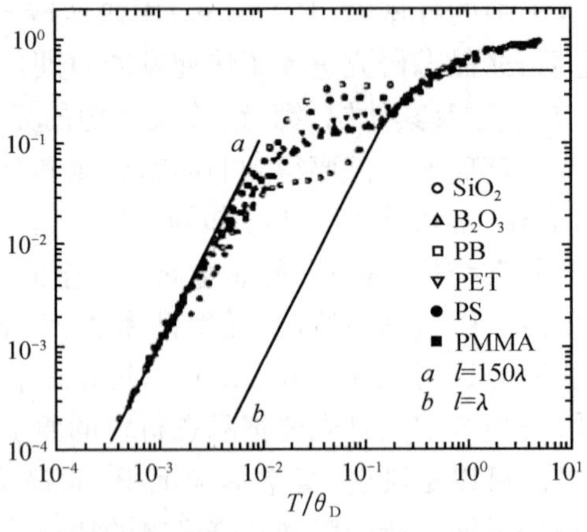

图 5.5 非晶态固体的热导率(PB、PET、PS、PMMA 为非晶态高聚物，如 PS 即聚苯乙烯)
图中 l 为声子的平均自由程，λ 为声子的波长，低温下 $l=\lambda$，较高温区 $l=150\lambda$

低温下非晶态固体的比热容及热导率反常，已有理论可以解释，但有些现象还有待进一步的研究，这里不再深入讲述.

5.3 液体的性质

1. 液体的热运动性质

液体中分子的热运动状态处于固体和气体之间. 液体分子之间的相互作用力是很大的,它的热运动类似固体. 在一段固定的时间内,液体分子在一平衡位置附近振动,处于暂时的稳定状态,此段时间称定居时间 τ. 然后平衡位置发生移动,形成新的稳定分布,故液体分子可在整个体积中移动. 定居时间 τ 的长短决定于分子的热运动和分子之间的相互作用,相互作用越强,分子间距离越小,定居时间越长;温度越高,分子热运动能量越大,定居时间越短. 一般定居时间比分子在平衡位置的振动周期要长得多.

液体的热运动性质决定了它的性质介于固体和气体之间. 和固体一样,液体也很难压缩,密度较高. X 射线衍射实验证明,液体中分子的排列和固体相似,但有序排列仅能在很小的区域才能观察到,在半径为 $3d \sim 4d$ 范围内(d 为分子有效直径). 此种分子的排列称液体的短程有序. 在高温和低密度下,液体和实际气体的性质相似,沸腾的液体与液体完全蒸发的饱和蒸气密度相近.

2. 液体的结构因子 $S(k)$

X 射线衍射(或中子衍射)实验可测量液体的结构因子 $S(k)$,k(或 q)为波矢,在图 5.6 中给出了液氦和液态钠(100℃)的结构因子 $S(k)$ 的实验测定曲线.

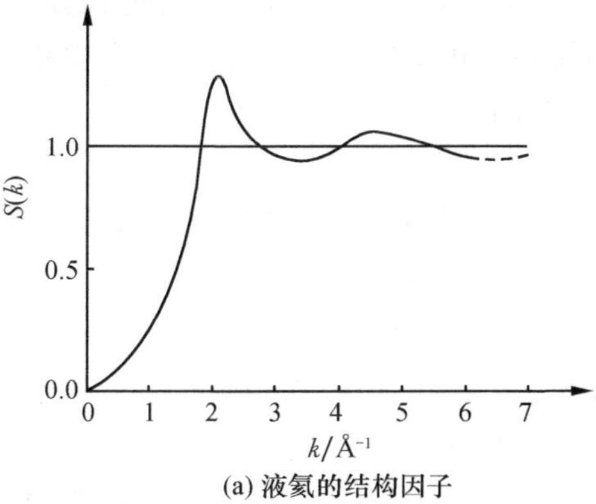

(a) 液氦的结构因子

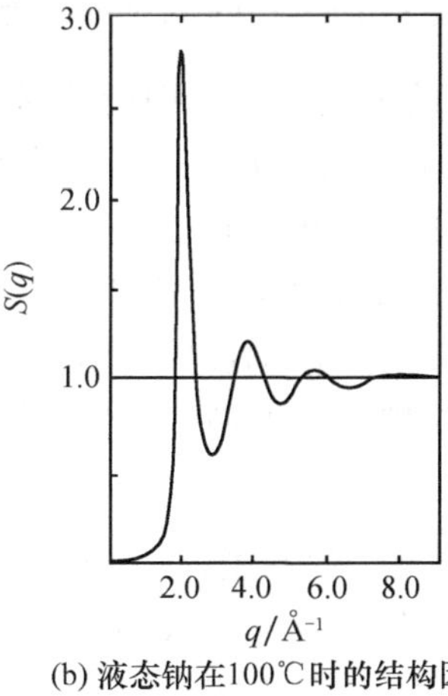

(b) 液态钠在100℃时的结构因子

图 5.6

结构因子 $S(k)$是两个原子的相关函数(或分布函数)$g(r)$的 Fourier 变换,即

$$S(k) - 1 = \rho \int [g(r) - 1] \cdot e^{i\boldsymbol{k}\cdot\boldsymbol{r}} \cdot d\boldsymbol{r}$$

两个原子的分布函数 $g(r)$ 是用来描述单原子液体中的短程有序的合适工具. 若我们选出一个原子作为坐标的原点,距离原点 r 处的密度定义为 $\rho g(r)$,其中 $\rho=\frac{N}{V}$ 为体积 V 中液体的数密度,$g(r)$ 是液体中在 r 距离上两个原子互相找到的概率,这样在以 r 为半径、dr 为厚度的球壳内的平均原子数为 $4\pi\rho g(r)r^2dr$. 由于这两个原子之间最短距离不能小于原子的直径 d,所以在 $0\leqslant r<d$ 的范围内,$g(r)=0$;当 $r>d$,由于近程有序,在一定距离处,周围有一个近邻原子"壳层". 对接近三相点的液体,这个距离与熔化前的结晶固体的近邻间距相当,$g(r)$ 变化显著. 与晶体中的长程有序相比,液体中的次近邻壳层 $g(r)$ 变化小得多,而且更外面的壳层 $g(r)$ 的变化就看不到了,原子位置的相关性很快消失,约在几个原子直径的距离上 $g(r)$ 趋向 1(相应于完全无序). 液体氩和水中的氧原子的 $g(r)$ 函数表示在图 5.7 中.

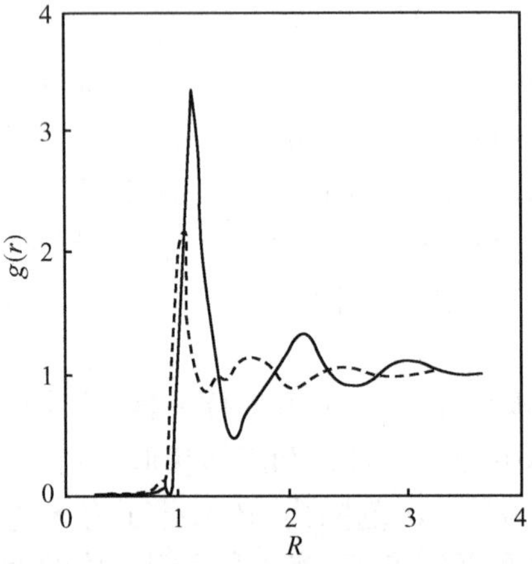

图 5.7 液体氩(实线)和水中的氧原子(虚线)的径向分布函数 $g(r)$

其中 $R=\frac{r}{d}$,$d_{Ar}=2.82\text{Å}$,$d_{H_2O}=3.4\text{Å}$

从图中可以看到,在 3~4 个原子直径的距离上 $g(R)\to1$,短程有序消失(即图中的 $R=\frac{r}{d}=3\sim4$). 两原子的分布函数 $g(r)$ 可从理论计算得到,代入上面的结构因子 $S(k)$ 的表达式得到理论计算的 $S(k)$,再和实验比较,从而可得到分子之间相互作用的信息. 如利用 Lennard-Jones 势得到的 $S(k)$ 与实验曲线符合得相当好. 液氦的 $S(k)$ 曲线,可用来计算 $g(r)$,从而给出超流氦的波函数.

3. 液体分子的定居时间 τ

从液体的热运动性质可得到,分子在定居时间 τ 后,其平衡位置将移动到一个新的平衡位置,移动的距离约为分子之间的平均距离,即

$$\overline{d}\approx\sqrt[3]{1/n_0}=\sqrt[3]{\mu/N_A\rho}$$

其中,n_0 为分子数密度,N_A 为阿伏伽德罗常量,ρ 为液体的密度,μ 为摩尔质量. 如用水的数据代入,$\rho=10^3\text{kg}\cdot\text{m}^{-3}$,$\mu=0.018\text{kg}\cdot\text{mol}^{-1}$,则 $\overline{d}=3\times10^{-10}\text{m}$.

定居时间 τ 可考虑分子从一个平衡位置转移到一个新的平衡位置,要克服一个势垒 E 而得到

$$\tau=\tau_0 e^{E/kT}$$

其中,τ_0 为分子围绕它的平衡位置振动的周期. 从上两式可得分子的平均位移速度为

$$\bar{v}=\frac{\bar{d}}{\tau}=\frac{\bar{d}}{\tau_0}e^{-E/kT}$$

液体分子的平均速度相当大，仅比同温度下的蒸气分子的平均速度小一个量级.

4. 液体中的输运现象

液体中的输运现象有扩散、热传导和黏滞性. 扩散现象是质量的输运，在凝聚液态有其特别的特征. 从微观的观点看，我们可以跟随一个选定的原子，取一个原点和起始时间，即 $\boldsymbol{r}=0$ 和 $t=0$，然后观察这个原子随时间的运动. Einstein 提出在足够长的时间内，此原子的扩散运动的平均平方位移正比于时间 t，借助自扩散系数 D，可得到

$$\overline{r^2(t)}=6Dt,\quad D=\frac{1}{6}\frac{\overline{r^2(t)}}{t}$$

借助于定居时间 τ，液体的扩散系数可用下式计算：

$$D=\frac{1}{6}\frac{\bar{d}^2}{\tau}=\frac{1}{6}\frac{\bar{d}^2}{\tau_0}e^{-E/kT} \tag{5.3.1}$$

对液体而言，在接近临界点处，液体的扩散系数与实际气体的扩散系数接近. 气体中的扩散系数由下式给出(见第 10 章)：

$$D=\frac{1}{3}\bar{v}\,l$$

其中，$\bar{v}$ 为粒子的平均速度，l 为平均自由程(如用 $\bar{v}=\dfrac{d}{\tau}$，$d=2l$ 代入上式，也可得式(5.3.1). 从上式可估计稀释气体中的自扩散系数在 $1\text{cm}^2\cdot\text{s}^{-1}$ 量级. 液体在远低于临界点时，其扩散系数比同条件下的气体要小得多. 如 $T=300\text{K}$ 的水，$D\approx1.5\times10^{-9}\,\text{m}^2\cdot\text{s}^{-1}$，而对同温度和标准大气压下空气中的水蒸气，$D\approx2\times10^{-5}\text{m}^2\cdot\text{s}^{-1}$.

液体的黏滞性只有在接近临界点处与气体相近. 在接近熔点时的黏滞性不能用气体的方式来理解，产生黏滞性的机制很复杂. 黏滞系数与分子的迁移率相关，迁移率是单位外力作用下分子得到的速度，即

$$v_0=\frac{v}{F}$$

黏滞系数 η 与迁移率 v_0 成反比，而 $v_0\propto\dfrac{D}{kT}$，故 $\eta\propto\dfrac{T}{D}\propto T\exp\left(\dfrac{E}{kT}\right)$. 从此式可看出当温度升高时，液体的黏滞性迅速下降，特别在低温区域. 在高压下，液体的黏滞性随压力的增加很快增大. 这是由势垒 E 的增加和定居时间 τ 的相应增加引起的.

5. 表面张力和表面膜

液体和气体的界面是一个特殊的体系，称表面膜. 我们在第 1 章中讨论了表面张力系数的定义和表面膜的物态方程. 即在表面膜的平面内任意画一条线(长为 l)，则线上的分子受到左边分子对它的吸引力等于右边分子对它的吸引力，但方向

相反，故线上的分子受到一个张力 f. 单位线长上在垂直方向受到的表面张力称表面张力系数 σ，得

$$\sigma = \frac{f}{l} \tag{5.3.2}$$

在第 2 章中，讨论了液体表面膜做功的表达式(线框上的活动臂拉出的肥皂膜)

$$\Delta W = -\sigma A$$

如向外的拉力为 f，线框的宽度为 l，向外拉的距离为 s，则外力做的功为

$$\Delta W' = f \cdot s = 2\sigma ls = \sigma A$$

(线框的两边各有一个表面膜，故膜的面积是线框面积的 2 倍). 从功的表达式可得

$$\sigma = \frac{\Delta W'}{A} \tag{5.3.3}$$

式(5.3.3)为表面张力系数的另一含义，即它等于增加单位面积表面膜外力需做的功.

在第 4 章中，我们讨论了表面能与表面张力的关系，给出

$$\left(\frac{\partial F}{\partial A}\right)_T = \sigma \tag{5.3.4}$$

此式表明，表面张力系数也可表示为增加单位表面积时表面能的增加值.

如果液体表面膜不是平面而是曲面，则由于表面张力的存在，会出现一个附加的压强，使膜的两边压强不等. 下面我们从力学角度计算此附加压强.

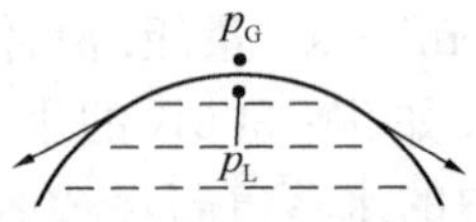

图 5.8　附加压强的形成

如果曲面是凸面，如图 5.8 所示，曲面两边为液体和气体，p_L 和 p_G 分别为膜两边的液体和气体中的压强，由于表面张力有一个向液体的分量，所以 $p_L > p_G$，$\Delta p = p_L - p_G$ 为附加压强. 如果曲面是凹面，则 $p_L < p_G$，$\Delta p = p_L - p_G < 0$.

我们在一个凸球面上取一个面积元 $abcd$(图 5.9)，其中心 P 到球心 O 的距离为球半径 R. 通过中心互相垂直的两条弧线 AB 和 CD 的长度分别为 l_1 和 l_2(在 P 点等分)，弧线 ab 和 cd 的长度也为 l_1，而弧线 ad 和 bc 的长度为 l_2. 面积元 $abcd$ 的面积可近似为

$$\Delta S = l_1 \cdot l_2$$

我们讨论的是球面上的一个面积元，取 $l_1 = l_2$，OP 和 OC 的夹角为 ϕ，OP 和 OB 的夹角也为 ϕ. 在此条件下，弧线 ab 上的张力为

$$f = \sigma \cdot l_1$$

它可分解成平行于 OP 的一个力 f_1 和垂直于 OP 的一个力 f_2，由于 OP 和 OC 的夹角为 ϕ，则 $f_1 = f \cdot$

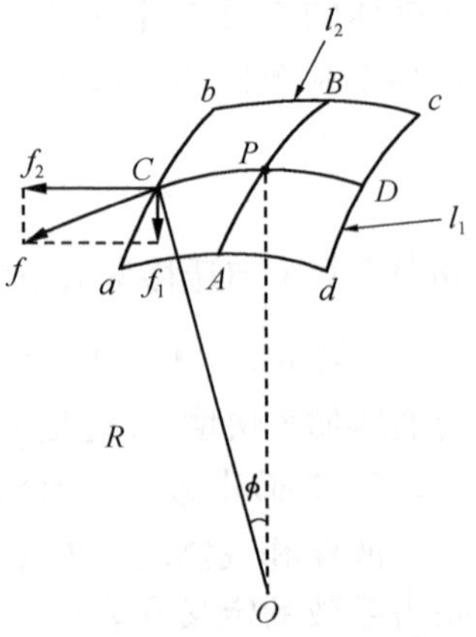

图 5.9　附加压强的导出

$\sin\phi=\sigma \cdot l_1\sin\phi$,因 $\sin\phi=\frac{弧线\ CP}{R}=\frac{l_2}{2R}$,故

$$f_1=\sigma \cdot l_1\sin\phi=\sigma \cdot l_1\frac{l_2}{2R}=\frac{\sigma \cdot \Delta S}{2R}$$

而 f_2 将与弧线 cd 上的张力之与 OP 垂直的分量相消. 弧线 cd 上的张力之与 OP 平行的分量与 f_1 同方向且大小相等,故向液体施加的力为 $2f_1$;同理,弧线 bc 和 ad 两者向液体施加的力为 $2f_1'=\sigma \cdot l_2\sin\phi=\frac{2\sigma \cdot \Delta S}{2R}$. 所以表面张力施加的附加压强为

$$\Delta p=\frac{2f_1+2f_1'}{\Delta S}=\frac{2\sigma\frac{\Delta S}{2R}+2\sigma\frac{\Delta S}{2R}}{\Delta S}=\frac{2\sigma}{R} \tag{5.3.5}$$

液面内外压强之差为

$$p_{\mathrm{L}}=p_{\mathrm{G}}+\frac{2\sigma}{R} \tag{5.3.6}$$

如果是凹球面,则液面内外压强之差为

$$p_{\mathrm{L}}=p_{\mathrm{G}}-\frac{2\sigma}{R} \tag{5.3.7}$$

对于一个球形的肥皂泡,因外侧是气体,内侧也是气体,中间夹一层液体膜,故内、外侧的压强差为

$$p_{内}-p_{外}=\frac{4\sigma}{R} \tag{5.3.8}$$

如果曲面非球面,而是任意曲面,附加压强的导出与上类似. 但弧线 CD 与弧线 AB 的夹角不同,分别为 ϕ_1 和 ϕ_2,曲率半径也不同,分别为 R_1 和 R_2. 在此条件下可得到附加压强为

$$\Delta p=\frac{2f_1+2f_1'}{\Delta S}=\frac{2\sigma\frac{\Delta S}{2R_1}+2\sigma\frac{\Delta S}{2R_2}}{\Delta S}=\left(\frac{1}{R_1}+\frac{1}{R_2}\right)\sigma \tag{5.3.9}$$

此任意曲面下的附加压强的公式称拉普拉斯(Laplace)公式. 若 $R_1=R_2$,则得球面下的公式(5.3.5). 此公式也可利用热力学函数,从自由能极小的判据导出.

6. 接触角

液体如果和固体接触,会出现附着层. 附着层中液体的分子与表面膜中的分子同样处于特殊的状态. 会出现液体润湿固体表面或不润湿固体表面的现象,如水滴放到玻璃上,水会铺展开,称水润湿玻璃. 而水银放到玻璃上,就变成小珠到处滚动,不附着在玻璃上,称水银不润湿玻璃. 附着层(其厚度约为液体分子与液体分子或固体分子与液体分子之间的吸引力的有效距离)内的液体分子,若受到壁的固体分子的吸引力(附着力)大于液体内部的分子对它的吸引力(内聚力),则液体润湿

固体表面,液体附着层将扩展,成为凹曲面,且液体在细玻璃管中上升(图5.10(a)).若附着层内的液体分子受到壁的固体分子的吸引力小于液体内部的分子对它的吸引力,则液体不润湿固体表面,液体附着层将收缩,成为凸曲面,液体在细玻璃管中下降(图5.10(b)).如在固、液、气接触点作固体表面和液体表面的切线,两切线在液体内之夹角称接触角,在图中以θ表示,凹曲面的θ是锐角,液体润湿固体表面;而凸曲面时,θ为钝角,液体不润湿固体表面.θ之大小取决于液体和固体的性质,$\theta=0$为完全润湿,$\theta=\pi$为完全不润湿.

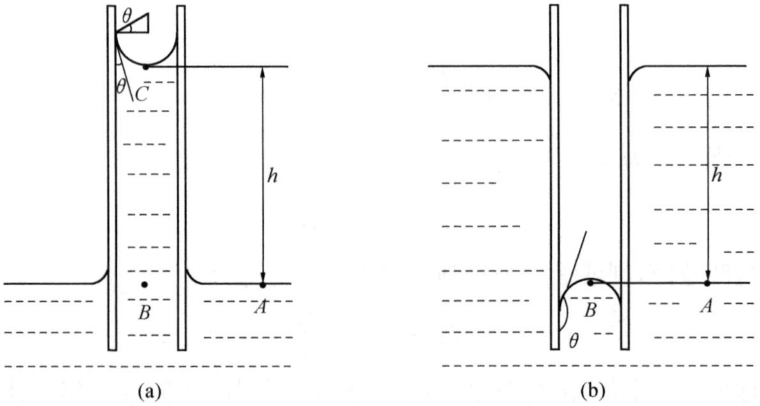

图5.10 液体与固体的接触处的接触角和毛细现象

在图5.10中,(a)液体润湿固体表面时,液体附着层扩展,成为凹曲面,液体在细玻璃管中上升(如水);(b)液体不润湿固体表面时,液体附着层收缩,成为凸曲面,液体在细玻璃管中下降(如水银).这种液体在管中上升或下降的现象称毛细现象,它由表面张力和接触角决定.下面计算在毛细管中液面上升或下降的高度.先看图5.10(a)的情况.毛细管刚插入液面时,由于θ是锐角,形成凹曲面,此时$p_C<p_A$(=大气压),所以液池中的液体将被压入毛细管.直至液体上升到使$p_B=p_A$,C点也随之上升到h的高度.假如凹曲面是半径为R的球面.则

$$p_C=p_A-\frac{2\sigma}{R}$$

而

$$p_B=p_C+\rho gh=p_A-\frac{2\sigma}{R}+\rho gh$$

因$p_B=p_A$(=大气压),故得

$$\frac{2\sigma}{R}=\rho gh$$

由于$R=\dfrac{r}{\cos\theta}$(r为毛细管的半径,θ为接触角),得上升的高度为

$$h=\frac{2\sigma\cos\theta}{\rho gr} \tag{5.3.10}$$

对图 5.10(b)的情况,形成凸曲面,同法可证液面下降的高度也是上式,但此时 θ 是钝角,$\cos\theta$ 为负,得 h 为负值,即毛细管内的凸液面下降.

5.4 液晶 *液晶显示

5.4.1 液晶的结构和液晶相的分类

1888 年奥地利植物学家 Fredrich Reinitzer 发现固态的有机化合物胆甾醇苯甲酸酯在 145.5 ℃时,熔化为雾状的液体,而在 178.5 ℃时,又变成清亮的液体. 在晶态固体和清亮液体之间出现了两个熔点. 德国物理学家 Otto Lehmann 对 Reinitzer 的样品作了仔细的观察,认为这是一种新的物质形态. 它的流动性质像液体,而光学性质像晶体,故他称此为"液晶". 到现在已发现几万种物质呈液晶相,但它直到 20 世纪 70 年代才在计算器、手表和加油站的显示器上获得应用. 而到 1996 年以后液晶显示用到笔记本电脑和移动电话上,2002 年开始,彩色液晶电视迅猛发展,液晶显示已成为现代信息产业的后起之秀,液晶也已家喻户晓.

液晶是处于固态和液态之间的过渡状态的物质. 它们在被加热时,不是直接由固态变成液态,在一个温区内,它处在固、液之间的过渡状态;温度再升高,就变成各向同性的液体. 它的很多物理性质随外界影响很敏感,已有很多应用. 液晶态的特征是取向有序,它和晶态与液态的区别在图 5.11 中给出.

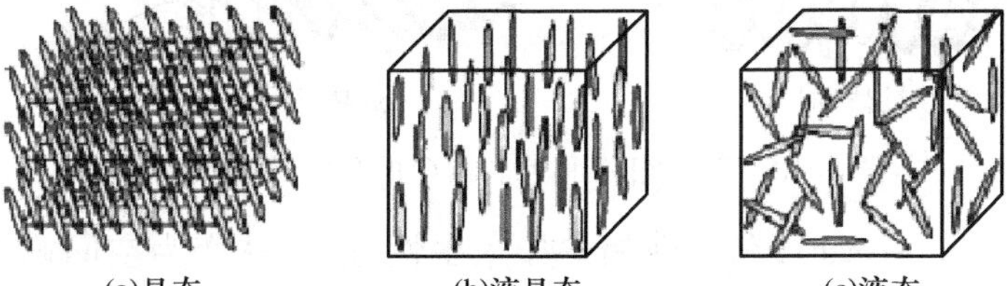

(a)晶态　(b)液晶态　(c)液态

图 5.11　物质的晶态、液晶态和液态

液晶按分子的排列有三种类型:向列型液晶、近晶型液晶和胆甾型液晶(图 5.12).

向列相(nematic)是液晶相中最简单的相,是唯一没有位置有序性的液晶. 液晶分子彼此倾向于平行排列,从优方向称为指向矢 $\hat{\boldsymbol{n}}$. 向列型液晶是流动性好且黏度小的混浊液体. 向列相的分子结构示意图见图 5.11(b).

近晶相(smectic)又称为层列相,液晶分子除了沿着指向矢 $\hat{\boldsymbol{n}}$ 的取向有序性外

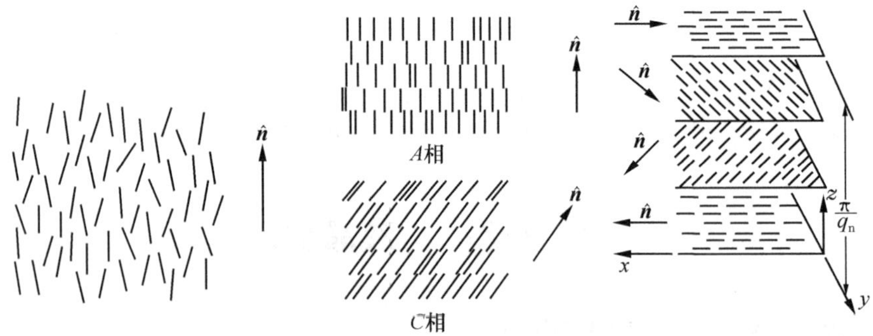

(a) 向列型液晶　　(b) 近晶型液晶　　(c) 胆甾型液晶

图 5.12　液晶的三种类型

还有一定程度的位置有序性，从而形成层状结构，层厚与液晶分子长度的数量级相当. 层与层之间可以相互滑移，但层内分子排列保持着二维固体的有序性. 分子可以在本层内活动，但不能来往于各层之间. 它是混浊黏稠的液体. 近晶相有很多类型，如近晶相 $A,B,C,\cdots,K$ 等. 它们的不同之处在于位置有序的程度或方式不同，或者指向矢的方向等不同. 图 5.13 中给出两种类型近晶相的分子结构示意图.

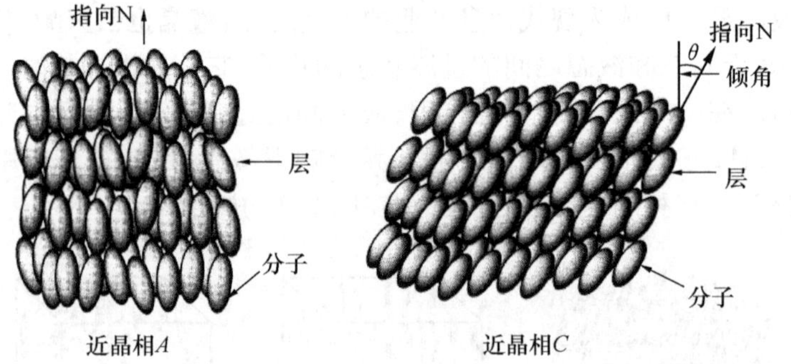

图 5.13　近晶相 A 和近晶相 C 的分子结构示意图

胆甾相(cholesteric)：在向列相中加入手性分子，就变为空间修饰的胆甾相，也就是扭曲的向列相. 胆甾相中，分子分层排列，层与层平行. 在每一层中和向列相中一样排列，只是指向矢沿着恒定的倾斜角扭转(图 5.14).

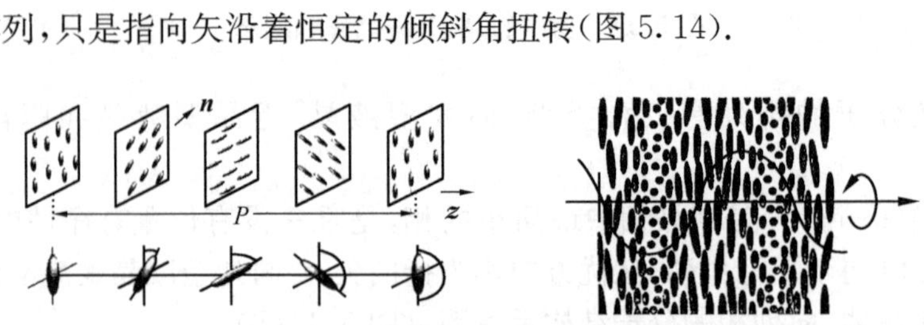

图 5.14　胆甾相分子结构示意图

形成液晶态的分子要有几何外形不对称的刚性结构单元(利于取向),再加上利于形变和流动的柔性链单元.分子为棒状分子(其长/宽比要大于4,如长为20~40Å,宽为4~5Å)或盘状分子(其直径和厚度之比要大,如直径几十埃,厚度小于10Å).图5.15为棒状分子和盘状分子的例子.

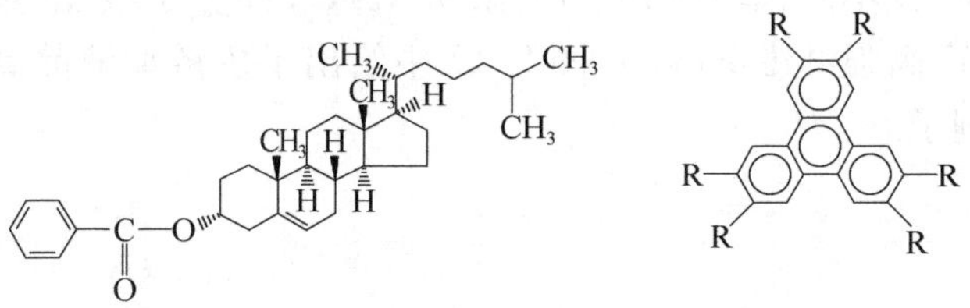

(a) 棒状分子-胆甾醇苯甲酸酯　　(b) 盘状分子-三亚苯

图 5.15

液晶的分子可以是液晶小分子(如胆甾醇苯甲酸脂),也可以是溶质液晶分子、液晶高分子及液晶超分子.

液晶按照出现晶态的方式又分为热致液晶、溶致液晶和感应性液晶(包括压致液晶、电致液晶和光致液晶等).棒状分子和盘状分子多是热致液晶,是通过晶态加热熔融出现的液晶态.而双亲性分子多是溶致液晶,其分子溶于水时,极性头互相靠近,另一端与水相接触.溶致液晶的代表——肥皂水的相图和相结构表示在图5.16中.

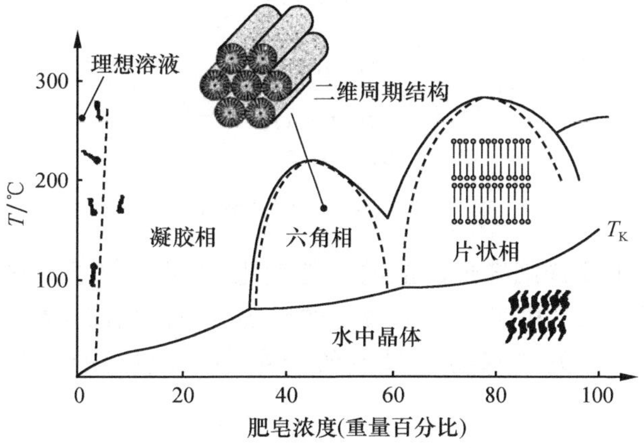

图 5.16　肥皂水的相图和相结构

以上两种液晶是靠温度和浓度的变化引起的液晶态.同理也可以用其他外界条件的改变使一些物质出现液晶态,如压力、电场、磁场和光照等,相应可称之为压致、电致、磁致和光致液晶相等.如在足够高的压力下(~400MPa),聚乙烯结晶在升温过程中熔融后不直接进入无序的液态,而是生成一个六方的近晶 B 相.

高分子液晶是由小分子液晶的基元键合而成,其基元可以是棒状分子或盘状分子,也可是双亲性分子.有主链型液晶高分子和侧链型液晶高分子.液晶高分子之间交联可形成液晶网络,在应力作用下会产生形变,有橡胶弹性.交联密度高时,会形成液晶塑料,在不同领域得到了应用.如溶致性高分子液晶-聚对苯二甲酰对苯二胺,用来生产高强纤维 Kevlar.图 5.17 中给出了主链型液晶高分子和侧链型液晶高分子的例子.

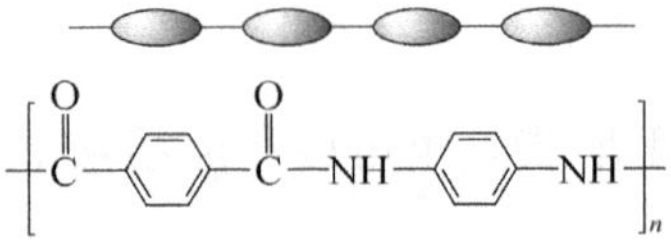

(a) 主链型液晶高分子-聚对苯二甲酰对苯二胺

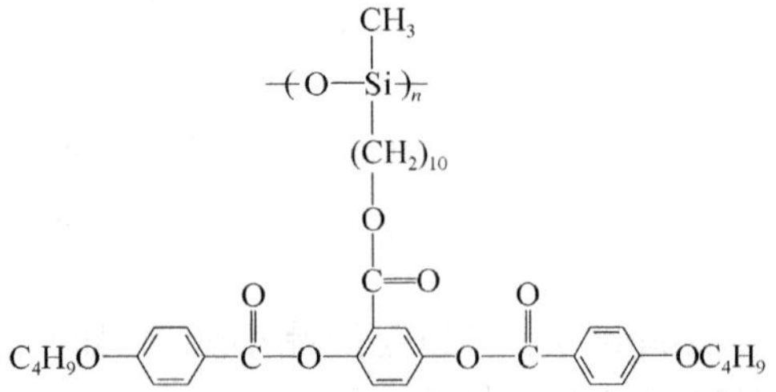

(b) 侧链型液晶高分子

图 5.17

超分子液晶是液晶领域的新发展,从超分子化学的概念出发,通过两种或多种不同分子的自组装形成超分子液晶体系.小分子、高分子、双亲分子等都可以通过超分子组装的方法形成超分子液晶.例如,对-正丁氧基苯甲酸二聚体的超分子结构(图 5.18).

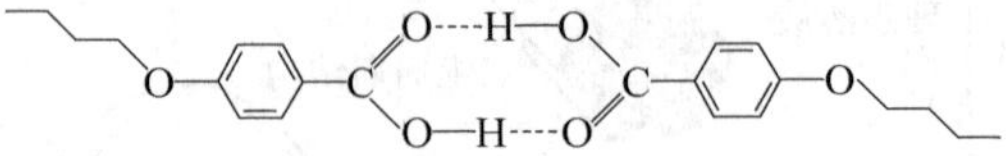

羧酸二聚体

图 5.18 对-正丁氧基苯甲酸二聚体的超分子结构

液晶在应用中要详细知道液晶的物理性能.主要有以下一些物理参数:从晶态到液晶态的熔点 T_m 和液晶态至液态的清亮点 T_c;黏滞系数;介电常量;折射系数和电导率等.有关这些物理参数的测量和在应用中的要求,这里就不再详述.

*5.4.2 液晶显示

阴极射线管(显像管)是人们熟悉的显示器,是电脑和电视机中一直使用的显示器.但平板显示器的出现是对显像管的极大挑战.目前平板显示器有以下几种:液晶显示器、等离子体显示器、有机发光二极管显示器和电致发光显示器等.其中液晶显示器发展得尤为迅速，马上就会在电脑和电视机领域全部取代阴极射线管的显示器，在大屏幕彩色电视机上现在还有等离子体显示器与其竞争，但彩色液晶电视机也做得越来越大，已做出57英寸和65英寸的宽屏幕彩色液晶电视机，只要价格降下来，将对等离子体显示器发起挑战.

液晶显示根据液晶不同的光学原理有很多种类型，可以是导波型、双折射型、散射型和二色性型等. 现在使用的扭曲液晶的显示属于导波型和双折射型. 导波方式是光线的偏振方向随液晶分子的扭曲结构而扭转. 而双折射方式是两个正交的光学模发生强烈的干涉. 从有无光源可分为透射式和反射式两种，透射式要用光源，而反射式是在背偏振片后面再贴一层反射片，用自然光. 在手表和计算器中多用反射式或半透半反式，而电视、电脑和相机中都用透射式. 下面以使用最多的扭曲液晶的显示为例来说明其原理和方法.

在显示中使用的液晶并不是用一种分子的单体液晶，而是要用液晶混合物，因单体液晶的物理参数指标很难满足使用要求. 根据不同的要求可以制备液晶混合物以达到液晶显示的条件，主要是液晶工作的温区要宽、黏度低，对双折射、电阻率和弹性常数等要符合要求，至少要5种以上的液晶单体配置而成. 使用较多的一种液晶混合物称为ZLI-1565(向列相)，它由6种液晶单体混合而成，它的参数为：熔点：-40℃；清亮点：85℃；黏度(20℃)：$\eta=19\mathrm{mPa\cdot s}$；折射系数(20℃)：$\Delta n=0.1262$；介电常量(25℃)：$\Delta\varepsilon=7$. 这些性能符合显示的要求.

下面以扭曲液晶的导波式显示为例，说明显示原理和液晶盒的制作. 液晶显示盒是在两块玻璃基板中注入液晶混合物，而在扭曲液晶的显示中，为了使液晶盒中的液晶(向列相)产生扭曲，要在玻璃基板上用PI摩擦法使液晶指向矢与基板平面平行排列，具体的做法是先在玻璃表面淀积一层聚酰亚胺(PI)，然后用绒布单方向摩擦PI，形成微沟槽，指向矢就会沿槽方向排列，此称为锚泊效应. 如果使上下基板的锚泊方向互相垂直(90°)，但液晶指向矢都平行于基板，这样的液晶盒称TN盒. 盒中的液晶指向矢沿盒的上下方向均匀扭曲，如果一束偏振光从上基板入射，偏振光的偏振矢与液晶指向矢平行，这束入射光由于在液晶中产生的旋光性，偏振光的偏振矢会顺从扭曲结构旋转90°，出射时仍为完全偏振光，它的偏振矢刚好与下基板的检偏器的偏振方向一致，偏振光可无色散地通过，见图5.19(a).

扭曲液晶盒的显示由电压控制. 在不加电压的情况下，上板的起偏器的偏振光的方向与液晶指向矢同向，通过液晶后偏振光的光轴扭转90°，刚好使出射的偏振光的方向和检偏器的偏振方向一致，光线通过，呈亮态(图5.19(a)). 当加电压后(超过阈值电压)，电场改变液晶指向矢的倾角和方位角，出射的偏振光的偏振方向刚好与下基板上的检偏器的偏振方向垂直，光线通不过，呈暗态，见图5.19(b).

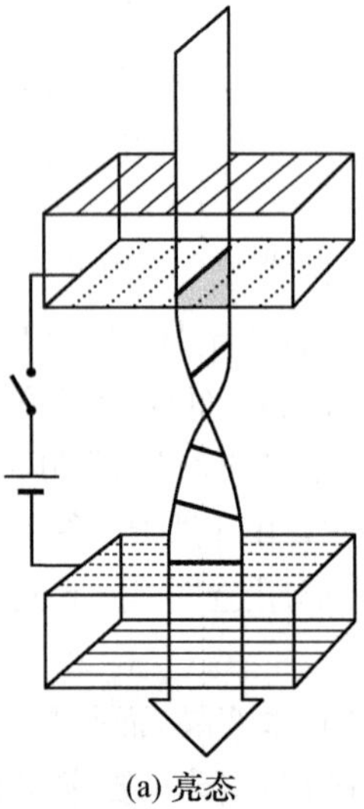

图 5.19 扭曲液晶显示的原理图

上面仅是显示亮态和暗态,即黑与白.如何在显示器上显示彩色?下面简单介绍目前使用的 TFT 彩色液晶显示器的结构和工作原理.它的结构在图 5.20 中给出.

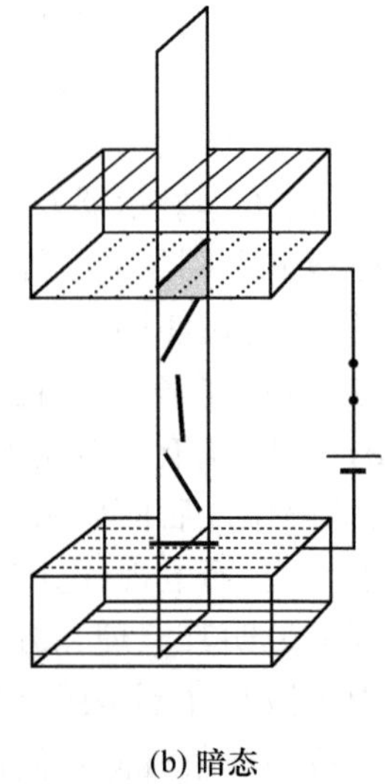

图 5.20 TFT 彩色液晶显示器的结构示意图

首先看彩色显示.这可用彩色滤色膜来实现.彩色用三基色来产生,有两种方式:加法方式,它的三基色是红色、绿色和蓝色;减法方式,它的三基色是青色、绛色和黄色.在液晶显示上用的是加法方式,在液晶的每一个像素上做成三个红绿蓝子像素，子像素的节距要在 100μm 以内，则像素的节距在 300μm 以内，这样在离显示器 1m 的距离上看时，视角为 1′，人们看到的就是混合色彩. 三个子像素全部打开时为白色，全部关上时为黑色，红绿开蓝关为黄色，红蓝开绿关为绛色，绿蓝开红关为青色，加上两个基色关，一个开，得三个基色. 这样得到 8 种颜色，再控制每个像素的灰度，就可显示 10 亿种色彩，人们看到的就是绚丽多彩的图像了. 三个子像素用光刻方法制作成彩色滤色膜，放在前板玻璃上.

如何驱动每一个像素？在开始时，每一个像素都要连接一条驱动引线，一个黑白电视机有 640×480 个像素，要 30 万条驱动引线，实际上这是不可能的，后来就考虑用多路驱动，驱动引线可减少至 1000 多条. 还有一些其他驱动方式. 但最终解决问题的是采用了薄膜场效应晶体管（TFT）的驱动方式. 薄膜场效应晶体管（TFT）列阵做在背板玻璃上. 液晶的每一个像素的两端与一个薄膜场效应晶体管的源极和漏极相连，它的两端电压由其栅极电压控制，这样降低了驱动电压，对液晶器件的要求也大大降低了. 但在这么大的玻璃基板上做 TFT 列阵绝非易事，近年才解决此难题，从而使电脑和彩电的液晶显示器得到迅速发展.

上下基板（即图中的前板玻璃和背板玻璃）上首先要镀上一层透明导电膜-氧化锡铟（ITO），通过处理后，再光刻上所需的电极图案，然后在一块基板上喷垫衬料，另一块基板上丝网印刷环氧树脂的边框和银点. 把两块基板合在一起，烘烤固定. 接下来就灌注液晶，并在两玻璃表面各贴一片偏振片，连接引线，安装集成电路和背光源. 驱动电路装在背板玻璃基板上（如图中的 TFT 阵列）. 彩色滤色膜（由红、绿、蓝三基色组成）放在前板玻璃上. 这就组装成了液晶显示盒.

液晶显示用的背光源要求是白光，要亮度高，寿命长，性能稳定等. 在手机中用的是发光二极管（LED），而在较大的显示器中用的是冷阴极荧光灯（CCFL）. 冷阴极荧光灯是目前使用最广泛的背光源. CCFL 装在一个导光板的一边或两边（为改善发光效率和强度），通过反射器把光导向导光板，再有一个漫反射板以增强视角以内的光. 大约有 50%的光可入射到液晶屏上.

上面仅是原理性介绍，实际制造工艺很复杂，而且各种显示方式也在研制之中，新的显示方式和制备工艺将不断涌现出来.

5.5 物质的气、液、固相变

物质的气、液、固三态相图在图 5.21 中已给出. 气态是最无序的，由于分子的热运动，它可占据任意形状任意大小的空间. 随温度下降（保持压强不变），分子之间的吸引力将使其凝聚成液体，转变是在相变点的同一温度上发生的，放出潜热，且体积变化，是一级相变. 液体的有序度比气体高，虽然它仍可占据任意形状的空间，但体积被限定了. 温度再往下降，液体将固化，转变成固相，有序度更高，形状和体积均被限定了，此相变也是一级相变. 气相在压强低时也可直接转变成固相，或反之，固相直接转变成气相，谓之升华，是一级相变. 在物质的三相图上有一个特殊的点，在气-液相变线的顶端，谓之临界点，在此点上发生的相变是二级相变.

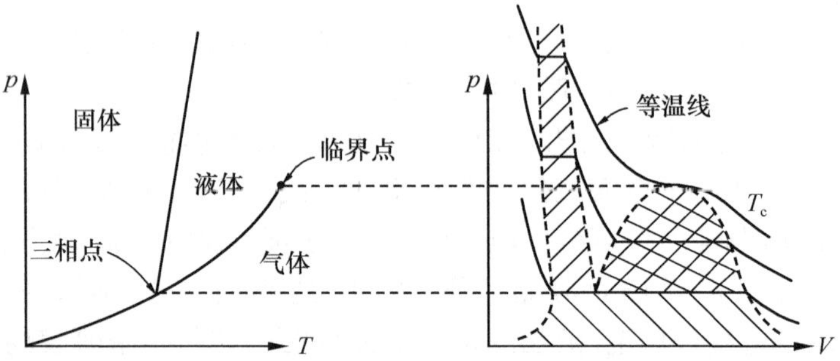

图 5.21 物质的三态图

左图为 p-T 图，右图为 p-V 图. 在 p-V 图上，阴影区域为固-液、液-气、固-气共存区；在 p-T 图上，固-液相界线称熔化线(或凝固线)、液-气相分界线称汽化线、固-气相分界线称升华线

从图 5.21 的 p-V 图可看出，液-气相变时，体积增加. 如液-气共存区中的水平线所示，水平线到临界点处，长度变为零，这表明相变时体积改变为零，这是二级相变的特征. 这时气液不分，相变时无潜热. 但比热容和膨胀系数在相变时有突变. 图 5.22 给出了氩的临界点比热容突变.

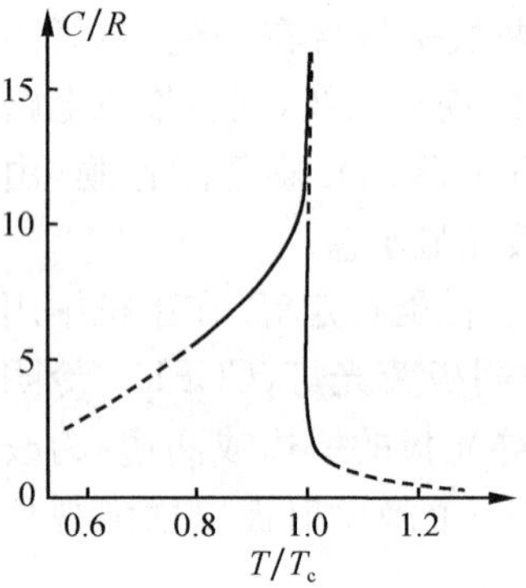

图 5.22 氩的临界点比热容突变

对气液相变可用范德瓦耳斯方程(简称范氏方程)来讨论，1mol 物质的范氏方程为

$$\left(p+\frac{a}{V^2}\right)(V-b)=RT \tag{5.5.1}$$

不同温度的 p-V 曲线表示在图 5.23 中，温度更高的等温线类似理想气体的等温线(图中未画出). 通过临界点的等温线在临界点处存在一个拐点. 从微分学上知，在拐点 C 上，p 对 V 的一级微商和二级微商均为零，即

$$\left(\frac{\partial p}{\partial V}\right)_T=0,\quad \left(\frac{\partial^2 p}{\partial V^2}\right)_T=0 \tag{5.5.2}$$

以上两个方程和范德瓦耳斯方程联合可得临界点处的 p_c、T_c、V_c 用 a、b 表示之值. 下面我们用另一方法给出此值.

对给定的 T 和 p 值，在一般情况下，从范德瓦耳斯方程可解得 V 的三个根 V_1、V_2、V_3(图 5.23)，当温度 T 增加到临界点的温度 T_c 时，方程的三个根收缩为一个根 V_c，故在临界点附近，状态方程变为

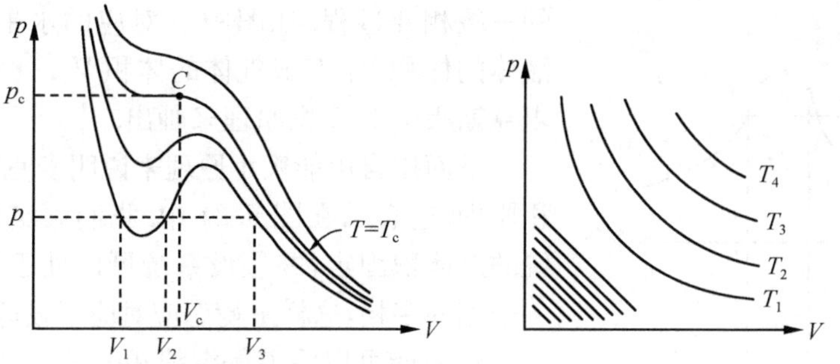

图 5.23 范德瓦耳斯方程的等温线(右边给出理想气体的等温线作比较)

$$(V-V_c)^3=0$$

展开得

$$V^3-3V_cV^2+3V_c^2V-V_c^3=0 \tag{5.5.3}$$

再把 p_c、T_c 代入范德瓦耳斯方程得

$$\left(p_c+\frac{a}{V^2}\right)(V-b)=RT_c$$

然后展开

$$V^3-\left(b+\frac{RT_c}{p_c}\right)V^2+\frac{a}{p_c}V-\frac{ab}{p_c}=0 \tag{5.5.4}$$

和式(5.5.3)比较 V 的各次方系数,得

$$3V_c=b+\frac{RT_c}{p_c},\quad 3V_c^2=\frac{a}{p_c},\quad V_c^3=\frac{ab}{p_c}$$

从上三式可得

$$p_c=\frac{a}{27b^2},\quad V_c=3b,\quad T_c=\frac{8a}{27Rb} \tag{5.5.5}$$

如果我们用临界点的 p_c、T_c、V_c 重新标定气体的压强、温度和体积

$$p'=\frac{p}{p_c},\quad v'=\frac{V}{V_c},\quad t'=\frac{T}{T_c} \tag{5.5.6}$$

代入范德瓦耳斯方程可得

$$\left(p'+\frac{3}{v'^2}\right)(3v'-1)=8t' \tag{5.5.7}$$

此方程称对应态方程(law of corresponding states),它与气体的种类无关,对所有气体都成立.

下面从范德瓦耳斯方程讨论气液相变.如果我们把图 5.23 中范德瓦耳斯方程的等温线和图 5.21 中的气液线相比较可以看到,在温度低于临界点的等温线上有一段正斜率,这是不允许的.麦克斯韦提出要以水平线来代替,表示液体变成气体

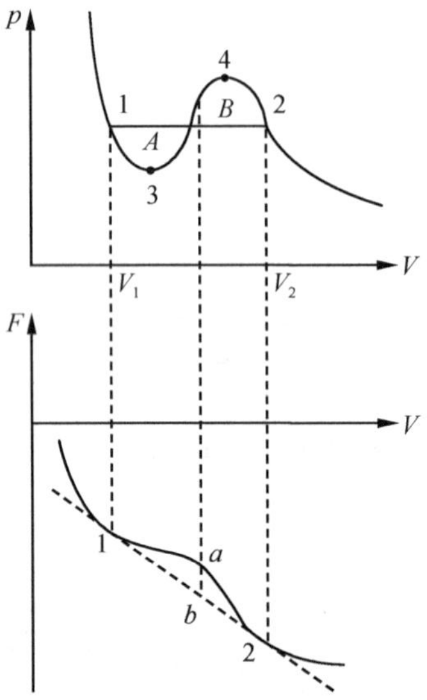

图 5.24 麦克斯韦等面积原理

的一级相变过程. 如图中 p 对应的水平线,体积从液体的体积 V_1 变成气体的体积 V_3. 此水平线可用麦克斯韦的等面积原理来画出.

下面用自由能极小原理来说明麦克斯韦的等面积原理,这表示在图 5.24 中. 我们假定让温度和系统的总体积固定,并假设系统可以处于单相或多于一个相的多相,这样平衡态应对应于较低的自由能.

自由能可以沿着等温线积分得到

$$F(T,V)=-\int_{\text{iso}} p\mathrm{d}V$$

对范德瓦耳斯等温线,用 $p=\dfrac{RT}{V-b}-\dfrac{a}{V^2}$ 代入,得 $F=-RT\ln(V-b)-\dfrac{a}{V}+C(T)$. 当给定 T 和 a,b 的值时,即可画出 F 与 V 的曲线,这在图 5.24 的下方给出. 对 12 直线上的自由能,由于压强不变,所以 F 是 V 的线性函数,随体积增加而减小的一直线,由图 5.24 下方的虚直线给出. 在图 5.24 下方的图中,状态 1 和 2 处在相同的温度和压强,它们可共同存在. 对于中间段曲线上的态 B,它对应的能量是下图的 a 点,它代表相同温度和体积下的均匀相(单一相),但能量并不是最低的. 处在点 1 和点 2 的共切线上的 b 点的能量更低,但 b 点代表两相共存的情况,即液相和气相分离,同时存在. 所以当压强保持常数,在点 1 和点 2 之间的等温线上,系统分成两相才是稳定的. 点 1 和点 2 所处的位置必须让 A 和 B 的面积相等,证明如下.

由于点 1 和点 2 的压强相等,得

$$-\left(\frac{\partial F}{\partial V_1}\right)_T=-\left(\frac{\partial F}{\partial V_2}\right)_T$$

点 1 和点 2 有共切线

$$\frac{F_2-F_1}{V_2-V_1}=\left(\frac{\partial F}{\partial V_1}\right)_T$$

可得

$$-\left(\frac{\partial F}{\partial V_1}\right)_T(V_2-V_1)=-(F_2-F_1)$$

或写成

$$p_1(V_2-V_1)=\int_{V_1}^{V_2} p\mathrm{d}V \tag{5.5.8}$$

即 A 和 B 的面积应相等.

下面我们再仔细讨论范德瓦耳斯的等温线. 范德瓦耳斯的等温线上的 1—3 段

和 2—4 段(图 5.24)在实际中是存在的,分别代表过热液体和过冷气体的状态. 这两个状态是亚稳态,在一定条件下可以存在. 在 1—3 段和 2—4 段上,体积增大压力减小. 若外界压力比系统压力稍小,系统的体积将膨胀,系统压力减小. 当膨胀至小于外界压力时就会停止膨胀而回缩. 所以这两个状态对微小的扰动是稳定的. 对大的扰动就不稳定了,故称亚稳态. 我们从图 5.24 中的下图中可以看到,1—2 直线上的状态的自由能总比范德瓦耳斯等温线上的自由能低. 在 1 和 2 的附近,状态的自由能稍高一点,亚稳态可存在,而 3—4 段上状态的自由能就高得多了,3—4 段上的状态是不允许存在的. 可以解释如下:在 3—4 段上当系统的压力比外界大时,系统膨胀反而增加它的压强,这样膨胀会继续下去,从而不可恢复,所以 3—4 段上的状态是不稳定态.

5.6 平衡判据

一个力学体系的平衡可能出现三种情况,稳定平衡、亚稳定平衡和不稳定平衡,如图 5.25(a)中一个长方形物体所处的三种位置,图 5.25(b)为相应的势能曲线. 稳定平衡 A 对应于势能的最小值,亚稳定平衡 B 对应于势能的极小值,不稳定平衡 C 对应于势能的极大值. 数学上满足

$$\frac{\partial U}{\partial h}=0$$

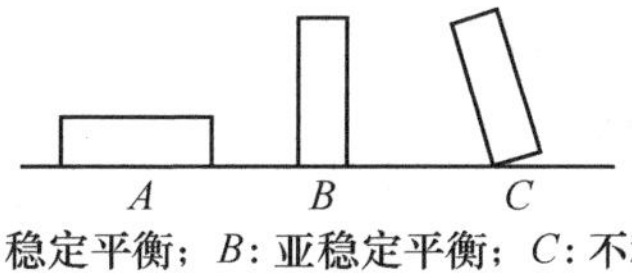

(a) A: 稳定平衡; B: 亚稳定平衡; C: 不稳定平衡

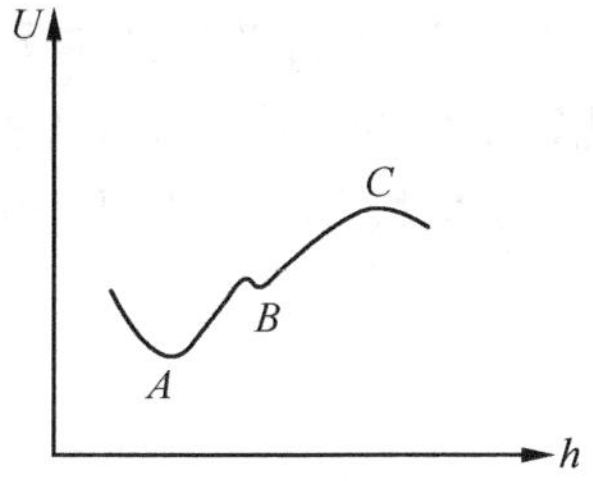

(b) 相应的势能曲线

图 5.25

为势能曲线的极值. 若在极值点处

$$\frac{\partial^2 U}{\partial h^2}>0$$

则该点的势能为最小值(稳定平衡)或极小值(亚稳定平衡). 若

$$\frac{\partial^2 U}{\partial h^2}<0$$

则该点的势能为极大值(不稳定平衡). 在这种情况下不管有多小的扰动,平衡就被破坏.

在热力学体系中，热力学平衡必须满足4个平衡条件：力学平衡、化学平衡、热平衡和相平衡均需达到. 情况比力学体系要复杂得多，只有稳定平衡和亚稳定平衡可出现在热力学体系中；而不稳定平衡是不可能出现的，因为小的扰动在热力学体系中总是存在的(能量总有涨落). 但亚稳定平衡是存在的，如后面要讲到的过冷过热现象.

热力学体系的平衡判据不能从力学体系的平衡判据转化过来，必须从热力学第一定律和热力学第二定律得到. 可从不同自变量的特性函数来判别是否达到平衡态.

在内能U和体积V作为自变量时(对应于孤立体系)，它的特性函数是熵S，称为熵判据，即一个体系在内能U和体积V不变的情况下，对各种可能的变动来说，稳定平衡态的熵最大(亚稳定平衡态对应熵极大). 证明如下：

用$T\mathrm{d}S$方程

$$T\mathrm{d}S \geqslant \mathrm{d}U + \text{đ}W$$

对p-V体系

$$T\mathrm{d}S \geqslant \mathrm{d}U + p\mathrm{d}V$$

由于孤立体系的内能不变(与外界无能量交换)和体积不变(不对外做功)，所以

$$\mathrm{d}S \geqslant 0 \tag{5.6.1}$$

对孤立体系从非平衡态到平衡态的过程中，熵总是增加的，平衡时熵达到极大或最大.

以T和V为自变量的体系，特性函数为F，用自由能判据：一个体系在温度T和体积V不变的情况下，对各种可能的变动来说，稳定平衡态的自由能最小(亚稳定平衡态对应极小). 从热力学第一定律和第二定律出发，有

$$\text{đ}W = \text{đ}Q - \mathrm{d}U$$

$$\text{đ}Q \leqslant T\mathrm{d}S$$

由于非平衡态经历一个不可逆过程，所以

$$\text{đ}W < T\mathrm{d}S - \mathrm{d}U$$

当温度不变时

$$\text{đ}W < \mathrm{d}(TS) - \mathrm{d}U$$

$$\text{đ}W < -\mathrm{d}(U - TS)$$

因$F=U-TS$，故

$$\mathrm{d}F < -\text{đ}W \quad \text{或写成} \quad -\mathrm{d}F \geqslant \text{đ}W \tag{5.6.2}$$

此式表明，在等温过程中，体系对外界做的最大功等于自由能的减少，称为最大功原理.

当体积再不变时，$đW=0$，故

$$dF<0 \tag{5.6.3}$$

从非平衡态到平衡态的过程中，自由能一直在减小，直至达到平衡态，自由能最小或极小.

以 T 和 p 为自变量的体系，特性函数为 G，用吉布斯自由能判据：一个体系在温度 T 和压强 p 不变的情况下，对各种可能的变动来说，稳定平衡态的吉布斯自由能最小（亚稳定平衡态对应极小）. 因为

$$đW=đQ-dU$$

$$đQ\leqslant TdS$$

对一个不可逆过程，当温度不变时，有

$$đW<-dF$$

$$dF<-pdV$$

当压强 p 不变时，有

$$dF<-d(pV)$$

所以

$$d(F+pV)<0$$

即

$$dG<0 \tag{5.6.4}$$

对 T 和 p 为自变量的体系，从非平衡态到平衡态的过程中，吉布斯函数减小，平衡态时吉布斯函数达到最小或极小.

上面我们以三组自变量引入了三个热力学函数，用来判别不可逆过程进行的方向和是否达到平衡态. 另外还有以 (S,V) 和 (S,p) 作为自变量的热力学函数 U 和 H，同上面类似，可证明，当 U 和 H 达到最小或极小时，体系也达到平衡态.

5.7 相平衡条件 化学势

下面讨论单元的体系，即由一种分子组成的体系. 比如水，它在一个容器中，既有液体，也有液体上方的蒸气，这样的体系由两个相组成，液相和气相. 假如容器是封闭的，随着体系的温度和压强的变化，两相的分子数会发生变化，或是液体蒸发，液相的分子跑到气相中去，或者蒸气冷凝，气相的分子跑到液相中去. 虽然总的体系分子数不变，但每一相的分子数是在变化的，所以对于每一个相而言，现在我们要讨论的是分子数变化的系统. 以前我们讨论的体系分子数是不变的，热力学函数也是对分子数不变的体系定义的. 现在要定义分子数可变体系的热力学函数，要把分子数作为热力学函数的另一个自变量. 在讨论相变问题时，自变量为 T、p、N，相应的热力学函数是吉布斯函数 G，由于热力学函数有可加性，可得

$$G(T,p,N)=N\cdot\mu(T,p)$$

$$\mu(T,p)=\frac{G(T,p,N)}{N} \tag{5.7.1}$$

其中，N 是摩尔数，$\mu(T,p)$是 1mol 的吉布斯函数，称为化学势，在后面可以看到，它具有势能的性质.

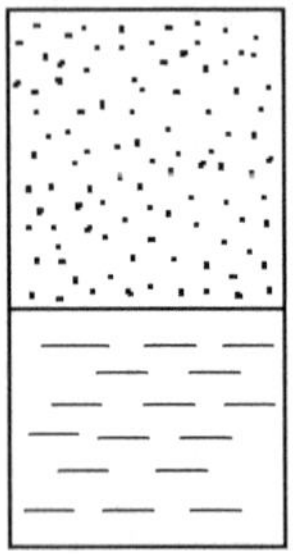

图 5.26 水的两相平衡

下面以封闭容器中的水为例，讨论此体系会发生何种变化，假如水的液相和气相的温度和压强相等，如图 5.26 所示.

在此体系中，热平衡已达到($T_1=T_2=T$)，力学平衡也已达到($p_1=p_2=p$)，相平衡如何达到？如果从相 1(液体)跑到相 2(气体)中的分子数等于从相 2 跑到相 1 的分子数，则两相达到平衡时要有什么条件？根据吉布斯函数判据，要求整个体系的吉布斯函数最小. 总的体系的吉布斯函数是两个相的吉布斯函数之和，即

$$\begin{aligned}G(T,p,N_1+N_2)&=G_1(T,p,N_1)+G_2(T,p,N_2)\\&=N_1\mu_1(T,p)+N_2\mu_2(T,p)\end{aligned} \tag{5.7.2}$$

通常水和水蒸气的化学势是不相等的，$\mu_1(T,p)\neq\mu_2(T,p)$，在未达到相平衡时，分子数可以变化，变化的方向是使整个体系的吉布斯函数变小，即

$$\delta G<0$$

令两相的分子数变化由下式表示：

$$N_1\to N_1+\delta N_1$$
$$N_2\to N_2+\delta N_2$$

这里 δN_1 和 δN_2 为代数值，那么

$$\delta G=\mu_1\delta N_1+\mu_2\delta N_2$$

由于总的体系分子数不变，故

$$\delta N=0$$

所以

$$\delta N_1=-\delta N_2$$

上式表示，相 1 分子数的增加来自相 2 的分子数的减少. 这样

$$\delta G=\delta N_1(\mu_1-\mu_2)$$

趋向平衡态时，要求 $\delta G<0$.

若 $\mu_1-\mu_2<0$，$\mu_1<\mu_2$， 则 $\delta N_1>0$

若 $\mu_1-\mu_2>0$，$\mu_1>\mu_2$， 则 $\delta N_1<0$

这表明分子总是从化学势高的相跑向化学势低的相. 这和连通管中的水类似，故说化学势有势能的性质.

在适当的 T、p 情况下，相 1 的分子会跑到相 2 中去，直至全部变成相 2；反之亦然. 此时系统以气相或液相单相存在. 但在特定的 T、p 情况下，最终两相会达到平衡，这时

$$\mu_1 = \mu_2, \quad \delta G = 0 \tag{5.7.3}$$

这就是相平衡条件. 广义讲，单元系复相平衡的条件为

$$T_1 = T_2, \quad p_1 = p_2, \quad \mu_1(T, p) = \mu_2(T, p) \tag{5.7.4}$$

5.8 克拉珀龙(Clapeyron)方程

下面我们讨论相平衡曲线的两个切线方程. 相平衡曲线 $p=p(T)$ 是从实验上得到的，热力学可以求出相平衡线的斜率.

如图 5.27 中给出一相平衡曲线，从曲线上的一点 (T, p) 过渡到另一点 $(T+\mathrm{d}T, p+\mathrm{d}p)$，即从一个平衡态过渡到另一个平衡态. 令曲线的左边为相 1，右边为相 2，则根据相平衡条件可得

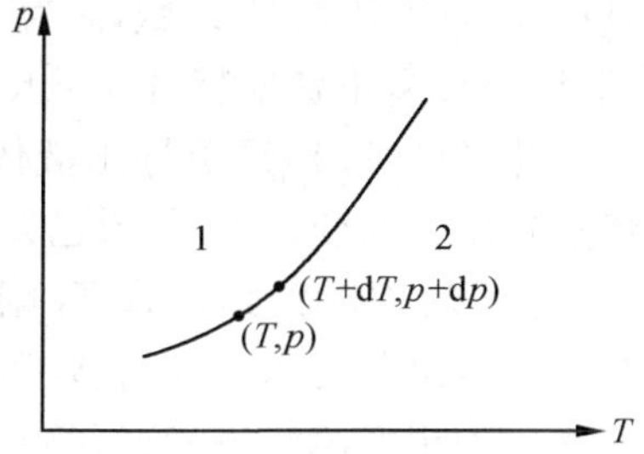

图 5.27　相平衡曲线

$$\mu_1(T, p) = \mu_2(T, p)$$

$$\mu_1(T+\mathrm{d}T, p+\mathrm{d}p) = \mu_2(T+\mathrm{d}T, p+\mathrm{d}p)$$

令

$$\delta\mu = \mu(T+\mathrm{d}T, p+\mathrm{d}p) - \mu(T, p)$$

则

$$\delta\mu_1 = \delta\mu_2$$

而

$$\delta\mu = \left(\frac{\partial\mu}{\partial T}\right)_p \mathrm{d}T + \left(\frac{\partial\mu}{\partial p}\right)_T \mathrm{d}p = -s\,\mathrm{d}T + v\,\mathrm{d}p$$

可得

$$-s_1\mathrm{d}T + v_1\mathrm{d}p = -s_2\mathrm{d}T + v_2\mathrm{d}p$$

s、v 为物质质量为 1mol 时的熵和体积. 这样可得到切线方程为

$$\frac{\mathrm{d}p}{\mathrm{d}T} = \frac{s_2 - s_1}{v_2 - v_1} = \frac{L}{T(v_2 - v_1)} \tag{5.8.1}$$

其中，$L = T(s_2 - s_1)$ 称相变潜热. 式(5.8.1)称克劳修斯-克拉珀龙(Clausius-Clapeyron)方程.

以上是对 p-V 体系而言的，若对其他体系，则内容不同. 如对磁场不为零时的超导相变和磁相变，则切线方程为

$$\frac{\mathrm{d}T_c}{\mathrm{d}H}=-\frac{\mu_0 T\Delta M}{L_e} \tag{5.8.2}$$

其中,H 为磁场强度,M 为磁化强度.

二级相变的切线方程可从

$$\delta s_1=\delta s_2,\quad \delta v_1=\delta v_2$$

导出

$$\frac{\mathrm{d}p}{\mathrm{d}T}=\frac{c_{p_2}-c_{p_1}}{Tv(\alpha_2-\alpha_1)} \tag{5.8.3}$$

或

$$\frac{\mathrm{d}p}{\mathrm{d}T}=\frac{\alpha_2-\alpha_1}{\kappa_2-\kappa_1} \tag{5.8.4}$$

其中,α 为等压膨胀系数,κ 为等温压缩系数,c_p 为等压比热容. 式(5.8.3)和式(5.8.4)称爱伦费斯特(Ehrenfest)方程.

从式(5.8.1)还可导出液体的蒸气压方程、潜热 L 与温度的关系以及沸点和熔点随压力的变化等. 如果已知相变曲线上某温度 T_0 下的潜热 L 和摩尔体积 v_1、v_2,就可从式(5.8.1)计算 T_0 附近压力变化,由此可求沸点和熔点随压力的变化. 为了要导出蒸气压方程,就要做些简化,液体体积与气体体积相比可忽略($v_1=0$),气体用理想气体状态方程,并假定潜热 L 与温度无关,可得

$$\ln p=-\frac{L}{RT}+C \tag{5.8.5a}$$

其中,C 为积分常数.

若温度的变化范围不大,定压热容量可以看作常数,则潜热 L 与温度成线性关系 $L=L_0+aT$. 可以证明此时的蒸气压方程可表为

$$\ln p=A-\frac{B}{T}+C\ln T \tag{5.8.5b}$$

从以上两个方程可以计算蒸气压与温度的关系.

第 6 章 相 变 (Ⅱ)

6.1 相图和相变分类

1. 相图

对于单元系，两相平衡时，有

$$\mu_1(T,p) = \mu_2(T,p)$$

上式是对 p-V 体系而言. 写成一般情况应为

$$\mu_1(T,y) = \mu_2(T,y) \tag{6.1.1}$$

对相 1 而言，化学势是 T、y 的函数，对不同的 y，可以画出 μ 与 T 的曲线. 对相 2 也一样，如图 6.1 所示.

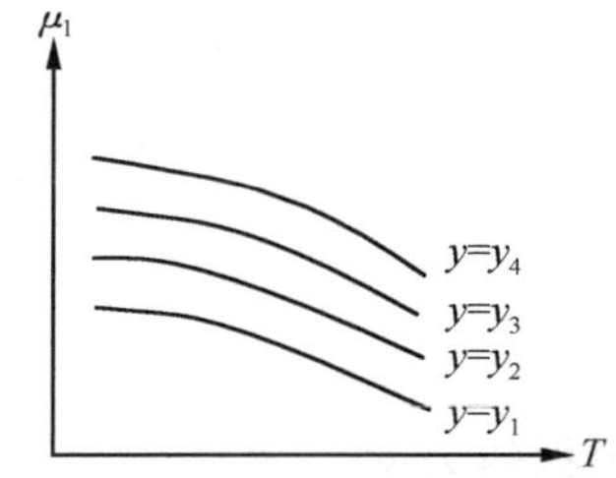

(a) 不同的 y 值下 μ_1 与温度的关系

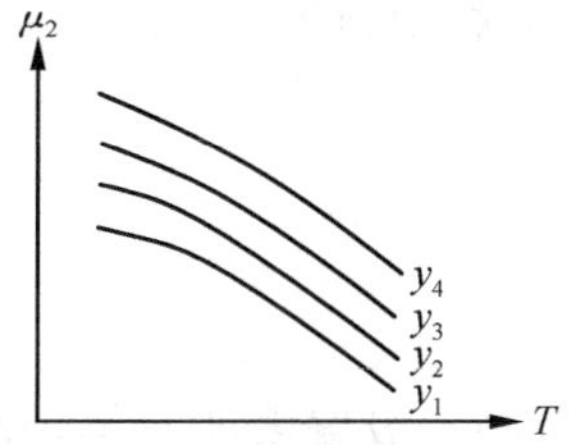

(b) 不同的 y 值下 μ_2 与温度的关系

图 6.1 μ-T 关系曲线

当 y 一定，$y=y_0$ 时，如果把 $\mu_1(T,y_0)$ 和 $\mu_2(T,y_0)$ 画在一个图上，则 $\mu_1(T,y_0)$ 和 $\mu_2(T,y_0)$ 的交点即是相平衡的温度，这表示在图 6.2 中.

从图 6.2 可以看到，相平衡温度是 y 的函数，即 $T=T(y)$. y 一定时，当 $T<T(y)$，$\mu_1<\mu_2$，相 1 稳定；当 $T>T(y)$，$\mu_1>\mu_2$，相 2 稳定. 但从 μ 给出相图很不方便，因为它有两个变数，所以用 y-T 图给出相图，即把不同 y 的 μ_1 和 μ_2 的交点画在 y-T 图上，这表示在图 6.3 中.

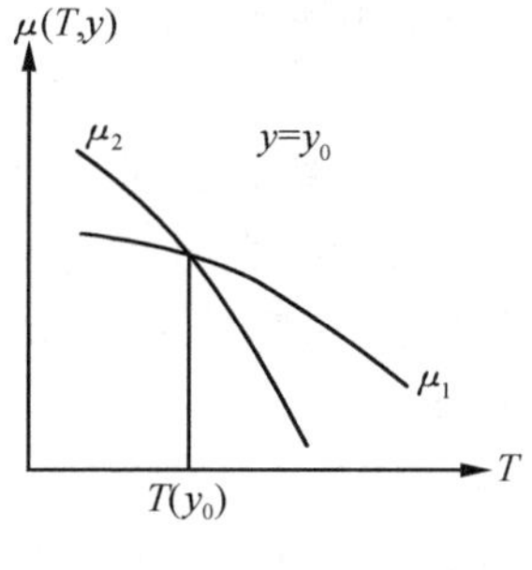

图 6.2 相平衡的温度

从图 6.3 可看到线的左边是稳定的相 1，右边是稳定的相 2. 当 y 不变时，温度降低，从 a 到 b，在 $T(y_2)$ 处，相 2 转变成相 1；当 T 不变时，曲线上方为相 1，曲

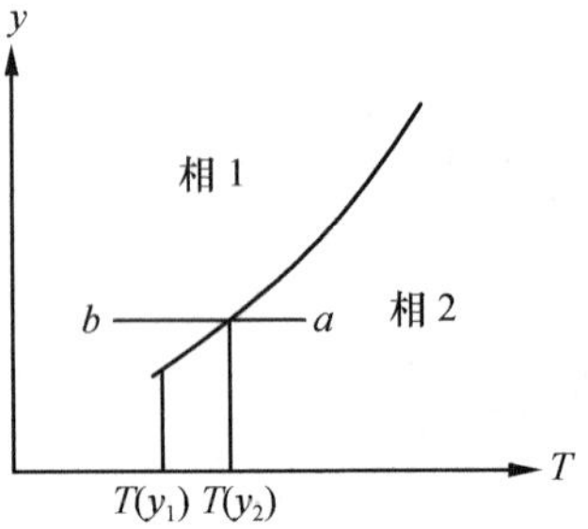

图 6.3　相图的 y-T 表示

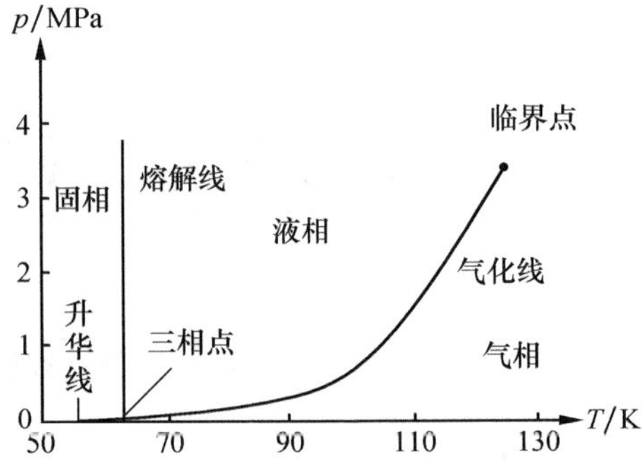

图 6.4　氩的三相图

线下方为相 2. 作为一个例子，氩的三相图表示在图 6.4 中.

2. 相变分类

从上面分析可知，相平衡时，对 p-V 体系有

$$\mu_1(T,p)=\mu_2(T,p)$$

两条曲线相交之点给出相变温度. 但两线相交有不同的交法，故相变就有不同的类型. 如果交点处满足

$$\left(\frac{\partial\mu_1}{\partial T}\right)_p \neq \left(\frac{\partial\mu_2}{\partial T}\right)_p \tag{6.1.2}$$

$$\left(\frac{\partial\mu_1}{\partial p}\right)_T \neq \left(\frac{\partial\mu_2}{\partial p}\right)_T \tag{6.1.3}$$

即化学势的一级偏微商不等，此相变称一级相变. 根据热力学关系

$$\left(\frac{\partial\mu}{\partial T}\right)_p = -s \tag{6.1.4}$$

这里 s 是每摩尔的熵. 另有

$$\left(\frac{\partial\mu}{\partial p}\right)_T = v \tag{6.1.5}$$

v 为摩尔体积. 可得

$$s_1\neq s_2,\quad v_1\neq v_2 \tag{6.1.6}$$

即发生一级相变时，$\Delta s\neq 0$，$\Delta v\neq 0$.

$\Delta v\neq 0$ 表明相变时体积发生变化，即固体变成液体，或液体变成气体，体积均有改变. 这容易理解. 但 $\Delta s\neq 0$ 是何含义？下面从焓来理解. 1mol 焓用 h 表示，则可得

$$\mathrm{d}h = T\mathrm{d}s + v\mathrm{d}p$$

相变在等温等压条件下发生，所以

$$\mathrm{d}h = T\mathrm{d}s = \text{đ}Q$$

相变时，$\mu_1(T,p)=\mu_2(T,p)$，而

$$\mu = u - Ts + pv = h - Ts$$

其中，u 是摩尔内能，故

$$h_1 - Ts_1 = h_2 - Ts_2$$

$$h_1 - h_2 = T(s_1 - s_2) = \Delta Q$$

即相变时要吸收或放出热量，此热量称相变潜热 L.

$$L = h_1 - h_2 = T(s_1 - s_2) \tag{6.1.7}$$

以液体(相1)与气体(相2)的相变为例，当液体蒸发变成气体时，由于液体的有序度比气体的高，液体的熵比气体的熵小，所以

$$L = T(s_2 - s_1) > 0$$

即要吸收热量. 反之，气体变成液体时要放出热量. 一般而言，有序度高的相变成有序度低的相，要吸收热量；而有序度低的相变成有序度高的相，要放出热量. 一级相变的例子还有固液相变，磁场下的顺磁-铁磁相变及磁场下的正常-超导相变等(见6.2节).

除了一级相变外，还有二级相变，当发生二级相变时有

$$\mu_1(T,p) = \mu_2(T,p)$$

$$\left(\frac{\partial \mu_1}{\partial T}\right)_p = \left(\frac{\partial \mu_2}{\partial T}\right)_p$$

$$\left(\frac{\partial \mu_1}{\partial p}\right)_T = \left(\frac{\partial \mu_2}{\partial p}\right)_T$$

化学势的一级偏微商连续，但它的二级偏微商不连续，即

$$\left(\frac{\partial^2 \mu_1}{\partial T^2}\right)_p \neq \left(\frac{\partial^2 \mu_2}{\partial T^2}\right)_p, \quad c_{p_1} \neq c_{p_2} \tag{6.1.8}$$

$$\left(\frac{\partial^2 \mu_1}{\partial p^2}\right)_T \neq \left(\frac{\partial^2 \mu_2}{\partial p^2}\right)_T, \quad \kappa_1 \neq \kappa_2 \tag{6.1.9}$$

$$\left(\frac{\partial^2 \mu_1}{\partial T \partial p}\right) \neq \left(\frac{\partial^2 \mu_2}{\partial T \partial p}\right), \quad \alpha_1 \neq \alpha_2 \tag{6.1.10}$$

对应于等压比热容不等、等温压缩系数不等和等压膨胀系数不等，此类相变称为二级相变. 如气液临界点的相变、二元合金的有序—无序相变、液体^{4}He的超流相变、磁场为零时的超导相变及磁场为零时的铁磁相变等(见6.2节).

如果二级偏微商等于零，而三级偏微商不等于零，则称三级相变，以此类推. 理想玻色气体的玻色凝聚是一个三级相变，但仅是理论上的，实验上仅有一级、二级相变. 二级及二级以上的相变统称连续相变或临界现象. 二维体系中发生的 KT 相变(正反涡线的束缚对打散成自由涡线的转变)可算是无穷级相变，它的任意级偏微商在相变点上都是连续的.

6.2 相变现象

相变在自然界中广泛存在,它是一种有序度低的态转变到有序度高的态或与之相反的现象,是原子和分子(或粒子、自旋等)的热运动能量与粒子之间的相互作用两者的竞争结果.热运动使其趋向无序,而相互作用使其有序.随着温度的降低,相互作用能量与热运动能量可比拟时,就会出现相变.温度比相变点高的高温区为无序相,温度比相变点低的低温区为有序相(有个别例外).最常见的物质的气、液、固相变已在第5章中做了介绍,下面将给出一些其他重要的相变.

1. 合金的有序—无序相变

有一些固溶体,如β-铜(即铜锌合金,或称黄铜),它们的成分符合一定的化学计量比,且原子之间的相互作用能量满足 $E_{AB}<\frac{1}{2}(E_{AA}+E_{BB})$,其中 A 和 B 代表合金中的两种原子.在温度很低时,热运动能量比相互作用能量小得多.这时根据上式,异种原子互为近邻能降低能量,形成 A-B 结合.以铜锌合金为例,锌原子占据立方体的顶点位置,而铜原子占据立方体的体心位置,铜、锌各为简立方格子.当温度升高,热运动能量增加,有些锌原子会跑到铜原子的体心位置上,而有些铜原子会跑到锌原子的顶点位置上,这样就破坏了 A、B 互为近邻的短程有序,但仍保持原子排列的长程有序.温度升高到742K(临界点)时,发生一个二级相变,A、B 两种原子占据立方体的顶点和体心的位置完全等价.此相变称合金的有序—无序相变,相变温度 T_c 也称居里温度.X射线衍射图上会出现有序相的外加衍射线,比热容在 T_c 处呈λ尖峰.

2. 铁磁、反铁磁相变

一些物质由于其内部的相互作用,当温度低于某一温度时,在无外加磁场的情况下会出现磁有序的现象,称自发磁化.对于铁磁性材料,发生顺磁—铁磁转变的温度称居里(Curie)温度(T_c).对反铁磁性材料,发生顺磁—反铁磁转变的温度称奈尔(Ne′el)温度(T_N).在转变温度以上,材料为顺磁性,磁化率与温度的关系遵守居里-外斯定律

$$\chi=\frac{C}{T-\Delta}$$

铁磁性材料 $\Delta>0$,反铁磁性材料 $\Delta<0$.

顺磁—铁磁相变发生在某些金属中,如铁、钴、镍、钆、镝及它们的一些合金.某些过渡族元素的金属间化合物和氧化物也具有铁磁性.它们的磁矩与温度的关系表示在图6.5中.

实验上给出,在居里点发生的相变是二级相变,而在磁场下发生的顺磁—铁磁

相变是一级相变. 铁磁体的自发磁化理论是外斯提出的分子场理论. 认为在居里点以下，铁磁体由许多自发磁化的小区域(称磁畴)构成. 磁畴的形成是由于存在很强的内场(分子场)，使原子磁矩排列一致. 此理论得到实验的证实. 分子场的本质是由海森伯(Heisenberg)理论给出的，是电子自旋的交换相互作用引起的. 交换相互作用能为

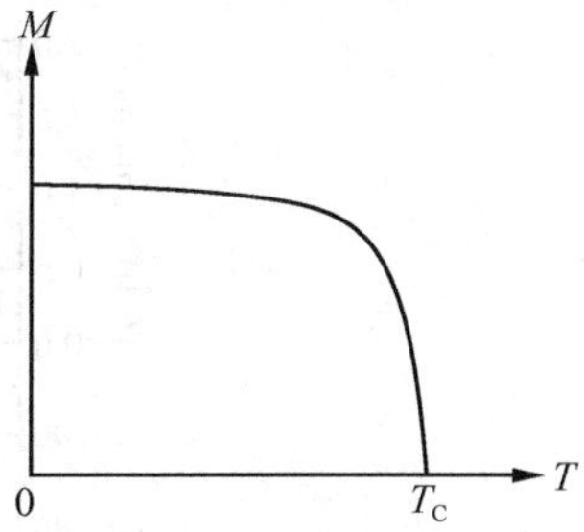

图 6.5　铁磁材料的磁矩与温度的关系

$$E = -2\sum_{i<j} J_{ij}\boldsymbol{s}_i \cdot \boldsymbol{s}_j$$

$\boldsymbol{s}_i$ 和 $\boldsymbol{s}_j$ 是第 i 和第 j 个电子的自旋角动量，J_{ij} 为交换积分. 如果 $J_{ij}>0$，自旋平行排列，为铁磁性；若 $J_{ij}<0$，自旋反平行排列，为反铁磁性.

顺磁—反铁磁相变发生在某些金属、合金和过渡元素的盐类中，如 MnF_2(T_N＝67K)、MnO(T_N＝116K)、FeO(T_N＝198K)、$KMnF_3$(T_N＝88K)等. 由于磁矩是反平行交错排列，没有宏观的净磁矩. MnF_2 的磁结构表示在图 6.6 中. 但磁化率、热膨胀系数和比热容反常，是二级相变的特征. 磁化率在 T_N 处的反常在图 6.7 中给出.

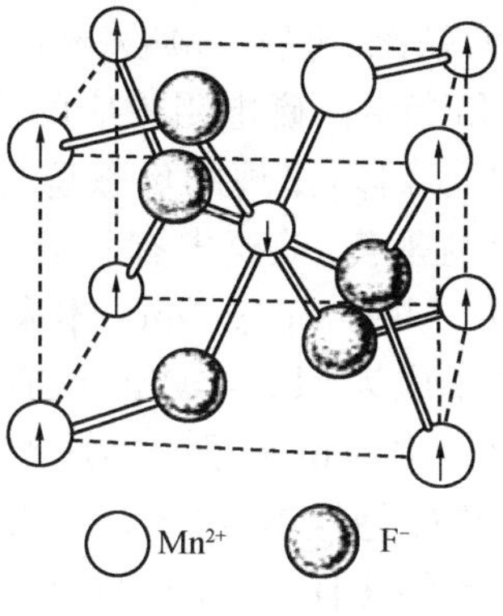

图 6.6　MnF_2 的磁结构

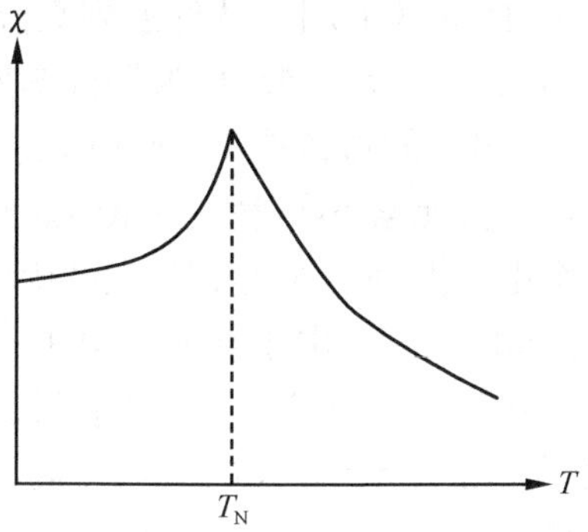

图 6.7　反铁磁体的磁化率和温度的关系

*3. 巨磁电阻(CMR)材料的相变

20 世纪 90 年代发现一些氧化物材料(如 $La_{1-x}Sr_xMnO_3$)具有很大的磁电阻. 通常材料的磁电阻效应(加磁场后的电阻与无磁场下的电阻之差的百分比)仅为百分之几. 而这些材料磁电阻很高，如图 6.8 中的 $La_{0.75}Sr_{0.23}MnO_3$ 的磁电阻高达 80%多，有的材料磁电阻更高，故称庞磁电阻效应(colossal magnetoresistance effect). 通常人们称为巨磁电阻效应. 磁电阻效应 MR 定义为 $MR=(\rho_0-\rho_H)/\rho_H$，其中 ρ_0 和 ρ_H 分别为零场和外加磁场下的电阻率.

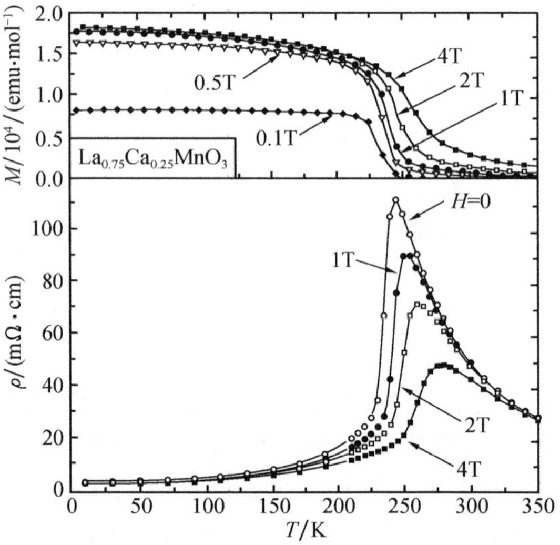

图 6.8 $La_{0.75}Sr_{0.23}MnO_3$ 的巨磁电阻效应

从图 6.8 中可看到,样品的电阻从高温的绝缘体行为在电阻最大处转变为金属性行为,发生绝缘体—金属的转变(图 6.8 下图),同时在磁性上发生从顺磁到铁磁的转变(图 6.8 上图). 从低温到高温发生的相变为:铁磁、金属—顺磁、绝缘体.

下面以 $La_{1-x}Sr_xMnO_3$ 为例说明发生以上相变和产生巨磁电阻效应的机理. $La_{1-x}Sr_xMnO_3$ 的母体是 $LaMnO_3$,它是一个反铁磁绝缘体,出现的价态是 La^{3+}、Mn^{3+}. 当二价元素 Sr^{2+} 替代三价 La 时,为了达到电荷平衡,就要求有一个 Mn^{3+} 丢失一个电子变为一个 Mn^{4+}. 掺杂后形成 Mn^{3+}/Mn^{4+} 混合价态. Mn^{3+} 本来有三个 t_{2g} 电子和一个 e_g 电子共 4 个电子. 去掉一个 e_g 电子成为 Mn^{4+}. Mn^{4+} 就有三个 t_{2g} 电子,以及一个"空穴"! 当掺杂到 $x=1$,在 $SrMnO_3$ 中,Mn 离子全部是 Mn^{4+},形成离子自旋为 $S=3/2$ 的局域自旋的晶格. 也是反铁磁绝缘体. 这样 $x=0$ 为反铁磁绝缘体,$0.2<x<0.4$ 为铁磁导体,$x=1$ 又是反铁磁绝缘体. 下面我们看一下如何从一个绝缘体掺杂后就变成了导体,即电子是如何在 Mn^{3+} 和 Mn^{4+} 之间跃迁的. 这就是 Zener 在 1951 年提出的双交换模型. Mn^{3+} 的 e_g 电子跃迁到氧离子,然后氧离子的电子再跃迁到 Mn^{4+}. 这两次跃迁过程,跳跃前后两个状态相同,体系的状态能量是简并的(图 6.9),即跃迁并不消耗能量,故为导体.

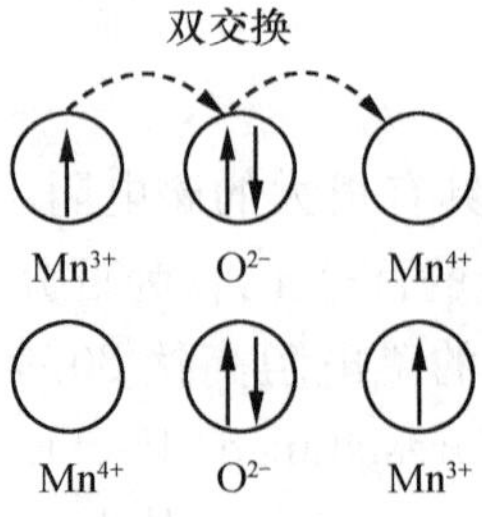

图 6.9 Zener 的双交换模型

下面看铁磁性是如何产生的. Mn^{4+} 没有 e_g 电子,e_g 电子间库仑能不会变化,但是 e_g 电子与局域 t_{2g} 电子自旋间的洪德耦合会发生改变. Mn^{3+} 和 Mn^{4+} 之间,自旋夹角为 θ,e_g

电子在局部自旋平行态(Mn^{3+})时,能量为$-JH$,e_g 电子到了 Mn^{4+} 局部自旋平行态时,能量为$-JH\cos\theta$,导致洪德能量的增量为$-JH(1-\cos\theta)$. 平行时增量为零,有利于跃迁,而反平行时增量最大. 所以形成了铁磁性. 故金属性和铁磁性都来源于"双交换机制".

从实验上发现在定量上与双交换机制有较大偏差. 如双交换机制计算的电阻率,远低于实验值,而计算的居里点,远高于实验值. 其原因是双交换模型中的载流子过于自由,故要寻找减小迁移率的机制. 途径之一是考虑晶格畸变(Jahn-Teller 效应). 自由电子与晶格畸变形成极化子,这时电子带着畸变(极化子)一起运动比较"不自由",使电子有效质量增大,与晶格的散射增加,导致电阻的增加.

4. 固体 ^3He 的核磁有序

上面讨论了电子的磁性. 下面我们讨论核自旋的磁性. ^3He 是 ^4He 的同位素,它比 ^4He 少一个中子,核自旋为 1/2,由核引起的顺磁磁化率为

$$\chi_N = 1.33 \times 10^{-8} \times \frac{1}{T} \cdot (1\text{cm}^3)$$

服从居里定律.

^3He 在低压下是液体,直至绝对零度,并在 3mK 以下变成超流体. 2.9MPa (0.32K)以上变成固体,固体有三个相,10MPa 以下为 bcc 结构的固体,10MPa 以上为 hcp 结构的固体,在高温高压下是 fcc 结构. 实验上做的核磁的自发有序在 bcc 固体中,在 1mK 以下发生磁相变,其相图表示在图 6.10(a)中,在 p-T 图的熔化曲线以上,并加磁场的 B-T 图中发生的磁相变表示在图 6.10(b)中.

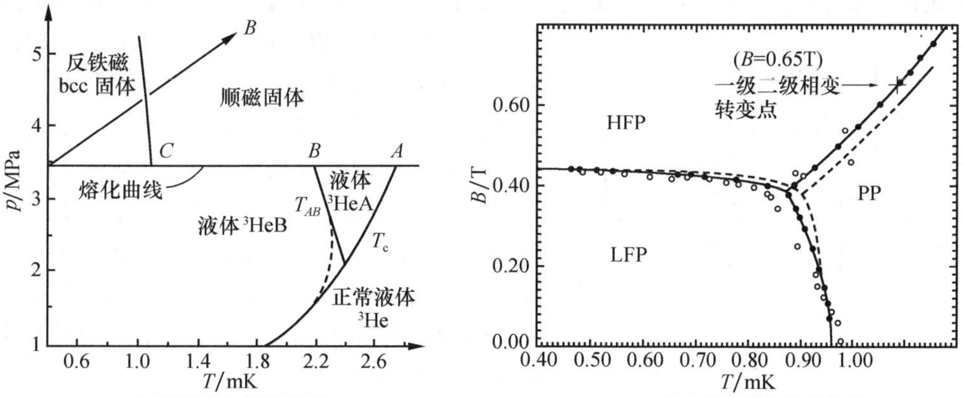

(a) 固体 ^3He 的磁相变　　(b) BT 平面上的磁相变

图 6.10

图中 PP 代表顺磁相,LFP 代表低场相,HFP 代表高场相. 低场相是反铁磁相,但它的磁结构与前面讲的反铁磁相不一样,它是上上下下的结构,用 U2D2 表

示，即 up-up-down-down. 具体的磁结构在图 6.11(a)中给出. 高场相是正常的反铁磁相，称成角的反铁磁相(CNAF)，它的磁结构表示在图 6.11(b)中.

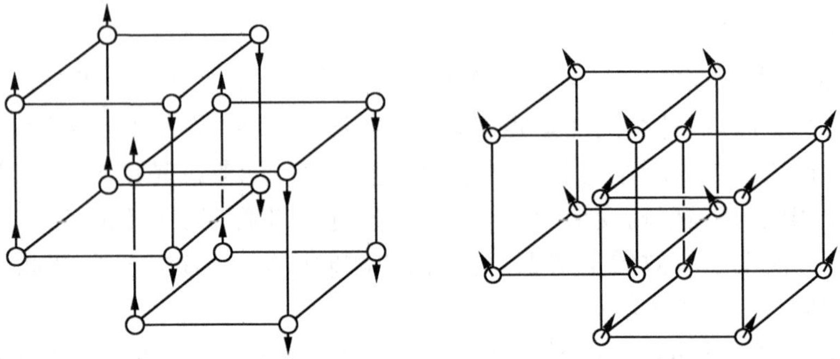

(a) U2D2 结构　　(b) CNAF 结构

图 6.11　固体^{3}He 的磁结构

从顺磁相至低场反铁磁相是一级相变，其相边界在 $B=0$，$T=0.932$mK 和 $B=0.453$T 之间，实验上测量到熵的突降，同时在一级相变处磁化强度也有一个突降. 顺磁相至高场相的相变性质经历从一级相变至二级相变的过渡(图 6.10(b))，PP 和 LFP、HFP 三相共存的温度为 0.83mK，磁场为 0.40T. 从三相点至磁场 $B=0.65$T 之间是一级相变，而在 $B=0.65$T 以上为二级相变，由比热容测量确认.

固体^{3}He 中的磁相变机理与上面讲的顺磁—铁磁相变是不一样的，虽然也是自旋的交换相互作用，但它是通过^{3}He 原子的直接交换来实现的. ^{3}He 原子比较小，加上量子力学的零点运动能量的作用，^{3}He 原子的隧穿概率较大，但两个原子在固体中直接交换位置的概率较小，而 3 个或 4 个原子一起交换位置的概率就要大得多，此理论称环交换理论，就像我们乘公共汽车时，车内相当拥挤，你想下车时要挤出去是不可能的，但是你可以动员周围两三个人和你一起转动，你到车门的位置就容易得多. 固体^{3}He 中环交换的情况在图 6.12 中给出.

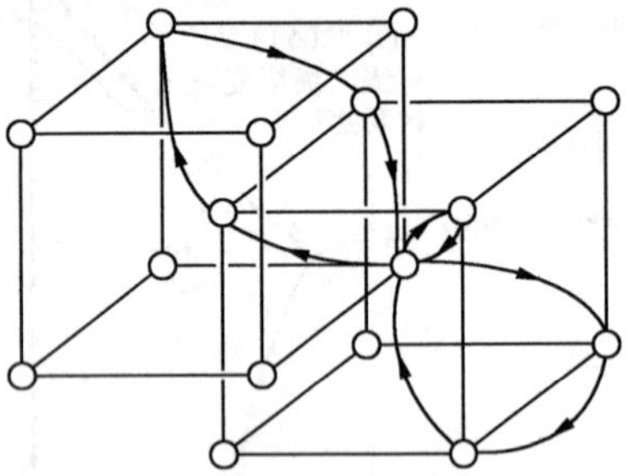

图 6.12　固体^{3}He 中的环交换

理论计算表明，两个粒子直接交换的概率较小，尤其在高压下，主要是三粒子和四粒子的直接交换. 环交换理论计算的相变曲线和实验符合比较好.

5. 金属中的核磁有序

由于磁偶极子之间的相互作用能量与磁矩的平方成正比，核磁矩比电子磁矩小三个数量级，所以核磁偶极子之间的相互作用要比电子系统小得多，核自旋体系发生磁有序的温度要在微开以下. 固体^3He是一个例外，它是由于真实的原子之间的交换引起的自旋交换，因而可在毫开发生核磁有序. 另一个是 Pr 和 Pr 的金属间化合物如 $PrNi_5$，属于超精细增强的 Van Vleck 顺磁体，核磁矩通过电子的交换相互作用和超精细相互作用的间接交换作用引起核磁有序，因而也可在毫开温度发生核磁有序. 在简单金属中，是磁偶极子之间的相互作用能量大于磁偶极子的热运动能量而引起的磁有序. 由于实验上的困难，20 世纪 80～90 年代才在铜和银的实验上取得成功，并在铑上做了很多工作. 下面介绍铜和银的实验结果.

天然的铜和银都有两种同位素，它们的旋磁比 γ 值分别相差 7%(Cu)和 14%(Ag)，但自旋相等. 银的核自旋 $I=\frac{1}{2}$，铜的核自旋 $I=\frac{3}{2}$.

实验是在稀释制冷机上加两级核去磁的设备上做的，稀释制冷机的温度达到 10～15mK，第一级核去磁达到 200μK，第二级核去磁达到 nK 或 pK 的温度. 第二级核去磁的材料就是铜和银本身. nK 或 pK 的温度仅是核自旋体系的温度，而晶格和电子的温度还在 200μK，在极低温下，核自旋体系和晶格与电子体系之间的热弛豫相当长，有数小时的时间足可以完成实验. 从测量核自旋体系的交流磁化率和中子衍射实验确定磁有序及磁有序的结构. 铜的磁有序相图表示在图 6.13(a)中，图 6.13(b)给出在 $T_c=58$nK 时的熵变，可以看到是一个一级相变.

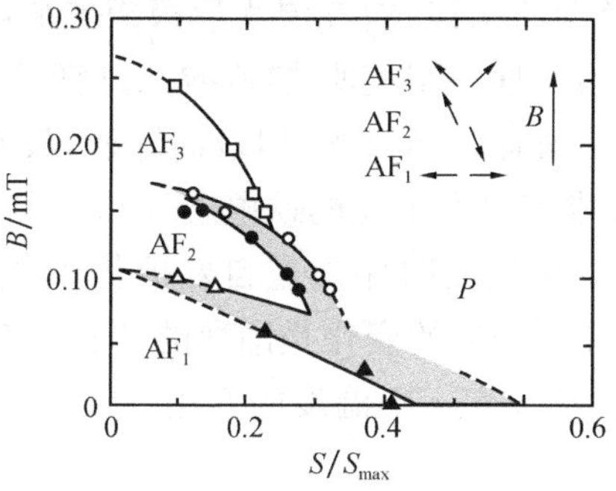

(a) 铜的核磁相图

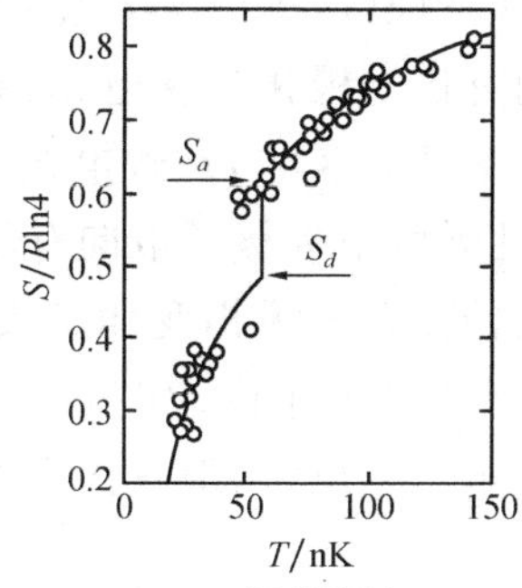

(b) 铜的熵图

图 6.13

在铜中竟然存在三个相 AF_1、AF_2 和 AF_3，这是事先未预料到的. 它们均是反铁磁相，但有不同的磁结构，这在图 6.13(a)中右上角标出. 此相图横坐标为熵，可以对照图 6.13(b)知其温度.

由于银的核磁矩比铜小 20 倍，故实验更为困难，它的核磁有序实验，在 $T>0$ 温度降至 1nK，在 $T<0$ 温度达到 -4.3nK(负温度的获得见第 4 章). 给出的相图在图 6.14 中. 在正温度情况下，相图的形状很有意思，中间是鼓出的，表明银的核自旋体系出现反铁磁有序在磁场中比零场下容易. 在 $B=0$ 时，相变的临界温度

$T_c=560$pK,在 $B=3\mu$T,$T_c=700$pK. 在负温度情况下,是铁磁相变,$B=0$ 时,$T_c=-1.9$nK. 铁磁相的磁结构表示在图中右上角.

6. 铁电、反铁电相变

某些晶体在一定温度范围呈现自发极化,极化方向可随外电场反向,此特性称铁电性,而此晶体称铁电体. 它的自发极化强度 P_S 在外电场中呈电滞回线,如图 6.15 所示,与铁磁性的磁滞回线相似,故称"铁电性"(晶体中并不含铁).

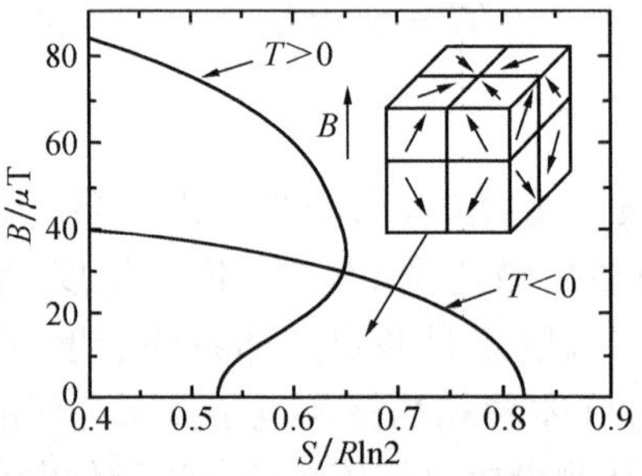

图 6.14 银的核磁有序相图

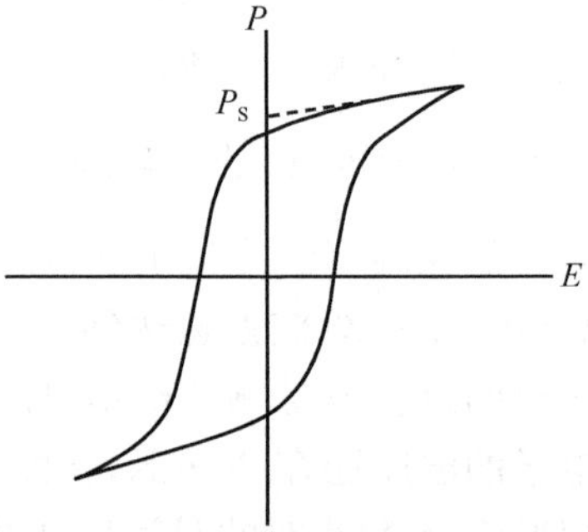

图 6.15 铁电体的电滞回线

铁电体的顺电态和铁电态之间的相变称铁电相变. 它有两种类型,第一类称位移型,如钛酸钡($BaTiO_3$),晶胞中原子经少许位移,由高温无偶极矩的顺电相转变为低温的有自发极化的铁电相;第二类为有序-无序型. 如磷酸二氢钾(KH_2PO_4)和亚硝酸钠($NaNO_2$),在顺电相中就存在固有的偶极子,但取向随机,没有宏观极化,在相变温度下偶极子取向有序化,形成有自发极化的铁电态.

铁电相变有一级相变和二级相变,一级相变时序参量自发极化 P_S 在相变温度 T_c 处有一突变(图 6.16(a)),二级相变时,P_S 的变化是渐变的(图 6.16(b)). T_c 附近物理量发生反常,最具代表性的是介电常量 ε 随温度的变化

$$\varepsilon=\varepsilon_0+\frac{C}{T-T_0}$$

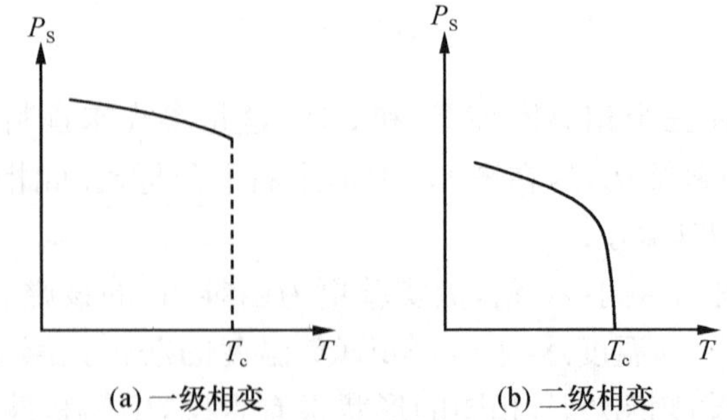

图 6.16 铁电体的序参量 P_S 在相变时的变化

称居里-外斯定律. 其中，ε_0 是与温度无关的部分，C 为居里常数，T_0 为居里-外斯温度，二级相变时，T_0 为相变温度，一级相变时，T_0 小于 T_c.

还有另一类晶体，如 $PbZrO_3$（$T_c=506K$）和 WO_3 等，称反铁电体，其相变称反铁电相变，在相邻的行上或列上的离子沿反平行的方向自发极化，但无电滞回线. 认为在电畴中存在两个沿反平行方向的自发极化强度，故无净的极化强度. 如 $PbZrO_3$，室温时介电常量 $\varepsilon=100$，在 $t=230$℃时，ε 有尖锐的峰值，$t>230$℃时，遵从居里-外斯定律.

7. 超导相变

荷兰物理学家昂内斯于 1908 年液化了氦气，1911 年研究了几种纯金属在液氦温度下电阻与温度的关系时发现，当温度下降到大约 4.2K 时，水银的电阻从 0.125Ω 突然下降到零(图 6.17(a)). 金属的此种现象称超导电性.

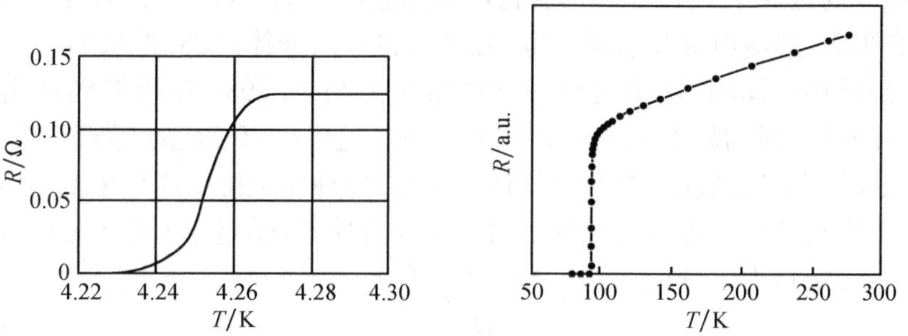

(a) 水银电阻随温度变化曲线　　(b) 高温超导体 $YBa_2Cu_3O_{7-\delta}$ 的 R-T 曲线

图 6.17

出现超导电性的温度称超导转变温度或临界温度，以 T_c 表示，一般取转变曲线的中点所对应的温度为 T_c 值. 这样，金属在 T_c 以下进入一种新的状态，称金属的超导态，而 T_c 以上谓金属的正常态.

元素周期表中有 30 种金属元素是超导的，还有一些在压力下超导. T_c 最低的是钨(0.01K)，最高为铌(9.15K). 并发现有近万种合金和金属化合物是超导体. 在 1986 年以前，T_c 最高的是金属化合物 Nb_3Ge 薄膜，$T_c=23.2K$. 1986 年瑞士科学家(J. G. Bednorz 和 K. A. Muller)发现了高温超导体镧钡铜氧化合物（$La_{1-x}Ba_xCu_2O_4$）在 40K 左右超导，随后，其他科学家又发现了一批更高温度的超导体，有 $YBa_2Cu_3O_{7-\delta}$（$T_c=90K$）、$Bi_2Sr_2Ca_2Cu_3O_{10}$（$T_c=107K$），$Tl_2Ba_2Ca_2Cu_3O_{10}$（$T_c=125K$）、$HgBa_2CaCu_2O_{6+\delta}$（$T_c=132K$）等，其中 $HgBa_2CaCu_2O_{6+\delta}$ 在高压下可达到 $T_c=165K$. 高温超导体 $YBa_2Cu_3O_{7-\delta}$ 的 R-T 曲线在图 6.17(b)中给出.

超导体在 T_c 以下电阻消失的现象称零电阻现象，它是超导体的基本特性之一. 实验上测量因受测量仪器精度的限制得 $\rho<10^{-25}\,\Omega\cdot cm$. 当超导体处于磁场

中，磁场达到一个临界值 H_c 时，超导被破坏，恢复到正常态，H_c 值与温度有关，遵守抛物线方程

$$H_c(T) = H_0\left[1-\left(\frac{T}{T_c}\right)^2\right] \tag{6.2.1}$$

其中，H_0 是 0K 时的 H_c 值. 电流超过某个临界值 I_c 后，也会破坏超导，其本质是电流在样品表面所产生的磁场引起的. 如对一根半径为 r 的超导线，$I_c = 2\pi r H_c$.

超导体的另一个基本特性是迈斯纳(Meissner)效应，即超导体完全排磁通现象. 它是不能从零电阻现象加上麦克斯韦方程导出的. 超导体与理想导体($\rho=0$)的区别表示在图 6.18 中. 对理想导体而言，如果从图中 A 点出发，先降温后加磁场($A\to B\to C$)，在 B 点进入零电阻态，加磁场至 C 点，根据电磁感应定律，将在体内感应一个电流，此电流由于理想导体电阻为零而不会衰减，感应电流产生的磁场抵消外场而体内磁通 $B=0$；如果先加磁场后降温($A\to D\to C$)，加磁场至 D 点，这时导体是有阻态，感应电流将衰减至零，磁通线将进入导体内部，再从 $D\to C$，由于磁场不变，磁通仍在体内，这是对理想导体得到的结果. 1933 年迈斯纳从实验上得到，当先加磁场后降温($A\to D\to C$)时，从 $D\to C$ 过程中，只要温度降到 H_c-T 曲线以下进入超导态，磁通就立刻从超导体内排出. 这种完全排磁通现象虽与零电阻现象有关，但它是独立于零电阻现象的另一重要特性. 这样超导体在磁场中的行为就是可逆的了. 把热力学理论用到超导体上，可得

$$\boldsymbol{B} = 0 \tag{6.2.2}$$

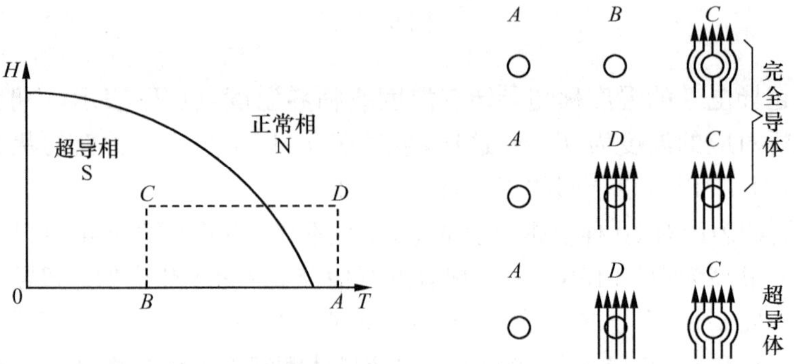

图 6.18 超导体与理想导体在磁场中的区别

因 $\boldsymbol{B}=\mu\boldsymbol{H}$，$\mu=\mu_0(1+\chi)$，可得

$$\mu = 0, \quad \chi = -1 \tag{6.2.3}$$

所以可把超导体看成是磁化率等于-1的完全逆磁体(与超导体相比，正常金属的磁化率很小，可以看成是零).

下面我们讨论超导相变的性质. 由于两相平衡时吉布斯自由能相等,处于磁场中的超导体,吉布斯自由能可写成

$$G = U - TS + PV - \mu_0 HM \tag{6.2.4}$$

在等温等压条件下

$$dG = -\mu_0 M dH \tag{6.2.5}$$

设无外场时超导相的吉布斯自由能为 $G_s(0)$,有外场时为 $G_s(H_e)$,对体积为 V 的超导体由式(6.2.5)积分可得

$$G_s(H_e) = G_s(0) - \int_0^V dV \int_0^{H_e} \mu_0 M dH \tag{6.2.6}$$

对外磁场平行其轴的无限长圆柱体样品

$$\int_0^{H_e} \mu_0 M dH = -\frac{1}{2}\mu_0 H_e^2$$

实际上,可不管样品的形状,只要磁化曲线是可逆的,上式对任何形状的样品均成立,它代表磁化曲线下面的面积.

如果体积 V 是常数,则式(6.2.6)为

$$G_s(H_e) = G_s(0) + \frac{1}{2}\mu_0 H_e^2 V \tag{6.2.7}$$

对正常态时存在外磁场的吉布斯函数 $G_n(H_e)$,由于金属的顺磁很弱,可忽略不计,所以

$$G_n(H_e) = G_n(0) \tag{6.2.8}$$

当外磁场 $H_e = H_c$ 时,两相处于平衡,则

$$G_s(H_c) = G_n(H_c) \tag{6.2.9}$$

把式(6.2.7)和式(6.2.8)中的 H_e 换成 H_c 得

$$G_n(0) - G_s(0) = \frac{1}{2}\mu_0 H_c^2 V \tag{6.2.10}$$

此式表明在无外磁场时超导态的吉布斯函数要比正常态的吉布斯函数低,超导相为稳定相.

用热力学关系

$$S = -\frac{\partial G}{\partial T}, \quad C = T\frac{\partial S}{\partial T}$$

可得在临界磁场 H_c 处正常态和超导态的熵差为

$$\Delta S = S_n - S_s = -\mu_0 V H_c \frac{dH_c}{dT} \tag{6.2.11}$$

两相比热容差为

$$\Delta C = C_n - C_s = -\mu_0 VT\left[H_c\frac{d^2H_c}{dT^2}+\left(\frac{dH_c}{dT}\right)^2\right] \qquad (6.2.12)$$

从式(6.2.11)、式(6.2.12)可知，超导体在无磁场下的相变是二级相变，而在有磁场存在时的相变是一级相变.

另外，从式(6.2.11)可看出，在 $T<T_c$ 时，$\frac{dH_c}{dT}<0, S_n>S_s$，说明超导相的熵比正常相的熵小，即超导相比正常相更为有序，超导相的电子处于凝聚状态.

根据超导体在磁场中的行为不同，可把超导体分成两大类. 一类是上面所讲的，在 H_c 以下呈现零电阻现象和完全的迈斯纳效应，它的磁化曲线如图 6.19(a)所示. 这类超导体称第Ⅰ类超导体，属第Ⅰ类超导体的有除 Nb、V 以外的所有超导金属元素和少数合金. 另一类超导体在实验上发现有两个临界磁场 H_{c_1} 和 H_{c_2}，对退磁因子为零的样品，其磁化曲线如图 6.19(b)所示. 在 H_{c_1} 以下，它的行为与第Ⅰ类超导体相同，呈现完全的迈斯纳效应. 磁场超过 H_{c_1}，磁通开始穿透超导体，呈现不完全的迈斯纳效应，但此时电阻仍等于零. 到 H_{c_2}，电阻恢复，变成正常态，所以 H_{c_1} 是磁场开始穿透的临界磁场，称第一临界磁场或下临界磁场，H_{c_2} 是电阻恢复的临界磁场，称第二临界磁场或上临界磁场. H_{c_1} 和 H_{c_2} 与温度的关系也遵守抛物线方程. 此类超导体称第Ⅱ类超导体. 在第Ⅱ类超导体中存在三个态，H_{c_1} 以下为迈斯纳态，H_{c_2} 以上为正常态，H_{c_1} 和 H_{c_2} 之间叫混合态. 在第Ⅱ类超导体中，如果磁化曲线是可逆的，叫理想的第Ⅱ类超导体，若磁化曲线不可逆，称非理想的第Ⅱ类超导体（超导磁体和超导输电电缆等均用此类超导体）. 属第Ⅱ类超导体的有元素中的 Nb、V 和绝大多数合金和化合物.

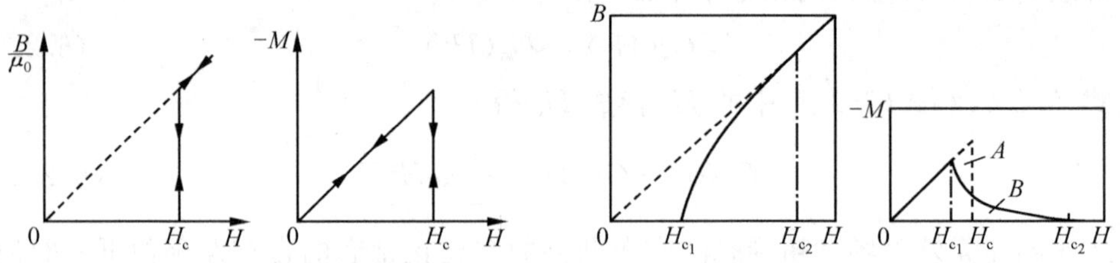

(a) 第Ⅰ类超导体的磁化曲线（H 平行于无限长圆柱体的轴方向）　(b) 第Ⅱ类超导体的磁化曲线（退磁因子为零）

图 6.19　超导体的磁化曲线

第Ⅱ类超导体的相变性质与第Ⅰ类超导体有所不同，它在有磁场存在的情况下，发生的相变也是二级相变. 可定性解释如下：在 $H_{c_1}(T)$ 曲线上发生的相变是从迈斯纳态向混合态转变，因混合态在接近 H_{c_1} 处磁场穿透很小，超导电子数无大量的变化，故不会出现大量的吸热. 在 $H_{c_2}(T)$ 曲线上发生的相变从混合态向正常态转变. 在接近于 H_{c_2} 处的混合态大部分的电子已转变成正常电子了，所以在向正

常态转变时，也不会出现大量的吸热，即相变时潜热为零. 从热力学关系可导出第Ⅱ类超导体的比热容跳跃公式

$$\Delta C_{ji} = C_j - C_i = VT\left(\frac{\mathrm{d}H_{ij}}{\mathrm{d}T}\right)^2\left[\left(\frac{\partial B_j}{\partial H}\right)_T - \left(\frac{\partial B_i}{\partial H}\right)_T\right] \tag{6.2.13}$$

其中，i、j 代表迈斯纳态和混合态，以及混合态和正常态.

8. 超流相变(液体^{4}He和^{3}He)

氦在自然界存在三种同位素：^{4}He、^{3}He和^{6}He. 由于^{6}He的半衰期仅为0.82s，液氦的研究对象是液体^{4}He和^{3}He. ^{4}He气体从天然气中获得，而^{3}He气体要从原子反应堆中获得，锂被中子轰击后产生氚，氚放出β射线后得^{3}He，半衰期为12.5年.

^{4}He气体在4.2K液化，^{3}He气体在3.2K液化. 在常压下它们不会固化，直至绝对零度. 这是因为物质的凝固点是由范德瓦耳斯力和热运动之间的平衡来决定的. 在氦的情况下，由于它的分子比任何元素组成的分子都小，范德瓦耳斯力比其他物质都弱，所以在力的平衡中必须把通常忽略的量子力学的零点能考虑进去. 零点能的作用使原子之间的间距增加，因而不能在常压下变成固体，所以人们称液体^{4}He和^{3}He为永久液体. 只有采用加压的方法让原子间距离缩小而固化. ^{4}He的相图在图6.20中给出.

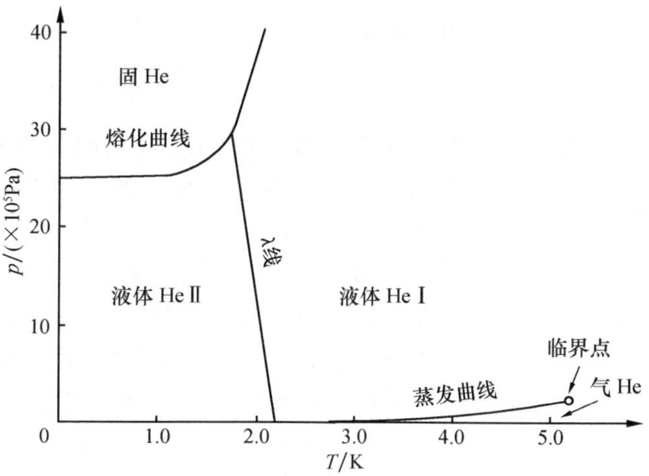

图6.20 ^{4}He的相图

当液体^{4}He的温度在饱和蒸气压下降到2.17K时，发生超流相变，随压强的增加，相变温度下降，相变线也在图中给出. 超流相变是一个二级相变，比热容和膨胀系数都有突变，这表示在图6.21中，由于比热容曲线形状像希腊字母λ，故液体^{4}He的超流相变称λ相变.

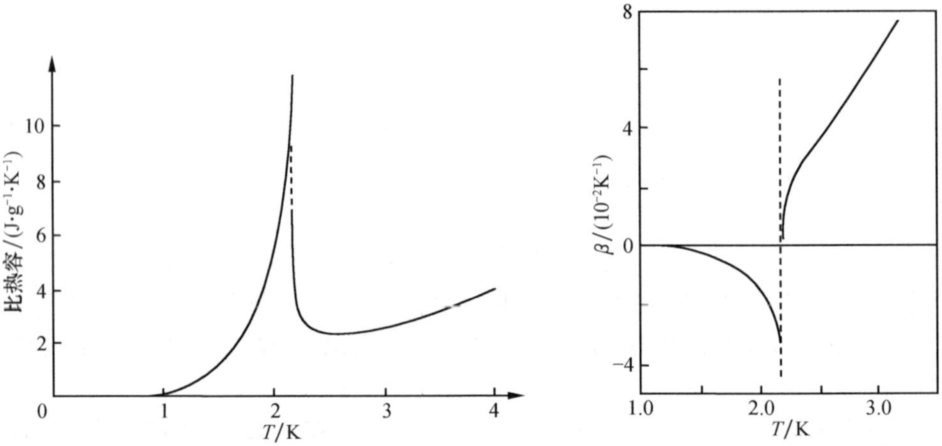

(a) 液体 ^{4}He 的比热容　　(b) 液体 ^{4}He 的膨胀系数

图 6.21

λ 线以上的正常液体称液体 He Ⅰ. λ 线以下的范围称液体 He Ⅱ，它具有很多反常性质. 如果用泊肃叶(Poiseuille)方法(图 6.22)测量流体在窄通道中的体积流速 $\dot{V}$，设通道两端的压差为 Δp，圆截面毛细管的半径为 a，液体流动处于层流状态，则流体的黏滞系数 η 由下式给出：

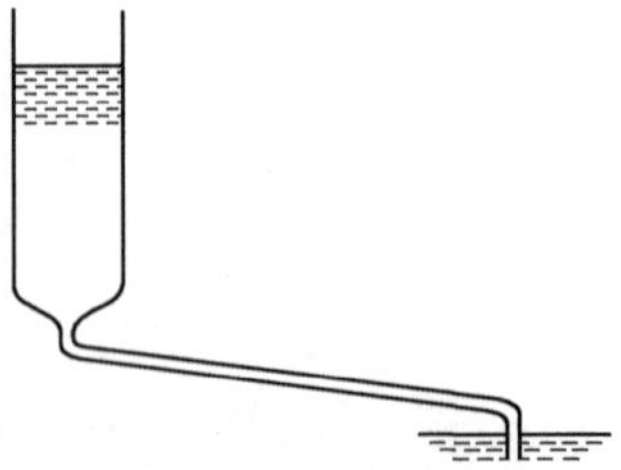

图 6.22　泊肃叶方法测量黏滞系数 η

$$\dot{V}=\frac{\pi a^4}{8\eta}\frac{\Delta p}{l}\quad (\mathrm{cm^3\cdot s^{-1}})$$

其中，l 为毛细管的长度. 测出的 η 值要比 He Ⅰ 的 η 值小 10^{11} 倍. 实际上用此法测量的 He Ⅱ 黏滞系数等于零，由此称液体 He Ⅱ 为超流体，称它具有超流动性. 且实验上发现，体积流速与压差 Δp 无关，而毛细管的直径越小，流速反而越大. 与超流动性相关的现象还有“氦膜爬行”，其装置表示在图 6.23 中. 当一个试管或烧杯放入液体 He Ⅱ池中，试管中的液面低于液池液面时，液池中的液氦将沿外壁通过表面膜流入试管，直至两液面相平，如图 6.23(a)所示. 而当试管中的液面高于液池液面时，液体就从试管流向液池. 甚至当试管离开液面，液氦会沿着外壁滴入液池，直至流尽，如图 6.23(b)所示. 这是由于管壁上的氦膜具有超流动性引起的，氦膜虽然很薄，但黏滞系数等于零，由于液面的势差引起液体的流动，类似连通管中水的流动. 液体 He Ⅱ 还有很多其他特殊性质，如热导异常的高，比铜和银的热导高几千倍；如果由一超漏连接两个存有液体 He Ⅱ 的容器，在一个容器加热，会引起此容器中液面上升(称热-机械效应)，反之，对一容器加压，则另一个容器中的液氦温度会下降(称机械-热效应)，等等. 这些特殊性质可用

Landau 提出的二流体模型和随后给出的元激发理论来解释. 元激发理论是以实验数据为依据,得到液体 HeⅡ的能谱. 以后 Feynman 又从此能谱得到波函数,这样方程的解都得到了,但如何从量子力学基本原理解出这些解,还未最终完成. 一般认为,是由 Bose 凝聚引起的超流转变(统计物理中将作进一步讨论). 这里还要指出的是由于液氦样品很纯净,二级相变的数据对连续相变理论的建立起了重要的作用.

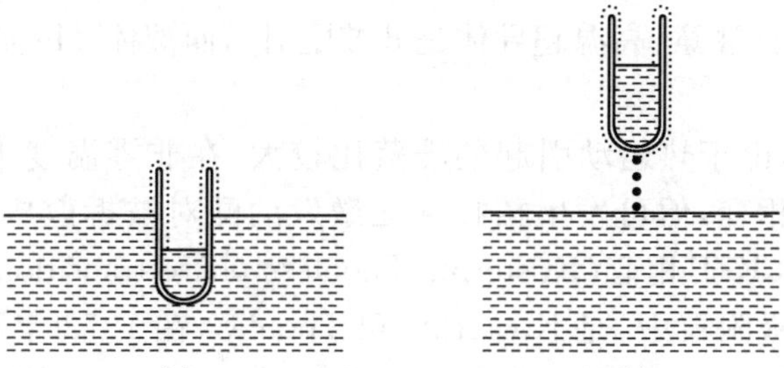

(a) (b)

图 6.23 氦膜爬行的演示装置

下面讨论液体^{3}He 的超流相变. ^{3}He 比^{4}He 少一个中子,原子更小,所以要在 3.4MPa 才固化,它也是永久液体. 超流相变发生在 mK 范围,由于温度很低,直到 1972 年才发现它的超流转变. 实验是在稀释制冷机下面再加一级 Pomeranchuk 制冷机上做的,稀释制冷机把温度降到 10mK,Pomeranchuk 制冷机再冷至 1mK,但此装置只能在熔化曲线上做,熔化曲线下面的实验要在稀释制冷机下挂一级核去磁装置来做,其相图表示在图 6.24 中. 无磁场时,存在两个超流相,^{3}HeA 相和^{3}HeB 相. 有磁场存在时还有一个超流相,称^{3}HeA$_1$ 相. 正常相以^{3}HeN 表示. 其相变性质为:N→B:二级相变,N→A:二级相变,N→A$_1$:二级相变,A$_1$→A:二级相变,A→B:一级相变. 实验上是测量二级相变的比热容跳跃和一级相变的潜热来确定其相变性质的. 但二级相变的比热容跳跃像超导体的比热容跳跃,而不像超流^{4}He 那样,在 T_c 附近趋向无穷. 超流动性的机理也与超导机理类似,因^{3}He 和电子均是费米子,而^{4}He 是玻色子. 两个费米子配对形成库珀(Cooper)对,它是一个束缚态,与非束缚态之间有一个能隙,束缚态的集合态就是超流态或超导态. 电子和^{3}He 原子的配对还有区别. 超导体中的两个电子通过交换虚声子引起两个电子的吸引,当此吸引力大于库仑排

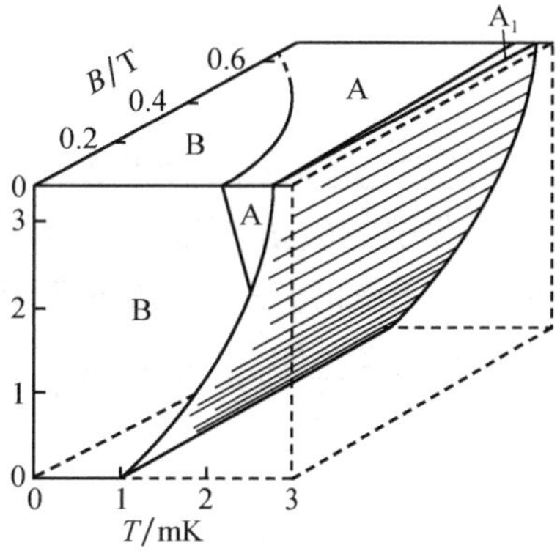

图 6.24 ^{3}He 相图

斥力时就形成库珀对.电子处在 s 态,它的轨道角动量 $L=0$,由于总的波函数要求反对称,所以自旋波函数是反对称的,这就要求两个电子的自旋反平行,即 $S=0$. 而液体 ^{3}He 中的原子是电中性的,它的配对力来自核的磁偶极子之间的相互作用. 一个带有核自旋向上取向的 ^{3}He 原子,将感应周围的一些 ^{3}He 原子的自旋有一个特定的取向,比如向上↑,这个云团将吸引第二个 ^{3}He 原子,使其自旋与第一个原子的取向相同,也向上↑.这个吸引作用就形成一个束缚态,原子将以 $S=1$ 形成 Cooper 对,这样 L 必须取奇数值,如 1,3,5 等,和实验比较后得到 $L=1$. 所以传统超导体是 s 波配对(注意:高温超导体是 d 波配对),而液体 ^{3}He 是 p 波配对.

9. K-T 相变

对二维体系,由于热运动引起的涨落比较大,在非零温度下序参量都为零,不会发生一般的相变,但可发生拓扑性元激发的配对被拆散成单个的拓扑性元激发,此类相变称 K-T 相变(Kosterlitz-Thouless phase transition),它可发生在如磁性薄膜和表面吸附层中,是 Kosterlitz 和 Thouless 在 1973 年从理论上提出的,后来从实验上得到证实. 拓扑性元激发又称涡旋(vortex),二维晶格中的位错和二维超流氦膜中的涡流均是这类元激发.

在低温下,正反涡旋配对成束缚态(图 6.25),当温度高于相变温度 T_{KT},涡旋对就会被热运动所拆散,成为独立运动的单个涡旋(即拓扑性元激发). 此相变理论可解释二维晶格的熔化过程,低温下位错配对,可以承受切应力,为固相;当 $T>T_{KT}$,位错配对被拆散,切应力使单个位错运动,变成液相.

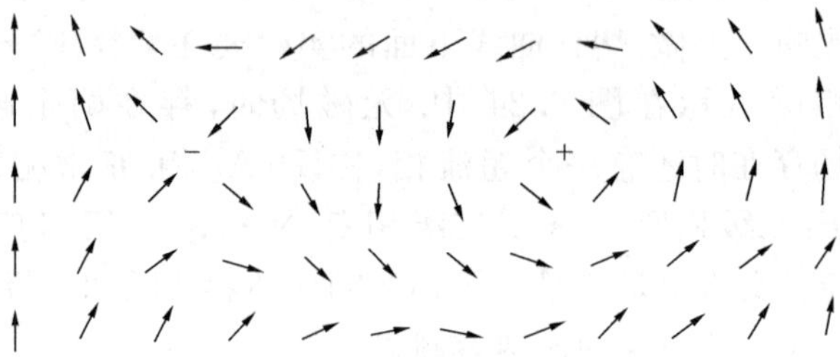

图 6.25 正反涡旋对

此理论也在超流氦膜的实验中得到证实,用聚酯膜卷成多层筒状放在金属圆筒中,做成扭转摆,把氦气放入,氦原子吸附在表面上,形成二维氦膜. 测量超流密度 ρ_s 与温度的关系,发现 ρ_s 在相变温度 T_{KT}时,并不等于 0,而是一个有限跃变,且 $\dfrac{\rho_s(T_{KT})}{T_{KT}}=\dfrac{2m^2k_B}{\pi\hbar^2}$($m$ 是氦原子的质量),它是一普适常数. 这和 K-T 相变理论的预言一致.

*10. 量子相变

前面讲的相变是在有限温度下发生的相变,它是热运动能量和相互作用能量竞争的结果. 如果 $T=0\mathrm{K}$,已无热运动,但还有量子力学上的零点运动能量,它和相互作用能量竞争仍会存在相变,这种相变称量子相变. 在 $T=0\mathrm{K}$ 的相变点称量子临界点(QCP).

零点能的作用在液体^{4}He 和液体^{3}He 中已显示出来,零点能在热运动能量上又增加一项能量,使它们在常压下直到 $T=0\mathrm{K}$ 也不会固化,故称量子液体. 所以零点能引起的量子涨落与热运动引起的热涨落是类似的.

在 $T=0\mathrm{K}$ 出现的量子相变有两种情况,表示在图 6.26 中. 第一种情况是图 6.26(a),有序只能发生在 $T=0\mathrm{K}$. 在有限温度没有实验上可测量的相变. 但有限温度的性质在 T-r 图上由三个不同的区域表征. 这里 T 是温度,r 是可控参数,使系统通过量子相变点. r 可以是压强、磁场和掺杂等. 在"热无序"区域,长程有序主要由热涨落破坏. 在"量子无序"区域,体系的性质由量子涨落所决定. 在以上两个区域之间是"量子临界范围",两类涨落都重要. 物理性质由量子临界基态的热激发所决定. 它的主要特征是不存在常规的准粒子类激发. 这引起反常的有限温度性质,如非常规的幂指数律及非费米液体行为等. 这种情况的相变可以出现在具有SU(2)对称的二维磁体中.

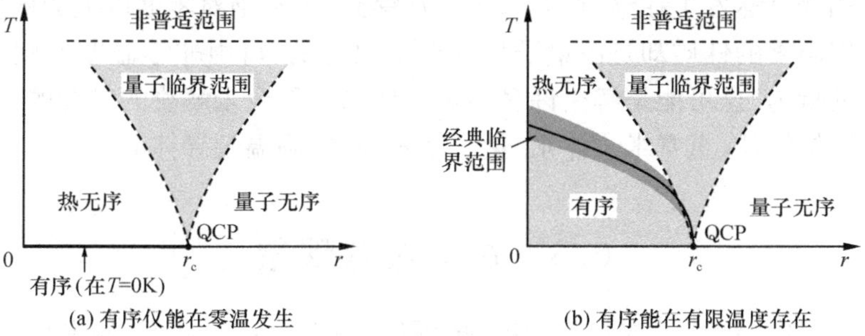

图 6.26 量子临界点(QCP)附近的示意相图

第二种情况是图 6.26(b). 在有限温度也存在有序. 在低温下真实的相变线与 r 有关,QCP 在此线的端点. 有限温度的相变线附近由热涨落控制(图中的"经典临界范围"),随温度的下降此范围变得越来越窄. "量子临界范围"同样出现在 QCP 以上的扇形区域内. 这种情况的例子是横向磁场中的伊辛模型. 低温下 $LiHoF_4$ 的磁性质是这个模型的实验验证. 此材料是一个离子晶体,在足够低的温度下,唯一的磁自由度是钬原子的自旋. 它们有一个易磁化轴,即相对于一个确定的晶轴取向上或向下. 通过偶极相互作用,不同的钬原子互相作用. 无外场时的基态是完全的铁磁体. 1996 年 Bitko 等测量了 $LiHoF_4$ 的磁性质随温度和磁场的变化,外加磁场垂直于自旋方向. 其相图表示在图 6.27(a)中.

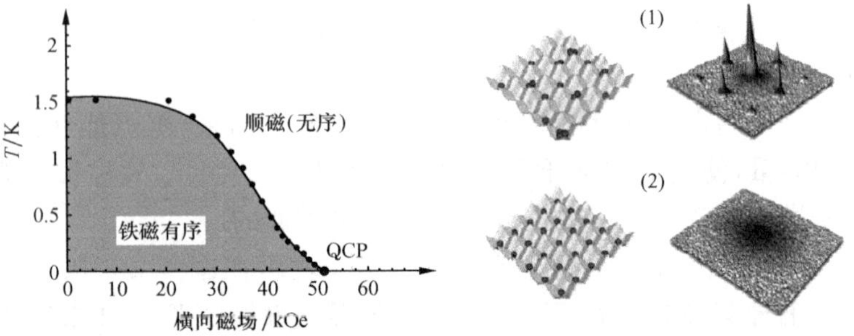

(a) $LiHoF_4$ 的相图　　(b) 光阱中稀薄原子的超流-绝缘体转变

图 6.27　量子相变的实验例证（$1Oe=79.5775A \cdot m^{-1}$）

量子相变也在玻色-爱因斯坦凝聚中看到. 图 6.27(b)是用激光驻波方法产生位阱和位垒的点，当温度冷至几十 nK 时，产生玻色凝聚. 测量分子速度的分布，可看到除了尖锐的中心峰外还有衍射引起的卫星峰. 说明分子可由隧道效应在位阱间自由跑动，呈超流态(1)，然后升高位垒，中心峰和卫星峰消失，这时分子不能跑了，呈局域态(2). 这是超流态到局域态的量子相变.

量子相变虽然发生在绝对零度，无法观察到. 但在绝对零度以上的扇形区域内系统的非零温度的性质却是由量子相变点来决定的，可由非零温度的性质来研究量子相变的行为. 这可能是解决许多凝聚态体系中至今未解决的难题的一种途径，如稀土磁性绝缘体、重费米子体系、量子霍尔体系、高温超导体等.

6.3　过冷过热现象

当水的温度降到 0℃时结冰，转变成固体，但在一定条件下，如水很纯净，则会在更低的温度才变成固体. 即当 $T<0$℃时，液相仍能存在，称过冷液相. 反过来，当冰溶化转变成液体时，也会出现 $T>0$℃的固相，称过热固相. 此种过冷过热现象广泛存在于一级相变的体系中. 这表示在图 6.28 中. 当 $T<T_c$ 时，应是固相稳定，但在虚线表示的范围内可出现过冷液相，这是亚稳相. 当 $T>T_c$ 时，应是液相稳定，但可出现亚稳的过热固相.

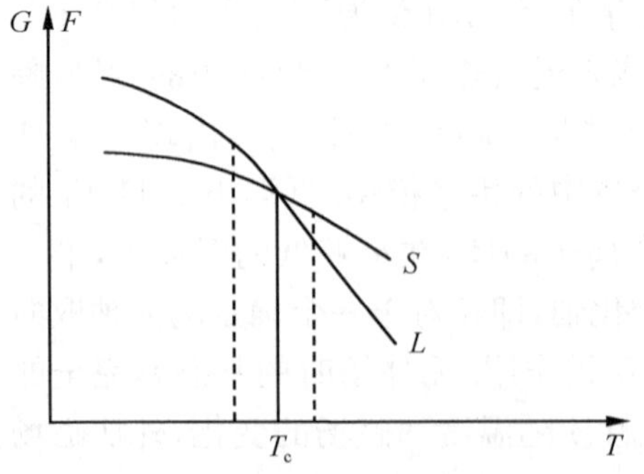

图 6.28　一级相变中出现的过冷过热现象

下面以液体—固体相变为例来说明亚稳相存在的原因. 由于液体变成固体时体积变化很小，可看成体积 V 近似不变，这样我们可以用自由能 F 替代吉布斯函数 G 来讨论液固相变，同样也表示在图 6.28 中.

从图 6.28 可看出，当 $T<T_c$ 时，稳定相是固相. 但是当温度下降到 T_c 以下，固体核在液相中开始形成时，除了固相的自由能外还要加上一项固液界面的表面能，这样能量就会高于液相的自由能，从而固相核不能形成，使其处于过冷液相. 只有温度继续下降，固相核才能形成并生长. 下面我们计算固相核形成和生长的条件.

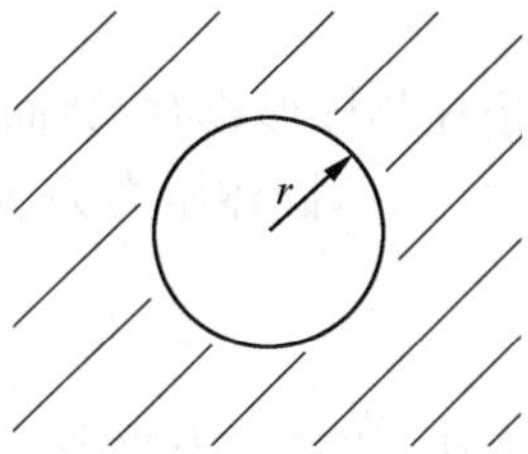

图 6.29 固相核在液相中形成

如果在液相中的固相核的半径为 r(图 6.29)，先不考虑界面能，则

$$\Delta F_n^{\mathrm{S}}<\Delta F_n^{\mathrm{L}} \tag{6.3.1}$$

这里 ΔF_n^{S} 和 ΔF_n^{L} 分别表示固核的自由能与固核不存在时同样体积液相的自由能，但加上界面能，固核形成时的能量为

$$\Delta F_n^{\mathrm{S}+r}=\Delta F_n^{\mathrm{S}}+\Delta F^r=\frac{4}{3}\pi r^3 f^{\mathrm{S}}+u\cdot 4\pi r^2 \tag{6.3.2}$$

其中，ΔF^r 为界面能，f^{S} 为单位体积固相的自由能，u 为表面能. 而

$$\Delta F_n^{\mathrm{L}}=\frac{4}{3}\pi r^3 f^{\mathrm{L}} \tag{6.3.3}$$

其中，f^{L} 为单位体积液相的自由能. 两者之差为

$$\Delta F=\frac{4}{3}\pi r^3(f^{\mathrm{S}}-f^{\mathrm{L}})+u\cdot 4\pi r^2 \tag{6.3.4}$$

其中，右边第一项小于零，而第二项大于零. 把上式画出 ΔF 与 r 的关系表示在图 6.30 中.

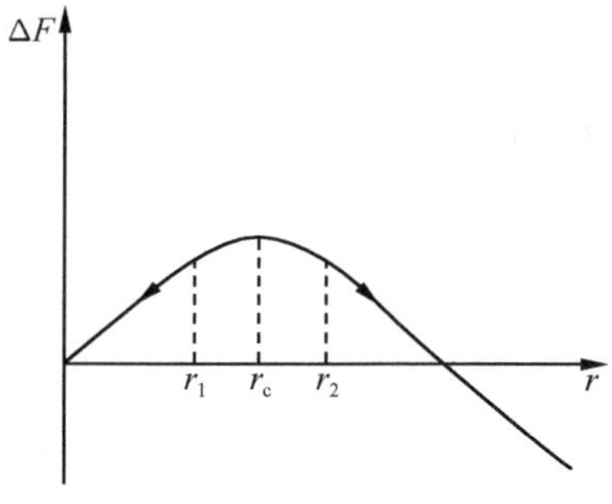

图 6.30 ΔF-r 曲线

固相核能否形成决定于核的半径 r 的大小，如果 $r=r_1<r_c$，固相核不能形成，体系处于过冷液相；若 $r=r_2>r_c$，固相核长大，体系过渡到固相. 临界半径 r_c 可从下式求出：

$$\left(\frac{\partial\Delta F}{\partial r}\right)_{T,V}=4\pi r_c^2(f^{\mathrm{S}}-f^{\mathrm{L}})+8\pi r_c u=0$$

$$r_c=\frac{2u}{f^{\mathrm{L}}-f^{\mathrm{S}}} \tag{6.3.5}$$

式(6.3.5)可从两方面理解，一是如果原来是液相，当温度下降到 $T<T_c$，若形成的固相核 $r<r_c$，则仍是液相稳定，为过冷液相；若 $r>r_c$，则液相转变成固相；二是当温度处于相平衡附近，体系内的自发涨落会出现过冷晶核，在 T_c 以下的一个温度范围内可观察到过冷晶核.

下面我们再从化学势来讨论固液相变，给出另一个 r_c 的公式. 当两相共存时，

若界面是平面，则力学平衡的条件是

$$p_1 = p_2 = p$$

相平衡条件为

$$\mu_S(p,T) = \mu_L(p,T) \tag{6.3.6}$$

但在晶核形成时，界面是曲面（我们讨论的情况是半径为 r 的球面），此时设液体压力为 p'，固体压力为 p_S，则力学平衡的条件应为

$$p_S = p' + \frac{2\sigma}{r}$$

其中，$\frac{2\sigma}{r}$是表面张力 σ 施于固相的压力. 相平衡条件为

$$\mu_S\left(p' + \frac{2\sigma}{r}, T\right) = \mu_L(p',T) \tag{6.3.7}$$

假定表面张力引起的压力比界面为平面时的 p 小得多，即

$$\frac{2\sigma}{r} \ll p$$

则化学势可展开成

$$\begin{aligned}\mu_S\left(p' + \frac{2\sigma}{r}, T\right) &= \mu_S(p,T) + \left(p' - p + \frac{2\sigma}{r}\right)\frac{\partial \mu_S}{\partial p}\\ &= \mu_S(p,T) + \left(p' - p_0 + \frac{2\sigma}{r}\right)v_S\end{aligned}$$

同理

$$\mu_L(p',T) = \mu_L(p,T) + (p'-p)v_L$$

用式(6.3.6)和式(6.3.7)可得

$$\left(p' - p + \frac{2\sigma}{r}\right)v_S = (p'-p)v_L$$

则临界半径为

$$\begin{aligned}r_c &= \frac{2\sigma}{p'-p}\,\frac{v_S}{v_L - v_S}\\ &= \frac{2\sigma}{\Delta p}\,\frac{v_S}{v_L - v_S}\end{aligned} \tag{6.3.8}$$

其中，v_S 和 v_L 分别为固体和液体的摩尔体积.

下面我们用式(6.3.8)来解释液体^{4}He 在多孔玻璃中的固化和超流的实验现象. 多孔玻璃是一种有很多内部贯通的小通道构成的多孔介质，通道直径平均为 4nm，液氦在此小通道中，超流转变温度将比大块液体中的超流转变温度更低，在相图中相变线向左平移（图 6.31），而固化压力将升高，直至 4MPa 才固化（大块液体固化压力为 2.5MPa），而且在多孔玻璃中的液氦直至 4MPa 仍是超流的. 其实验相图表示在图 6.31 中.

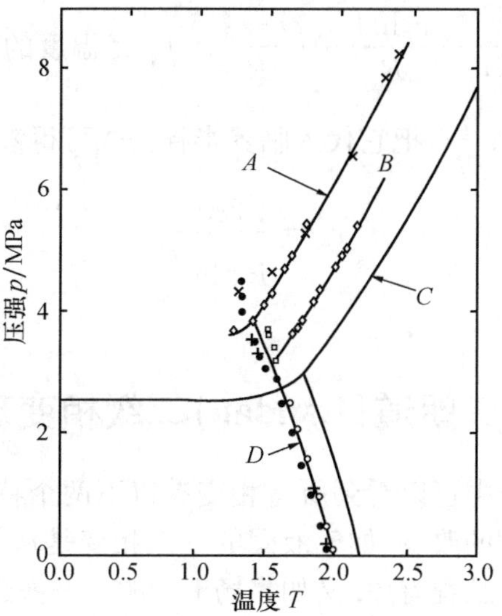

图 6.31　多孔玻璃中^{4}He的相图

其中A为多孔玻璃中^{4}He的凝固曲线和B为熔化曲线，C为大块液体的熔化曲线和超流相变线，D为多孔玻璃中液体^{4}He的超流相变线

下面我们用成核的临界半径公式来解释此实验现象. 固体在液相中成核有两种情况，在容器壁上成核或在液体中成核. 在上面的实验中，容器实际上是玻璃. 从测量^{4}He的固-液表面张力的实验中知道，对铜和玻璃底板，润湿器壁表面的是^{4}He的液体，而不是^{4}He的固体. 所以，由于密度的涨落而使固体不是在器壁上成核，而是在液体中成核. 为了稳定核，必须加一个比大块液体固化压力p更大的过压Δp，使核的半径达到或大于临界半径r_c，若把r_c选成多孔介质的平均半径4nm，并取同温度的大块液体熔化曲线上的v_S和v_L之值，从实验上测量的Δp值用上面的r_c公式即可求得表面张力σ之数值，$\sigma=0.31\text{erg}\cdot\text{cm}^{-2}$，与其他实验测量值相符.

上述临界半径公式(6.3.8)也可用于讨论气液相变中液滴的形成，液滴的临界半径可写成

$$r_c=\frac{2\sigma}{p'-p}\frac{v_L}{v_G-v_L}$$

其中，v_L和v_G分别为液体和蒸气的摩尔体积. 由于在气液相变中气体的体积要比液体体积大得多，所以可忽略分母上的v_L. 再从$\mu_G(p',T)=\mu_G(p,T)+(p'-p)v_G$，用理想气体的化学势代入，求出$(p'-p)v_G$. 理想气体的化学势为

$$\begin{aligned}g=h-Ts&=\int c_p\mathrm{d}T-T\int c_p\frac{\mathrm{d}T}{T}+RT\ln p+h_0-Ts_0\\&=c_pT-Tc_p\ln T+RT\ln p+h_0-Ts_0\\&=RT(\varphi+\ln p)\quad(c_p\text{ 看成是常数})\end{aligned}$$

$$\varphi = \frac{h_0}{RT} - \frac{c_p \ln T}{R} + \frac{c_p - s_0}{R} \quad (\varphi\text{是温度的函数})$$

得到：$(p'-p)v_G = RT\ln\frac{p'}{p}$，把它代入临界半径公式可得液滴的临界半径为

$$r_c = \frac{2\sigma v_L}{RT\ln\frac{p'}{p}} \tag{6.3.9}$$

6.4 朗道(Landau)二级相变理论

从上面相变的例子中可以看到所有相变有以下两个特征.第一个特征是所有相变都伴随着“有序度”的改变.如气液固的一级相变是从气体的高度无序到液体的短程有序再到固体的长程有序.又如零场下的顺磁—铁磁二级相变，也是从电子自旋的无序变到自旋有序.第二个特征是高温相有序度低，低温相有序度高(有个别例外，如酒石酸钾钠的一个相变).

朗道的二级相变理论引进一个“有序度”参量，称序参量 ξ_{op}.对较高温度的无序相，令 $\xi_{op}=0$；对较低温度的有序相 $\xi_{op}\neq 0$.$\xi_{op}=\xi_{op}(T)$，是温度的函数，且随温度的升高，ξ_{op} 减小.当 T 趋向于 T_c，$\xi_{op}(T)$ 连续趋向于零.ξ_{op} 与温度的关系在图 6.32(a)中给出.与此比较，一级相变的 ξ_{op} 与温度的关系也在图 6.32(b)中给出，一级相变中，序参量 ξ_{op} 发生突变，且在 T_c 以上会有过热相存在.

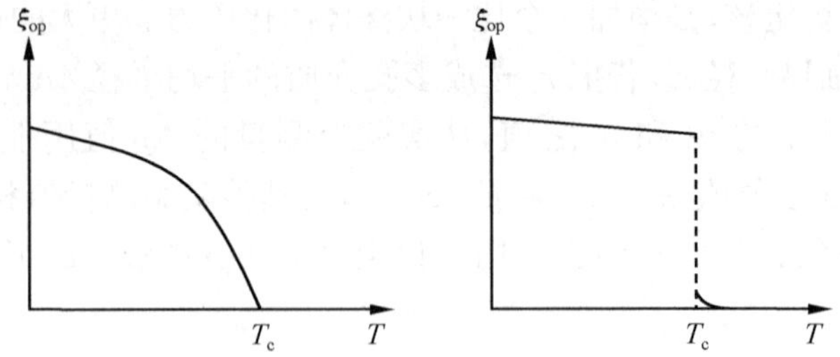

(a) 二级相变的 ξ_{op} 与温度的关系　(b) 一级相变的 ξ_{op} 与温度的关系

图 6.32

在相变前后的高温相和低温相的吉布斯函数 $G(T,p)$ 的形式是不同的.朗道假设两个相中的吉布斯函数有统一的形式

$$G = G(T,p,\xi_{op})$$

对高温相，$\xi_{op}=0$，$G=G(T,p,0)$；对低温相，$\xi_{op}\neq 0$，$G=G(T,p,\xi_{op})$.朗道还假定 $G(T,p,\xi_{op})$ 是 ξ_{op} 的解析函数，在相变点附近，ξ_{op} 可取任意小的值.这样在相变点附

近$\left(\frac{T_c-T}{T_c}\ll 1\right)$，$G(T,p,\xi_{op})$可按$\xi_{op}$幂次展开成级数

$$G(T,p,\xi_{op})=G(T,p,0)+\gamma\xi_{op}+\alpha\xi_{op}^2+\delta\xi_{op}^3+\frac{1}{2}\beta\xi_{op}^4+\cdots \quad (6.4.1)$$

其中，$G(T,p,0)$是高温相的吉布斯函数，系数γ、α、δ和β均是T、p的函数. 在压强不太高的情况下，可看成仅是温度T的函数. 且$G(T,p,\xi_{op})$是ξ_{op}的偶函数，即

$$G(T,p,\xi_{op})=G(T,p,-\xi_{op})$$

ξ_{op}的奇次项消去，得

$$G(T,p,\xi_{op})=G(T,p,0)+\alpha\xi_{op}^2+\frac{1}{2}\beta\xi_{op}^4 \quad (6.4.2)$$

相平衡时，G极小，要满足以下条件：

$$\left(\frac{\partial G}{\partial \xi_{op}}\right)_{T,p}=2\alpha\xi_{op}+2\beta\xi_{op}^3=0 \quad (6.4.3)$$

$$\left(\frac{\partial^2 G}{\partial \xi_{op}^2}\right)_{T,p}=2\alpha+6\beta\xi_{op}^2>0 \quad (6.4.4)$$

从式(6.4.3)得ξ_{op}的两个根：$\xi_{op}=0$和$\xi_{op}=\sqrt{-\frac{\alpha}{\beta}}$. 当$\xi_{op}=0$，代入式(6.4.4)得$\alpha>0$，对应于无序相；当$\xi_{op}=\sqrt{-\frac{\alpha}{\beta}}$，代入式(6.4.4)得：$\alpha<0$，对应于有序相. 很自然$T=T_c$时，$\alpha=0$. 这样朗道给出了符合以上条件的$\alpha$与温度的关系

$$\alpha=a(T-T_c) \quad (6.4.5)$$

其中，$a>0$. 对$\beta(T)$的形式朗道假定：$\beta(T)=\beta(T_c)=\beta_c$. 这样可得

$$\xi_{op}=\sqrt{-\frac{\alpha}{\beta}}=\sqrt{-\frac{a(T-T_c)}{\beta_c}} \quad (6.4.6)$$

$G(T,p,\xi_{op})$可写成以下形式：

$$\begin{aligned}G(T,p,\xi_{op})&=G(T,p,0)+\alpha\xi_{op}^2+\frac{1}{2}\beta\xi_{op}^4\\&=G(T,p,0)+a(T-T_c)\xi_{op}^2+\frac{1}{2}\beta_c\xi_{op}^4\\&=G(T,p,0)-\frac{a^2}{2\beta_c}(T-T_c)^2\end{aligned} \quad (6.4.7)$$

或

$$G(T,p,\xi_{op})-G(T,p,0)=-\frac{a^2}{2\beta_c}(T-T_c)^2 \quad (6.4.8)$$

这是两相吉布斯函数之差. 对每一相的吉布斯函数求对T的偏导数，可得各相的熵

$$S=-\left(\frac{\partial G}{\partial T}\right)_p=S_0 \quad (当\ T>T_c)$$

$$S=S_0+\frac{a^2}{\beta_c}(T-T_c)\quad(\text{当 } T<T_c)$$

从 $C_p=T\left(\frac{\partial S}{\partial T}\right)_p$，可求出两个相的比热容

$$C_p=T\left(\frac{\partial S}{\partial T}\right)_p=C_{p0}\quad(\text{当 } T>T_c)$$

$$C_p=T\left(\frac{\partial S}{\partial T}\right)_p=C_{p0}+\frac{a^2}{\beta_c}T\quad(\text{当 } T<T_c)$$

从上面两式可看出，当 $T=T_c$ 时，两个相的熵差为零，两个相的比热容差有一个突变

$$\Delta C_p=\frac{a^2}{\beta_c}T_c\tag{6.4.9}$$

两个相的熵和比热容与温度的关系在图 6.33 给出.

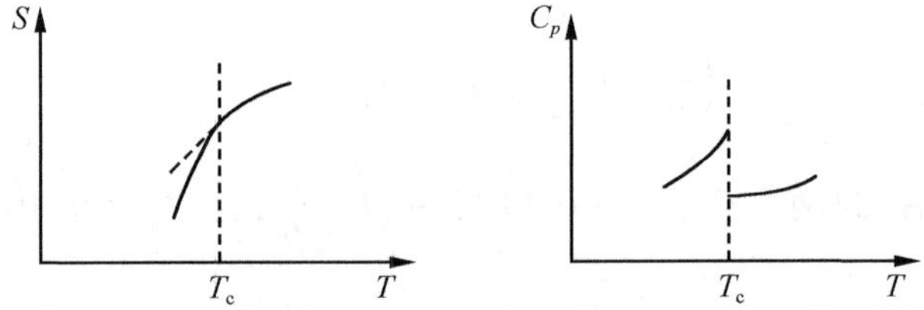

图 6.33　两个相的熵和比热容与温度的关系

朗道理论中的常数 a 和 β_c 要根据具体的体系从实验上来决定. 下面以超导相变为例，如何从实验定出 a 和 β_c. 当超导体发生相变，在 $H_e=H_c$ 时两相平衡，两相吉布斯函数之差为：$G_n(0)-G_s(0)=\frac{1}{2}\mu_0H_c^2V$(式(6.2.10))，写成单位体积吉布斯函数之差为

$$g_s(0)-g_n=-\frac{1}{2}\mu_0H_c^2=-\frac{a^2}{2\beta_c}(T-T_c)^2$$

可得

$$H_c(T)=\sqrt{\frac{a^2}{\mu_0\beta_c}}(T_c-T)\tag{6.4.10}$$

另外在超导体中，以前我们讲到超导体内部 $B=0$，实际上磁场可以穿透超导体表面很薄的一层($\sim10^{-6}$cm)，称穿透深度 $\lambda(T)$，它是温度的函数，从超导电磁理论可得到

$$\lambda(T)=\sqrt{\frac{m}{2\mu_0e^2n_S(T)}}$$

其中，m 和 e 是电子的质量和电荷，$n_S(T)$是电子对的密度，可看作有序度参数，即 $\sqrt{n_S(T)}=\xi_{op}(T)$，把此代入上式，并注意 $\xi_{op}(T)=\sqrt{-\frac{a(T-T_c)}{\beta_c}}$，可得

$$\lambda(T)=\sqrt{\frac{m}{2\mu_0 e^2 \xi_{op}^2(T)}}=\sqrt{\frac{m\beta_c}{2\mu_0 e^2 a}}(T_c-T)^{-\frac{1}{2}} \tag{6.4.11}$$

这样我们可以测量临界磁场与温度的关系式(6.4.10)和弱磁场下的穿透深度与温度的关系式(6.4.11),两式联立求得 a 和 β_c 的值.

6.5 临界现象——临界指数和标度律

朗道的二级相变理论是对热力学函数作出一些合理的假定得到的结论.主要是把粒子之间的相互作用看成一个“内场”或“平均了的场”,故此理论称平均场理论.范德瓦耳斯方程是一个描写气液临界点的平均场理论,它把分子体积的修正(分子之间的排斥力),从体积 V 中减去 Nb,把分子之间的相互吸引力,作为一个“内压力”加到压强 p 上.同样,描述铁磁二级相变的外斯的“分子场理论”,也是一个平均场理论.朗道的二级相变理论是把以前分别提出的对各别体系适用的理论统一起来,这也是以后才认识到的.后来由于实验上测量精度的提高,发现在接近临界点处的行为与朗道的二级相变理论不符,直至 1971 年 K. G. Wilson 用重正化群理论才解决了二级相变的问题.由于此理论比较深奥,超出本书范围,这里仅作简单介绍.

1. 序参量

朗道的二级相变理论中给出了序参量 ξ_{op},它在相变点连续地变化至零(而对一级相变序参量在相变点有一个跃变),对具体的体系内容不同,下面仅以列表 6.1 方式给出.

表 6.1 若干体系的序参量

相变体系	气液临界点相变	合金有序—无序相变	顺磁—铁磁相变(单轴)	顺磁—反铁磁相变(单轴)	超导相变	超流相变	铁电相变
序参量	$\rho_L-\rho_G$	$\rho_1-\rho_2$	M	次晶格 M	能隙 Δ	波函数 ψ	P

2. 临界指数

不同形式的二级相变在临界点热力学函数都存在奇异性,在临界点附近,一些热力学量可写成幂函数形式,把它称为临界指数.

下面用朗道的二级相变理论分析顺磁—铁磁相变.它的序参量为 M,代替朗道理论中的 ξ_{op},由于

$$\xi_{op}(T)=\pm\sqrt{-\frac{\alpha}{\beta}}=\pm\sqrt{-\frac{a(T-T_c)}{\beta_c}}=\pm\sqrt{\frac{aT_c}{\beta_c}}\cdot\sqrt{-\frac{T-T_c}{T_c}},\quad T<T_c$$

可得

$$M=\pm m(-t)^{\frac{1}{2}},\quad t<0 \tag{6.5.1}$$

其中，$m=\sqrt{\dfrac{aT_c}{\beta_c}}$，$t=\dfrac{T-T_c}{T_c}$. 为了和其他体系的二级相变比较，并给出统一的表达，我们把式(6.5.1)写成

$$M=\pm m(-t)^{\beta},\quad \beta=\frac{1}{2} \tag{6.5.2}$$

其中，β 是序参量 M 随温度变化($T\to T_c$)的临界指数.

再看磁场 H 和磁化强度 M 当温度 $T\to T_c$ 时的临界行为，这时在朗道写出的吉布斯函数中要加上一项磁能项

$$G(T,p,\xi_{op})=G(T,p,0)+a(T-T_c)\xi_{op}^2+\frac{1}{2}\beta_c\xi_{op}^4-\mu_0 MH$$

再把 ξ_{op} 换成 M，则

$$G(T,p,\xi_{op})=G(T,p,0)+a(T-T_c)M^2+\frac{1}{2}\beta_c M^4-\mu_0 MH$$

$$\frac{\partial G}{\partial M}=\frac{1}{2}a(T-T_c)M+2\beta_c M^3-\mu_0 H=0$$

在相变等温线上，$T=T_c$，所以 $H=\dfrac{2\beta_c}{\mu_0}M^3$，即 $H\propto M^3=\pm m^3(-t)^{\frac{3}{2}}$，写成

$$H\propto M^{\delta},\quad \delta=3 \tag{6.5.3}$$

δ 是序参量 M 随外磁场变化的临界指数.

下面求磁化率随温度趋向 T_c 时的临界指数.

$$\chi=\left(\frac{\partial M}{\partial H}\right)_T=\left(\frac{\partial H}{\partial M}\right)_T^{-1}$$

用上面 H 和磁化强度 M 的关系和 M 与 t 的关系代入，可得

$$\chi\propto M^{-2}\propto|t|^{-1}$$

写成

$$\chi\propto|t|^{-\gamma},\quad \gamma=1 \tag{6.5.4}$$

γ 是磁化率随温度趋向 T_c 时的临界指数.

对比热容的临界指数，在朗道的平均场理论中是一个有限的跃变，即

$$C(T\to T_{c-})-C(T\to T_{c+})=\frac{a^2}{\beta_c}T_c$$

可以看成比热容的临界指数 $\alpha=0$，因比热容的奇异部分可写成

$$C\propto|t|^{-\alpha} \tag{6.5.5}$$

$t^{-\alpha}$ 可用 $\exp(-\alpha\ln t)$ 的级数展开表示，且 $|\alpha\ln t|\ll 1$，$t^{-\alpha}=1-\alpha\ln t$，即 $\alpha=0$. 这样我们求得了 4 个临界指数为

$$\alpha=0,\quad \beta=\frac{1}{2},\quad \gamma=1,\quad \delta=3 \tag{6.5.6}$$

下面我们再分析气液临界点的二级相变的临界指数. 可用范德瓦耳斯方程(也

是一个平均场理论)来分析. 从范氏的对比方程出发

$$\left(p'+\frac{3}{v'^2}\right)(3v'-1)=8t' \tag{6.5.7}$$

其中

$$p'=\frac{p}{p_c},\quad v'=\frac{V}{V_c},\quad t'=\frac{T}{T_c} \tag{6.5.8}$$

而

$$p_c=\frac{a}{27b^2},\quad V_c=3b,\quad T_c=\frac{8a}{27Rb}$$

在临界点附近,式(6.5.8)中的量均在1附近,可写成

$$p'=1+p,\quad \frac{1}{v}=1+\Delta\rho,\quad t'=1+t$$

把它代入式(6.5.7),可得

$$p=4t+4t\Delta\rho+\frac{3}{2}(\Delta\rho)^3$$

在等温线上,$t=0$,故

$$p=\frac{3}{2}(\Delta\rho)^\delta,\quad \delta=3 \tag{6.5.9}$$

这对应于铁磁相变中的 H 和 M 的关系,气液临界点相变的序参量为 $\Delta\rho=\rho_L-\rho_V$. 压缩率为

$$\kappa\propto\left(\frac{\partial\rho}{\partial p}\right)_T\propto|t|^{-\gamma},\quad \gamma=1 \tag{6.5.10}$$

对应于铁磁相变中的磁化率. 序参量

$$\Delta\rho=\rho_L-\rho_V\propto(-t)^\beta,\quad \beta=\frac{1}{2} \tag{6.5.11}$$

比热容的临界指数为

$$\alpha=0 \tag{6.5.12}$$

比热容在临界点处也是一个有限跃变.

从上面的讨论可看到,两种理论的临界指数都相同. 对所有的平均场理论均可得到相同的结果.

在统计物理中将讲到,在临界点附近涨落特别大,而且不同点的涨落不是互相独立的,彼此有关联,临界乳光现象也是由此引起的. 当温度 $T\to T_c$ 时,关联长度 $\xi\to\infty$. 关联长度 ξ 与温度的关系可从平均场理论做一些修改后得到

$$\xi(t)=\xi_0|t|^{-\nu},\quad \nu=\frac{1}{2} \tag{6.5.13}$$

ν 也是一个临界指数.

分析临界乳光现象,可以得到散射强度与光的波矢之间的关系为

$$I(k) \propto k^{-2+\eta} \tag{6.5.14}$$

η 是又一个临界指数,用平均场理论可得到 $I(k) \propto k^{-2}$,即 $\eta=0$. 这样就有了 6 个临界指数,所有的平均场理论均一样,即

$$\alpha=0, \quad \beta=\frac{1}{2}, \quad \gamma=1, \quad \delta=3, \quad \nu=\frac{1}{2}, \quad \eta=0 \tag{6.5.15}$$

这 6 个临界指数中,α 直接与比热容相关,β 表示序参量随温度的变化,δ 表示序参量随作用场的变化,ν 和 η 与序参量的涨落相关,这些临界指数有的可从实验上直接测量,有的可从实验数据推演得到,这样可以用来检验平均场理论.

实验上测量了多种形式的二级相变的临界指数,如 Ar、O_2、CO_2、^3He 和 ^4He 的气液临界点的相变,二元合金的有序—无序相变(Cu-Zn 合金),多种材料的铁磁、反铁磁相变等,得到的临界指数可归纳为

$$\alpha \neq 0, \quad \beta=\frac{1}{3}, \quad \gamma=1.3 \sim \frac{4}{3}, \quad \delta=4.5, \quad \nu=\frac{2}{3}, \quad \eta=0.05 \tag{6.5.16}$$

这些临界指数为非整数,与平均场理论不符,但是实验数据和平均场理论给出的临界指数均符合以下的"标度律",即

$$\alpha+2\beta+\gamma=2, \quad \alpha+\beta(\delta+1)=2, \quad \gamma=\nu(2-\eta), \quad \alpha=2-D\nu \tag{6.5.17}$$

其中,D 为空间维数.

临界指数之间的关系(即标度律)可从"标度假设"用热力学方法计算得到,称标度理论,式(6.5.17)中的 4 个关系分别称为 Rushbrooke、Widom、Fisher 和 B. D. Josephson 标度律. 标度理论也证明了比热容的临界指数、关联长度的临界指数和磁化率的临界指数从 $T \to T_{c+0}$ 和 $T \to T_{c-0}$ 的两个临界指数相等,即 $\alpha=\alpha'$、$\nu=\nu'$ 和 $\gamma=\gamma'$. 实验上也证实此关系. 这样本来有 9 个临界指数,现在就只有式(6.5.16)中的 6 个临界指数. 由于有式(6.5.17)中的 4 个关系,只有两个独立变量,可用"标度幂"p 和 q 来表示 6 个临界指数,即

$$\alpha=\frac{2p-1}{p}, \quad \beta=\frac{1-q}{p}, \quad \gamma=\frac{2q-1}{p}$$

$$\delta=\frac{q}{1-q}, \quad \eta=D(1-2q)+2, \quad \nu=\frac{1}{pD}$$

理论上只要计算出 p 和 q,就可得到 6 个临界指数. 标度理论本身只能给出临界指数之间的关系,不能计算临界指数. 1971 年威尔逊(K. G. Wilson)用重正化群理论从微观上计算了临界指数,开创了计算临界指数的系统方法,从而获得了 1982 年的诺贝尔奖.

理论计算得到的临界指数为

$\alpha = 0.110$， $\beta = 0.325$， $\gamma = 1.241$， $\delta = 4.815$， $\nu = 0.630$， $\eta = 0.031$ 与实验数据符合得比较好.

用 Ising 模型也能计算临界指数，和从重正化群理论及实验上得到的临界指数都列于表 6.2 中.

表 6.2 理论和实验的临界指数值

指 数	实验值	平均场理论	二维 Ising 模型	三维 Ising 模型级数解	重正化群理论
α	0～0.2	0(有限跃变)	0(对数)	0.12	0.110
β	0.3～0.4	$\frac{1}{2}$	$\frac{1}{8}$	0.31	0.325
γ	1.2～1.4	1	$\frac{7}{4}$	1.25	1.241
δ	4～5	3	15	5.2	4.815
ν	0.6～0.7	$\frac{1}{2}$	1	0.64	0.630
η	0.1	0	$\frac{1}{4}$	0.041	0.031

二级相变的理论还需在实验上进一步地检验，液氦的超流相变(λ 相变)特别适合与理论的比较. 因为液体样品无机械应力，在重力场中无空间密度的突然变化，实验精度要比其他的临界现象高两个数量级，故液氦的超流相变是现在检验理论的主要实验. 在饱和蒸气压下理论预言的比热容与温度的关系为

$$C_{\mathrm{svp}} = B + (A/\alpha)t^{-\alpha}(1 - Dt^{\frac{1}{2}})$$

图 6.34 给出的曲线是 1983 年在 $10^{-8} \leqslant t \leqslant 10^{-3}$ 范围内测量的，并给出下面的值(比热容单位为：$\mathrm{J \cdot mol^{-1} \cdot K^{-1}}$)：

$$428.3 - 439.8t^{0.014}(1 - 0.022t^{\frac{1}{2}}), \quad T > T_\lambda$$

$$427.7 - 415.6t^{0.014}(1 - 0.020t^{\frac{1}{2}}), \quad T < T_\lambda$$

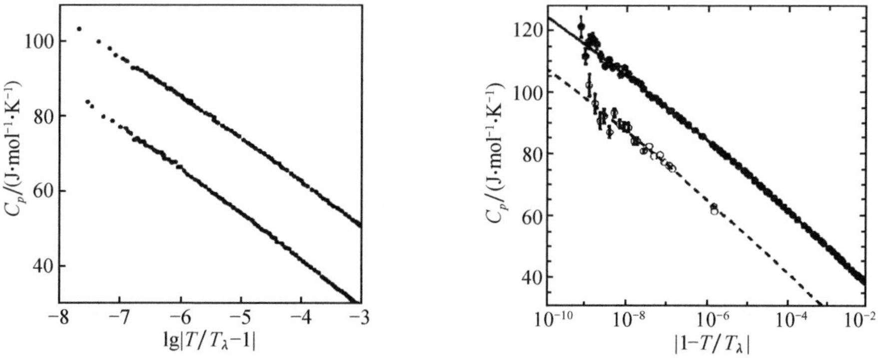

(a) 液氦在饱和蒸气压下 T 附近的比热容，上枝代表 $T < T_\lambda$，下枝代表 $T > T_\lambda$

(b) 在微重力下测量的液氦在 T_λ 附近的比热容

图 6.34

得到：$\alpha=-0.014$，虽然很小，但不等于零，且为负值. 前面表 6.2 中重正化群理论计算的 $\alpha=0.110$，所以理论需进一步发展. 最近为了消除地球上的重力对样品中存在压力梯度的影响，在太空中微重力下测量了液氦的比热容，温度的精确度达到 10^{-10}，如图 6.34(b)，实验结果得到 $\alpha=-0.0127\pm0.0003$. 最新的重正化群理论计算值得到 $\alpha=-0.011\pm0.004$，在误差范围内已完全一致了. 不过实验的精度比理论高一个量级，理论还需进一步发展.

上面提到的 K-T 相变是二维体系中发生的相变，K-T 相变理论中涡旋配对体系呈准长程序. 二维氦膜的超流密度 ρ_s 在相变温度 T_{KT} 时，并不等于 0，而是一个有限跃变，且 $\dfrac{\rho_s(T_{\mathrm{KT}})}{T_{\mathrm{KT}}}=\dfrac{2m^2k_{\mathrm{B}}}{\pi\hbar^2}$，是一普适常数. 相当于 $\eta=\dfrac{1}{4}$，这和 K-T 相变理论的预言一致. 在单层氦膜上测量比热容给出是 $\alpha=0$ 的对数尖峰，符合二维 Ising 模型.

第 7 章　多元系复相平衡和化学平衡

7.1　粒子数可变体系

前面我们研究的相变是单组元的体系，本章讨论多个组元组成的体系的相平衡条件和化学平衡条件. 先以两个例子来说明多组元体系的特征. 如果把盐的水溶液放在一个密封容器中，这个体系有两个组元（H_2O 和 NaCl），有两个相（盐水溶液的液相和气相），当温度和压强改变时，不仅水分子数会在两相之间变化，而且盐的溶解度（如果盐的量足够多）也发生变化. 再看一个简单的化学反应

$$2CO + O_2 \longrightarrow 2CO_2 \quad 或 \quad 2CO_2 \longrightarrow 2CO + O_2$$

此体系为单相（气相）、三个组元，随温度和压强改变时，它们的分子数都在发生变化. 对于粒子数可变的体系，仅用 T、p 变量就不够了，必须增加变量来描述体系的分子数变化.

先从单相系（均匀系）考虑，如果在此系统中有 k 个组元，我们可用每个组元在此相中的质量来描述，即

$$M_1, M_2, M_3, \cdots, M_k \tag{7.1.1}$$

也可用每个组元的物质的量来表示

$$N_1, N_2, N_3, \cdots, N_k \tag{7.1.2}$$

如果每个组元的摩尔质量为

$$m_1, m_2, m_3, \cdots, m_k \tag{7.1.3}$$

则三者之间的关系为

$$M_i = N_i m_i \tag{7.1.4}$$

这样就可以选 M_i 或 N_i 作变量，一般选定 N_i 为变量. 但要把 N_i 作为独立变量，必须使每个组元的物质的量能独立地变化，这只有在这个均匀系中可以与外界自由交换物质时才可能，就是这样，也不是所有组元都可以独立变化的. 例如，上述 CO 和 O_2 反应生成 CO_2，CO 和 O_2 的质量一定，则 CO_2 的质量也就确定了（质量作用定律），所以 CO_2 的物质的量就不是独立变量了. 我们规定，让每个组元的 N_i 均可独立变化，而把相互之间的关系作为约束条件加进去. 这样粒子数可变体系的自变量为

$$T, p, \{N_i\} \tag{7.1.5}$$

其中，$\{N_i\}$代表

$$N_1, N_2, N_3, \cdots, N_k \tag{7.1.6}$$

下面用这组自变量给出热力学函数的表达式(仍然是单相系). 对粒子数不变体系,它的内能微分表达式是

$$\mathrm{d}U = \text{đ}Q - \text{đ}W$$

对粒子数可变体系,当粒子数增加时,内能要增加,所以在内能上要加上一项因粒子数变化而引起的内能变化,把这一项写成(内能的改变与粒子数成正比)

$$\mu_i \mathrm{d}N_i \tag{7.1.7}$$

后面我们要证明,上面的系数 μ_i 是每个组元的化学势. 这样热力学第一定律可写成

$$\mathrm{d}U = \text{đ}Q - \text{đ}W + \sum_{i=1}^{k} \mu_i \mathrm{d}N_i \tag{7.1.8}$$

热力学第二定律也可写成

$$\mathrm{d}U \leqslant T\mathrm{d}S - \text{đ}W + \sum_{i=1}^{k} \mu_i \mathrm{d}N_i \tag{7.1.9}$$

对可逆过程取等号. 对 p-V 体系有

$$\mathrm{d}U = T\mathrm{d}S - p\mathrm{d}V + \sum_{i=1}^{k} \mu_i \mathrm{d}N_i \tag{7.1.10}$$

这里定义的 $U=U(S,V,N_1,N_2,\cdots,N_k)$. 由式(7.1.10)可得熵的全微分

$$\mathrm{d}S = \frac{1}{T}\mathrm{d}U + \frac{p}{T}\mathrm{d}V - \frac{1}{T}\sum_{i=1}^{k} \mu_i \mathrm{d}N_i \tag{7.1.11}$$

其中,$S=S(U,V,N_1,N_2,\cdots,N_k)$.

其他热力学函数可相应给出

$$\mathrm{d}H = T\mathrm{d}S + V\mathrm{d}p + \sum_{i=1}^{k} \mu_i \mathrm{d}N_i \tag{7.1.12}$$

其中,$H=H(S,p,N_1,N_2,\cdots,N_k)$.

$$\mathrm{d}F = -S\mathrm{d}T - p\mathrm{d}V + \sum_{i=1}^{k} \mu_i \mathrm{d}N_i \tag{7.1.13}$$

其中,$F=F(T,V,\{N_i\})$.

$$\mathrm{d}G = -S\mathrm{d}T + V\mathrm{d}p + \sum_{i=1}^{k} \mu_i \mathrm{d}N_i \tag{7.1.14}$$

其中,$G=G(T,p,\{N_i\})$.

在粒子数可变体系中,还要定义一个以$(T,V,\{\mu_i\})$为自变量的函数

$$J = J(T,V,\{\mu_i\}) \tag{7.1.15}$$

它的定义为

$$J = F - \sum_{i=1}^{k} \mu_i N_i \tag{7.1.16}$$

因为

$$\mu_i \mathrm{d}N_i = \mathrm{d}(\mu_i N_i) - N_i \mathrm{d}\mu_i$$

所以

$$\mathrm{d}J = -S\mathrm{d}T - p\mathrm{d}V - \sum_{i=1}^{k} N_i \mathrm{d}\mu_i \tag{7.1.17}$$

热力学势 J 称巨势,它是以$(T,V,\{\mu_i\})$为自变量的特性函数.

下面证明 J 可以表达成广义力和广义坐标的乘积

$$J = -pV \tag{7.1.18}$$

吉布斯函数是广延量,它有以下性质:

$$G(T,p,\lambda N_1,\lambda N_2,\cdots,\lambda N_k) = \lambda G(T,p,N_1,N_2,\cdots,N_k)$$

G 是 $N_1,N_2,\cdots,N_k$ 的一次齐次函数.利用齐次函数的欧勒定理:若 $f(\lambda x_1,\lambda x_2,\cdots,\lambda x_k)=\lambda^m f(x_1,x_2,\cdots,x_k)$,则 $f(x_1,x_2,\cdots,x_k)$是 $x_1,x_2,\cdots,x_k$ 的 m 次齐次函数,此等式两边对 λ 偏微商,而后令 $\lambda=1$,可得

$$\sum_{i=1}^{k} x_i \frac{\partial f}{\partial x_i} = mf$$

因 G 是 $N_1,N_2,\cdots,N_k$ 的一次齐次函数,$m=1$,得

$$\sum_{i=1}^{k} N_i \frac{\partial G}{\partial N_i} = G$$

从 $\mathrm{d}G = -S\mathrm{d}T + V\mathrm{d}p + \sum_{i=1}^{k} \mu_i \mathrm{d}N_i$ 可得

$$\left(\frac{\partial G}{\partial N_i}\right)_{T,p,\{N_{j\neq i}\}} = \mu_i \tag{7.1.19}$$

则

$$\sum_{i=1}^{k} N_i \mu_i = G \tag{7.1.20}$$

此式证明 μ_i 就是第 i 个组元的化学势.再从巨势 J 的定义

$$J = F - \sum_{i=1}^{k} \mu_i N_i$$

得

$$J = F - G = -pV \tag{7.1.21}$$

从粒子数可变体系的热力学函数,可求得对此体系的麦克斯韦关系.以吉布斯函数 G 为例,给出其麦克斯韦关系.从

$$\mathrm{d}G = -S\mathrm{d}T + V\mathrm{d}p + \sum_{i=1}^{k} \mu_i \mathrm{d}N_i$$

得

$$S = -\left(\frac{\partial G}{\partial T}\right)_{p,\{N_i\}}, \quad V = \left(\frac{\partial G}{\partial p}\right)_{T,\{N_i\}}, \quad \mu_i = \left(\frac{\partial G}{\partial N_i}\right)_{T,p,\{N_{j\neq i}\}} \tag{7.1.22}$$

再做一次偏微商得麦克斯韦关系

$$\left(\frac{\partial S}{\partial p}\right)_{T,\{N_i\}}=-\left(\frac{\partial V}{\partial T}\right)_{p,\{N_i\}} \tag{7.1.23}$$

$$\left(\frac{\partial S}{\partial N_i}\right)_{T,p,\{N_{j\neq i}\}}=-\left(\frac{\partial \mu_i}{\partial T}\right)_{p,\{N_i\}} \tag{7.1.24}$$

$$\left(\frac{\partial V}{\partial N_i}\right)_{T,p,\{N_{j\neq i}\}}=\left(\frac{\partial \mu_i}{\partial p}\right)_{T,\{N_i\}} \tag{7.1.25}$$

另外，从内能 U、焓 H 和自由能 F 可求得相应的麦克斯韦关系.

上面定义的巨势 J 是粒子数可变体系的特性函数，它代表一个系统与外界既交换物质又交换能量，称开放体系. 系统和大热源与大粒子源接触. 所谓大粒子源是一个假想体系，它的粒子数无穷多，加一些粒子不会影响它的密度，因而不影响它的化学势. 化学势是一个强度量，μ_i 是 T、p 和 N_i/V 的函数，所以大粒子源化学势恒定. 从特性函数 J 可用微分方法求得其他热力学函数. 由于

$$\mathrm{d}J=-S\mathrm{d}T-p\mathrm{d}V-\sum_{i=1}^{k}N_i\mathrm{d}\mu_i$$

可得

$$S=-\left(\frac{\partial J}{\partial T}\right)_{V,\{\mu_i\}},\quad p=-\left(\frac{\partial J}{\partial V}\right)_{T,\{\mu_i\}},\quad N_i=-\left(\frac{\partial J}{\partial \mu_i}\right)_{T,V,\{\mu_{j\neq i}\}} \tag{7.1.26}$$

$$F=J+\sum_{i=1}^{k}\mu_iN_i=J-\sum_{i=1}^{k}\mu_i\frac{\partial J}{\partial \mu_i} \tag{7.1.27}$$

$$U=F+TS=J-\sum_{i=1}^{k}\mu_i\frac{\partial J}{\partial \mu_i}-T\frac{\partial J}{\partial T} \tag{7.1.28}$$

7.2 多元系复相平衡条件

现有一个系统由 φ 个相组成，每一个相中又有 k 个组元. 用 σ 代表相，用 i 代表组元，有

$$\sigma=\mathrm{I},\mathrm{II},\mathrm{III},\cdots,\varphi \tag{7.2.1}$$

$$i=1,2,3,\cdots,k \tag{7.2.2}$$

在系统的各相中，各组元的摩尔数可表示成：

$$N_1^{\mathrm{I}},N_2^{\mathrm{I}},N_3^{\mathrm{I}},\cdots,N_k^{\mathrm{I}}$$

$$N_1^{\mathrm{II}},N_2^{\mathrm{II}},N_3^{\mathrm{II}},\cdots,N_k^{\mathrm{II}}$$

$$\vdots$$

$$N_1^{\varphi},N_2^{\varphi},N_3^{\varphi},\cdots,N_k^{\varphi}$$

共有 φ 行、k 列、$\varphi\times k$ 个变量. 如果某个相中少了第 σ 个组元，让 $N_i^{\sigma}=0$ 即可. 为了

书写方便,用符号$\{N_i^\sigma\}$代表$N_1^\sigma,N_2^\sigma,N_3^\sigma,\cdots,N_k^\sigma$,而$\sigma=\mathrm{I},\mathrm{II},\mathrm{III},\cdots,\varphi$. 整个系统的吉布斯函数写成

$$G=\sum_{\sigma=\mathrm{I}}^{\varphi}G^\sigma(T,p,\{N_i^\sigma\}) \tag{7.2.3}$$

即总的吉布斯函数为各个相的吉布斯函数之和.

在多元复相系中达到相平衡时要求各相的温度和压强达到平衡,即

$$T^{\mathrm{I}}=T^{\mathrm{II}}=\cdots=T^\varphi \tag{7.2.4}$$

$$p^{\mathrm{I}}=p^{\mathrm{II}}=\cdots=p^\varphi \tag{7.2.5}$$

相平衡的条件要从吉布斯函数达到极小来求得. 平衡时,有

$$\delta G=0$$

因为

$$\mathrm{d}G=\sum_{\sigma=\mathrm{I}}^{\varphi}\mathrm{d}G^\sigma=-S\mathrm{d}T+V\mathrm{d}p+\sum_{\sigma=\mathrm{I}}^{\varphi}\sum_{i=1}^{k}\mu_i^\sigma\mathrm{d}N_i^\sigma$$

其中,S和V分别是各个相的熵和体积之和,各相之间的温度和压强已达到平衡时,$\mathrm{d}T=0,\mathrm{d}p=0$,相平衡要求

$$\delta G=\sum_{\sigma=\mathrm{I}}^{\varphi}\sum_{i=1}^{k}\mu_i^\sigma\delta N_i^\sigma=0 \tag{7.2.6}$$

如果按组元展开上式,对每一个组元而言,与外界不交换物质,在系统中的总粒子数是不变的,因而有

$$\delta N_1^{\mathrm{I}}+\delta N_1^{\mathrm{II}}+\delta N_1^{\mathrm{III}}+\cdots+\delta N_1^\varphi=0$$

此式对k个组元均成立,这就给出k个约束条件. 若把上式写成

$$\delta N_1^{\mathrm{I}}=-\delta N_1^{\mathrm{II}}-\delta N_1^{\mathrm{III}}-\cdots-\delta N_1^\varphi$$

并把它代入式(7.2.6),则可得

$$\delta G=(\mu_1^{\mathrm{II}}-\mu_1^{\mathrm{I}})\delta N_1^{\mathrm{II}}+(\mu_1^{\mathrm{III}}-\mu_1^{\mathrm{I}})\delta N_1^{\mathrm{III}}+\cdots+(\mu_1^\varphi-\mu_1^{\mathrm{I}})\delta N_1^\varphi+\cdots=0$$

因δN_i^σ是任意的,故这要求所有δN_i^σ的系数均等于零,得到

$$\mu_i^{\mathrm{I}}=\mu_i^{\mathrm{II}}=\mu_i^{\mathrm{III}}=\cdots=\mu_i^\varphi,\quad i=1,2,3,\cdots,k \tag{7.2.7}$$

这表明每一个组元在φ个相中的化学势要彼此相等. 对一个组元有$\varphi-1$个方程,有k个组元,故共有$k(\varphi-1)$个方程为相平衡条件. 再加上温度和压强在各相中要相等的$2(\varphi-1)$个方程,所以多元系复相平衡条件共有$(k+2)(\varphi-1)$个约束方程.

7.3 吉布斯相律

吉布斯相律是给出多元复相系的独立变量数(自由度数)与组元数和相数间关系的规则. 7.2 节给出了多元系复相平衡条件有$(k+2)(\varphi-1)$个方程,它们是约束条件,下面计算多元复相系的自变量数(减去约束条件数,即为自由度数).

先看某一个相,比如 σ 相,在此相中各组元的物质的量为

$$N_1^\sigma, N_2^\sigma, N_3^\sigma, \cdots, N_k^\sigma$$

如果此相中的总物质的量为 N^σ,则

$$N^\sigma = N_1^\sigma + N_2^\sigma + N_3^\sigma + \cdots + N_k^\sigma$$

第 i 个组元在 σ 相中的相对浓度为

$$x_i^\sigma = \frac{N_i^\sigma}{N^\sigma} \tag{7.3.1}$$

则

$$\sum_{i=1}^{k} x_i^\sigma = 1$$

由 7.2 节的讨论可知,系统的相平衡条件由每一个组元在 φ 个相中的化学势彼此相等来表示,即系统是否达到热动平衡由强度量决定,因此应该用强度量 x_i^σ 来代替广延量 N_i^σ. 在 $x_i^\sigma(i=1,2,\cdots,k)$ 的 k 个变量中只有$(k-1)$个变量是独立变量,加上温度和压强两个强度量,则描写 σ 相的强度量应为

$$T^\sigma, \quad p^\sigma, \quad x_1^\sigma, \quad x_2^\sigma, \cdots, x_{k-1}^\sigma \tag{7.3.2}$$

共有$(k+1)$个. 系统有 φ 个相,故变量个数为 $\varphi(k+1)$,减去$(k+2)(\varphi-1)$个约束条件,平衡时系统的自由度数目为

$$D = \varphi(k+1) - (k+2)(\varphi-1) = k+2-\varphi \tag{7.3.3}$$

此式称吉布斯相律. 多元复相系达到相平衡时,它的自由度数为组元数减去相数加 2. 由此可得到一个推论:因自由度最少是零,从式(7.3.3)可得

$$\varphi \leqslant k+2 \tag{7.3.4}$$

此式在合金中很有用处. 下面举例说明它的应用.

讨论单元系,$k=1$,$\varphi\leqslant3$,即在达到相平衡时,相数最多不能超过 3. 这是大家熟悉的. 再用相律来看自由度. 若是单相,$\varphi=1$,从相律可得自由度 $D=k+2-\varphi=2$. 在相图上知,两个自由度是温度 T 和压强 p;如果是两相共存,$\varphi=2$,则 $D=1$,自由度只有一个,只能沿相变曲线变化,即 $T=T(p)$;当三相共存时,$\varphi=3$,则 $D=0$,无自由度,只有一个三相点了.

如果是二元系,$k=2$,则:$\varphi\leqslant4$. 以盐的水溶液为例. 当处于单相时,盐的水溶液,$\varphi=1$. 从相律可得自由度 $D=k+2-\varphi=3$. 除了温度 T 和压强 p 两个自由度外,另一个自由度为盐的浓度. 用 N_N 和 N_H 分别代表盐和水的物质的量,因决定平衡态性质的是强度量而不是广延量,故用相对浓度来表示

$$x_N = \frac{N_N}{N_N + N_H}, \quad x_H = \frac{N_H}{N_N + N_H}$$

由于 $x_N + x_H = 1$,故两者只有一个是独立的变量,取 x_N,即盐的相对浓度为变量. 所以三个独立变量为 T、p 和 x_N.

若是两相共存(液相和气相)，$\varphi=2$，自由度 $D=2$. 这时 T、p 和 x_N 中只有两个是独立的，$T=T(p,x_N)$. 相当于气液平衡曲线既要随 p 变化，又要随 x_N 变化. 因此气液平衡曲线就变成一个曲面. 若是三相共存，$\varphi=3$，自由度 $D=1$. 这时是气、液和固三相. 盐溶解在水中，水的三相点要随 x_N 变化，$T=T(x_N)$，$p=p(x_N)$. 三相点变成一条线. 盐的浓度越高，冰点越低. 若是四相共存，$\varphi=4$，自由度 $D=0$. 盐已析出，结晶成固体，已无自由度了.

相律主要用于合金的相图. 作为一个例子，我们看一下金(Au)-铊(Tl)合金的相图，金与铊不形成化合物，也不形成固熔体，但在液相它们可以任意比例混合. 二元合金的相图要用 p、T 和两个组元中的一个的质量百分比 $x=\dfrac{n_{\mathrm{Tl}}}{n_{\mathrm{Au}}+n_{\mathrm{Tl}}}$ 构成的三维图来表示，但画起来很不方便. 所以一般在固定压强下，用温度 T 和质量百分比 x 的二维图表示. Au-Tl 合金的相图表示在图 7.1 中.

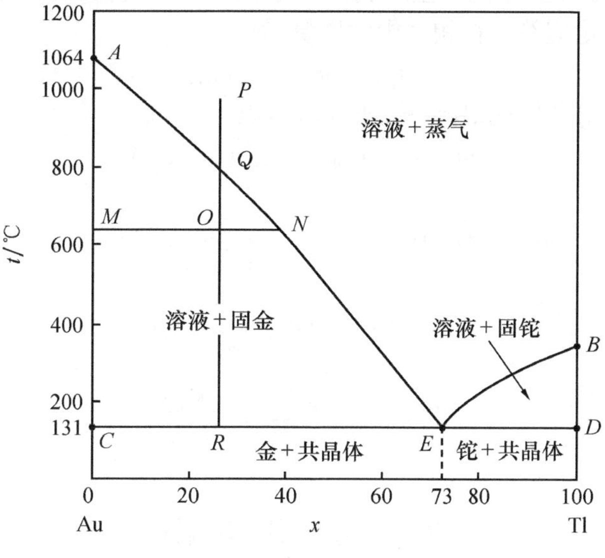

图 7.1 金-铊共熔合金的相图

图中 A 点为纯金的熔点(严格讲应为三相点)，B 点为纯铊的熔点. 在 AEB 线以上的范围，液体和蒸气两相共存，$\varphi=2$，组元数 $k=2$. 根据相律，自由度数$D=2$，所以温度和组分可以任意变化. 在 E 点的左边，从 AE 线以上降温，到 AE 线上时，金的固相将析出. 此时溶液、蒸气和金的固相三相共存，自由度数 $D=1$，温度和组分只能有一个可以独立变化了. 同样 BE 线代表溶液、蒸气和铊的固相三相共存线. 在 E 点，溶液、蒸气、金的固相和铊的固相四相共存，因此组元数 $k=2$，$\varphi=4$，自由度数 $D=0$，此点称低共熔点. 金和铊按组分 x_E(73%Tl)的比例同时结晶. 两种晶体是机械混合，其混合物称共晶体. 在 CED 线以下无液相存在，在 E 的左边区域是固金和共晶体共存，在 E 的右边区域是固铊和共晶体共存.

如果从溶液和蒸气共存相的 P 点降温，到 Q 点有纯金固体出现. 从 Q 到 R 点，溶液和纯金两相共存，其中溶液中的铊的组分将沿着 QE 线连续变化，溶液的质量与纯金的质量之比由杠杆定则决定

$$\frac{m_{\text{sol}}}{m_{\text{Au}}} = \frac{\overline{MO}}{\overline{ON}} \tag{7.3.5}$$

杠杆定则证明如下：

在 P 点处，金在溶液（设为相 1）中的质量为

$$m_{\text{Au}}^1 = (m_{\text{Au}}^1 + m_{\text{Tl}}^1)(1 - x_O)$$

其中，$m_{\text{Au}}^1 + m_{\text{Tl}}^1$ 为 P 点处溶液的总质量，x_O 是 O 点相对应的铊的百分比. 降温到 O 点，溶液和纯金两相共存，设为相 2，在此相中金的质量由两部分组成：金在溶液（令溶液的质量为 m_{sol}）中的质量 $m_{\text{A,sol}}^2 = m_{\text{sol}}(1 - x_N)$ 和析出的固体金的质量 m_{Au}. 金在相 1 中的质量应等于在相 2 中的质量，故

$$m_{\text{Au}} + m_{\text{A,sol}}^2 = m_{\text{Au}}^1$$

因两相总质量相等 $m_{\text{Au}}^1 + m_{\text{Tl}}^1 = m_{\text{Au}} + m_{\text{sol}}$，所以

$$m_{\text{Au}}^1 = (m_{\text{Au}} + m_{\text{sol}})(1 - x_O)$$

这样

$$(m_{\text{Au}} + m_{\text{sol}})(1 - x_O) = m_{\text{Au}} + m_{\text{sol}}(1 - x_N)$$

整理后可得

$$m_{\text{Au}} \cdot x_O = m_{\text{sol}} \cdot (x_N - x_O)$$

即

$$\frac{m_{\text{sol}}}{m_{\text{Au}}} = \frac{x_O}{x_N - x_O} = \frac{\overline{MO}}{\overline{ON}}$$

7.4 化学平衡

下面我们讨论当化学反应达到平衡时的条件. 以最简单的氢氧合成水的反应为例，然后推至一般.

$$O_2 + 2H_2 \rightleftharpoons 2H_2O$$

在热力学中，为研究化学反应而把反应式写成

$$2H_2O - O_2 - 2H_2 = 0 \tag{7.4.1}$$

规定生成物的系数为正，反应物的系数为负. 生成物和反应物可以反过来，如上面的水分解成氢氧. 一般情况下化学反应式可写成

$$\sum_i \nu_i A_i = 0 \tag{7.4.2}$$

其中，ν_i 和 A_i 分别代表化学反应方程中第 i 个组元的系数和第 i 个组元的化学符号. 当发生化学反应时，各组元的摩尔数要发生变化，变化量与各组元的系数 ν_i 成正比. 以氢氧合成水的反应为例，可写成

$$\mathrm{d}N_{H_2O} : \mathrm{d}N_{O_2} : \mathrm{d}N_{H_2} = 2 : (-1) : (-2)$$

如果比例因子为 $\mathrm{d}\xi$，则

$$\mathrm{d}N_{H_2O} = 2\mathrm{d}\xi, \quad \mathrm{d}N_{O_2} = -1\mathrm{d}\xi, \quad \mathrm{d}N_{H_2} = -2\mathrm{d}\xi$$

一般而言，可写成

$$\mathrm{d}N_i = \nu_i \mathrm{d}\xi \tag{7.4.3}$$

其中，各组元的系数 ν_i 称化学计量系数，ξ 称反应度. 当化学反应趋向平衡时，吉布斯函数 G 趋向极小. 体系吉布斯函数的全微分为

$$\mathrm{d}G = -S\mathrm{d}T + V\mathrm{d}p + \sum_i \mu_i \mathrm{d}N_i \tag{7.4.4}$$

考虑单相系在等温等压情况下，$\mathrm{d}T=0$，$\mathrm{d}p=0$，则

$$\mathrm{d}G = \sum_i \mu_i \mathrm{d}N_i = \sum_i \mu_i \nu_i \mathrm{d}\xi \tag{7.4.5}$$

引入化学亲合势

$$A = -\sum_i \mu_i \nu_i \tag{7.4.6}$$

则

$$\mathrm{d}G = -A\mathrm{d}\xi \tag{7.4.7}$$

先用上式讨论化学反应的方向问题. 当化学反应趋向平衡时，吉布斯函数 G 趋向极小

$$\mathrm{d}G = -A\mathrm{d}\xi < 0, \quad 即 \quad A\mathrm{d}\xi > 0 \tag{7.4.8}$$

当化学亲合势 $A<0$ 时，$\mathrm{d}\xi<0$. 从 $\mathrm{d}N_i=\nu_i\mathrm{d}\xi$ 得

$$\mathrm{d}N_{H_2O} = 2\mathrm{d}\xi < 0, \quad \mathrm{d}N_{O_2} = -1\mathrm{d}\xi > 0, \quad \mathrm{d}N_{H_2} = -2\mathrm{d}\xi > 0$$

这表明水分解生成氢氧. 由于化学亲合势 $A=-2\mu_{H_2O}+\mu_{O_2}+2\mu_{H_2}<0$，得

$$\mu_{O_2} + 2\mu_{H_2} < 2\mu_{H_2O}$$

表明化学反应总是趋向化学方程中化学势小的一边. 与上面的讨论类似，当 $A>0$ 时，$\mathrm{d}\xi>0$，则 $\mu_{O_2}+2\mu_{H_2}>2\mu_{H_2O}$，即为氢氧合成水的反应. 从以上的讨论可知，只要知化学亲合势 A，即可知化学反应的方向.

下面讨论化学反应的平衡条件. 当化学反应达到平衡时，要求 $\mathrm{d}G=0$，因而 $A=0$，可得化学反应的平衡条件为

$$\sum_i \mu_i \nu_i = 0 \tag{7.4.9}$$

从此条件可导出一切化学反应的基本定律——质量作用定律. 为此我们先求混合理想气体的化学势.

单组元的理想气体的化学势为

$$\mu = h - Ts \tag{7.4.10}$$

其中，h 和 s 为摩尔焓和摩尔熵. 先假设各气体单独存在（未混合），它们的总内能、焓和吉布斯函数为各气体的内能、焓和吉布斯函数之和

$$U = \sum_i n_i u_i, \quad H = \sum_i n_i h_i, \quad G = \sum_i n_i g_i \tag{7.4.11}$$

单个气体的摩尔吉布斯函数是 $g_i = h_i - Ts_i$. 要求混合气体的总吉布斯函数，则需把气体的混合熵的贡献加上. 混合理想气体的物态方程为

$$pV = (n_1 + n_2 + \cdots + n_k)RT = nRT$$

其中，$n = n_1 + n_2 + \cdots + n_k$.

混合理想气体的总压强是各组元分压强之和

$$p = \sum_i p_i, \quad p_i = n_i \frac{RT}{V} \tag{7.4.12}$$

如果两个气体在混合前的体积分别为 V_1 和 V_2，混合后的体积为 $V = V_1 + V_2$，两个气体的混合过程相当于两种不同气体的互扩散. 用 3.7 节熵产生的公式可得它的混合熵为

$$S_H = n_1 R\ln\frac{V}{V_1} + n_2 R\ln\frac{V}{V_2} \tag{7.4.13}$$

设想把混合的气体分离成两部分，体积均为 V，温度为 T，它们的压强分别为在混合气体中的分压强 p_1 和 p_2，$p_1 + p_2 = p$. 然后把它们分别可逆地等温压缩至压强 p，因为 $p_1 V = n_1 RT = pV_1$ 和 $p_2 V = n_2 RT = pV_2$，所以此过程有下列比例关系：

$$\frac{p_1}{V_1} = \frac{p_2}{V_2} = \frac{p}{V} \tag{7.4.14}$$

然后把中间假想的隔板抽去，让两个气体混合，这相当于在等温等压条件下混合两个理想气体. 这时利用上式比例关系可把混合熵写成

$$S_H = n_1 R\ln\frac{p}{p_1} + n_2 R\ln\frac{p}{p_2} = n_1 R\ln\frac{n}{n_1} + n_2 R\ln\frac{n}{n_2} \tag{7.4.15}$$

其中后面的式子用了式(7.4.12). 所有气体的混合熵为

$$S_H = \sum_i n_i R\ln\frac{n}{n_i} \tag{7.4.16}$$

所以混合气体的吉布斯函数为

$$G = \sum_i n_i\left(h_i - Ts_i - RT\ln\frac{n}{n_i}\right) = \sum_i n_i\left(g_i - RT\ln\frac{n}{n_i}\right) \tag{7.4.17}$$

$$g_i = h_i - Ts_i = \int c_{pi}\,\mathrm{d}T - T\int c_{pi}\frac{\mathrm{d}T}{T} + RT\ln p + h_{i0} - Ts_{i0}$$

由 $G = \sum_i n_i \mu_i$ 可得混合理想气体的化学势

$$\mu_i = g_i - RT\ln\frac{n}{n_i} \tag{7.4.18}$$

用化学平衡条件,并把式(7.4.18)代入得

$$\sum_i \mu_i \nu_i = \sum_i \left(g_i - RT\ln\frac{n}{n_i}\right)\nu_i = 0$$

此式可写成

$$\prod_i \left(\frac{n_i}{n}\right)^{\nu_i} = K \tag{7.4.19}$$

其中

$$\ln K = -\frac{1}{RT}\sum_i \nu_i g_i \tag{7.4.20}$$

此式称质量作用定律,K 为平衡恒量. 只要已知各组元气体的化学势,即可知平衡恒量. 式(7.4.20)可以变换成其他形式.

如果令 $x_i = \frac{n_i}{n}$,而 $\sum_i x_i = 1$,则上式可写成

$$\prod_i x_i^{\nu_i} = K \tag{7.4.21}$$

因为 $x_i = \frac{n_i}{n} = \frac{p_i}{p}$,代入式(7.4.21)得

$$\prod_i p_i^{\nu_i} = p^{\sum \nu_i} \cdot K \equiv K_p \tag{7.4.22}$$

此式是质量作用定律的另一表达式,K_p 称定压平衡恒量. K_p 仅是温度的函数,与压强无关. 证明如下:

$$\left(\frac{\partial \ln K}{\partial p}\right)_T = -\frac{1}{RT}\sum \nu_i \left(\frac{\partial g_i}{\partial p}\right)_T$$

$$= -\frac{1}{RT}\sum \nu_i \frac{RT}{p} = -\frac{\sum \nu_i}{p} \tag{7.4.23}$$

$$\left(\frac{\partial \ln K}{\partial p}\right)_T = \frac{\partial}{\partial p}\ln p^{-\sum \nu_i}$$

积分可得:$K = Cp^{-\sum \nu_i}$,$C = C(T)$,C 为积分常数. 与式(7.4.22)比较可得 $K_p = C$,与压强无关. 下面再对 $\ln K$ 求对 T 的偏微商

$$\left(\frac{\partial \ln K}{\partial T}\right)_p = \frac{\partial}{\partial T}\left(-\frac{1}{RT}\sum \nu_i g_i\right) = \frac{1}{RT^2}\sum \nu_i g_i - \frac{1}{RT}\sum \nu_i \left(\frac{\partial g_i}{\partial T}\right)_p$$

$$= \frac{1}{RT^2}\sum \nu_i g_i + \frac{1}{RT^2}\sum \nu_i (Ts_i)$$

$$= \frac{1}{RT^2}\sum \nu_i h_i$$

$$= \frac{\Delta H}{RT^2} \tag{7.4.24}$$

其中

$$\Delta H = \sum \nu_i h_i \tag{7.4.25}$$

ΔH 称反应热. 式(7.4.24)称 van't Hoff 反应等压式,用于等温等压反应. 还可得

$$\left(\frac{\partial \ln K_p}{\partial T}\right)_p = \frac{\Delta H}{RT^2} \tag{7.4.26}$$

下面举一例说明其应用. 有化学反应:$N_2 + 3H_2 \longrightarrow 2NH_3$,写成:$2NH_3 - N_2 - 3H_2 = 0$,故 $\sum \nu_i = -2$,根据式(7.4.23),$\left(\frac{\partial \ln K}{\partial p}\right)_T = -\frac{\sum \nu_i}{p} > 0$,又因 $\prod_i x_i^{\nu_i} = \frac{x_{NH_3}^2}{x_{N_2} \cdot x_{H_2}^3} = K$,这表明要增加 NH_3 的生成速度,必须提高 K 值,即要提高反应压力.

下面再给出质量作用定律的另一表达式. 如果令 $c_i = \frac{n_i}{V}$ 为单位体积中的物质的量,因为

$$p_i = n_i \frac{RT}{V} = c_i RT \tag{7.4.27}$$

把它代入式(7.4.27):

$$\prod_i c_i^{\nu_i} = \prod_i \left(\frac{n_i}{V}\right)^{\nu_i} = K_c \tag{7.4.28}$$

$$K_c = (RT)^{-\sum \nu_i} \cdot K_p \tag{7.4.29}$$

此乃质量作用定律的又一表达式,K_c 称为定容平衡恒量. 可证明

$$\frac{\partial}{\partial T} \ln K_c = \frac{\Delta U}{RT^2} \tag{7.4.30}$$

它用于等温等容的化学反应.

第 8 章　非平衡热力学(输运现象)
非平衡态相变

8.1　输运现象的经验规律

我们前面处理的热力学体系均处于热力学平衡态,所经历的过程均是可逆过程(即准静态过程),对不可逆过程仅涉及用热力学函数来判断过程进行的方向. 我们也计算了一些特殊情况下的不可逆过程的熵变,但并未涉及不可逆过程的核心问题,即过程进行的速率. 本章主要介绍近平衡的物理现象(输运现象). 所谓近平衡是指离平衡态不远,"力"和"流"成线性关系,如由于温度梯度(称"力")引起的热流(称"流")之间的关系是线性的,即温度梯度比较小的情况. 当温度梯度比较大时,称远平衡,"力"和"流"成非线性关系. 本章对远平衡的现象(非平衡态相变)仅做简单介绍.

下面先介绍近平衡时的几个经验规律. 当在物体中存在温度梯度时,就会产生一个热流(能量的输运). 如一根金属棒,长度为 l,两端温度分别为 T_1 和 T_2,$T_2 > T_1$(图 8.1),则单位时间内通过截面积为 A 的热量为

$$\dot{Q} = \kappa A \frac{T_2 - T_1}{l} \tag{8.1.1}$$

用 $\boldsymbol{J}_q = \dfrac{\dot{Q}}{A}$ 代表单位时间内流过单位面积的热量,称热流密度,则式(8.1.1)可写成矢量形式

$$\boldsymbol{J}_q = -\kappa(T)\, \nabla T \tag{8.1.2}$$

在一维情况下可写成

$$J_{qx} = -\kappa(T) \frac{\mathrm{d}T}{\mathrm{d}x} \tag{8.1.3}$$

上两式称傅里叶定律,κ 为热导率.

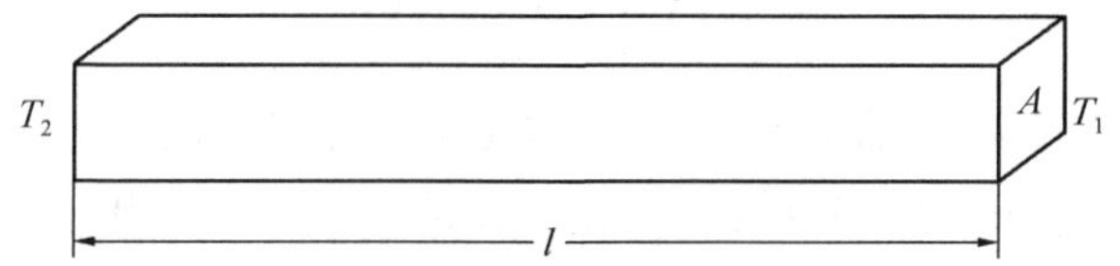

图 8.1　热传导

若在导体两端有一个电势梯度$\nabla\varphi$，则在导体中产生一个电流(电量的输运)，电流密度为

$$\boldsymbol{J}_e = \sigma \boldsymbol{E} = -\sigma \nabla \varphi \tag{8.1.4}$$

此即欧姆定律，σ为电导率.

如果在一个流体中，流体的速度在x方向，并在z方向存在一个速度梯度$\frac{\mathrm{d}v_x}{\mathrm{d}z}$，则两层流体间有相互作用，上层流体对下层流体施加的力，大小由牛顿定律给出(图8.2)：

$$f = \eta \frac{\mathrm{d}v_x}{\mathrm{d}z} \Delta S \tag{8.1.5}$$

其中，η为黏滞系数，ΔS为作用的面积. 流体的黏滞运动是动量的传输，因此式(8.1.5)可写成

$$P_{zx} = \frac{\Delta K}{\Delta S \Delta t} = \frac{f \cdot \Delta t}{\Delta S \Delta t} = \eta \frac{\mathrm{d}v_x}{\mathrm{d}z} \tag{8.1.6}$$

其中，P_{zx}表示动量流密度，即单位时间内在单位面积上传输的动量，动量的方向在x方向，动量传输的方向在z方向.

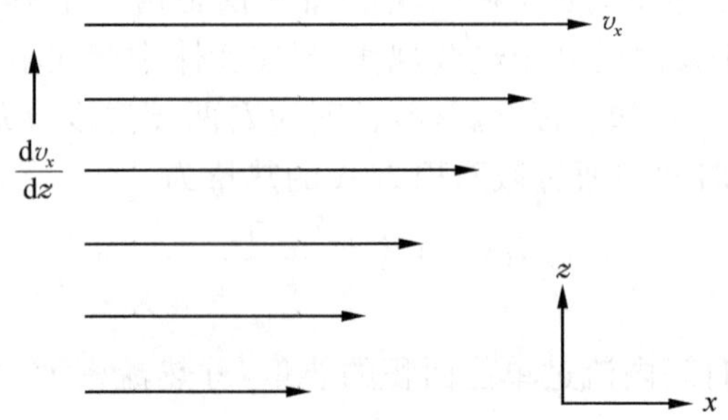

图 8.2 黏滞流速度分布

若在混合物中存在浓度n的梯度，将引起物质流，此现象称扩散现象(物质的输运)，遵守菲克(Fick)定律：

$$\mathrm{d}M = -D\left(\frac{\mathrm{d}n}{\mathrm{d}z}\right)_{z_0} \mathrm{d}S\mathrm{d}t$$

$$\boldsymbol{J}_n = \frac{\mathrm{d}M}{\mathrm{d}S\mathrm{d}t} = -D\nabla n \tag{8.1.7}$$

其中，$\boldsymbol{J}_n$为粒子流密度(混合物中某组元物质在单位时间内流过单位面积的粒子数)，∇n为浓度梯度，D为扩散系数. 在化学反应中，化学势梯度也产生物质流.

非平衡态热力学，也称不可逆过程热力学，是把以上的经验规律提高到热力学的高度，找出一般规律.

8.2 基本假设

为了讨论近平衡时的非平衡态现象,我们还要以平衡态热力学为基础,再引进局部平衡假设,即每一个小块宏观小、微观大的区域,仍可近似看成处于热力学平衡态,对此小区域仍可用热力学参量来描述,并可定义热力学函数.

在此局部平衡假设下,对每一小区域,吉布斯方程仍然成立,即

$$TdS = dU + pdV - \sum_i \mu_i dN_i$$

但整个体系是非平衡态.所以对此体系用上了两个矛盾的概念,整个体系是非平衡态,而小区域又是平衡态,这只有在小区域与周围的能量和物质交换均是很小的情况下才成立,即变化过程要很缓慢,仍可看成是准静态过程.在整个体系中,温度T、压强p、N_i、μ_i及热力学函数均是x、y、z、t的函数,如整个体系的熵可写成(注意熵的可加性)

$$S = \int s(x,y,z,t)\mathrm{d}x\mathrm{d}y\mathrm{d}z$$

当整个体系处于非平衡态下,必然出现温度梯度、速度梯度、电势梯度、浓度梯度等,相应在体系中会产生热流、动量流、电流、物质流等,因此在非平衡态热力学中要引进两个新的概念,即力X和流J,X是指上面的温度梯度、速度梯度、电势梯度、浓度梯度等,J指热流、动量流、电流、物质流等.这样做和力学吻合,但比力学上的概念要广泛得多.所以不可逆过程必与力和流联系.

在近平衡情况下,力和流是线性的.假如有一组力X_i,引起的流为

$$J_j = \sum_{i=1}^{k} L_{ji} X_i \tag{8.2.1}$$

用一个例子加以说明,如果$k=2$,上式可写成

$$J_1 = L_{11}X_1 + L_{12}X_2$$
$$J_2 = L_{21}X_1 + L_{22}X_2$$

如果两个力为:$X_1=\nabla T$(温度梯度),$X_2=\nabla n$(浓度梯度),则上式写为

$$J_1 = L_{11}\nabla T + L_{12}\nabla n, \quad J_1 \text{ 为热流} \tag{8.2.2}$$

$$J_2 = L_{21}\nabla T + L_{22}\nabla n, \quad J_2 \text{ 为物质流} \tag{8.2.3}$$

每一项的物理意义为:

$L_{11}\nabla T$——由于温度梯度产生的热流(傅里叶定律);

$L_{12}\nabla n$——由于浓度梯度产生的物质流,物质流携带内能从而引起热流;

$L_{21}\nabla T$——由于温度梯度引起的热扩散,从而引起的物质流;

$L_{22}\nabla n$——由于浓度梯度产生的物质流(菲克定律).

浓度梯度引起的扩散,会在体系中产生温度差.此效应称 Dufour 效应(1872

年发现). 热扩散现象,又叫 Soret 效应(1893 年发现). 这样从热力学角度推广了一些定律.

在 J_1 和 J_2 的系数之间存在一个关系,称昂萨格(Onsager)倒易关系,即

$$L_{21} = L_{12}$$

写成一般形式

$$L_{ij} = L_{ji} \tag{8.2.4}$$

在有磁场情况下为

$$L_{ij}(\boldsymbol{B}) = L_{ji}(-\boldsymbol{B}) \tag{8.2.5}$$

Onsager 关系要在统计物理中才能证明,而且必须选择适当的力和流才满足此关系. 例如,温度梯度可以写成∇T 或$\nabla\left(\frac{1}{T}\right)$,而上面我们写出的两个方程(8.2.2)和(8.2.3)中的力和流的形式,它们的系数不满足 Onsager 关系. 正确的力和流的形式,要从计算熵产生率而得到,即由熵密度产生率的表达式

$$\frac{\mathrm{d}_i S}{\mathrm{d}t} = \sum_{j=1}^{k} J_i X_i \tag{8.2.6}$$

定义与流 J_i 对应的力 X_i,在这样得到的 J 和 X 之间,线性关系的系数才满足 Onsager 关系. 下面我们计算熵产生率.

8.3 熵密度产生率$\frac{\mathrm{d}_i S}{\mathrm{d}t}$和昂萨格关系

1. 热传导

先计算由于存在温度梯度∇T,在物体中产生热流的情况. 先讨论简单的情况,如果有两个小块物体Ⅰ和Ⅱ,中间由导热板隔开,整个体系是封闭体系,即只能与外界交换能量,而不能交换物质. 每一小块可看成是处于平衡态,两小块中的多数参量均相同,仅是温度不同,它们的温度分别为 T^{I} 和 T^{II},令 $T^{\mathrm{I}} < T^{\mathrm{II}}$(图 8.3).

整个体系的熵为

$$S = S^{\mathrm{I}} + S^{\mathrm{II}}$$

每一小块的 $T\mathrm{d}S$ 方程为

$$T^{\mathrm{I}}\,\mathrm{d}S^{\mathrm{I}} = \mathrm{d}U^{\mathrm{I}} + p\mathrm{d}V - \mu\mathrm{d}N$$

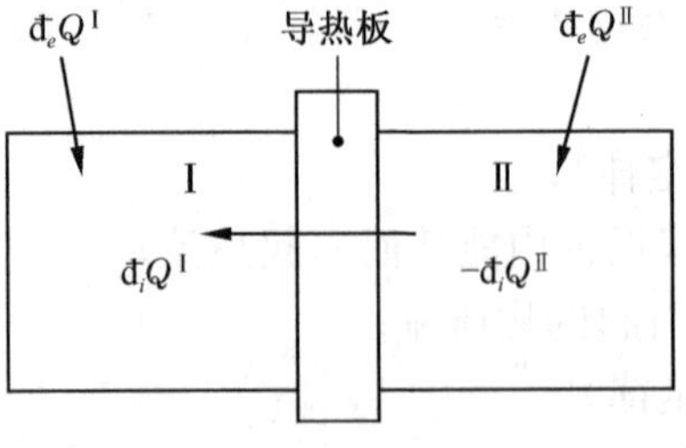

图 8.3 两物体之间的热传导

由于体积和粒子数不变,故

$$T^{\mathrm{I}}\,\mathrm{d}S^{\mathrm{I}} = \mathrm{d}U^{\mathrm{I}} = đ_eQ^{\mathrm{I}} + đ_iQ^{\mathrm{I}}$$

$$T^{\mathrm{II}}\,\mathrm{d}S^{\mathrm{II}} = \mathrm{d}U^{\mathrm{II}} = đ_eQ^{\mathrm{II}} + đ_iQ^{\mathrm{II}}$$

其中,$đ_eQ^{\mathrm{I}}$ 和 $đ_eQ^{\mathrm{II}}$ 分别为从外界流入小块Ⅰ和小块Ⅱ的热量,而 $đ_iQ^{\mathrm{I}}$ 是由于存在温度梯度从小块Ⅱ传入Ⅰ的热量,$đ_iQ^{\mathrm{II}}$ 是从小块Ⅰ传入Ⅱ的热量,且 $đ_iQ^{\mathrm{I}} = -đ_iQ^{\mathrm{II}}$,即Ⅰ吸收的热量等

于Ⅱ放出的热量. 所以

$$dS = dS^{\mathrm{I}} + dS^{\mathrm{II}} = \frac{1}{T^{\mathrm{I}}}đ_eQ^{\mathrm{I}} + \frac{1}{T^{\mathrm{II}}}đ_eQ^{\mathrm{II}} + \frac{1}{T^{\mathrm{I}}}đ_iQ^{\mathrm{I}} + \frac{1}{T^{\mathrm{II}}}đ_iQ^{\mathrm{II}}$$

其中,等号后面的前两项为熵流,后两项为熵产生. 可得熵产生率为

$$\frac{d_iS}{dt} = \left(\frac{1}{T^{\mathrm{I}}} - \frac{1}{T^{\mathrm{II}}}\right)đ_iQ^{\mathrm{I}}/dt \tag{8.3.1}$$

其中,$\Delta\left(\frac{1}{T}\right)=\left(\frac{1}{T^{\mathrm{I}}}-\frac{1}{T^{\mathrm{II}}}\right)$为力,而 $đ_iQ^{\mathrm{I}}/dt$ 为流. 从这里可看到,产生热流的力不是以∇T 的形式出现,而是$\nabla\left(\frac{1}{T}\right)$.

以上是以简单化的形式导出的,下面我们把它推广到热力学量连续变化的情况. 考虑一根棒的两端分别与两个热源接触,温度分别为 T_1 和 T_2($T_2>T_1$),则在棒中就有热流通过. 为计算熵产生,必须把棒分成微观大、宏观小的小块. 我们引进体积元 $d^3r=dxdydz$,其中心在(x,y,z). 令 u 为内能密度(单位质量物质的内能),ρ 为物质的密度,则体积元 d^3r 中的内能为 $\rho u d^3r$. 因热传导过程中,体积和粒子数不变,故体积元中的内能变化仅是热量的流入或流进,热量流进体积元,则内能增加,反之内能减少. 所以单位体积中内能的减少为

$$-\frac{\partial(\rho u)}{\partial t} = \mathrm{div}\boldsymbol{J}_q$$

整个体积内能的变化为以下积分:

$$-\frac{\partial}{\partial t}\iiint_V(\rho u)dxdydz = \iiint_V \mathrm{div}\boldsymbol{J}_q dxdydz = \oiint_A d\boldsymbol{A}\cdot\boldsymbol{J}_q \tag{8.3.2}$$

$\boldsymbol{J}_q$ 为热流密度,$\boldsymbol{J}_q\cdot d\boldsymbol{A}$ 为在单位时间内从面积元 $d\boldsymbol{A}$ 中流出的热量.

定义 $s(x,y,z,t)$为单位质量的熵,称熵密度,则体积元中的熵为

$$\rho\cdot s(x,y,z,t)\cdot dxdydz$$

把 $Tds=du$ 代入,从方程(8.3.2)可得

$$-\rho\frac{\partial s}{\partial t} = \frac{1}{T}\mathrm{div}\boldsymbol{J}_q = \nabla\cdot\frac{\boldsymbol{J}_q}{T} - \boldsymbol{J}_q\cdot\nabla\left(\frac{1}{T}\right)$$

整个体积为

$$\frac{\partial}{\partial t}\iiint_V(\rho s)dxdydz = -\oiint_A d\boldsymbol{A}\cdot\frac{\boldsymbol{J}_q}{T} + \iiint_V \boldsymbol{J}_q\cdot\nabla\left(\frac{1}{T}\right)dxdydz \tag{8.3.3}$$

其中,右边第一项为熵流,第二项为熵产生率,所以熵密度产生率是

$$\frac{d_is}{dt} = \boldsymbol{J}_q\cdot\nabla\left(\frac{1}{T}\right) \tag{8.3.4}$$

2. 扩散

考虑两个相等体积的容器Ⅰ和Ⅱ,中间有一带小孔的隔板,它们的温度一样,但两边物质的物质的量不一样,均有 k 个组元. 若体积不变,则有

$$TdS = dU^{\mathrm{I}} + dU^{\mathrm{II}} - \sum_i (\mu_i^{\mathrm{I}} dN_i^{\mathrm{I}} + \mu_i^{\mathrm{II}} dN_i^{\mathrm{II}})$$

$$dS = \frac{1}{T}đQ - \frac{1}{T}\sum_i (\mu_i^{\mathrm{I}} - \mu_i^{\mathrm{II}}) dN_i^{\mathrm{I}}$$

其中,$đQ = dU = dU^{\mathrm{I}} + dU^{\mathrm{II}}$,$dN_i^{\mathrm{I}} = -dN_i^{\mathrm{II}}$. 其中第一项为熵流,第二项为熵产生,所以熵产生率为

$$\frac{d_i S}{dt} = -\sum_i \left(\frac{\mu_i^{\mathrm{I}}}{T} - \frac{\mu_i^{\mathrm{II}}}{T}\right)\frac{dN_i^{\mathrm{I}}}{dt} = \sum_i \left[-\Delta\left(\frac{\mu_i}{T}\right)\right]\cdot\frac{dN_i^{\mathrm{I}}}{dt}$$

因为$\frac{d_i S}{dt} > 0$,从上式可见,若$-\Delta\left(\frac{\mu_i}{T}\right) = \frac{\mu_i^{\mathrm{II}}}{T} - \frac{\mu_i^{\mathrm{I}}}{T} > 0$,即容器Ⅱ中的化学势高于容器Ⅰ中的化学势,则$\frac{dN_i^{\mathrm{I}}}{dt} > 0$,容器Ⅰ中的粒子数增加,即物质流总是从化学势高的地方流向化学势低的地方,这和导体中的电势一样. 推广到连续的情况,熵密度产生率可写成

$$\frac{d_i s}{dt} = \boldsymbol{J}_{\mathrm{ni}} \cdot \left(-\frac{\boldsymbol{\nabla}\mu}{T}\right) \tag{8.3.5}$$

这里 $\boldsymbol{J}_{\mathrm{ni}}$为物质流,$\left(-\frac{\boldsymbol{\nabla}\mu_i}{T}\right)$为力.

3. *有电势情况下的扩散*

下面考虑带电粒子的扩散,情况和上面类同,但现在的粒子是带电的. 这样除了有化学势差,还有电势差,即 $\varphi^{\mathrm{I}} \neq \varphi^{\mathrm{II}} \neq 0$. 如果令每摩尔第 i 个组元的带电量为 q_i,则有

$$dS = \frac{1}{T}đQ - \frac{1}{T}\sum_i (\mu_i^{\mathrm{I}} - \mu_i^{\mathrm{II}}) dN_i^{\mathrm{I}} - \frac{1}{T}\sum_i (q_i\varphi^{\mathrm{I}} - q_i\varphi^{\mathrm{II}}) dN_i^{\mathrm{I}}$$

其中,最后一项是由于有了电场以后,内能上要加上一项 $q_i\varphi^{\alpha} dN_i$($\alpha=$Ⅰ,Ⅱ),在交换粒子时,这部分能量也要迁移过去. 令 $\tilde{\mu}_i = \mu_i + q_i\varphi$,称电化学势,它的作用类似化学势,上式可写成

$$dS = \frac{1}{T}đQ - \frac{1}{T}\sum_i (\tilde{\mu}_i^{\mathrm{I}} - \tilde{\mu}_i^{\mathrm{II}}) dN_i^{\mathrm{I}}$$

熵产生率为

$$\frac{d_i S}{dt} = -\sum_i \left(\frac{\tilde{\mu}_i^{\mathrm{I}}}{T} - \frac{\tilde{\mu}_i^{\mathrm{II}}}{T}\right)\frac{dN_i^{\mathrm{I}}}{dt} = \sum_i \left[-\Delta\left(\frac{\tilde{\mu}_i}{T}\right)\right]\cdot\frac{dN_i^{\mathrm{I}}}{dt} \tag{8.3.6}$$

式(8.3.6)实际上是用电化学势代替了化学势,带电粒子流也总是从电化学势高的地方流向电化学势低的地方. 假如两边化学势相等,则有外电场存在时,粒子从电势高的地方向电势低的地方流,而且只要电势足够高,粒子可从一方全部流向另一方.

4. 同时存在温度梯度和电势梯度的情况

金属中有正离子和导电电子，假定正离子不动，则导电和导热均由自由电子承担. 金属中的共有化电子群可看成自由电子气体. 现在，在导体上加一个电场(电势梯度)，并有温度梯度，讨论电子气体的输运现象.

定义 u、s、n 为单位体积的内能、熵、物质的量，则在体积元 d^3r 中的上述量分别为 $u\mathrm{d}^3r$、$s\mathrm{d}^3r$、$n\mathrm{d}^3r$.

由能量守恒定律，可得单位体积的内能变化为

$$\mathrm{d}u = \mathrm{d}u_1 + \mathrm{d}u_2$$

其中，$\mathrm{d}u_1$ 为由热流引起的内能变化. 由前面导出的公式可得

$$\frac{\partial u_1}{\partial t} = -\operatorname{div}\boldsymbol{J}_q$$

$\mathrm{d}u_2$ 是由于粒子流流过体积元而引起的内能变化，粒子的化学势为 μ，即每个粒子携带的能量，粒子带电荷 e，导体电位为 φ 时，其能量为 $e\varphi$，故总能量为 $\tilde{\mu}=\mu+e\varphi$，带电粒子流流过体积元而引起的内能变化为

$$\frac{\partial u_2}{\partial t} = -\operatorname{div}\tilde{\mu}\boldsymbol{J}_n = -\tilde{\mu}\operatorname{div}\boldsymbol{J}_n - \boldsymbol{J}_n\operatorname{grad}\tilde{\mu}$$

其中，$\boldsymbol{J}_n$ 代表粒子流密度矢量. 上式用了矢量公式：$\operatorname{div}(f\boldsymbol{A})=f\operatorname{div}\boldsymbol{A}+\boldsymbol{A}\cdot\operatorname{grad}f$.

因此在单位时间内单位体积的内能变化为

$$\frac{\partial u}{\partial t} = -\operatorname{div}\boldsymbol{J}_q - \tilde{\mu}\operatorname{div}\boldsymbol{J}_n - \boldsymbol{J}_n\operatorname{grad}\tilde{\mu}$$

由吉布斯方程

$$T\mathrm{d}s = \mathrm{d}u - \tilde{\mu}\mathrm{d}n$$

可得

$$\frac{\partial s}{\partial t} = \frac{1}{T}\frac{\partial u}{\partial t} - \frac{\tilde{\mu}}{T}\frac{\partial n}{\partial t}$$

又粒子数守恒定律：$\frac{\partial n}{\partial t}+\operatorname{div}\boldsymbol{J}_n=0$. 这样

$$\begin{aligned}\frac{\partial s}{\partial t} &= -\frac{1}{T}\operatorname{div}\boldsymbol{J}_q - \frac{1}{T}\boldsymbol{J}_n\cdot\operatorname{grad}\tilde{\mu}\\ &= -\operatorname{div}\left(\frac{1}{T}\cdot\boldsymbol{J}_q\right) + \boldsymbol{J}_q\cdot\operatorname{grad}\left(\frac{1}{T}\right) - \frac{1}{T}\boldsymbol{J}_n\cdot\operatorname{grad}\tilde{\mu}\end{aligned}$$

上面后一式用了散度公式. 其中第一项为熵流，第二项为温度梯度引起热流而致的熵产生，第三项是电化学势梯度引起的熵产生. 故熵密度产生率为

$$\frac{\mathrm{d}_i s}{\mathrm{d}t} = \boldsymbol{J}_q\cdot\operatorname{grad}\left(\frac{1}{T}\right) - \frac{1}{T}\boldsymbol{J}_n\cdot\operatorname{grad}\tilde{\mu} \tag{8.3.7}$$

力$\left(\operatorname{grad}\left(\frac{1}{T}\right), -\frac{1}{T}\operatorname{grad}\tilde{\mu}\right)$和流$(\boldsymbol{J}_q,\boldsymbol{J}_n)$有以下关系：

$$\boldsymbol{J}_q = L_{11}\,\boldsymbol{\nabla}\left(\frac{1}{T}\right) - L_{12}\,\frac{1}{T}\,\boldsymbol{\nabla}\tilde{\mu} \tag{8.3.8}$$

$$\boldsymbol{J}_n = L_{21}\,\boldsymbol{\nabla}\left(\frac{1}{T}\right) - L_{22}\,\frac{1}{T}\,\boldsymbol{\nabla}\tilde{\mu} \tag{8.3.9}$$

或

$$\boldsymbol{J}_e = e\cdot\boldsymbol{J}_n = L_{21}\cdot e\boldsymbol{\nabla}\left(\frac{1}{T}\right) - L_{22}\,\frac{e}{T}(e\boldsymbol{\nabla}\varphi + \boldsymbol{\nabla}\mu) \tag{8.3.10}$$

统计物理可以导出上面力和流的两个关系式,并证明昂萨格关系($L_{12}=L_{21}$).

8.4 电动效应

与 8.3 节 3 中的情况一样,有两个容器Ⅰ和Ⅱ,中间有一带小孔的隔板,两个容器的温度相同,但压强不等,电势不等,并设带电粒子为单组元,这样两个容器的条件为

$$T^{\mathrm{I}} = T^{\mathrm{II}},\quad p^{\mathrm{I}} \neq p^{\mathrm{II}},\quad \varphi^{\mathrm{I}} \neq \varphi^{\mathrm{II}}$$

由于化学势 $\mu^\alpha=\mu^\alpha(T,p^\alpha,n^\alpha)$,$\alpha=$Ⅰ,Ⅱ. 其中 $n^\alpha=\dfrac{1}{v^\alpha}$,而 $v^\alpha=\dfrac{V^\alpha}{N^\alpha}$,$N^\alpha$ 为物质的量,v^α 为比体积,n^α 为粒子密度. 由于两个容器的压强不相等,而化学势又是压强的函数,所以实际上就是两个容器中的粒子的化学势不等,故有:$\mu^{\mathrm{I}}\neq\mu^{\mathrm{II}}$,另有电势差,所以此情况与 8.3 节 3 中的情况相同,可得熵产生率为

$$\frac{\mathrm{d}_i S}{\mathrm{d}t} = -\left(\frac{\mu^{\mathrm{I}}+q\varphi^{\mathrm{I}}}{T} - \frac{\mu^{\mathrm{II}}+q\varphi^{\mathrm{II}}}{T}\right)\cdot\frac{\mathrm{d}N_i^{\mathrm{I}}}{\mathrm{d}t} = -\frac{\Delta\mu}{T}\cdot\frac{\mathrm{d}N_i^{\mathrm{I}}}{\mathrm{d}t} - \frac{q\Delta\varphi}{T}\cdot\frac{\mathrm{d}N_i^{\mathrm{I}}}{\mathrm{d}t}$$

由于偏离平衡态不远,所以化学势差可写成$\left(\left(\dfrac{\partial\mu}{\partial p}\right)_{T,n}=v\right)$

$$\Delta\mu = v\Delta p,\quad \text{而 } \Delta p = p^{\mathrm{I}} - p^{\mathrm{II}}$$

熵产生率可写成另一种形式

$$\frac{\mathrm{d}_i S}{\mathrm{d}t} = -\frac{\Delta p}{T}\cdot v\,\frac{\mathrm{d}N_i^{\mathrm{I}}}{\mathrm{d}t} - \frac{\Delta\varphi}{T}\cdot q\,\frac{\mathrm{d}N_i^{\mathrm{I}}}{\mathrm{d}t} \tag{8.4.1}$$

$-q\,\dfrac{\mathrm{d}N_i^{\mathrm{I}}}{\mathrm{d}t}=J_e$ 为电流,$-v\,\dfrac{\mathrm{d}N_i^{\mathrm{I}}}{\mathrm{d}t}=J_m$ 为物质流,这样我们可以写出下列两个方程:

$$J_e = L_{11}\,\frac{\Delta\varphi}{T} + L_{12}\,\frac{\Delta p}{T} \tag{8.4.2}$$

$$J_m = L_{21}\,\frac{\Delta\varphi}{T} + L_{22}\,\frac{\Delta p}{T} \tag{8.4.3}$$

只有像上面那样写出的流与力的两个方程的系数之间才有昂萨格关系

$$L_{12} = L_{21} \tag{8.4.4}$$

以上谓电动效应,有 4 个不可逆过程:

(1) 流致电势

$$\left(\frac{\Delta\varphi}{\Delta p}\right)_{J_e=0}=-\frac{L_{12}}{L_{11}} \tag{8.4.5}$$

此时 $J_e=0$,但 $\Delta\varphi\neq 0$,是由于压力差产生的物质流而引起的电位差.

(2) 电渗效应

$$\left(\frac{J_m}{J_e}\right)_{\Delta p=0}=\frac{L_{21}}{L_{11}} \tag{8.4.6}$$

此时压差为零,即 $\Delta p=0$,由于单位电流引起的物质流.

(3) 流致电流

$$\left(\frac{J_e}{J_m}\right)_{\Delta\varphi=0}=\frac{L_{12}}{L_{22}} \tag{8.4.7}$$

此时电势差为零,即 $\Delta\varphi=0$,但有电流,是由单位体积流引起的电流.

(4) 电渗压

$$\left(\frac{\Delta p}{\Delta\varphi}\right)_{J_m=0}=-\frac{L_{21}}{L_{22}} \tag{8.4.8}$$

此时物质流为零,即 $J_m=0$,压力差是由单位电势引起.

如果无昂萨格关系,则此四种效应是独立的,应用昂萨格关系,则 4 个不可逆过程只有两个是独立的了. 用式(8.4.4),可得

$$\left(\frac{\Delta\varphi}{\Delta p}\right)_{J_e=0}=-\left(\frac{J_m}{J_e}\right)_{\Delta p=0},\quad \left(\frac{\Delta p}{\Delta\varphi}\right)_{J_m=0}=-\left(\frac{J_e}{J_m}\right)_{\Delta\varphi=0} \tag{8.4.9}$$

这是不可逆过程热力学得到的典型结果.

8.5 热电效应

除了上面讨论过的热传导现象(遵守傅里叶定律)和焦耳热$\left(\frac{1}{\sigma}I^2\right)$外,还有三种热电效应. 下面先分别介绍实验定律,然后用不可逆过程热力学讨论三者之间的关系.

1. 泽贝克(Seebeck)效应

由两种不同的金属 A 和 B 连接成一个回路,如图 8.4 所示,两个接点分别处在不同的温度(与恒温块热接触,但电绝缘),中间接数字电压表,两个开路的接点必须保持在同一温度下,可测得电压 ΔV_{re},称温差电动势. 此效应称泽贝克效应.

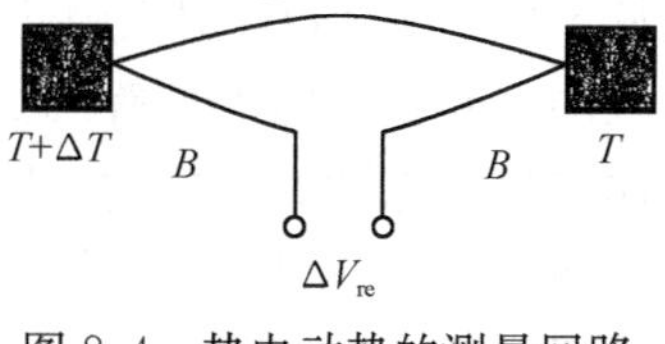

图 8.4 热电动势的测量回路

实验发现此热电动势与温差成正比,即

$$\Delta V_{re} = \varepsilon_{AB}\Delta T \tag{8.5.1}$$

$$\varepsilon_{AB} = \frac{\Delta V_{re}}{\Delta T},\quad \text{或写成微分形式 } \varepsilon_{AB} = \frac{\mathrm{d}V_{re}}{\mathrm{d}T} \tag{8.5.2}$$

其中,ε_{AB}为两种金属A和B的泽贝克系数,通常也称热电势.两种金属的热电势可写成

$$\varepsilon_{AB} = \varepsilon_A - \varepsilon_B$$

ε_A、ε_B是金属的绝对热电势.如果B金属用超导体,超导体的绝对热电势为零,就可得到金属A的绝对热电势ε_A(单位:$V\cdot K^{-1}$).实验上用纯铅作为参考体.在低温温区是用纯铅和超导体做成热电偶,测出纯铅的绝对热电势.如用Nb_3Sn(T_c=18K)超导体作另一臂,测得纯铅的绝对热电势$-0.20\mu V/K$($T=7.25K$)~$-0.78\mu V/K$(T=17.5K).高温的纯铅的绝对热电势由直接测量汤姆孙系数得到(见下面的叙述).这样就可用纯铅的绝对热电势作为参考标准,测出其他材料的绝对热电势.绝对热电势是温度的函数,且与材料的具体性质有关,故热电势的测量是研究材料物理性质的重要手段,实验上待测金属(或半导体)作为A臂,B臂用铜线(由于纯铅做成的线太软,不宜作为热电偶测量用的另一臂).但所用的铜线要与纯铅做成热电偶,先得到铜线的绝对热电势与温度的关系.从简单的理论上考虑,金属或半导体中,若电子是载流子,则绝对热电势为负;若载流子为空穴,则绝对热电势为正.但实际的测量表明,绝对热电势的正负依赖多种因素.随着温度的变化,一种材料的绝对热电势可能会从负变正,或反之.

2. 佩尔捷(Peltier)效应

如图8.5所示,两个不同的导体连接在一起.整个导体温度均匀,电流从A流至B,则在接头处会吸热(或放热).此现象称佩尔捷效应,热量称佩尔捷热.此热量与通过之电荷量q成正比,即

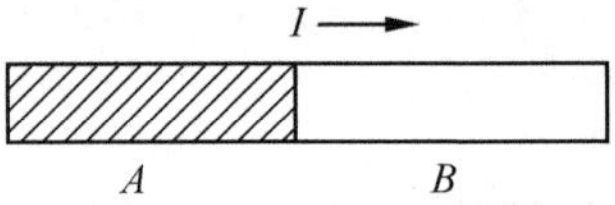

图8.5 佩尔捷效应

$$Q = \pi_{AB}q$$

或用电流I表示

$$\frac{\mathrm{d}Q}{\mathrm{d}t} = \pi_{AB}I \tag{8.5.3}$$

按单位截面积的导体,则写成

$$\boldsymbol{J}_{q\pi} = \pi_{AB}\boldsymbol{J} \tag{8.5.4}$$

π_{AB}称两个导体的佩尔捷系数,它是温度的函数,且与接点的材料有关.约定当电流从金属A流到B,引起吸热,则π_{AB}为正.此现象是可逆的,当电流反向时,就放热,且两个热量数值上相等.此放热或吸热效应是可以测量的,但在实验上要把两个导体连接成像图8.4中的回路,电压表换成电流源.测量中要扣除焦耳热,而且在测量热量时,两个接点处并不是大热库,而是当作一个量热计,所以还要对热传导作修正.

3. 汤姆孙(Thomson)效应

这是对单个金属而言的.如果导体中有电流通过而无温度梯度,则仅有焦耳热,但当导体存在温度差,电流通过此均匀导体时,除了焦耳热外,导体还要从外界吸热(或向外界放热).此额外的热量称汤姆孙热,此效应称汤姆孙效应(图 8.6(a)).它的大小为

$$Q=\tau_t q_e \mathrm{d}T$$

其中,q_e 为流过导体的电荷.如用电流表示

$$\frac{\mathrm{d}Q}{\mathrm{d}t}=\tau_t I \mathrm{d}T \tag{8.5.5}$$

单位体积的热流量写成

$$\dot{q}=\tau_t J_x \frac{\mathrm{d}T}{\mathrm{d}x} \tag{8.5.6}$$

τ_t 称汤姆孙系数,它是温度的函数 $\tau_t(T)$,且与具体材料有关.如果电流方向与温度梯度方向相同时吸热,则 τ_t 为正.此效应是可逆的,当电流反向时,导体放热,τ_t 为负值.τ_t 可从实验上测量,如在 0℃时,一些金属的值为(单位:$\mu\mathrm{V}\cdot\mathrm{K}^{-1}$):Li(+23.2)、Na(−5.1)、Cu(+1.3)、Ag(+1.2)、Fe(−5.4)、Pt(−12.0).

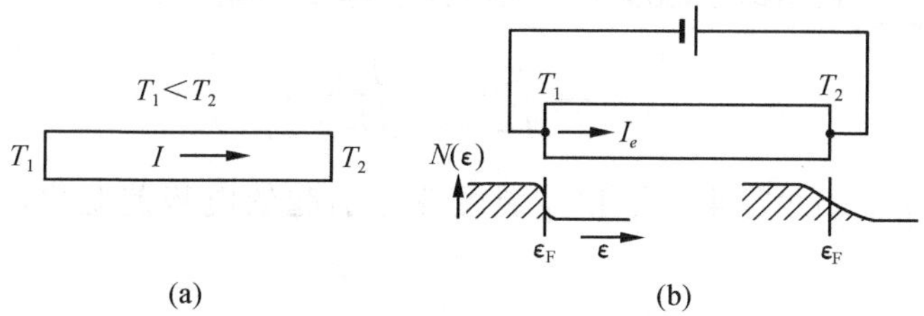

图 8.6 汤姆孙效应

汤姆孙效应可从图 8.6(b)来理解.导体的左边温度低,右边的温度高($T_1<T_2$),电子从左边向右边流动.电子服从费米分布(见本书下册统计物理内容),低温端的电子的费米分布不同于高温端的电子的费米分布,这表示在图 8.6(b)中的下面.即低温端电子的平均能量比高温端电子的平均能量低,当电子从低温向高温输运时,必须给电子额外的能量,此能量来自声子(晶格振动),最终取自外界,此为汤姆孙热.我们可以从单位体积的电子比热容 c_e 来简单计算此额外的能量,如果每单位体积有 n 个电子,则每个电子的平均比热容为 c_e/n,若 $T_2-T_1=1\mathrm{K}$,每单位电荷吸收的热量为:c_e/ne,得到 $\tau_t=c_e/ne$.

下面我们用不可逆过程热力学讨论热电现象,并给出三个热电系数之间的关系.我们可以从 8.3 中的 4 得到的两个方程(方程(8.3.8)和(8.3.9)或(8.3.10))来讨论,这里用 H. B. Callen 给出的简化的方式进行讨论.

如果在一个导体中同时存在温度差 ΔT 和电势差 ΔV_e，就分别有热流 I_q 和电流 I_e，熵产生率为($I_s=I_q/T$ 为熵流)

$$\frac{\mathrm{d}_i S}{\mathrm{d}t}=-I_q\frac{\Delta T}{T^2}-I_e\frac{\Delta V_e}{T}$$

这样可用上面的力和流写出两个相关的方程

$$I_q=-L_{11}\frac{\Delta T}{T^2}-L_{12}\frac{\Delta V_e}{T} \tag{8.5.7}$$

$$I_e=-L_{21}\frac{\Delta T}{T^2}-L_{22}\frac{\Delta V_e}{T} \tag{8.5.8}$$

其中，L_{11} 与热导率相关，L_{22} 与电导率相关，而 L_{12} 和 L_{21} 是电势差引起的熵流和温差引起的电流之交叉系数. 根据 Onsager 关系，$L_{12}=L_{21}$. 从上两式令 $\Delta T=0$，可得

$$\left(\frac{I_q}{I_e}\right)_{\Delta T=0}=\frac{L_{12}}{L_{22}} \tag{8.5.9}$$

而令 $I_e=0$，从上两式得

$$\left(\frac{\Delta V_e}{\Delta T}\right)_{I=0}=-\frac{1}{T}\frac{L_{21}}{L_{22}} \tag{8.5.10}$$

若令：$\varepsilon=\left(\frac{I_s}{I_e}\right)_{\Delta T=0}$ 表示给定温度下单位电流引起之熵流，则

$$\varepsilon=\frac{L_{12}}{TL_{22}}=\frac{L_{21}}{TL_{22}} \tag{8.5.11}$$

因而 $\varepsilon=\left(\frac{\Delta V_e}{\Delta T}\right)_{I=0}$ 表示零电流下单位温度变化引起的电势差变化，即此导体的泽贝克系数.

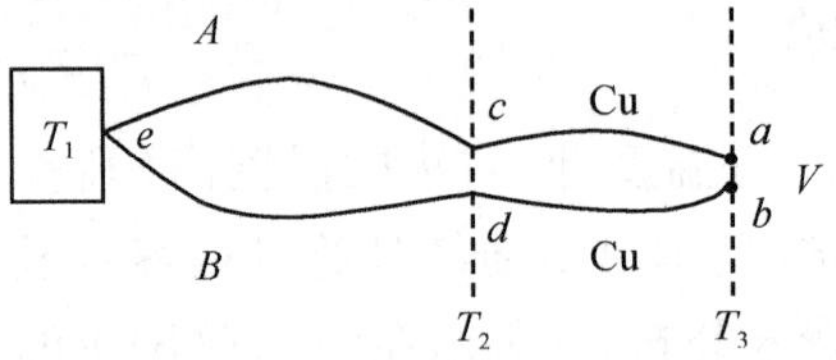

图 8.7 由 A、B 两个金属做成的热电偶

下面讨论如图 8.7 中热电偶的一个回路，热电偶的一端 e 放在待测温度 T_1，另一端分别与铜线连接于 c、d 两点，它们同处于温度 T_2(为参考点温度，一般为 0℃，低温下也放在 77K 或 4.2K)，铜线的另一端 a、b 处于室温. 如果金属 A、B 和 Cu 的绝对热电势分别为 ε_A、ε_B 和 ε_C，则此热电偶的电动势分段可写成

$$V_a-V_c=\int_{T_2}^{T_3}\varepsilon_C\mathrm{d}T,\quad V_c-V_e=\int_{T_1}^{T_2}\varepsilon_A\mathrm{d}T$$

$$V_e-V_d=\int_{T_2}^{T_1}\varepsilon_B\mathrm{d}T,\quad V_d-V_b=\int_{T_3}^{T_2}\varepsilon_C\mathrm{d}T$$

四个式子左边和右边分别相加，得

$$V_{AB}=V_a-V_b=\int_{T_1}^{T_2}(\varepsilon_A-\varepsilon_B)\mathrm{d}T \tag{8.5.12}$$

1）泽贝克效应与佩尔捷效应

现在考虑图 8.7 中的接点 e 部分，其放大图在图 8.8 中给出. T_1 保持恒定，有电流 I 通过接点时，就会在两金属接点处产生佩尔捷热. 此佩尔捷热可从接点的热流之平衡来求. 由于金属 A、B 中存在温差，接点 e 处从金属 A 流入的热流为 I_{qA}，从接点 e 流出的热流为 I_{qB}（此热不等于 I_{qA}），为了保持接点的温度为常数，必须有额外的热量流入，再加上接点处由于有电阻 R，故还有焦耳热 I^2R，所以从热流的平衡方程可得到接点处额外的热流为

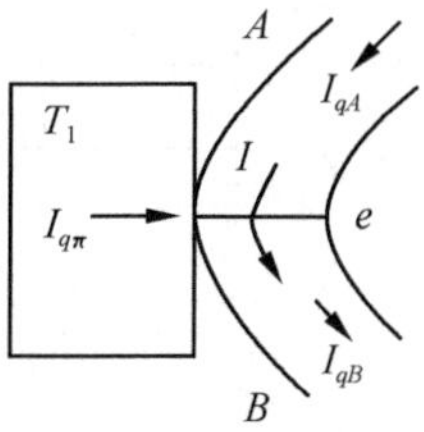

图 8.8　泽贝克效应与佩尔捷效应

$$I'_q=(I_{qA})_{\Delta T=0}+I^2R-(I_{qB})_{\Delta T=0} \tag{8.5.13}$$

根据定义佩尔捷热（要扣除焦耳热）为

$$I_{q\pi}=\pi_{AB}I=I'_q-I^2R=(I_{qA})_{\Delta T-0}-(I_{qB})_{\Delta T=0} \tag{8.5.14}$$

因为

$$\left(\frac{I_s}{I}\right)_{\Delta T=0}=\varepsilon,\quad 且\ I_s=\frac{I_q}{T}$$

所以

$$I_{qA}=IT\varepsilon_A,\quad I_{qB}=IT\varepsilon_B \tag{8.5.15}$$

故

$$I_{q\pi}=\pi_{AB}I=(I_{qA})_{\Delta T-0}-(I_{qB})_{\Delta T=0}=IT(\varepsilon_A-\varepsilon_B)$$

可得

$$\pi_{AB}=T(\varepsilon_A-\varepsilon_B) \tag{8.5.16}$$

此式把泽贝克效应与佩尔捷效应联系起来了，称开尔文第二关系式.

2）汤姆孙效应和泽贝克系数的关系

考虑图 8.7 中的一段 A 导体，画在图 8.9(a)中，热电偶仍是开路，所以导体中电流为零，但存在温差，有热流，温度从 T_1 到 T_2，导体中有一个温度分布. 中间的一小段处在温度 T，它的温差为 ΔT，就有一电势差 $\Delta V_A=\varepsilon_A\Delta T$，进、出这一小段的热流均为 I_q. 现在我们在导体 A 的两端（e 和 c）加上一个电压 $V_A=V_c-V_e=\int_{T_1}^{T_2}\varepsilon_A\mathrm{d}T$（图 8.9(b)），且连接的导线材料与导体 A 相同，这样在一小段 A 导体中将有一个电流 I，这就引起一个焦耳热 $I^2\Delta R$ 和汤姆孙热，小段导体与外界交换热量为

$$\Delta I_q=I^2\Delta R-I\sigma_A\Delta T=I\Delta V_A-I\sigma_A\Delta T \tag{8.5.17}$$

由于 $\Delta V_A=\varepsilon_A\Delta T$，且 $I_q=IT\varepsilon_A$，故 $\Delta I_q=I\varepsilon_A\Delta T+IT\Delta\varepsilon_A$，可得

$$\tau_A = -T\frac{d\varepsilon_A}{dT} \tag{8.5.18}$$

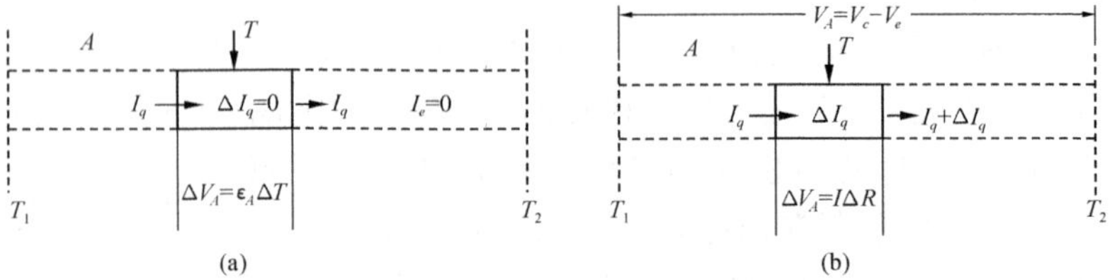

图 8.9 汤姆孙效应和泽贝克系数的关系

对导体 B,同理可得

$$\tau_B = -T\frac{d\varepsilon_B}{dT} \tag{8.5.19}$$

所以得到

$$\tau_A - \tau_B = -T\frac{d}{dT}(\varepsilon_A - \varepsilon_B) \tag{8.5.20}$$

这样把汤姆孙效应和泽贝克系数联系在一起了.

加上前面的式(8.5.16)和式(8.5.12):

$$\pi_{AB} = T(\varepsilon_A - \varepsilon_B)$$

$$\frac{dV_{AB}}{dT} = \varepsilon_A - \varepsilon_B \left(\text{或 } V_{AB} = \int_{T_1}^{T_2}(\varepsilon_A - \varepsilon_B)dT\right)$$

这样三个热电效应均可用两个导体的泽贝克系数 ε_A 和 ε_B 来表示.

若对式(8.5.16)对温度 T 微商,则

$$\begin{aligned}\frac{d\pi_{AB}}{dT} &= \frac{d}{dT}[T(\varepsilon_A - \varepsilon_B)] = \varepsilon_A - \varepsilon_B + T\frac{d}{dT}(\varepsilon_A - \varepsilon_B) \\ &= \varepsilon_A - \varepsilon_B - (\tau_A - \tau_B)\end{aligned}$$

或

$$\frac{d\pi_{AB}}{dT} + (\tau_A - \tau_B) = \varepsilon_A - \varepsilon_B$$

这就把三个热电效应的系数联系在一起,称开尔文第一关系式.

如果把 $\frac{dV_{AB}}{dT} = \varepsilon_A - \varepsilon_B$ 代入上两式,还可得到

$$\frac{\pi_{AB}}{T} = \frac{dV_{AB}}{dT} \tag{8.5.21}$$

$$\frac{\tau_A - \tau_B}{T} = -\frac{d^2V_{AB}}{dT^2} \tag{8.5.22}$$

上面两式也称开尔文第一、第二关系式.

8.6 非平衡态相变

前面我们讨论的是近平衡情况,即力和流是线性关系.如果温度梯度增大,远离平衡态,系统就会出现有序的结构.在近平衡情况不可能出现从无序到有序,但在远平衡情况下,体系可以从无序到有序.在自然界有很多这种现象,如生物由各个化学元素组成蛋白质,再组成有机体,天上的云会有鱼鳞状、条状的结构等.下面以液体中出现的对流图案为例,作一简单介绍.

如果在一个容器中,装有一薄层液体,其厚度为 d,然后在容器底部均匀加热,当底部温度 T_0 和液体表面温度 $T_1(T_1<T_0)$之差很小时,此时稳恒状态的热流满足傅里叶定律.由于存在热膨胀,与温度梯度相伴随,有线性的密度梯度存在.如果液体界面暴露在空气中(此时称此界面为自由界面),底部和容器接触(称此界面为刚性界面).1900 年法国物理学家贝纳尔德(Benard)用熔化的鲸蜡作为液体,以 100℃的水蒸气在底部加热,发现当上下温差大到一定程度时,液体开始出现对流,且图案非常规则,在水平面上呈现六角图案的花样.六角的线性尺寸约等于液体层的厚度 d.液体从每个六角的中心向上升,沿径向向外侧流动,再沿六角的边向下流动.此现象称贝纳尔德对流,用硅油拍摄的照片表示在图 8.10(a)中,理论计算图在图 8.10(b)给出(见后面的解释).后来又做了很多对流实验,绝大部分用上下面均与刚性界面接触,无自由表面.温度差大到一定程度以后会突然出现对流"卷".假如容器是长方形,则对流卷是直的,如果容器是圆形的,则形成环型卷,见图 8.11(a)和图 8.11(b).图 8.12 是理论计算的自由-自由界面的对流图案,以作比较.这些图案一经形成就相当稳定,是一个相变.

(a) 刚性-自由界面的对流图案

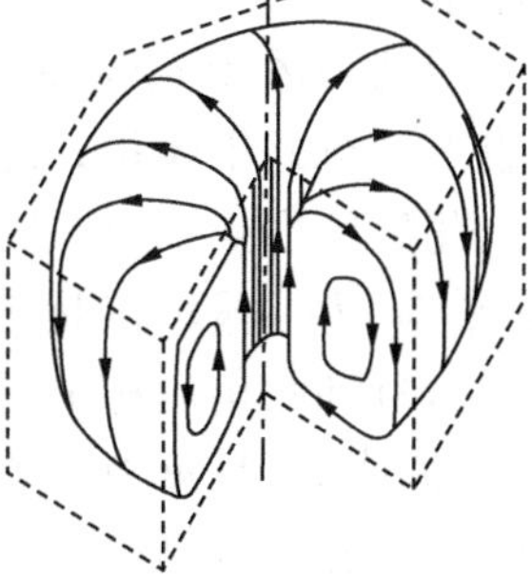

(b) 理论计算的刚性-自由界面的一个六角图

图 8.10 贝纳尔德对流图

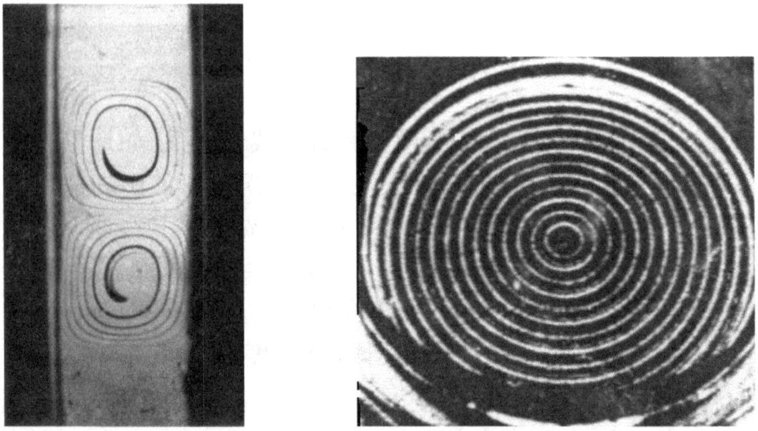

(a) 刚性-刚性界面的直的卷(侧面)　　(b) 刚性-刚性界面的环形卷

图 8.11　刚性-刚性界面的对流卷

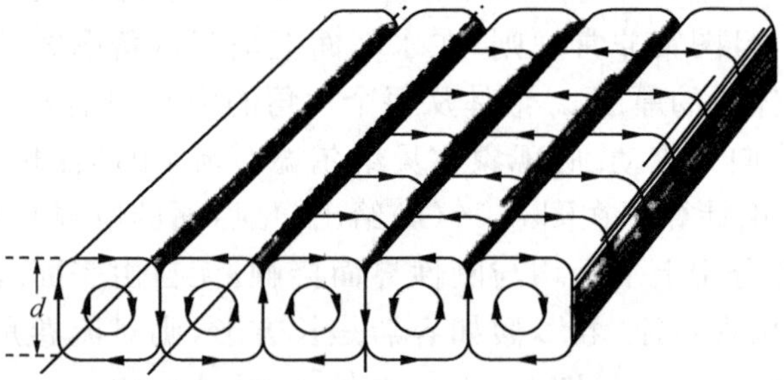

图 8.12　理论计算的自由-自由界面的对流卷

理论上做了大量的工作，来理解对流产生的原因. 下面给出定性上的解释.

对于底部是刚性界面，而上面是自由界面的情况，形成对流的驱动力是表面张力. 由于底部温度高，分子运动的速度较大，同时存在涨落，速度大的液体元到达上层，引起自由表面的小体积元的局部加热. 而液体的表面张力随温度的升高而减小，所以自由表面上热的小体积元的表面张力显著减小，则周围的表面元将把液体从热处向外拉，此处压强减小，于是引起液体从下面向上升，对流就开始了. 当然这里还有重力的影响. 为了显示仅是表面张力驱动对流，1972 年在太空船上成功地做了类似的实验，看到六角对称的图案，太空船上的重力加速度仅为 $10^{-6}g$，由此证明驱动力是表面张力，与重力无关.

对于上下两面均是刚性界面，对流是由重力引起的. 当容器底部加热时，较下面的液体层受热膨胀，产生一个浮力，企图向上升，但液体的黏滞力将阻止它上升，但当底部的温度进一步升高时，浮力将克服黏滞力，而上面较冷的液体将向下运

动，从而形成宏观的对流. 对此瑞利建立了一个模型，出现对流的条件用瑞利数 R 来衡量，定义为

$$R=\frac{g\alpha\Delta T}{\eta D_T}\cdot d^3 \tag{8.6.1}$$

其中，使对流发生的参量是重力加速度 g，热膨胀系数 α 和上下底之间的温度差 ΔT，而阻止对流发生的参量是黏滞系数 η 和热扩散系数 D_T. 其中，d 为液体的厚度. 当 $R<R_c$（临界瑞利数）时，液体中发生的是线性的热传导过程，当 $R>R_c$ 时，出现对流，并按不同的边界条件出现不同的规则图案.

理论上做了大量的计算工作，主要是从分析一组平衡方程，有局域质量密度平衡方程、包括速度场的动量平衡方程和内能的平衡方程，根据不同的边界条件计算出何时发生出现对流图案的相变，以及对流图案的花样. 前面的图 8.10(b)就是计算得到的刚性-自由界面的一个六角的对流花样，而图 8.12 是对自由-自由界面计算得到的对流卷图案.

理论上计算的瑞利数为

$$R_c=657.511 \quad \text{（对自由－自由界面）}$$
$$R_c=1100.650 \quad \text{（对自由－刚性界面）}$$
$$R_c=1707.762 \quad \text{（对刚性－刚性界面）}$$

实验上得到的瑞利数 $R_c=1700\pm51$，可见符合相当好.

另一个例子是化学反应，一些化学系统在很好定义的条件下，若干反应物的浓度呈现很复杂的随时间的振荡，它可以重复，且与初始条件无关，对小的外界扰动是稳定的. 研究最多的是 Belousov-Zhabotinskii 反应，它是由溴酸钾（$KBrO_3$）、丙二酸（$CH_2(COOH)_2$）和硫酸铈组成的混合物，溶解于硫酸中，搅拌溶液，颜色在红蓝之间振荡（Ce^{3+}、Ce^{4+} 离子），见图 8.13. 产生化学振荡的条件很苛刻，要满足：远离平衡，对物质源或能量源要开放，反应机制必须复杂（没有一个简单系统有振荡），速率方程必须包含非线性项.

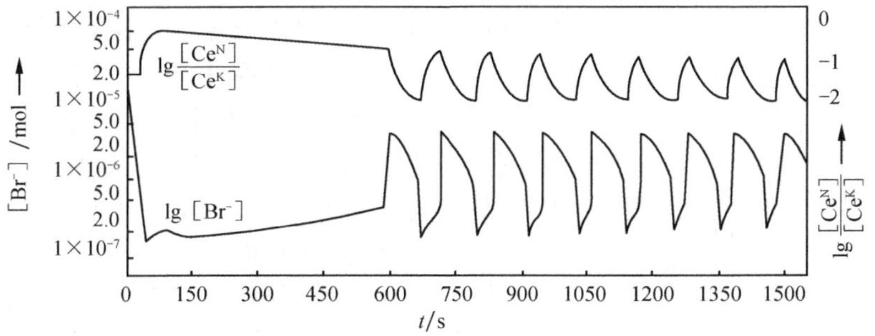

图 8.13 Belousov-Zhabotinskii 反应

第 9 章　气体动理论(Ⅰ)

气体动理论(kinetic theory of gases)也称气体分子运动论、分子运动论、气体运动论. 它以稀薄气体为研究对象,从微观的观点出发导出气体的宏观性质. 理论认为物质由大量分子组成,例如,1mol 理想气体在温度为 273K 和一个大气压下占据的体积为 $22.4\times10^3\text{cm}^3$,则在 1cm^3 体积中大约有 3×10^{19} 个分子,这些分子处在无规则的热运动状态中. 如果把分子看作一个硬球,它的直径在 $2\times10^{-8}\sim3\times10^{-8}\text{cm}$ 数量级. 在上述标准条件下,分子之间的平均距离约为分子直径的 10 倍. 对理想气体除了分子与分子之间和分子与器壁的碰撞瞬间外,不考虑分子间的相互作用. 在两次碰撞之间分子做匀速直线运动,分子的运动遵守力学运动规律. 假定分子之间和分子与器壁之间的碰撞是弹性的,遵守动量守恒和能量守恒定律. 从以上的观点出发,利用统计概念(概率概念)和统计方法(求平均值方法),可以导出气体的平衡态性质,如压强、温度、状态方程,分子速度的分布定律,能量均分定律等,以及气体的非平衡态性质,如输运性质,气体从非平衡态到平衡态的变化过程(不可逆过程),这些是不能从纯热力学得到的. 本章讲述平衡态性质,非平衡态性质将放在第 10 章.

9.1　压　　强

我们先求理想气体的压强公式. 从微观上讲,压强是大量无规热运动的分子与器壁碰撞施给壁冲量的结果. 为导出压强公式,我们假定分子的体积与气体的体积相比可忽略(对实际气体要作修正).

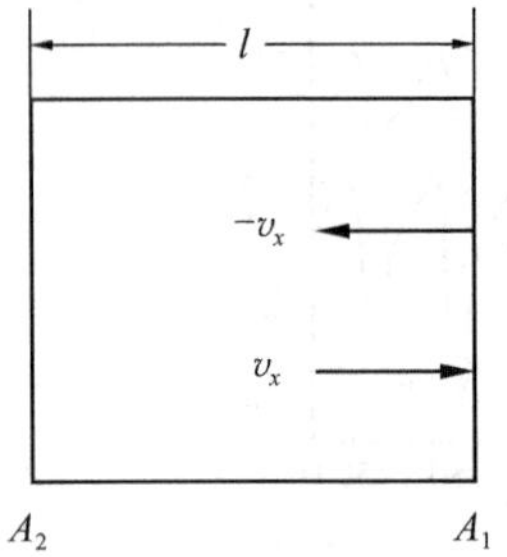

图 9.1　压强公式导出的示意图

下面用简单的方法导出压强公式. 假定气体处在每边长 l 的立方体中,器壁是完全弹性的. 令垂直于 x 方向的两个面为 A_1 和 A_2,其面积为 l^2(图 9.1). 考虑一个质量为 m 的分子,它的速度为 $\boldsymbol{v}$,在 x 方向的分量为 v_x,运动至器壁 A_1 与壁碰撞后,速度为 $-v_x$,分子的动量变化为 $-2mv_x$,即 A_1 施与分子的冲量. 而分子施于器壁 A_1 的冲量是 $2mv_x$. 假定此分子无碰撞地穿过容器碰到器壁 A_2,通过此行程的时间是 l/v_x,再回到 A_1 的时间是 $2l/v_x$,那么这个分子在单位时间内的碰壁数为 $1\Big/\dfrac{2l}{v_x}=\dfrac{v_x}{2l}$,在单位

时间内施于 A_1 的冲量是 $\frac{mv_x^2}{l}$，在单位时间内加到单位面积上的力是 $\frac{mv_x^2}{l}\Big/l^2=\frac{mv_x^2}{l^3}$. 这仅是一个分子对压强的贡献，计及 N 个分子对压强的贡献

$$
\begin{aligned}
p&=\frac{m}{l^3}(v_{x_1}^2+v_{x_2}^2+v_{x_3}^2+\cdots+v_{x_N}^2)\\
&=nm\left(\frac{v_{x_1}^2+v_{x_2}^2+v_{x_3}^2+\cdots+v_{x_N}^2}{N}\right)\\
&=nm\,\overline{v_x^2}
\end{aligned}
\tag{9.1.1}
$$

其中，$n=\frac{N}{l^3}$ 为单位体积的分子数(式(9.1.1)用了统计平均的概念).

对任何一个分子，有

$$v^2=v_x^2+v_y^2+v_z^2 \tag{9.1.2}$$

在平衡态下，气体的性质与方向无关，分子在三个方向的运动概率相等，可得

$$\overline{v_x^2}=\overline{v_y^2}=\overline{v_z^2}=\frac{1}{3}\overline{v^2} \tag{9.1.3}$$

这里用了统计求平均的方法，可得

$$p=\frac{1}{3}nm\,\overline{v^2}=\frac{1}{3}\rho\overline{v^2}=\frac{2}{3}n\left(\frac{1}{2}m\,\overline{v^2}\right)=\frac{2}{3}n\bar{\varepsilon} \tag{9.1.4}$$

其中，$\rho=nm$ 为气体的密度，$\bar{\varepsilon}$ 为分子的平均平动动能. 式(9.1.4)给出了宏观压强 p 与微观量 $\bar{\varepsilon}$ 之间的关系，式中的 p、n、$\bar{\varepsilon}$ 均为统计平均量，所以上式给出的是一个统计规律，而非力学规律.

9.2 温　　度

从压强公式可给出温度的微观解释. 用 $p=\frac{1}{3}\rho\,\overline{v^2}$ 和理想气体的物态方程 $pV=NRT$，此处 N 为物质的量，得

$$\frac{1}{3}\rho V\,\overline{v^2}=NRT$$

因 $\rho=\frac{M}{V}$，$M=N_A mN$，代入上式可得

$$\bar{\varepsilon}=\frac{1}{2}m\,\overline{v^2}=\frac{3}{2}\frac{R}{N_A}T=\frac{3}{2}k_B T \tag{9.2.1}$$

其中，N_A 是阿伏伽德罗常量(1mol 气体所包含的分子数).

$$N_A=6.022045\times10^{23}\,\text{mol}^{-1} \tag{9.2.2}$$

$$k_B=\frac{R}{N_A}=1.380662\times10^{-23}\,\text{J}\cdot\text{K}^{-1} \tag{9.2.3}$$

k_B 称玻尔兹曼常量. R 为气体常数

$$R = 8.31441 \text{J} \cdot \text{mol}^{-1} \cdot \text{K}^{-1}$$

上式反映温度(宏观量)与分子的平动动能(微观量)的平均值之间的关系. 温度是大量分子无规则热运动的体现. 温度越高,分子的平均平动动能越大. 由式(9.2.1)可求出气体分子的方均根速率

$$v_{\text{rms}} = \sqrt{\overline{v^2}} = \sqrt{\frac{3k_B T}{m}} = \sqrt{\frac{3RT}{\mu}} = \sqrt{\frac{3p}{\rho}} \quad (\mu \text{ 为摩尔质量}) \tag{9.2.4}$$

气体中的声速 $c_s = \sqrt{\dfrac{\gamma p}{\rho}}$,其中 $\gamma = C_p/C_V = \dfrac{7}{5}$(双原子分子),故 v_{rms} 和声速 c_s 处在同一量级.

从 $p = \dfrac{2}{3} n\bar{\varepsilon}$ 还能导出道尔顿(Dalton)分压定律:混合气体的压强等于各成分的分压强之和.

$$\begin{aligned} p &= \frac{2}{3} n \bar{\varepsilon} \\ &= \frac{2}{3}(n_1 + n_2 + n_3 + \cdots)\bar{\varepsilon} \\ &= \frac{2}{3} n_1 \bar{\varepsilon} + \frac{2}{3} n_2 \bar{\varepsilon} + \frac{2}{3} n_3 \bar{\varepsilon} + \cdots \\ &= p_1 + p_2 + p_3 + \cdots \end{aligned} \tag{9.2.5}$$

其中,n 是单位体积内混合气体的总分子数,$n_1, n_2, \cdots$ 是单位体积内各成分的分子数. 由于 $\bar{\varepsilon} = \dfrac{3}{2} k_B T$,仅与温度有关,与何种分子无关,所以混合气体中各成分的分子的 $\bar{\varepsilon}$ 均相同.

压强公式能导出阿伏伽德罗(Avogadro)定律:在相同的温度和压强下,各种气体在相同的体积中所含分子数均相等. 因 $p = \dfrac{2}{3} n\bar{\varepsilon} = nk_B T$, 所以 $n = \dfrac{p}{k_B T}$. 在标准状态下($p = 1\text{atm}, T = 273.15\text{K}$),在 1m^3 体积内的分子数为

$$n = 2.6876 \times 10^{25} \text{m}^{-3} \tag{9.2.6}$$

此数称洛施密特(Loschmidt)数.

从以上导出的理想气体的实验定律可间接证明,从气体动理论推出的 $p = \dfrac{2}{3} n\bar{\varepsilon}$ 的正确性.

9.3 范德瓦耳斯方程

在上面推导气体的压强时,用的是理想气体模型,即忽略了分子之间的相互作

用，没有考虑分子本身的体积（分子之间的排斥力）和分子之间的吸引力. 而实际气体是分子之间存在相互作用的气体. 分子之间的吸引力和排斥力是同时作用的，当分子之间的距离 r 达到10^{-9}m 时，吸引力为主，但吸引力是一个短程力，超过10^{-9} m 就很快减小. 而当 r 接近原子的线度（10^{-10}m）时，排斥力为主，所以分子之间的相互作用力可写成如下形式：

$$F=\frac{b}{r^s}-\frac{a}{r^t}\qquad (s>t) \tag{9.3.1}$$

第一项是排斥力，第二项是吸引力. 其中，a、b 取决于分子结构和分子之间的相互作用，通常取 $s=13$，$t=7$. 从力可求出分子之间的势能 E_p，因为 $dE_p=-Fdr$，所以

$$E_p=-\int_\infty^r F\mathrm{d}r=\frac{b'}{r^{s-1}}-\frac{a'}{r^{t-1}}\left(=\frac{b'}{r^{12}}-\frac{a'}{r^6}\right) \tag{9.3.2}$$

括号中的表达式称 Lenard-Jones 势，比较符合实际情况. 力和势能的曲线在图 9.2 中给出.

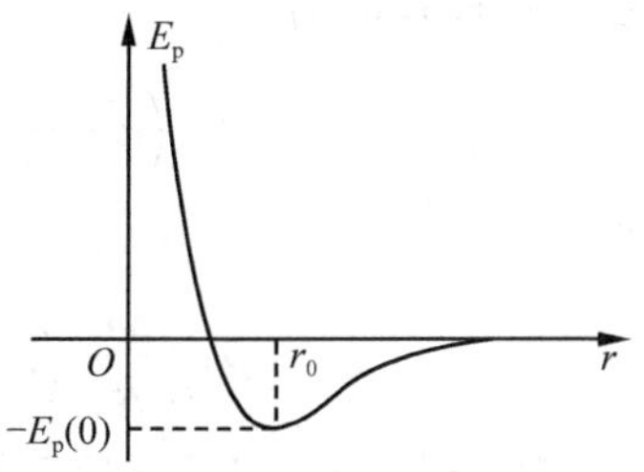

图 9.2 分子之间的相互作用势

范德瓦耳斯势取 $s=\infty$，$t=7$. 此模型中，分子被看作直径为 d 的刚性球（排斥力的最简单化），从此模型可导出范德瓦耳斯物态方程. 严格的理论推导将在统计物理中给出. 这里给出简要说明.

在此模型中的吸引力是范德瓦耳斯力，它来自电磁相互作用，有以下几种类型：①有些分子（如 H_2O、NH_3 等）正、负电荷重心不重合，存在固有的电偶极矩，这些偶极矩的相互作用形成取向的吸引力（它与分子热运动相对抗，与温度有关），此力$\propto -1/r^7$；②有些分子（如 H_2、O_2 等）无固有的电偶极矩，但在分子的电场中产生感应的电偶极矩，产生感应吸引力，此力也$\propto -1/r^7$（但与温度无关）；③一个分子或原子的电子振动能够激发另一个分子或原子的电子振动，若此振动同相，就产生共振吸引力，它也是$\propto -1/r^7$. 所以范德瓦耳斯吸引力就是这些力的合力. 此力的势能为 $0.4\sim4\times10^3\,\mathrm{J\cdot mol^{-1}}$.

在实际气体中，范德瓦耳斯力是范德瓦耳斯方程中修正内压力的原因. 而排斥力是量子相互作用产生的，范德瓦耳斯做了简化.

下面考虑范德瓦耳斯气体的物态方程. 首先考虑分子的固有体积对物态方程的修正. 实际气体的每一个分子体积为

$$\frac{1}{6}\pi d^3$$

d 为分子直径. 分子自由活动的空间就要减去所有分子体积之和，在 1mol 气体中，它为

$$v' = N_A \times \frac{1}{6}\pi d^3$$

但严格的理论推导给出体积修正应是

$$4 \times v' = b$$

经此修正后物态方程应为(1mol 气体)

$$p(V-b) = RT$$

再看分子引力对压强的修正，在气体中间，其他分子对一个分子的吸引力是互相抵消的. 但在靠近器壁的气体层内，它受到一个指向内部的未被抵消的吸引力，所以当分子与器壁碰撞时，分子传递给器壁的动量就小了，相当于气体的压力减小了. 这时 $p=p_0-p'$(p_0 为理想气体的压强)，p'称内压力. 经理论计算，它与气体分子数密度的平方成正比，也即与气体比容的平方成反比，即 $p'=\frac{a}{V^2}$. 这样可得到范德瓦耳斯方程为

$$\left(p+\frac{a}{V^2}\right)(V-b) = RT \quad \text{(1mol 气体)} \tag{9.3.3}$$

或

$$\left(p+\frac{M^2}{\mu^2}\frac{a}{V^2}\right)\left(V-\frac{M}{\mu}b\right) = \frac{M}{\mu}RT \quad \left(\frac{M}{\mu}\text{mol 气体}\right) \tag{9.3.4}$$

如果 $V \gg b$，$p' \ll p$，则方程过渡到理想气体的物态方程.

9.4 麦克斯韦速度分布律

麦克斯韦(Maxwell)在 1859 年用不太满意的方法最先得到平衡态气体分子速度的分布定律，称麦氏分布. 以后可用碰撞理论和统计理论给出较满意的证明(见本书下册). 下面用 Maxwell 最初的证明导出麦氏分布.

气体中每个分子的运动速度并不是一样的，有一个分布. Maxwell 用一个概率函数来表示此分布，并假定：①速度 $\boldsymbol{v}$ 的三个分量 v_x、v_y、v_z 各自独立；②平衡态时，分布在速度空间是各向同性的.

体积 V 中有 N 个分子，其粒子数密度为 $n=\frac{N}{V}$. 由于分子的速度不同，存在一个分布，设 n 个分子中速度在 $\boldsymbol{v} \sim \boldsymbol{v}+\mathrm{d}\boldsymbol{v}$(其速度分量在 v_x、v_y、v_z 到 $v_x+\mathrm{d}v_x$、$v_y+\mathrm{d}v_y$、$v_z+\mathrm{d}v_z$)的分子数为

$$f(\boldsymbol{v})\mathrm{d}\boldsymbol{v} = f(v_x, v_y, v_z)\mathrm{d}v_x\mathrm{d}v_y\mathrm{d}v_z \tag{9.4.1}$$

则

$$\int f(\boldsymbol{v})\mathrm{d}\boldsymbol{v} = \iiint f(v_x, v_y, v_z)\mathrm{d}v_x\mathrm{d}v_y\mathrm{d}v_z = n \tag{9.4.2}$$

v_x、v_y、v_z 的积分限都是从$-\infty$到$+\infty$. $f(\boldsymbol{v})=f(v_x,v_y,v_z)$称分子速度分布函数.

麦克斯韦用一个概率函数来表示此分布,定义:$f(\boldsymbol{v})=n\cdot F(\boldsymbol{v})$,则 $F(\boldsymbol{v})\mathrm{d}\boldsymbol{v}$ 是一个分子速度在 $\boldsymbol{v}\sim\boldsymbol{v}+\mathrm{d}\boldsymbol{v}$ 的概率.

$$F(\boldsymbol{v})\mathrm{d}\boldsymbol{v}=F(\boldsymbol{v})\mathrm{d}v_x\mathrm{d}v_y\mathrm{d}v_z \tag{9.4.3}$$

它满足归一化条件

$$\int F(\boldsymbol{v})\mathrm{d}\boldsymbol{v}=\frac{1}{n}\int f(\boldsymbol{v})\mathrm{d}\boldsymbol{v}=\frac{n}{n}=1 \tag{9.4.4}$$

三个速度分量 v_x 出现在 $v_x\sim v_x+\mathrm{d}v_x$ 的概率是$\phi(v_x)\mathrm{d}v_x$;v_y 出现在 $v_y\sim v_y+\mathrm{d}v_y$ 的概率是$\phi(v_y)\mathrm{d}v_y$;v_z 出现在 $v_z\sim v_z+\mathrm{d}v_z$ 的概率是$\phi(v_z)\mathrm{d}v_z$. 那么速度分量在 $v_x\sim v_x+\mathrm{d}v_x$,$v_y\sim v_y+\mathrm{d}v_y$,$v_z\sim v_z+\mathrm{d}v_z$ 的概率,按假定①$F(\boldsymbol{v})\mathrm{d}\boldsymbol{v}$ 应是上面三个概率之积,即

$$\phi(v_x)\phi(v_y)\phi(v_z)\mathrm{d}v_x\mathrm{d}v_y\mathrm{d}v_z \tag{9.4.5}$$

而根据假定①和②,下式应成立:

$$\phi(v_x)\phi(v_y)\phi(v_z)=F(v^2) \tag{9.4.6}$$

即对速度空间的转动不变.

对上式取对数,再对 v_x 作微分,可得

$$\frac{1}{v_x\phi(v_x)}\frac{\mathrm{d}\phi(v_x)}{\mathrm{d}v_x}=\frac{2}{F(v^2)}\frac{\mathrm{d}F(v^2)}{\mathrm{d}v^2} \tag{9.4.7}$$

等式左边与 v_y、v_z 无关,而等式右边却与 v_y、v_z 有关,那么要使等式成立,只能等于常数,令它为$-m\beta$,即

$$\frac{1}{v_x\phi(v_x)}\frac{\mathrm{d}\phi(v_x)}{\mathrm{d}v_x}=-m\beta \tag{9.4.8}$$

同理可得

$$\frac{1}{v_y\phi(v_y)}\frac{\mathrm{d}\phi(v_y)}{\mathrm{d}v_y}=-m\beta \tag{9.4.9}$$

$$\frac{1}{v_z\phi(v_z)}\frac{\mathrm{d}\phi(v_z)}{\mathrm{d}v_z}=-m\beta \tag{9.4.10}$$

对式(9.4.8)~(9.4.10)积分可得

$$\frac{\mathrm{d}\ln\phi(v_x)}{\mathrm{d}v_x}=-m\beta v_x \tag{9.4.11}$$

$$\phi(v_x)=a\mathrm{e}^{\frac{-\beta mv_x^2}{2}} \tag{9.4.12}$$

同理可得

$$\phi(v_y)=a\mathrm{e}^{\frac{-\beta mv_y^2}{2}},\quad \phi(v_z)=a\mathrm{e}^{\frac{-\beta mv_z^2}{2}} \tag{9.4.13}$$

则有

$$F(v^2)=\phi(v_x)\phi(v_y)\phi(v_z)=a^3\mathrm{e}^{\frac{-\beta m(v_x^2+v_y^2+v_z^2)}{2}} \tag{9.4.14}$$

积分常数 a 可由归一化条件求得（转到球极坐标，以体积元 $v^2\sin\theta\mathrm{d}v\mathrm{d}\theta\mathrm{d}\varphi$ 代替体积元 $\mathrm{d}x\mathrm{d}y\mathrm{d}z$）

$$\int F(\boldsymbol{v})\mathrm{d}\boldsymbol{v}=4\pi\int_0^\infty F(v^2)v^2\mathrm{d}v=1$$

得

$$a^3=\left(\frac{m\beta}{2\pi}\right)^{\frac{3}{2}} \tag{9.4.15}$$

β 值可从求分子平动动能的平均值得到

$$\bar{\varepsilon}=\frac{3}{2}k_{\mathrm{B}}T=4\pi\int_0^\infty\left(\frac{1}{2}mv^2\right)F(v^2)v^2\mathrm{d}v \tag{9.4.16}$$

用积分公式 $\int_0^\infty \mathrm{e}^{-\alpha x^2}x^4\mathrm{d}x=\frac{3}{8}\sqrt{\pi}\alpha^{-\frac{5}{2}}$，得

$$\beta=\frac{1}{k_{\mathrm{B}}T} \tag{9.4.17}$$

把求得 β 值代入式(9.4.12)得（下面为简单起见，用 k 代替 k_{B}）

$$\phi(v_x)=\left(\frac{m}{2\pi kT}\right)^{\frac{1}{2}}\mathrm{e}^{\frac{-mv_x^2}{2kT}} \tag{9.4.18}$$

同理可写出 $\phi(v_y)$、$\phi(v_z)$ 的表达式. 故

$$F(v^2)=\left(\frac{m}{2\pi kT}\right)^{\frac{3}{2}}\mathrm{e}^{\frac{-mv^2}{2kT}}=\left(\frac{m}{2\pi kT}\right)^{\frac{3}{2}}\mathrm{e}^{\frac{-m(v_x^2+v_y^2+v_z^2)}{2kT}} \tag{9.4.19}$$

$$\begin{aligned}F(v^2)\mathrm{d}v_x\mathrm{d}v_y\mathrm{d}v_z&=\left(\frac{m}{2\pi kT}\right)^{\frac{3}{2}}\mathrm{e}^{\frac{-mv^2}{2kT}}\mathrm{d}v_x\mathrm{d}v_y\mathrm{d}v_z\\&=\left(\frac{m}{2\pi kT}\right)^{\frac{3}{2}}\mathrm{e}^{\frac{-m(v_x^2+v_y^2+v_z^2)}{2kT}}\mathrm{d}v_x\mathrm{d}v_y\mathrm{d}v_z\end{aligned} \tag{9.4.20}$$

或

$$\begin{aligned}f(\boldsymbol{v})\mathrm{d}v_x\mathrm{d}v_y\mathrm{d}v_z&=n\cdot F(v^2)\mathrm{d}v_x\mathrm{d}v_y\mathrm{d}v_z\\&=n\cdot\left(\frac{m}{2\pi kT}\right)^{\frac{3}{2}}\mathrm{e}^{\frac{-m(v_x^2+v_y^2+v_z^2)}{2kT}}\mathrm{d}v_x\mathrm{d}v_y\mathrm{d}v_z\end{aligned} \tag{9.4.21}$$

上式称为麦克斯韦速度分布.

麦克斯韦速率分布为（将 $F(v^2)$ 转到球极坐标表示）

$$4\pi\left(\frac{m}{2\pi kT}\right)^{\frac{3}{2}}\cdot v^2\cdot\mathrm{e}^{\frac{-mv^2}{2kT}}\mathrm{d}v \tag{9.4.22}$$

那么单位体积内，速率在 $v\sim v+\mathrm{d}v$ 的分子数为

$$f(v)\mathrm{d}v=4\pi n\left(\frac{m}{2\pi kT}\right)^{\frac{3}{2}}\cdot v^2\cdot\mathrm{e}^{\frac{-mv^2}{2kT}}\mathrm{d}v \tag{9.4.23}$$

其中，n 为单位体积内的分子数（图 9.3(a)）.

麦克斯韦速率分布函数 $f(v)$ 与 v 在不同温度下的曲线表示在图 9.3(b)中.图 9.3(c)是二氧化碳分子的速率在 $0\sim1400\mathrm{m\cdot s^{-1}}$ 的分布,温度假定为 500K. v_p 是最概然速率.

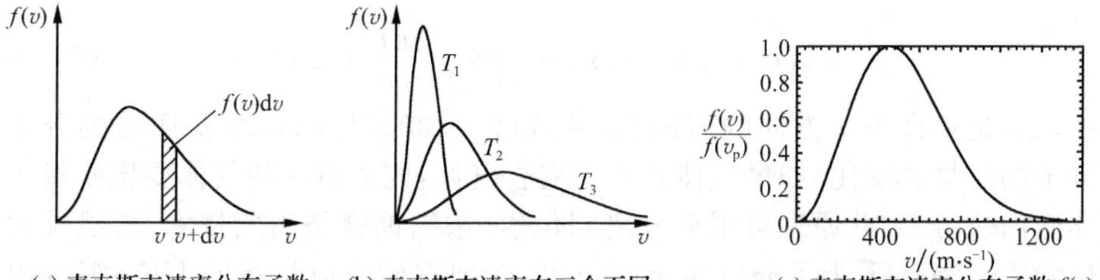

(a) 麦克斯韦速率分布函数 (b) 麦克斯韦速率在三个不同温度下的分布 ($T_1<T_2<T_3$) (c) 麦克斯韦速率分布函数 $f(v)$ (图中纵坐标是 $f(v)$ 被最概然速率的 $f(v_\mathrm{p})$ 除后的约化值)

图 9.3

从麦氏分布,可用统计平均的方法求分子热运动相关的物理量之平均值.

(1) 分子的平均速率

$$\overline{v}=\int_0^\infty v\cdot F(v^2)4\pi v^2\mathrm{d}v=\sqrt{\frac{8kT}{\pi m}} \tag{9.4.24}$$

(2) 方均根速率(root-mean-square) $\sqrt{\overline{v^2}}$

$$\overline{v^2}=\int_0^\infty v^2\cdot F(v^2)4\pi v^2\mathrm{d}v=\frac{3kT}{m} \tag{9.4.25}$$

$$\sqrt{\overline{v^2}}=\sqrt{\frac{3kT}{m}} \tag{9.4.26}$$

(3) 最概然速率(most probable speed) v_p,从 $\frac{\mathrm{d}F(v^2)}{\mathrm{d}v}=0$ 求得

$$v_\mathrm{p}=\sqrt{\frac{2kT}{m}} \tag{9.4.27}$$

从上可得以上三个速率之比

$$v_\mathrm{p}:\overline{v}:\sqrt{\overline{v^2}}=1:\frac{2}{\sqrt{\pi}}:\sqrt{\frac{3}{2}}=1:1.128:1.224 \tag{9.4.28}$$

(4) 碰壁数 Γ,即单位时间内碰到单位面积器壁上的分子数.

这时我们只要考虑容器中的一个面,如 $+x$ 方向的面,所以求平均时只要用概率分布函数 $\phi(v_x)$,即

$$\Gamma=\int_0^\infty nv_x\cdot\phi(v_x)\mathrm{d}v_x=n\left(\frac{m}{2\pi kT}\right)^{\frac{1}{2}}\int_0^\infty \mathrm{e}^{\frac{-mv_x^2}{2kT}}v_x\mathrm{d}v_x=\frac{1}{4}n\overline{v} \tag{9.4.29}$$

其中,n 是单位体积内的分子数,此式可用于泻流(effusion)问题的讨论.

一个容器中存有气体,容器壁上有一小孔,容器周围是真空. 气体会从容器漏出,只要小孔足够小,气体的跑出不会影响容器中气体的平衡态. 此时通过小孔的气体分子数就等于撞到小孔面积上的分子数,即我们可以用上式求出单位时间内从小孔漏出的分子数.

$$\Delta n = \frac{1}{4}n\bar{v} \cdot \Delta S = \frac{1}{4}n\sqrt{\frac{8kT}{\pi m}} \cdot \Delta S \tag{9.4.30}$$

其中,ΔS 是垂直于 x 方向的截面积. 从式(9.4.30)可知,从小孔逸出的分子数与分子的质量成反比. 如果气体是一个混合气体,则质量小的气体要比质量大的气体逸出快得多. 此原理可用来分离同位素,浓缩铀就是用此技术. 天然铀含有同位素 ^{235}U 和 ^{238}U,为了分离两个同位素,先把它们变成气态的 UF_6. 泻流出来的气体中 ^{235}U 含量增加,经多次泻流可得富集的 $^{235}UF_6$,再经分解后得到浓缩铀 ^{235}U.

另一个重要应用是在实验分子物理中,从小孔逸出的分子进入低压的环境,并被准直形成分子束或离子束,在电场或磁场引导下,研究单个分子的行为(由于分子平均自由程较长,分子之间的相互作用可忽略). 如用于验证麦克斯韦速度分布;发现电子的自旋和磁矩的实验等.

麦克斯韦速度分布的实验证明,有 1892 年 Michelson 的实验. 气体发光光谱线,由于多普勒效应,谱线的展宽随气体温度的升高而增加,其半宽度与温度的关系为

$$\Delta\lambda_{\frac{1}{2}} = \frac{1}{\nu_0}\sqrt{2\ln 2}\left(\frac{kT}{m}\right)^{\frac{1}{2}} \tag{9.4.31}$$

证明如下:如果在 x 方向测量光谱线的波长或频率,气体分子在 x 方向的速度分量为 v_x,光速为 c,按多普勒效应,由于光源的运动,观察到的光的波长就有变化,从原来的 λ_0(频率为 ν_0)变到 $\lambda_0+\mathrm{d}\lambda$,则

$$\frac{\mathrm{d}\lambda}{\lambda_0} = \frac{v_x}{c}, \quad \mathrm{d}\lambda = \frac{v_x\lambda_0}{c} = \frac{v_x}{\nu_0}$$

气体分子热运动速度 v_x 的分布为

$$\phi(v_x) = \left(\frac{m}{2\pi kT}\right)^{\frac{1}{2}} \mathrm{e}^{\frac{-mv_x^2}{2kT}}$$

则光线强度的分布为

$$I(\lambda_0+\mathrm{d}\lambda) = I(\lambda_0)\mathrm{e}^{\frac{-mv_x^2}{2kT}} = I(\lambda_0)\mathrm{e}^{\frac{-m(\nu_0\mathrm{d}\lambda)^2}{2kT}}$$

谱线的半宽度 $\Delta\lambda_{\frac{1}{2}}$ 定义为:$\frac{I(\lambda)}{I(\lambda_0)}=\frac{1}{2}$时 $\mathrm{d}\lambda$ 的值,所以

$$\frac{I(\lambda)}{I(\lambda_0)} = \frac{1}{2} = \mathrm{e}^{\frac{-m(\nu_0\mathrm{d}\lambda)^2}{2kT}}$$

求出 $d\lambda$ 的值,即得

$$\Delta\lambda_{\frac{1}{2}} = \frac{1}{\nu_0}\sqrt{2\ln 2}\left(\frac{kT}{m}\right)^{\frac{1}{2}}$$

此式为 Michelson 的实验所证实.

另外,1920 年 O. Stern 用原子束的方法,直接验证了麦克斯韦速度分布. 验证麦克斯韦速率分布的实验还有:1934 年葛正权测量铋蒸气分子的速率分布和 1956 年 Miller 和 Kusch 用钍原子射线的实验验证了麦克斯韦速率分布. 最近在玻色-爱因斯坦凝聚的实验中看到了二维的速度分布(图 9.5(b)).

9.5 玻尔兹曼分布

玻尔兹曼(Boltzmann)把麦氏分布推广到分子处于保守力场中的情况. 这时,动能 $\varepsilon=\frac{1}{2}mv^2$ 要用动能加势能 ε_p 代替,速度空间元要用坐标和速度空间元代替,即分子处在坐标空间元 $dxdydz$,同时处在速度空间元 $dv_xdv_ydv_z$ 内的分子数为

$$dN = n_0\left(\frac{m}{2\pi kT}\right)^{\frac{3}{2}} e^{\frac{-(\varepsilon+\varepsilon_p)}{kT}} dxdydzdv_xdv_ydv_z \tag{9.5.1}$$

此为玻尔兹曼分布,n_0 表示 $\varepsilon_p=0$ 处单位体积内的具有各种速度的分子数. 上式对速度空间积分,并考虑到麦氏分布的归一化条件,可得在坐标空间元 $dxdudz$ 内具有各种速度的分子数为:$\Delta N=n_0 e^{-\varepsilon_p/kT}dxdydz$,而单位体积内的分子数为

$$n = n_0 e^{-\frac{\varepsilon_p}{kT}} \tag{9.5.2}$$

这是玻尔兹曼分布按势能分布的形式.

上式可用来求气体分子在重力场中按高度分布的公式. 气体分子处于重力场中受到引力的作用,加上本身的热运动,导致气体的稳恒态分布. 气体的密度和压强随高度而减小. 用 $\varepsilon_p=mgh$ 代入上式可得

$$n = n_0 e^{\frac{-mgh}{kT}} \tag{9.5.3}$$

代表在高度 h 处单位体积内的分子数随高度呈指数减小(假定温度不变),n_0 为 $h=0$ 处的分子数密度. 如果把 $p=nkT$ 代入上式,可得到大气压随高度变化的公式

$$p = p_0 e^{\frac{-mgh}{kT}} \tag{9.5.4}$$

其中,$p_0=n_0kT$ 为 $h=0$ 处的压强. 气压随高度的变化表示在图 9.4 中. 对等温大气,由式(9.5.3)可得气体的密度随高度的变化公式为

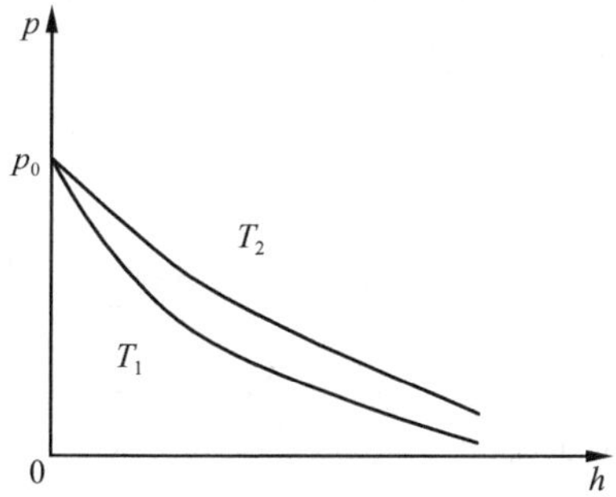

图 9.4 气压随高度的变化 ($T_2>T_1$)

$$\rho = \rho_0 e^{\frac{-mgh}{kT}} \tag{9.5.5}$$

其中，$\rho = nm$，$\rho_0 = n_0 m$ 为 $h=0$ 处的密度.

式(9.5.1)还可以写成以下形式：

$$dN = n_0 \left(\frac{m}{2\pi kT}\right)^{\frac{3}{2}} e^{\frac{-(p_x^2+p_y^2+p_z^2)}{2mkT}} dp_x dp_y dp_z \cdot e^{\frac{-\varepsilon_p(x,y,z)}{kT}} dx dy dz \tag{9.5.6}$$

这里 $p_x = mv_x$ 为分子的动量在 x 方向的分量，其余类推. 称麦克斯韦-玻尔兹曼分布.

9.6 能量均分定理

我们在 9.2 节中得到 $\bar{\varepsilon} = \frac{1}{2}m\overline{v^2} = \frac{3}{2}kT$，即分子的平均平动能为 $\frac{3}{2}kT$. 每一个分子有三个平动自由度，由于分子热运动的无规性质，此能量在三个平动自由度之间是均匀分配的，每一个自由度有相同的能量

$$\frac{1}{2}m\overline{v_x^2} = \frac{1}{2}m\overline{v_y^2} = \frac{1}{2}m\overline{v_z^2} = \frac{1}{2}kT \tag{9.6.1}$$

这个结论称能量均分定理(equipartition of energy). 此定理不仅对三个平动自由度适用，对分子的所有自由度(如转动自由度和振动自由度)均有效. 这是大量分子无规热运动的统计结果，通过分子与器壁碰撞，分子与分子之间的碰撞，把能量均匀分配到每个自由度上. 下面我们用简单的碰撞方法，来证明此定理.

气体处在容器中与器壁达到热平衡，现考虑气体分子(质量为 m)与器壁分子(质量为 M)的碰撞. 碰撞前气体分子速度的三个分量为 v_x、v_y、v_z；器壁分子速度的三个分量为 V_x、V_y、V_z. 为简单起见，设 v_x 垂直于器壁，一个气体分子和一个器壁分子的碰撞满足能量守恒和动量守恒，分子看作光滑钢球. 设碰撞后气体分子速度的三个分量为 v'_x、v'_y、v'_z；器壁分子速度的三个分量为 V'_x、V'_y、V'_z. 则碰撞前后的速度满足以下关系：

$$v'_y = v_y, \quad v'_z = v_z; \quad V'_y = V_y, \quad V'_z = V_z$$

v_x 和 V_x 满足

$$\frac{1}{2}mv_x^2 + \frac{1}{2}MV_x^2 = \frac{1}{2}mv_x'^2 + \frac{1}{2}MV_x'^2 \quad \text{(碰撞前后能量守恒)} \tag{9.6.2}$$

$$mv_x + MV_x = mv'_x + MV'_x \quad \text{(碰撞前后动量守恒)} \tag{9.6.3}$$

移项后可得

$$M(V_x^2 - V_x'^2) = -m(v_x^2 - v_x'^2) \tag{9.6.4}$$

$$M(V_x - V'_x) = -m(v_x - v'_x) \tag{9.6.5}$$

上两等式相除得

$$v'_x - V'_x = -(v_x - V_x) \tag{9.6.6}$$

此式的物理意义是两分子碰撞后的相对速度与碰撞前的相对速度反向. 从式(9.6.6)可得

$$v'_x = V'_x - (v_x - V_x)$$

把它代入式(9.6.5)得

$$(M+m)V'_x = (M-m)V_x + 2mv_x$$

$$V'_x = \frac{(M-m)V_x + 2mv_x}{(M+m)} \tag{9.6.7}$$

现求器壁分子碰撞后与碰撞前的动能变化为

$$\frac{1}{2}M(V'^2_x - V^2_x) = \frac{1}{2}M(V'_x + V_x)(V'_x - V_x)$$

把式(9.6.7)代入得

$$\frac{1}{2}M(V'^2_x - V^2_x) = \frac{2Mm}{(M+m)^2}[mv^2_x - MV^2_x + (M-m)V_x v_x] \tag{9.6.8}$$

对式(9.6.8)做长时间的平均,等式左边是器壁分子碰撞前后的动能变化,由于器壁与热库连接,温度保持不变,所以器壁分子碰撞前后的动能是不变的,则

$$\frac{1}{2}M\overline{(V'^2_x - V^2_x)} = 0 \tag{9.6.9}$$

由于 V_x 与 v_x 互相独立,$\overline{V_x v_x} = \bar{V}_x \bar{v}_x$,而 V_x 的平均值等于零,所以可得

$$\frac{1}{2}\overline{MV^2_x} = \frac{1}{2}\overline{mv^2_x} \tag{9.6.10}$$

进而得到能量均分定理

$$\frac{1}{2}\overline{mv^2_x} = \frac{1}{2}\overline{mv^2_y} = \frac{1}{2}\overline{mv^2_z} = \frac{1}{2}\overline{MV^2_x} \tag{9.6.11}$$

对于一个混合气体,不同分子的三个平动自由度的动能,同理可证满足上式. 能量均分定理还能从统计物理中的系综理论给予证明.

9.7 在玻色-爱因斯坦凝聚实验中的应用

从量子力学知,全同粒子有不可分辨性. 微观粒子中具有半整数自旋的粒子称费米子,如电子、中子、质子,自旋均为1/2;具有零或整数自旋的粒子称玻色子,如光子(自旋量子数为1). 原子由电子、中子、质子组成,它们的自旋量子数由所有的微观粒子的自旋总和决定,自旋总和是整数为玻色子,自旋总和是半整数为费米子. 举例来说,^{4}He 原子由2个电子,2个中子,2个质子组成,是玻色子;^{3}He 原子由2个电子,1个中子,2个质子组成,是费米子. ^{4}He 原子形成的气体称玻色气体,^{3}He 原子形成的气体称费米气体. 1924年爱因斯坦从理论上证明,理想玻色气

体的温度低到某个温度以下，大量粒子会向最低能量态集中，此称为玻色-爱因斯坦凝聚(简称 BEC). 这个思想一直未在实验上得到证实，虽然人们普遍认为液体^{4}He 的超流动性以及超导体的超导电性与 BEC 密切相关，但终究它们发生在液体和固体中，与理想气体相差甚远，所以从实验上验证 BEC 一直是科学家奋斗之目标. 从 20 世纪 70 年代开始，直至 1995 年才在^{87}Rb(铷)原子气体和^{23}Na 原子气体中观察到玻色-爱因斯坦凝聚，这是科学上的一个伟大成就. 为此，对其冷却原子气体的方法和观察到 BEC 而分别获得了诺贝尔奖. 后来又在^{7}Li 和^{1}H 等原子气体中实现了玻色-爱因斯坦凝聚.

由于理想气体无法得到，但可用中性原子构成的稀薄气体(原子间相互作用很微弱)来实现 BEC. 玻色凝聚的温度很低，约在10^{-7}K 量级. 传统的低温技术达不到，目前只有核自旋体系本身(用核去磁方法)可达到或低于此温度，但用它来冷却样品还只能到 μK 量级. 使稀薄原子气体冷却的方法主要用激光冷却和磁冷却技术. 基本原理是稀薄的单原子气体的内能主要由原子的平动动能决定，即我们在上面得到的公式：

$$\bar{\varepsilon} = \frac{1}{2}m\overline{v^2} = \frac{3}{2}kT$$

从上式可看到，只要把原子的运动速度降下来，就可使气体的温度降下来，这里气体原子的速度和温度均是统计意义上讲的. 另一个技术必须使用，即要把气体原子约束在一个空间，不让它与器壁接触，因器壁处在室温，这可用磁约束技术做到. 还有一个困难是如何在这样低的温度维持原子集的气态？往往这些原子要聚集成固态，这要求气态原子之间的热平衡时间很短，而蒸气变成固体的时间很长，这就可以让气体在很长的时间内保持亚稳态(超饱和蒸气)，使其能达到玻色凝聚.

由于玻色凝聚的温度与原子的质量成反比，所以实验初期使用氢原子(自旋极化氢^{1}H)气体，但后来发现使用重的碱金属原子气体更好，因为蒸气中原子之间的热平衡靠原子的弹性散射，重碱金属原子有大得多的弹性散射速率，热平衡时间短得多，而维持蒸气亚稳态的时间相当长. 因而从 1990 年以后，均使用碱金属原子气体做 BEC 实验，并获得成功.

激光冷却技术用来预冷原子气体至 μK 量级，实验装置的原理如图 9.5(a)中所示. 中间是一个小的玻璃容器，被抽成高真空后，放入少量 Rb 蒸气. 适当极化后的激光束从 6 个方向照进去，加上一个小的磁场梯度(10^{-3}T · cm^{-1})，形成激光势阱. 激光功率只要几个毫瓦，使用二极管激光器. 激光既用来冷却原子，也用来约束原子，当共振的激光照射到原子上，将产生辐射压力，原子被激发，然后衰减，因而散射光子. 每当原子散射一个光子时，由于动量传输原子将经受一个小的反冲力. 为了冷却原子，用多普勒效应，把激光的频率调到原子共振线的红边(即低于共振频率)，若原子对着激光照射的方向运动，从原子看到的光进入共振频率，于是会散射许多光子，原子就受到了与运动方向相反的力，这就降低了原子的速度，因激光束从 6 个方向照射原子，净效应是原子总受到与运动方向相反的力，原子的速度将降下来，从而使原子气体冷却. 加非均匀磁场的目的是使原子能级产生 Zeeman 移动，使辐射压力与空间有关，Zeeman 移动控制着辐射压力，有效地产生一个势场，容纳这些原子，不与器壁接触.

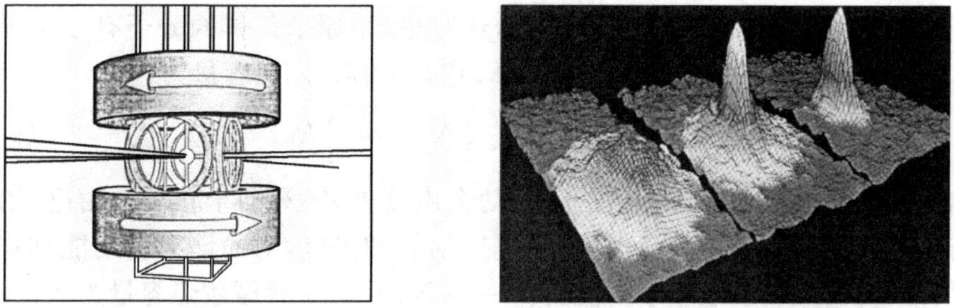

(a) 实验装置

(b) 俘获原子云的二维速度分布图
从左至右：T=200nK,100nK,≈0K

图 9.5　玻色-爱因斯坦凝聚实验中的实验装置和二维速度分布图

接着关闭激光束，用磁俘获和磁冷却技术进一步冷却原子气体. 磁俘获是利用原子的磁偶极矩与一个适当配置的非均匀磁场之间的相互作用，把原子约束在一个磁势阱中. 虽然此作用力很弱，但足以约束激光预冷的原子. 当原子气体约束在磁场产生的势碗中，能量高的原子在碗口，而能量低的原子在碗底，允许能量最大的那些原子溢出碗边，留下来的原子就更冷. 然后改变势阱的高度，随气体的冷却而下降，从而可连续冷却至越来越低的温度. 达到玻色凝聚的温度.

下面看一下如何测量原子气体的温度和它的速度分布，如果速度为零就得到动量空间的凝聚. 而温度也可从测量未凝聚的原子气体的速度得到. 从公式 $\frac{1}{2}m\overline{v_x^2}=\frac{1}{2}kT$ 来估计一下铷原子气体的温度与对应的原子的平均运动速度，当 $T=300\text{K}$ 时，铷原子的热运动速度约为 $10^4\text{cm}\cdot\text{s}^{-1}$；而当 $T=1\mu\text{K}=10^{-6}\text{K}$ 时，原子的热运动速度就降到 $1\text{cm}\cdot\text{s}^{-1}$，当 $T=10\text{nK}=10^{-8}\text{K}$ 时，原子的热运动速度仅 $0.1\text{cm}\cdot\text{s}^{-1}$.

实验上采用吸收成像的方法测量原子的速度. 照相前，突然关掉俘获磁场，让原子云弹道式地膨胀，然后照相. 这种测量是破坏性的，每次要跑掉一些原子，但成像一次仅为 3 分钟. 从成像的数据分析，可得原子云的温度和它的速度分布. 俘获原子云的二维速度分布图见图 9.5(b). 图中左边对应 $T=200\text{nK}$，呈圆的小山，像 Maxwell-Boltzmann 速度分布，此时还未凝聚. 中间的图对应 $T=100\text{nK}$，约有10^4个原子，在圆小丘的顶部有一个尖塔在其中心露出，其速度为零，出现了一些气体原子在动量空间的凝聚. 如果进一步冷却,达到更低的温度,此时只剩下 2000 个原子,表示在右图,小山已全部消失,仅剩很窄的尖塔,这正是期望的玻色凝聚.(注意:温度是由非凝聚的原子的速度测定的.)

9.8 气体热容量

从能量均分定理可得到原子气体的热容量. 单原子气体的分子有三个平动自由度,1mol 气体的内能为:$U=3kN_{\mathrm{A}}T/2$,它的定容摩尔热容量为

$$C_V=\frac{\mathrm{d}U}{\mathrm{d}T}=\frac{3}{2}N_{\mathrm{A}}k=\frac{3}{2}R \tag{9.8.1}$$

对双原子气体,除了质心的三个平动自由度外,还有两个转动自由度(沿分子轴的转动不计)和一个振动自由度(但包括动能和势能,对简谐振动动能和势能相等,故有两份贡献),所以摩尔内能为:$U=7kN_{\mathrm{A}}T/2$,定容摩尔热容量为

$$C_V=\frac{7}{2}N_{\mathrm{A}}k=\frac{7}{2}R \tag{9.8.2}$$

对多原子气体,摩尔内能可写成:$U=(t+r+2s)kN_{\mathrm{A}}T/2$,定容摩尔热容量为

$$C_V=\frac{1}{2}(t+r+2s)N_{\mathrm{A}}k=\frac{1}{2}(t+r+2s)R \tag{9.8.3}$$

其中,t 为质心的平动自由度,r 为转动自由度,s 为振动自由度. 如三原子气体,有

$$C_V=\frac{1}{2}(t+r+2s)R=\frac{1}{2}(3+3+2\times 3)R=6R \tag{9.8.4}$$

以上得到的原子气体的热容量与实验比较发现,能量均分原理不能解释一些比热容数据,比热容理论的难题保留了 20 年,直到量子理论出现后才解释了均分原理的难以理解的失败. 在统计理论中我们将看到,平动自由度可以用经典理论处理,但转动自由度和振动自由度要用量子理论处理. 气体动理论是一个经典理论,进一步的理论见统计物理对热容量的讨论.

第 10 章 气体动理论(Ⅱ)

第 9 章讨论了气体的平衡态性质. 如果气体处在非平衡态，就会发生各种不可逆过程. 系统中存在温度梯度，就有热量(能量)的传递，发生热传导过程；有浓度梯度存在，就有物质的传递，发生扩散过程；有速度梯度存在，就有动量的传递，称黏滞现象；导体中存在电位梯度，就有电荷的传递. 这些过程称为输运过程，是分子间发生碰撞(广义讲谓散射)而引起的. 这里仅用“平均自由程”的概念讨论输运过程，虽然仅能得到半定量的结果，但物理图像清晰，简单明了，它是输运过程的一个初级理论. 有关更高级的理论将在统计物理中讨论.

10.1 平均自由程

气体分子具有一个有限尺寸，其直径为 d. 它们在热运动中不断互相碰撞，在两个碰撞之间匀速直线运动一段距离，称其自由程 λ. 自由程 λ 在气体中是长短不一的，定义平均自由程 $\bar{\lambda}$ 为分子在无碰撞条件下所通过的平均距离. 当压强 p 和温度 T 给定时，它是气体分子的整体特征.

两个粒子碰撞与两个粒子的相对运动有关. 如果用上面分子的平均速率 $\bar{v}\left(\bar{v}=\sqrt{\frac{8kT}{\pi m}}\right)$ 代表各自速度的大小，而以两速度方向的夹角给出相对方向，这两个分子的相对速度 $v_r=2\bar{v}\sin\theta/2$，两个分子的相向碰撞 $\theta=180°$，$v_r=2v$；两个分子的同向碰撞 $\theta=0$，$v_r=0$；由于分子速度遵从麦克斯韦分布，相对速度 v_r 也遵从麦克斯韦分布.

从力学中知，质量为 m_1 和 m_2 的两个粒子的相对运动等效于折合质量为 $m'=m_1m_2/(m_1+m_2)$ 的单粒子运动. 对均匀气体，m_1 等于 m_2，所以 $m'=m/2$. 故理想气体中分子的相对速度分布为

$$F(v_r^2)=\left(\frac{m'}{2\pi kT}\right)^{\frac{3}{2}}\mathrm{e}^{-\frac{m'v_r^2}{2kT}}=\left(\frac{m}{4\pi kT}\right)^{\frac{3}{2}}\mathrm{e}^{-\frac{mv_r^2}{4kT}} \qquad (10.1.1)$$

可得分子的平均相对速度

$$\begin{aligned}\bar{v}_r&=\int_0^{\infty}v_rF(v_r^2)4\pi v_r^2\mathrm{d}v_r\\&=\int_0^{\infty}v_r\left(\frac{m}{4\pi kT}\right)^{\frac{3}{2}}\mathrm{e}^{-\frac{mv_r^2}{4kT}}\cdot 4\pi v_r^2\mathrm{d}v_r\\&=\sqrt{2}\sqrt{\frac{8kT}{\pi m}}=\sqrt{2}\,\bar{v}\end{aligned} \qquad (10.1.2)$$

为了求平均自由程，要先求出平均碰撞频率，即单位时间内，每一个分子所经受的平均碰撞次数 $\bar{z}$. 它与平均自由程 $\bar{\lambda}$ 和分子的平均速率 $\bar{v}$ 的关系为

$$\bar{\lambda} = \frac{\bar{v} \cdot t}{\bar{z} \cdot t} = \frac{\bar{v}}{\bar{z}} \tag{10.1.3}$$

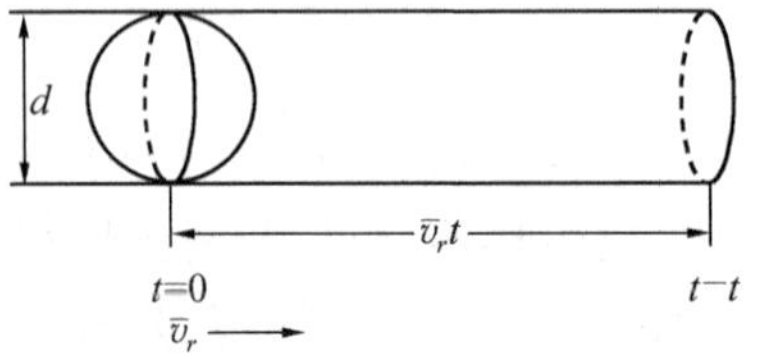

图 10.1 用刚球模型计算碰撞分子数

为求 $\bar{z}$，采用刚球模型，令分子的直径为 d，两分子的质心接近至距离 d 时，就发生碰撞，把 $\sigma = \pi d^2$ 称为碰撞截面（广义上讲称散射截面）. 这样我们可把上述的碰撞做如下等价描述：把考虑的分子，如称 A 分子，看成直径为 d 的球向前运动，把其他分子看成不动的质点，那么 A 分子向前运动的速度应是平均相对速度 $\bar{v}_r$. 跟踪 A 分子，在时间 t 内，与它相撞的分子数为（图 10.1）

$$\sigma \cdot \bar{v}_r t \cdot n = \pi d^2 \bar{v}_r t n$$

其中，n 为单位体积内的分子数，则平均碰撞频率为

$$\bar{z} = \pi d^2 \bar{v}_r t n / t = \pi d^2 \bar{v}_r n \tag{10.1.4}$$

那么平均自由程为

$$\bar{\lambda} = \frac{\bar{v}}{\bar{z}} = \frac{\bar{v}}{\pi d^2 \bar{v}_r n} = \frac{1}{\sqrt{2}\pi d^2 n} = \frac{1}{\sqrt{2} n \sigma} \tag{10.1.5}$$

如果用 $p = nkT$ 代入式(10.1.5)的 n，则可给出 $\bar{\lambda}$ 与压强 p 成反比（当 T 一定）. 当气体的体积固定时，按上述刚球模型，$\bar{\lambda}$ 与温度 T 无关. 但实验上发现，温度升高，$\bar{\lambda}$ 略有增加. 这是因为实际的分子并不是刚球. 从势能曲线可看出，当温度升高时，分子的动能增加，两分子相撞的有效直径 d 将减小，故 $\bar{\lambda}$ 增加.

上面导出的是平均自由程 $\bar{\lambda}$，实际上分子的自由程是不一样长的，也存在一个分布，称自由程分布律. 令 $N(x)$ 为走了 x 的路程还未发生碰撞的分子数，如果再走 $\mathrm{d}x$ 的路程，会发生多少次碰撞. 一个分子在 $\mathrm{d}x$ 的路程上的碰撞数为：$\bar{z}\mathrm{d}x/\bar{v}$，则 N 个分子在 $\mathrm{d}x$ 的路程上的碰撞数为：$N\frac{\bar{z}}{\bar{v}}\mathrm{d}x$. 也就是说，走了 x 的路程还未发生碰撞的分子数是 $N(x)$，走了 $x+\mathrm{d}x$ 路程还未发生碰撞的分子数应减少 $\mathrm{d}N$ 个，所以可得到 $-\mathrm{d}N = N\frac{\bar{z}}{\bar{v}}\mathrm{d}x$，或写成 $\mathrm{d}N = -N\frac{\bar{z}}{\bar{v}}\mathrm{d}x$，$\frac{\mathrm{d}N}{N} = -\frac{\mathrm{d}x}{\bar{\lambda}}$（这里用了 $\bar{\lambda} = \frac{\bar{v}}{\bar{z}}$）. 积分可得

$$N = N_0 \mathrm{e}^{-\frac{x}{\bar{\lambda}}} \tag{10.1.6}$$

其中，N 代表 N_0 个分子中自由程比 x 大的分子数. 还可以换另一种写法：

$$-\mathrm{d}N = N\frac{\bar{z}}{\bar{v}}\mathrm{d}x = \frac{N_0}{\bar{\lambda}}\mathrm{e}^{-\frac{x}{\bar{\lambda}}}\mathrm{d}x \tag{10.1.7}$$

$-\mathrm{d}N$ 是在 $x\sim x+\mathrm{d}x$ 内发生碰撞的分子数(负号表示分子数减少)，或自由程介于 $x\sim x+\mathrm{d}x$ 内的分子数. 式(10.1.6)、式(10.1.7)称为自由程分布律.

10.2 扩　　散

扩散现象从广义上讲是指两种邻接的气体、液体和固体的粒子自发相互渗透及混合. 这里讨论气体中发生的扩散现象. 在实验上遵守菲克定律：

$$M = -D\frac{\mathrm{d}\rho}{\mathrm{d}x} \tag{10.2.1}$$

其中，M 是在单位时间内通过垂直于物质输运方向上(x 方向)的单位面积的质量，ρ 是气体的密度，$\mathrm{d}\rho/\mathrm{d}x$ 为密度梯度，式中负号代表物质输运朝着密度减小的方向进行，D 称扩散系数($\mathrm{m^2\cdot s^{-1}}$). 以上公式还可以用分子数密度来表示，设 n 为单位体积中的分子数(即分子数密度)，m 为一个分子的质量，则 $\rho=nm$，把它代入式(10.2.1)得

$$j_n = \frac{M}{m} = -D\frac{\mathrm{d}n}{\mathrm{d}x} \tag{10.2.2}$$

$j_n=\dfrac{M}{m}$称分子流密度(单位时间内通过 x 方向上的单位面积的分子数).

1. 自扩散

自扩散指单组元气体由于内部密度不均匀，引起分子的运动而趋于均匀. 从分子动理论可导出 D 与分子热运动微观量的平均值的关系

$$D = \frac{1}{3}\bar{v}\,\bar{\lambda} \tag{10.2.3}$$

下面从一个简单模型导出此公式. 如图 10.2 所示，A 平面(处在 $x=x_0$)的左边分子数密度为 n_1，右边为 n_2，且 $n_1>n_2$，n_1 和 n_2 均不随时间变化. 左边分子在 $x_0-\bar{\lambda}$ 处经受碰撞后通过 A 进入右边，成为右边的分子，融入密度为 n_2 的右边气体，而右边的分子亦然. 所以 $x=x_0$ 处的密度梯度可写成

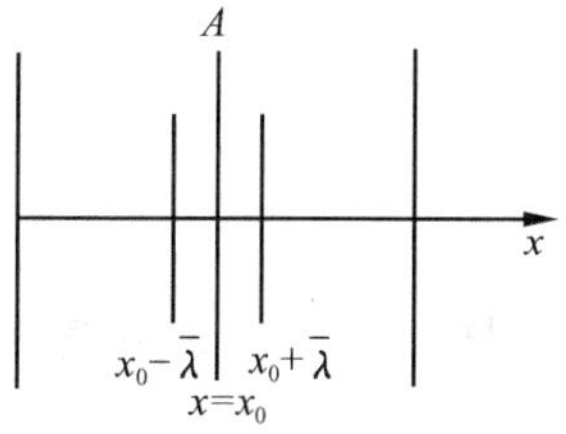

图 10.2　自扩散现象

$$\left(\frac{\mathrm{d}n}{\mathrm{d}x}\right)_{x=x_0} = -\frac{1}{2\bar{\lambda}}(n_{1,x_0-\bar{\lambda}} - n_{2,x_0+\bar{\lambda}}) \tag{10.2.4}$$

在单位时间内通过 A 处单位面积的分子数为

$$j_n = N_1 - N_2 = \frac{1}{6}n_{1,x_0-\bar{\lambda}}\cdot\bar{v} - \frac{1}{6}n_{2,x_0+\bar{\lambda}}\cdot\bar{v}$$

$$= \frac{1}{3}\bar{v}\,\bar{\lambda}\cdot\frac{1}{2\bar{\lambda}}(n_{1,x_0-\bar{\lambda}} - n_{2,x_0+\bar{\lambda}}) = -\frac{1}{3}\bar{v}\,\bar{\lambda}\cdot\frac{\mathrm{d}n}{\mathrm{d}x} \tag{10.2.5}$$

由于分子热运动是无规的，在空间的 6 个方向机会均等，而上面仅考虑一个方向（$+x$ 方向），所以出现系数 1/6. 与式(10.2.2)比较得自扩散系数为

$$D = \frac{1}{3}\bar{v}\,\bar{\lambda} \tag{10.2.6}$$

2. 互扩散

互扩散指两种或两种以上不同的分子组成的混合气体，由于各自的密度不均匀而引起的扩散. 设由两种分子标为 1 和 2 组成的混合气体，它们的密度、平均速度、平均自由程分别为 n_1 和 n_2、$\bar{v}_1$ 和 $\bar{v}_2$、$\bar{\lambda}_1$ 和 $\bar{\lambda}_2$. 若在图 10.2 中，左边代表 1，右边代表 2. n_1 和 n_2 不均匀（是坐标的函数），但混合气体的压强 p 和密度 $n=n_1+n_2$ 是均匀的. 左边分子通过 A 面向右扩散，而右边分子通过 A 面向左扩散. 单位时间内通过单位面积扩散传输的分子数分别为

$$j'_{n1} = -\frac{1}{3}\bar{v}_1\bar{\lambda}_1\cdot\frac{\mathrm{d}n_1}{\mathrm{d}x} \tag{10.2.7}$$

$$j'_{n2} = -\frac{1}{3}\bar{v}_2\bar{\lambda}_2\cdot\frac{\mathrm{d}n_2}{\mathrm{d}x} \tag{10.2.8}$$

由于 $n=n_1+n_2$，则$\frac{\mathrm{d}n_1}{\mathrm{d}x}=-\frac{\mathrm{d}n_2}{\mathrm{d}x}$. 为了保持压强 p 和 n 均匀的条件，以及稳定态的条件 $j'_{n1}+j'_{n2}=0$，则要求 $\bar{v}_1\bar{\lambda}_1=\bar{v}_2\bar{\lambda}_2$. 如果 $\bar{v}_1\bar{\lambda}_1\neq\bar{v}_2\bar{\lambda}_2$，则 p 和 n 均匀的条件与 $j'_{n1}+j'_{n2}=0$ 就不能满足，而要求整个气体以速度 u 运动，$j'_{n1}+j'_{n2}=0$ 要改写成

$$j'_{n1}+j'_{n2}+nu = 0$$

得

$$-nu = -\frac{1}{3}\bar{v}_1\bar{\lambda}_1\cdot\frac{\mathrm{d}n_1}{\mathrm{d}x} - \frac{1}{3}\bar{v}_2\bar{\lambda}_2\cdot\frac{\mathrm{d}n_2}{\mathrm{d}x}$$

$$-nu = \frac{1}{3}(\bar{v}_2\bar{\lambda}_2 - \bar{v}_1\bar{\lambda}_1)\frac{\mathrm{d}n_1}{\mathrm{d}x}$$

$$u = -\frac{1}{3}\left(\frac{\bar{v}_2\bar{\lambda}_2}{n} - \frac{\bar{v}_1\bar{\lambda}_1}{n}\right)\frac{\mathrm{d}n_1}{\mathrm{d}x} \tag{10.2.9}$$

这样真正通过 A 扩散传输的分子数（单位时间内通过单位面积）应分别为

$$j_{n1} = j'_{n1} + n_1 u = -\frac{1}{3}\left(\frac{n_2}{n}\bar{v}_1\bar{\lambda}_1 + \frac{n_1}{n}\bar{v}_2\bar{\lambda}_2\right)\cdot\frac{\mathrm{d}n_1}{\mathrm{d}x}$$

$$j_{n2} = -j_{n1} = -\frac{1}{3}\left(\frac{n_2}{n}\bar{v}_1\bar{\lambda}_1 + \frac{n_1}{n}\bar{v}_2\bar{\lambda}_2\right)\cdot\frac{\mathrm{d}n_2}{\mathrm{d}x}$$

上两式中密度梯度前的系数相同，令

$$D_{12} = \frac{1}{3}\left(\frac{n_2}{n}\bar{v}_1\bar{\lambda}_1 + \frac{n_1}{n}\bar{v}_2\bar{\lambda}_2\right) = \frac{n_2\bar{v}_1\bar{\lambda}_1 + n_1\bar{v}_2\bar{\lambda}_2}{3(n_1+n_2)} \tag{10.2.10}$$

上式的 D_{12} 称两种气体的互扩散系数. 假如 n_1 很小, $n_2 \approx n$, 则 $D_{12}=\frac{1}{3}\bar{v}_1\bar{\lambda}_1=D$, 此时互扩散系数就等于自扩散系数.

10.3 热 传 导

前面已讲过，传递热量有三种方式：传导传热、对流传热和辐射传热. 传导传热通过介质传递热量，可在气体、液体和固体中发生，对流传热发生在气体和液体中，辐射传热则无需通过介质.

本节仅讨论气体中的传导传热. 气体中存在温度梯度时，就会发生热量的传递，热量从高温端传至低温端. 实验上发现在单位时间内通过单位面积传递的热量与温度梯度成正比，称傅里叶定律：

$$j_q=\frac{\mathrm{d}Q}{\mathrm{d}S\mathrm{d}t}=-\kappa\frac{\mathrm{d}T}{\mathrm{d}x} \tag{10.3.1}$$

其中，κ 称热传导系数($\mathrm{W\cdot m^{-1}\cdot K^{-1}}$)，可从分子动理论导出.

与讨论自扩散情况类似，设 A 面左边温度为 T_1，右边温度为 T_2，且 $T_1>T_2$，温度梯度可表示成

$$\left(\frac{\mathrm{d}T}{\mathrm{d}x}\right)_{x=x_0}=-\frac{1}{2\bar{\lambda}}(T_{1,x_0-\bar{\lambda}}-T_{2,x_0+\bar{\lambda}})=-\frac{T_1-T_2}{2\lambda} \tag{10.3.2}$$

每个分子的平均热运动能量的公式为

$$\varepsilon=\frac{1}{2}(t+r+2s)kT$$

则在 $+x$ 方向通过 A 面传递的热量(单位时间内通过单位面积)为

$$\begin{aligned}j_q&=N_1\cdot\frac{1}{2}(t+r+2s)kT_1-N_2\cdot\frac{1}{2}(t+r+2s)kT_2\\&=\frac{1}{6}n_1\bar{v}_1\cdot\frac{1}{2}(t+r+2s)kT_1-\frac{1}{6}n_2\bar{v}_2\cdot\frac{1}{2}(t+r+2s)kT_2\\&=\frac{1}{6}\bar{v}n\cdot\frac{1}{2}(t+r+2s)k(T_1-T_2)\end{aligned} \tag{10.3.3}$$

式(10.3.3)假定 $n_1\bar{v}_1=n_2\bar{v}_2=n\bar{v}$，在温差小的情况下是可以的. 再利用热容量公式

$$C_V=\frac{1}{2}(t+r+2s)Nk$$

那么，单位质量的比热容为

$$c_V=\frac{C_V}{M}$$

用式(10.3.3)和温度梯度的表达式(10.3.2)代入可得

$$j_q=-\frac{1}{3}n\bar{v}\bar{\lambda}\cdot\frac{1}{2}(t+r+2s)k\cdot\frac{\mathrm{d}T}{\mathrm{d}x}=-\frac{1}{3}\rho\bar{v}\bar{\lambda}c_V\cdot\frac{\mathrm{d}T}{\mathrm{d}x} \tag{10.3.4}$$

得到热传导系数

$$\kappa = \frac{1}{3}\rho \bar{v}\ \bar{\lambda} c_V \tag{10.3.5}$$

热传导公式还可以推广到三维空间,即

$$\boldsymbol{j}_q = -\kappa \nabla T \qquad (\text{这里 } \boldsymbol{j}_q \text{ 为矢量}) \tag{10.3.6}$$

10.4 黏滞系数

流体(气体和液体)中如果存在速度梯度,则在不同速度层之间的分子会交换动量,即流动速度大的层会向流动速度小的层施加一个力,使速度小的层加速,而流动速度小的层会向流动速度大的层施加一个反向力,使速度大的层减慢,这称为内摩擦或黏滞性. 此现象称黏滞现象,它遵守牛顿黏滞定律.

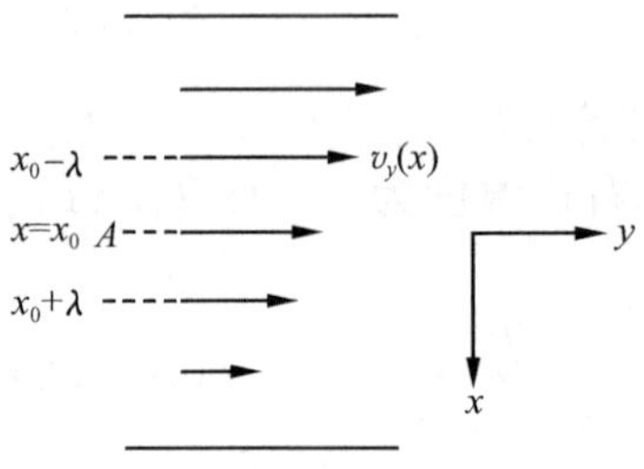

图 10.3 流体中存在速度梯度引起动量输运

如果流速取 y 方向为 v_y,它在 x 方向存在梯度,v_y 是 x 的函数 $v_y(x)$,速度梯度可表示成 $\frac{\mathrm{d}v_y(x)}{\mathrm{d}x}$,如图 10.3 所示. 在 $x=x_0$ 处取一个假想平面 A,它的法线方向是 x 方向,用 p_{xy} 表示上边速度大的气体施于下边速度小的气体在 A 的单位面积上的作用力,则牛顿黏滞定律可表示为

$$p_{xy} = -\eta \frac{\mathrm{d}v_y(x)}{\mathrm{d}x} \tag{10.4.1}$$

其中,η 称为黏滞系数(单位 Pa·s 或 $\mathrm{N \cdot m^{-2} \cdot s}$).

式(10.4.1)还可以用动量流密度(单位时间内通过单位面积输运的动量)P_{xy}(也称黏滞胁强)来表示

$$P_{xy} = -\eta \frac{\mathrm{d}v_y(x)}{\mathrm{d}x} \tag{10.4.2}$$

这里用了动量定律($\mathrm{d}p = F \cdot \mathrm{d}t$).

下面用分子运动的观点来导出此定律,并给出 η 的表达式. 与前面一样,在 $x=x_0$ 处的速度梯度可表示为

$$\left(\frac{\mathrm{d}v_y(x)}{\mathrm{d}x}\right)_{x=x_0} = \left(\frac{\mathrm{d}v}{\mathrm{d}x}\right)_{x=x_0} = -\frac{1}{2\bar{\lambda}}(v_{x_0-\bar{\lambda}} - v_{x_0+\bar{\lambda}}) \tag{10.4.3}$$

一个分子从上边通过 A 面进入下边受到下边分子碰撞后动量的变化为

$$\mathrm{d}p' = m(v_{x_0-\bar{\lambda}} - v_{x_0+\bar{\lambda}}) = -m \cdot 2\bar{\lambda}\left(\frac{\mathrm{d}v}{\mathrm{d}x}\right)_{x=x_0}$$

在单位时间内通过在 A 面的单位面积到下边的分子数($+x$ 方向)为 $\frac{1}{6}n\bar{v}$,所以在

单位时间内通过单位面积输运的动量为

$$P_{xy}=-\frac{1}{6}n\bar{v}\cdot m2\bar{\lambda}\frac{\mathrm{d}v}{\mathrm{d}x}=-\frac{1}{3}nm\bar{v}\bar{\lambda}\frac{\mathrm{d}v_y(x)}{\mathrm{d}x} \tag{10.4.4}$$

与式(10.4.2)比较可得

$$\eta=\frac{1}{3}nm\bar{v}\bar{\lambda}=\frac{1}{3}\rho\bar{v}\bar{\lambda} \tag{10.4.5}$$

10.5 输运系数之间的关系

从上面的讨论得到的输运系数为：$D=\frac{1}{3}\bar{v}\bar{\lambda}$，$\kappa=\frac{1}{3}\rho\bar{v}\bar{\lambda}c_V$，$\eta=\frac{1}{3}\rho\bar{v}\bar{\lambda}$，在三个输运系数之间存在简单的关系

$$\eta=\rho D,\qquad \frac{\kappa}{\eta c_V}=1 \tag{10.5.1}$$

由于气体的密度 ρ 和比热容 c_V 是已知的，所以只要知道一个输运系数的值，就可求出其他两个.

另外，假如知道了三个输运系数的值，就可以得到气体微观量的有关数据. 如平均自由程、分子有效直径等. 为了做到这点，把三个输运系数的公式化一下. 用

$$\rho=nm,\quad p=nkT,\quad \bar{v}=\sqrt{\frac{8kT}{\pi m}},\quad \bar{\lambda}=\frac{1}{\sqrt{2}\sigma n}$$

代入三个输运系数中，可得

$$D=\frac{1}{3}\bar{v}\bar{\lambda}=\frac{1}{3}\sqrt{\frac{4kT}{\pi m}}\frac{1}{n\sigma}=\frac{1}{3}\sqrt{\frac{4k^3}{\pi m}}\frac{T^{\frac{3}{2}}}{p\sigma} \tag{10.5.2}$$

$$\kappa=\frac{1}{3}\rho\bar{v}\bar{\lambda}c_V=\frac{1}{3}\sqrt{\frac{4km}{\pi}}\cdot c_V\frac{T^{\frac{1}{2}}}{\sigma} \tag{10.5.3}$$

$$\eta=\frac{1}{3}\rho\bar{v}\bar{\lambda}=\frac{1}{3}\sqrt{\frac{4km}{\pi}}\frac{T^{\frac{1}{2}}}{\sigma} \tag{10.5.4}$$

从上面的表示式可以看出，扩散系数 D 与压强 p 或 n 成反比，而热导系数 κ 和黏滞系数 η 与压强无关. 黏滞系数 η 与压强无关的结论是由麦克斯韦得到的. 这可理解为：压强增加一倍(温度不变)，参与动量传输的粒子也增加一倍；但另一方面，在无碰撞下分子运行的路程 $\bar{\lambda}$ 减小了一半，从公式 $\mathrm{d}p'=m(v_{x_0-\bar{\lambda}}-v_{x_0+\bar{\lambda}})=-m\cdot 2\bar{\lambda}\left(\frac{\mathrm{d}v}{\mathrm{d}x}\right)_{x=x_0}$ 可看到，动量交换也减小了一半，所以两者作用相消，故动量传输与压强无关. 同理也可解释热导系数 κ 与压强无关.

以上的公式对稀薄气体要作修正. 所谓稀薄气体是指气体的密度很低，分子的平均自由程 $\bar{\lambda}$ 与容器的尺度 d 可比拟，此时称真空. 当 $\bar{\lambda}\gg d$，谓超高真空

($\leqslant 10^{-8}$mmHg);当 $\bar{\lambda}>d$,谓高真空($10^{-3}\sim10^{-7}$mmHg);当 $\bar{\lambda}\leqslant d$,谓中等真空($1\sim10^{-3}$mmHg);而 $\bar{\lambda}\ll d$,谓低真空($760\sim1$mmHg).(注意:1mmHg = 133.322Pa).只有前三类的真空度的气体才与非稀薄气体的性质不同.

在稀薄气体中,当气体密度减小到 $\bar{\lambda}$ 不再变化时,传输动量和传输能量仅靠分子与器壁的碰撞,而不是分子之间的碰撞.所以,在黏滞现象中传输动量的粒子数随之减少,故黏滞系数 $\eta\propto n$(或 p);在热传导过程中,气体密度减小时,传输能量的粒子数也随之减少,热传导系数 $\kappa\propto n$(或 p).

在超高真空情况下,热传导和黏滞性小到可忽略.

如果是金属中的电子(电子气),电传导也是一个不可逆过程,它由欧姆定律描述,即

$$j=-\sigma_e\frac{\mathrm{d}V_e}{\mathrm{d}x} \tag{10.5.5}$$

其中,$\mathrm{d}V_e/\mathrm{d}x$ 是电位梯度,σ_e 为电导率.金属中电子的电导率 σ_e 与热导率 κ 之间存在一个关系,称维德曼-弗兰兹(Wiedemann-Franz)定律,即

$$\frac{\kappa}{\sigma_e T}=\frac{\pi^2}{3}\left(\frac{k_\mathrm{B}}{e}\right)^2 \tag{10.5.6}$$

其中,k_B 为玻尔兹曼常量(为了和热导率 κ 区别,这里玻尔兹曼常量用 k_B 表示),此关系式要从量子统计导出(见后面章节),它在研究金属的输运性质时有很大用处.如果从电子的经典理论出发,洛伦茨(Lorenz)给出的关系为

$$\frac{\kappa}{\sigma_e T}=2\left(\frac{k_\mathrm{B}}{e}\right)^2 \tag{10.5.7}$$

与上式相比差别甚小.

习题与答案

第 1 章

1.1 华氏温标取水的冰点为 32℉,水的沸点为 212℉.摄氏温标取水的冰点为 0℃,水的沸点为 100℃.试导出华氏温标与摄氏温标的换算关系;并计算在什么温度下华氏温标和开氏温标有相同的温度读数.

$\left(答案:t/℃=\dfrac{5}{9}(t/℉-32);T'=574.59/\mathrm{K}=574.59/℉\right)$

1.2 定义温标 t^* 与测温物质的性质 x 之间的关系为

$$t^* = \ln(kx)$$

其中,k 为常数,求:

(1) 设 x 为定容稀薄气体的压强,并假定水的三相点为 $t^*=273.16℃$,试确定温标 t^* 与热力学温标之间的关系.

(2) 在温标 t^* 中,冰点和汽点各为多少度?

(3) 在温标 t^* 中是否存在零度?

(答案:(1)$t^*=273.16-\ln 273.16+\ln T$;(2)$t^*$(冰点)$\approx 273.16\mathrm{K}$;$t^*$(沸点)$\approx 273.47\mathrm{K}$;(3)$t^*=0$ 时,$T\approx 0\mathrm{K}$)

1.3 在容积为 V 容器中,盛有待测的气体,其压强为 p_1,测得重量为 G_1.然后放掉一部分气体,使气体的压强降至 p_2,再测得重量为 G_2.若放气前后的温度 T 不变,求该气体的摩尔质量 μ;如果气体的压强为 p 时,气体的密度 ρ 为多少?

$\left(答案:\mu=\dfrac{G_1-G_2}{p_1-p_2}\dfrac{RT}{Vg}=\dfrac{\Delta G RT}{\Delta p Vg},g\ 为重力加速度;\rho=\dfrac{\Delta G}{Vg}\dfrac{p}{\Delta p}\right)$

1.4 容积为 $2500\mathrm{cm}^3$ 的烧瓶内有 1.0×10^{15} 个氧分子、4.0×10^{15} 个氮分子和 $3.3\times10^{-7}\mathrm{g}$ 的氩气.设混合气体的温度为 150℃,求混合气体的压强.

(答案:$p=0.0233\mathrm{Pa}$)

1.5 一机械泵的转速为 $\omega(\mathrm{r\cdot min^{-1}})$,每分钟能抽出气体 $c(\mathrm{L})$.设一容器的体积为 $V(\mathrm{L})$,问要抽多长时间才能使容器内的压强由 p_0 降至 $10^{-2}p_0$?

$\left(答案:t=\dfrac{V}{c}\ln\dfrac{p_0}{p},注意:\dfrac{c}{\omega}\ll V\right)$

1.6 试求理想气体和范德瓦耳斯气体的定容压力系数 $\beta=\dfrac{1}{p}\left(\dfrac{\partial p}{\partial T}\right)_V$.

$\left(答案:\beta_1=\dfrac{1}{T};\beta_2=\dfrac{1}{T}\left(1+\dfrac{a}{pV^2}\right),1\mathrm{mol};\beta_2=\dfrac{1}{T}\left(1+\dfrac{n^2a}{pV^2}\right),n\mathrm{mol}\right)$

1.7 某液体从 0℃加热到 100℃,其压强增加 2atm,体积不变.若该液体的等温压缩系数是

$4.5\times10^{-5}\,\text{atm}^{-1}$，求体膨胀系数.设等温压缩系数和体膨胀系数均为常数.

$\left(\text{答案:}\alpha=\kappa\dfrac{\Delta p}{\Delta T}=9.0\times10^{-7}\,\text{K}^{-1}\right)$

1.8　假设在压力不太高的情况下，1mol 实际气体的物态方程可表示为

$$pV=RT\left(1+\frac{B_1}{V}\right)$$

其中，B_1 仅是温度的函数，试求此气体的定压膨胀系数和等温压缩系数，并证明 $V\to\infty$ 的极限情况下，它们分别趋于理想气体的相应的系数.

$$\left(\text{答案:}\alpha=\frac{1+\dfrac{B_1}{V}+\dfrac{T}{V}\dfrac{\mathrm{d}B_1}{\mathrm{d}T}}{T+2T\dfrac{B_1}{V}},V\to\infty,\alpha=\frac{1}{T};\kappa=\frac{1+\dfrac{B_1}{V}}{p+2p\dfrac{B_1}{V}},V\to\infty,\kappa=\frac{1}{p}\right)$$

1.9　某一气体的定压膨胀系数和等温压缩系数分别为

$$\alpha=\frac{nR}{pV},\quad \kappa=\frac{1}{p}+\frac{a}{V}$$

其中，n、R 和 a 都是常数.试求此气体的物态方程.

$\left(\text{答案:}pV=nRT-\dfrac{1}{2}ap^2\right)$

1.10　已知 1mol 某物质的定压膨胀系数和定容压力系数分别为

$$\alpha=\frac{R}{pV},\quad \beta=\frac{1}{T}$$

求该物质的物态方程.

(答案：$p(V-b)=RT$)

1.11　简单固体和液体的体胀系数 α 和压缩系数 κ 的数值都很小，在一定的温度范围内可以把 α 和 κ 看成常数.试证明简单固体和液体的物态方程可以表示为

$$V(T,p)=V_0(T_0,0)[1+\alpha(T-T_0)-\kappa p]$$

1.12　假如某一物质的定压温标和定容温标相等，证明这一物质的物态方程为

$$\theta=\alpha(p+a)(V+b)+C$$

其中，θ 为这一物质的定压温度计和定容温度计所测得的共同温度，a、b、c、α 均是常数.

$\left(\text{提示:先证明}\dfrac{\partial^2\theta}{\partial p^2}=0,\dfrac{\partial^2\theta}{\partial V^2}=0\right)$

1.13　实验发现橡皮带有

$$\left(\frac{\partial t}{\partial L}\right)_T=AT\left[1+2\left(\frac{L_0}{L}\right)^3\right];\quad \left(\frac{\partial t}{\partial T}\right)_L=AL\left[1-\left(\frac{L_0}{L}\right)^3\right]$$

其中，t 为张力，L_0 为无张力时的带长，A 为常数.(a)计算 $\left(\dfrac{\partial L}{\partial T}\right)_t$，并讨论其意义；(b)求物态方程.

$$\left(\text{答案:}\left(\frac{\partial L}{\partial T}\right)_t=-\frac{L\left[1-\left(\dfrac{L_0}{L}\right)^3\right]}{T\left[1+2\left(\dfrac{L_0}{L}\right)^3\right]};\text{物态方程:}t=AT\left[\frac{L}{L_0}-\left(\frac{L_0}{L}\right)^2\right]\right)$$

1.14 已知

$$\left(\frac{\partial p}{\partial T}\right)_V=\frac{R}{V-b}\quad\left(\frac{\partial p}{\partial V}\right)_T=\frac{2a}{V^3}-\frac{RT}{(V-b)^2}$$

其中，a 和 b 是常数，证明该物态方程是范德瓦耳斯方程.

第 2 章

2.1 理想气体的初始状态为：$p_i=1.0\times10^5\text{Pa}$，$T_i=300\text{K}$，$V_i=1.0\text{m}^3$，求下列过程中气体所做的功：

(1) 等压膨胀到体积 $V_f=2.0\text{m}^3$；

(2) 等温膨胀到体积 $V_f=2.0\text{m}^3$；

(3) 等容加压到压强 $p_f=2.0\times10^5\text{Pa}$.

(答案：(1) $1.0\times10^5\text{J}$；(2) $\ln2\times10^5\text{J}$；(3) 0)

2.2 1mol 的某种实际气体遵守以下状态方程：$p(V-b)=RT$，其中 b 为分子体积的修正，$0<b<V$. 导出该气体从初态的体积 V_i 准静态地等温膨胀到终态的体积 V_f 时，外界对气体所做的功；并与理想气体作比较，外界对气体所做的功是多了还是少了？

(答案：外界对实际气体所做的功为：$-RT\ln\dfrac{V_f-b}{V_i-b}$；比外界对理想气体所做的功少.)

2.3 1mol 的范德瓦耳斯气体从体积 V_i 等温膨胀到终态的体积 V_f，求外界对气体所做的功.

$\left(\text{答案：}a\left(\dfrac{1}{V_f}-\dfrac{1}{V_i}\right)-RT\ln\dfrac{V_f-b}{V_i-b}\right)$

2.4 一个 p-V 系统做如习题 2.4 图的一个循环 $abca$，计算各个过程 ab、bc、ca 和循环过程 $abca$ 中，系统对外界做的功.

(答案：用 p-V 图上的面积法求功. $W_{ab}=1.35\times10^{-2}\text{J}$，$W_{bc}=-6\times10^{-3}\text{J}$，$W_{ca}=0$，$W_{abca}=7.5\times10^{-3}\text{J}$)

2.5 设理想气体系统在习题 2.5 图中的 p-V 图上有 5 个过程：两个等压过程、两个等容过程和一个 ac 过程，ac 延长线过坐标原点. 试在 p-T 图上和 V-T 图上画出相应的 5 个过程.

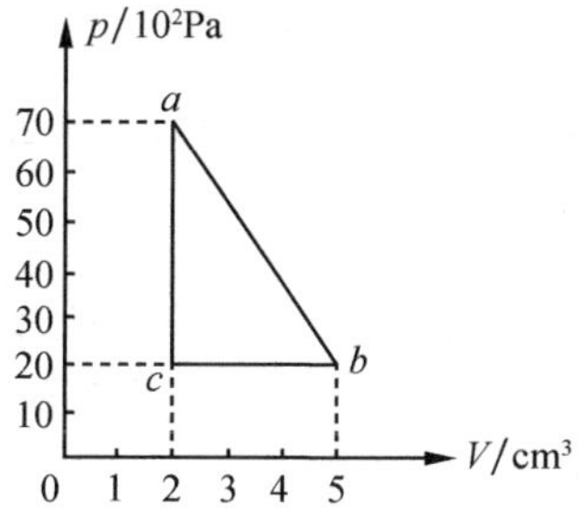

习题 2.4 图

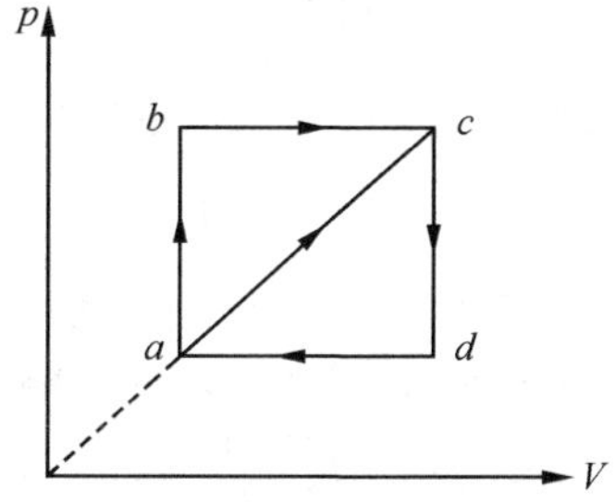

习题 2.5 图

2.6 在 0℃和 1atm 下，空气的密度为 $1.29\text{kg}\cdot\text{m}^{-3}$，比热容 $C_p=9.963\times10^2\text{J}\cdot\text{kg}^{-1}\cdot\text{K}^{-1}$，$\gamma=C_p/C_V=1.41$. 现有 27m^3 的空气，分别进行下列过程，求所需的热量：

(1) 空气的体积不变,将它从 0℃加热到 20℃;

(2) 空气的压强不变,将它从 0℃加热到 20℃;

(3) 若容器有裂缝,外界压力为 1atm,使空气从 0℃缓慢加热到 20℃.

$\left(答案:(1)Q_1=4.92\times10^5\text{J};(2)Q_2=6.94\times10^5\text{J};(3)Q_3=\dfrac{pV\mu C_p}{R}\int_{T_i}^{T_f}\dfrac{\mathrm{d}T}{T}=6.72\times10^5\text{J}\right)$

2.7 低温下固体的比热容由德拜公式给出:$C=A\left(\dfrac{T}{\theta_D}\right)^3$,其中 A 为常数,θ_D 为德拜温度.若某固体的 $A=1.94\text{kJ}\cdot\text{mol}^{-1}\cdot\text{K}^{-1}$,$\theta_D=300\text{K}$.试计算 500mol 的固体等容条件下,从 5K 加热到 10K 需吸收多少热量?

(答案:84.2J)

2.8 1mol 单原子理想气体经历如习题 2.8 图所示的循环,其中 AB 为等温过程.已知 $V_C=3\text{L}$,$V_B=6\text{L}$,设气体的摩尔定容热容量 $C_V=\dfrac{3}{2}R$,求该循环的效率.

(答案:$\eta=13.4\%$)

2.9 理想气体执行一个由两个等压过程和两个绝热过程所组成的循环过程(习题 2.9 图),设气体的定压比热容为常数.(1)证明该循环的效率为:$\eta=1-\dfrac{T_1}{T_2}$;(2)设 $T_1=27℃$,$T_2=127℃$,问燃烧 50kg 汽油可得多少功?汽油的燃烧值为 $4.69\times10^7\text{J}\cdot\text{kg}^{-1}$(气体可看作理想气体).

(答案:(1)略;(2)$W=5.86\times10^8\text{J}$)

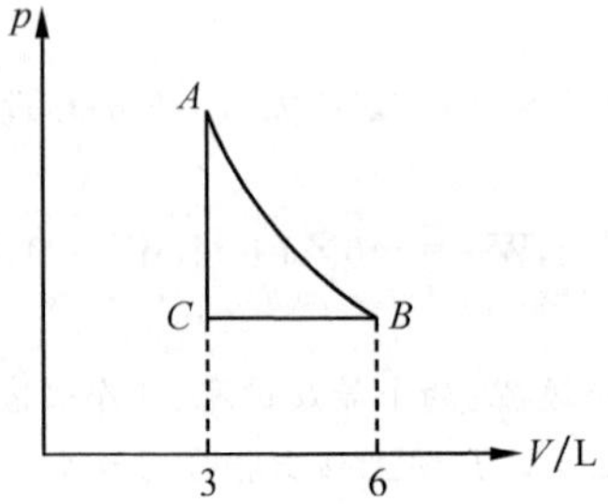

习题 2.8 图

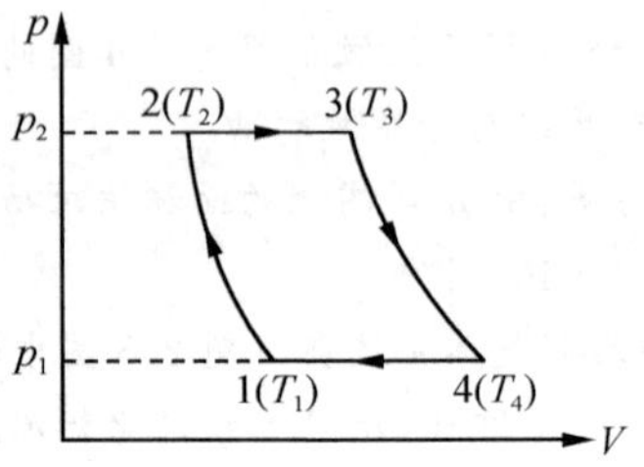

习题 2.9 图

2.10 理想气体执行一个由两个等压过程和两个等温过程所组成的制冷循环(习题 2.10 图),证明该循环的制冷系数为:$\varepsilon=\dfrac{T_1}{T_2-T_1}$.

2.11 奥托循环(Otto cycle),是定容加热循环,它是四冲程火花塞点燃式汽油发动机之循环.它的理想循环由两个绝热过程和两个等容过程组成(习题 2.11 图),求此循环的效率 η.

$\left(答案:\eta=1-\left(\dfrac{V_2}{V_1}\right)^{\gamma-1}=1-\dfrac{1}{r^{\gamma-1}},其中,r=\dfrac{V_1}{V_2}为压缩比\right)$

2.12 狄塞尔循环(Diesel cycle),是定压加热循环,它是四冲程压燃式柴油机的工作循环.它的理想循环由两个绝热过程、一个等容过程和一个等压过程组成(习题 2.12 图),求此循环的效率 η.

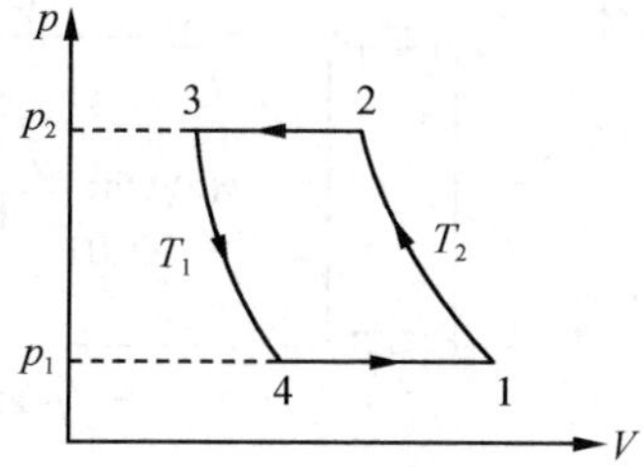

习题 2.10 图

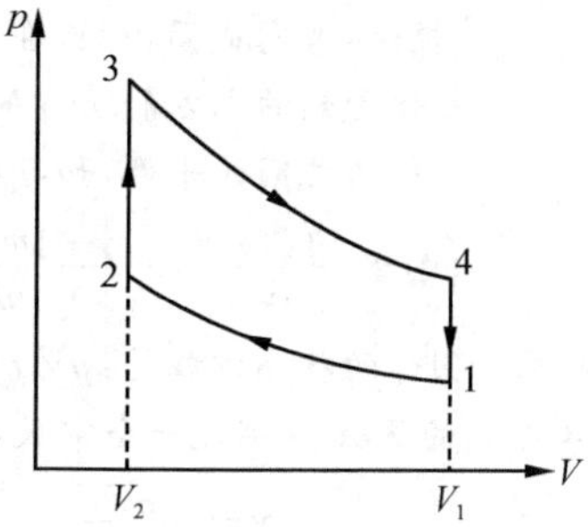

习题 2.11 图

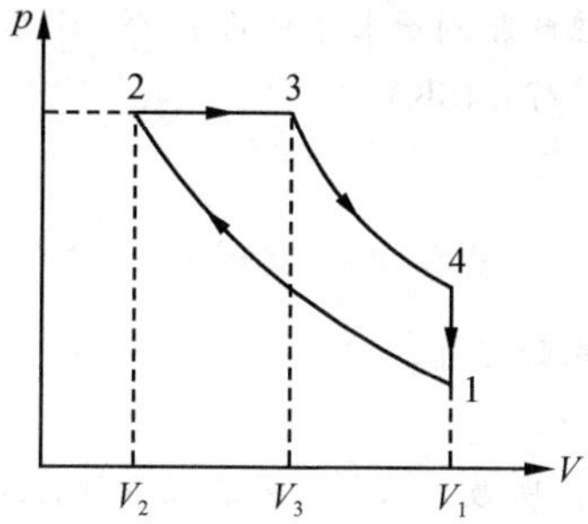

习题 2.12 图

$\left(\text{答案}:\eta=1-\dfrac{1}{\gamma}\left(\dfrac{V_2}{V_1}\right)^{\gamma-1}\cdot\left[\left(\dfrac{V_3}{V_2}\right)^{\gamma}-1\right]\Big/\left(\dfrac{V_3}{V_2}-1\right)=1-\dfrac{1}{\gamma}\cdot\dfrac{1}{r^{\gamma-1}}\cdot\dfrac{\rho^{\gamma}-1}{\rho-1}\right.$，其中，$r=\dfrac{V_1}{V_2}$为压缩比，$\rho=\dfrac{V_3}{V_2}$为定压膨胀比$\Big)$

2.13 一个具有绝热壁的金属容器内盛有 $n_i$mol 高压氦气，其压力为 P_i，此容器通过一活门和一个很大的气瓶相连，气瓶内压力保持在定压 P_0，并和大气压非常接近. 将活门打开，让氦气缓慢地、绝热地流入气瓶内，直到活门两边的压力相等为止，试证

$$u_i-\frac{n_f}{n_i}u_f=\left(1-\frac{n_f}{n_i}\right)h$$

其中，n_f 是留在金属容器内的氦的物质的量，u_i 是金属容器内 1mol 氦的初始内能，u_f 是它的最后内能，h 是气瓶内 1mol 氦的焓.

2.14 1mol 范德瓦耳斯气体的内能为 $u=cT-a/V$(a，c 为常数)，计算 C_V 和 C_p.

$$\left(\text{答案}:C_V=c;C_p=c+\frac{R}{1-\dfrac{2a(V-b)^2}{RTV^3}}\right)$$

2.15 对理想顺磁体，试求其比热容差 C_H-C_M，其中 C_H 和 C_M 为磁场强度不变和磁化强度不变的比热容.

$$\left(\text{答案}:C_H-C_M=\frac{\mu_0 cH^2}{T^2}=\frac{\mu_0 M^2}{c}=\frac{\mu_0 MH}{T}\right)$$

2.16 假设地球的大气没有对流、风等因素的影响，也无重力变化，而且是完全绝热的气体，证明大气的温度随高度线性减小.

(提示:考虑截面为 A,在 $z\sim z+dz$ 的空气圆柱体受到的上方和下方的压力和气体的重力三个力之间的平衡,如习题 2.16 图所示)

$\left(答案:\dfrac{dT(z)}{dz}=-\dfrac{\gamma-1}{\gamma}\dfrac{mg}{nR}<0\right)$

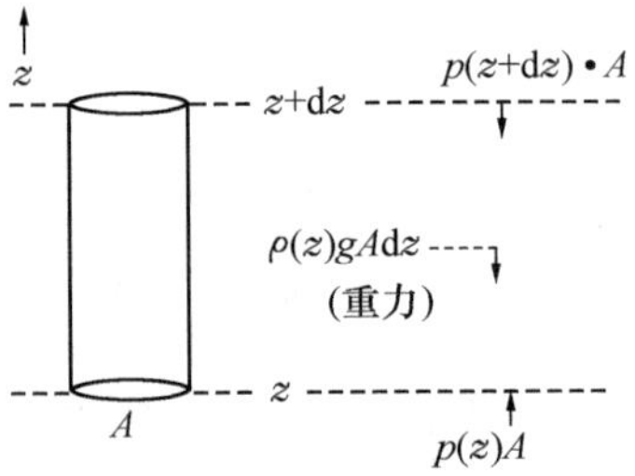

习题 2.16 图

2.17 单原子固体的物态方程是:$pV+G=\gamma U$,U 为内能,G 只是 V 的函数,γ 则是一个常数,证明

$$\gamma=\frac{\alpha V}{C_V\cdot\kappa}$$

其中,α 是等压膨胀系数,κ 为等温压缩系数.

2.18 处于 0℃的理想气体,绝热膨胀到原来体积的 10 倍,计算气体温度的变化.

(答案:$\Delta T=(10^{1-\gamma}-1)\times 273.15\text{K}$)

2.19 理想气体经历下列循环过程:

(1) 经一个多方过程 $pV^n=C$ 由体积 V_2 变到 $V_1=\dfrac{V_2}{b}$(b 为常数);

(2) 体积不变,冷却到原来的温度;

(3) 等温膨胀到原来的体积.

试证明在循环过程中,气体所做的功与压缩过程中所做的功之比为

$$1-\frac{(n-1)\ln b}{b^{n-1}-1}$$

2.20 证明:当 γ 为常数时,一个理想气体在某一过程中的热容量若是常数,则此过程是多方过程.

2.21 声音在气体中传播的速度为 $C=\sqrt{\left(\dfrac{\partial P}{\partial\rho}\right)_S}$,$\rho$ 为气体的密度,设气体的分子量为 M,证明 1mol 气体的内能和焓为

$$u=\frac{MC^2}{\gamma(\gamma-1)},\quad h=\frac{MC^2}{\gamma-1}$$

假设气体可以作为理想气体.

2.22 有一热泵在温度为 T 的物体和温度为 T_0 的热源间工作,热泵消耗功率为 W,物体每秒散热为 $\alpha(T-T_0)$,求平衡温度(α 为常数).

$\left(答案:平衡温度\ T_e=T_0+\dfrac{W}{2\alpha}\left(1+\sqrt{1+\dfrac{4\alpha T_0}{W}}\right)\right)$

2.23 试用卡诺循环方法,证明黑体辐射能量密度 $U\propto T^4$.(提示:用微卡诺循环)

第 3 章

3.1 把盛有 1mol 理想气体的容器等分成 100 个小格,如果分子在容器中任何一个区域内的概率都相等.试计算所有分子都跑进一个小格中的概率.并由此说明自由膨胀过程的不可逆性.

(答案:$P_N=10^{-12\times 10^{23}}$)

3.2 利用关系式$\left(\frac{\partial U}{\partial V}\right)_T=T\left(\frac{\partial p}{\partial T}\right)_V-p$,证明焦汤系数$\mu=\left(\frac{\partial T}{\partial p}\right)_H=\frac{1}{C_p}\left[T\left(\frac{\partial V}{\partial T}\right)_p-V\right]$.

3.3 1mol 范德瓦耳斯气体,体积从V_1等温膨胀到V_2,求其内能的变化.

$\left(\text{答案}:\Delta U=a\left(\frac{1}{V_1}-\frac{1}{V_2}\right)\right)$

3.4 一理想气体的熵表示为

$$S=\frac{n}{2}\left(a+5R\ln\frac{U}{n}+2R\ln\frac{V}{n}\right)$$

其中,n为物质的量,a为常数,R为气体常数,U为内能,V为体积.

(1) 计算其定容热容量C_V和定压热容量C_p;

(2) 如果有一间漏风的屋子,开始的温度与屋外平衡,为0℃,生炉子后3小时达到21℃,假定屋内空气满足上述熵方程,求屋内气体的内能变化和熵的变化.

$\left(\text{答案}:(1)C_V=\frac{5}{2}nR,C_p=\frac{7}{2}nR;(2)\Delta U=0,\Delta S=n_i\frac{T_1}{T_2}\ln\frac{T_2}{T_1}(n_i\text{ 为 0℃时的物质的量})\right)$

3.5 1mol 某气体的物态方程为:$pV=RT-\frac{a}{V}$,其摩尔比热容c_V为常数,求该气体的摩尔内能u.

$\left(\text{答案}:u(T,V)=c_VT-\frac{a}{V}+u_0\right)$

3.6 从范德瓦耳斯方程($n$mol)和定容热容量C_V导出气体的下列热力学函数的表达式:

(1) 熵:$S(T,V)=\int_{T_0}^{T}\frac{C_V}{T}\mathrm{d}T+nR\ln(V-nb)+S_0$;

(2) 自由能:

$$F(T,V)=U-TS=\int_{T_0}^{T}C_V\left(1-\frac{T}{T'}\right)\mathrm{d}T'-\frac{n^2a}{V}-nRT\ln(V-nb)+F_0;$$

(3) 吉布斯函数:

$$G(T,V)=F+pV$$
$$=\int_{T_0}^{T}C_V\left(1-\frac{T}{T'}\right)\mathrm{d}T'+\frac{nRTV}{V-nb}-\frac{2n^2a}{V^2}-nRT\ln(V-nb)+G_0.$$

3.7 4mol 理想气体从体积V_1膨胀到$V_2=2V_1$.(1)假定膨胀是在$T=400\mathrm{K}$等温下进行的,求气体膨胀所做的功;(2)求气体熵的变化;(3)假定气体经可逆绝热膨胀从(T,V_1)到达V_2,求气体所做的功和熵的变化,设$\gamma=1.4$.

(答案:(1)$W=9.22\times10^3\mathrm{J}$;(2)$\Delta S=23.04\mathrm{J\cdot K^{-1}}$;(3)$W=8.05\times10^3\mathrm{J}$;$\Delta S=0$)

3.8 一个质量有限的物体,初始温度为T_1,热源温度为T_2,且$T_1>T_2$.今有一热机在物体和热源之间进行无限小的循环操作,直到把物体的温度从T_1降到T_2为止,若热机从物体吸收的热量为Q,试根据熵增原理证明此热机所能做的最大功为:$W_{\max}=Q-T_2(S_1-S_2)$,其中S_1-S_2是物体的熵的减小量.

3.9 试证明在焦耳-汤姆孙实验中,理想气体的熵增量为$S_2-S_1=nR\ln\frac{p_1}{p_2}$,其中$n$为经多孔塞的气体的物质的量.

3.10 一个可逆卡诺机,它的低温热源为−3℃,效率为40%,欲使其效率提高到50%,试问:

(1) 如果低温热源的温度保持不变,则高温热源的温度必须增加多少度?

(2) 如果高温热源的温度保持不变，则低温热源的温度必须降低多少度？

(答案：(1)增加 90K；(2)降低 45K)

3.11　试比较习题 3.11 图（TS 图）中两个循环 $abca$ 和 $adca$ 的循环效率.

(答案：$\eta_{adca}>\eta_{abca}$)

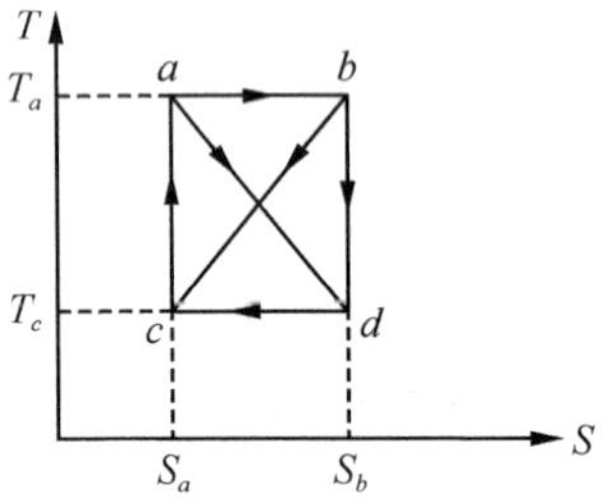

习题 3.11 图

3.12　试计算下列情形气体的熵变：

(1) 1mol 理想气体自由膨胀到原体积的 2 倍；

(2) 两种各有 1mol 的理想气体，初始时它们具有相同的体积和温度，中间用隔板隔开. 现抽掉隔板，使它们混合，并达到平衡时；

(3) 两个体积相等的容器，各装有 1mol 同温度的同种理想气体，两容器用阀门连接，当打开阀门后，求气体熵的变化.

(答案：(1)$\Delta S_a=R\ln2$；(2)$\Delta S_b=2R\ln2$；(3)$\Delta S_c=0$)

3.13　试证明任何两条绝热曲线都不能相交.（提示：用反证法）

3.14　10kg 20℃的水在等压下化为 250℃的过热蒸汽，已知水的定压比热容为 4187J·kg^{-1}·K^{-1}，蒸汽的定压比热容为 1670J·kg^{-1}·K^{-1}，水的汽化热为 22.5×10^{5}J·kg^{-1}，计算熵的增量.

(答案：$\Delta S=7.6\times10^4$J·K^{-1})

3.15　1kg 温度为 0℃的水与温度为 100℃的大热源接触，使其达到 100℃，计算水的熵变，热源的熵变以及两者的总熵变，水的定压比热容为 4187J·kg^{-1}·K^{-1}.

(答案：水的熵变：$\Delta S=1305$J·K^{-1}，热源的熵变：$\Delta S=-1121$J·K^{-1}，总熵变：$\Delta S=184$J·K^{-1})

3.16　某物质的内能只是温度的函数，线膨胀系数 α 很小，$C_V=bT^3$，在恒压下温度由 T_0 变到 T，求其熵变.

$\left(\text{答案：}\Delta S=\dfrac{b}{3}(T^3-T_0^3)+3\alpha p_0V_0\ln\dfrac{T}{T_0}\right)$

3.17　两物体的热容量分别为 C_1 和 C_2，温度为 T_1 和 T_2，当它们进行热交换时，各自体积不变，求平衡时有：$\alpha_1T_1+\alpha_2T_2>T_1^{\alpha_1}\cdot T_2^{\alpha_2}$. 其中 $\alpha_1=C_1/(C_1+C_2)$，$\alpha_2=C_2/(C_1+C_2)$.

3.18　在大气压且温度略低于 0℃时，水的比热容为 $C_p=4222-22.6t$(J·kg^{-1}·K^{-1})，冰的比热容 $C_p=2112+7.5t$(J·kg^{-1}·K^{-1}). 试计算−10℃的过冷水变为−10℃的冰时，熵的增加量为多少？

(答案：$\Delta S=-1140.6$J·kg^{-1}·K^{-1})

3.19　绝热系统由弹簧上悬挂的质量为 m 的质点所组成. 最初将它移到离开平衡位置的距离 A 处，质点被释放后，由于阻尼的作用就为逐渐达到静止，问宇宙的熵变化吗？变化多少？（令系统的热容量为常数）

$\left(\text{答案：}\Delta S_{\text{universe}}=\Delta S_{\text{system}}=C\ln\left(1+\dfrac{kA^2}{2CT_0}\right)\text{，}C\text{ 为热容量，}k\text{ 为弹簧的弹性常数}\right)$

3.20　一圆筒中有一导热活塞把它分为两部分，一部分装有 N_1mol 气体，另一部分装有 N_2mol 气体，两部分最初的压强和体积各为 P_1、V_1 和 P_2、V_2，令活塞自由运动，使两边气体达到平衡态,假设圆筒与外界是绝热的,并设气体为理想气体,它的两种比热容之比 γ 是常数,求最后的共同温度和压强,并计算出熵的增加值.

(答案:共同温度和压强为:$T=\dfrac{p_1V_1+p_2V_2}{(N_1+N_2)R}$,$p=\dfrac{p_1V_1+p_2V_2}{V_1+V_2}$;

$\Delta S = R\left[N_1\ln\dfrac{p_1(V_1+V_2)}{p_1V_1+p_2V_2}+N_2\ln\dfrac{p_2(V_1+V_2)}{p_1V_1+p_2V_2}\right]+C_p\left[N_1\ln\dfrac{N_1(p_1V_1+p_2V_2)}{p_1V_1(N_1+N_2)}+N_2\ln\dfrac{N_2(p_1V_1+p_2V_2)}{p_2V_2(N_1+N_2)}\right]$)

3.21 1mol 25℃的水冷却成 0℃的冰,其放出的热量全部被一个以最大理论效率工作的制冷机传给另外 1mol 25℃的水,并把它加热到 100℃,问:(1)有多少摩尔 100℃的水变成蒸汽?(100℃水的汽化热为 40670J·mol^{-1},0℃冰的熔解热为 6010J·mol^{-1});(2)外界对制冷机必须做多少功?(水的定压比热容为 75.4J·mol^{-1}·K^{-1})

(答案:(1)$n=0.105$mol;(2)$W=2034$J)

3.22 习题 3.22 图为一物质的状态图,T_1、T_2 为两条等温线,等温线上 A 点左侧为液相,AB 点之间为气液两相共存,BC 为气相. 今有 1mol 物质进行如图示的可逆循环 $ABCDEF$. 循环过程参量为:(1)ABC 和 DEF 是等温过程;(2)FA 和 CD 是绝热过程;(3)认为物质在气相($BCDE$)中是理想气体,在 A 点为纯液体;(4)AB 过程的潜热为 $L=200$cal·mol^{-1},$T_1=300$K,$T_2=150$K,$V_A=0.5$L,$V_C=2.71828$L,$V_B=1$L. 求循环终了时该物质所做净功是多少?

(答案:$W=1665$J)

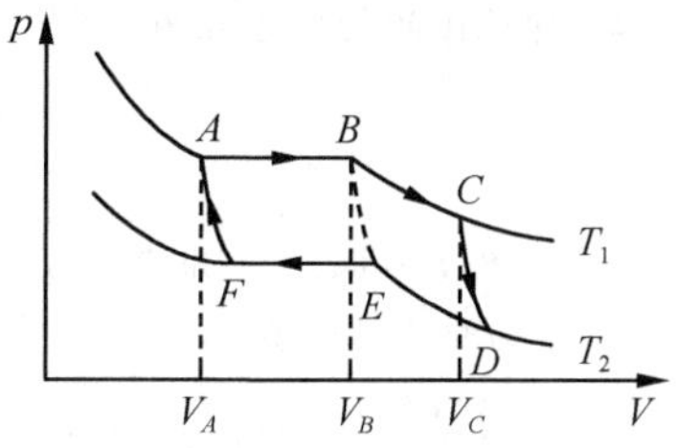

习题 3.22 图

3.23 体积分别为 V_1 和 V_2 的两只容器,都装有 N 个分子的理想气体,压力均为 p,但温度分别为 T_1 和 T_2,把它们连接起来,求平衡时的熵变(“连接”分两种情况:(1)热连接;(2)连通,分别进行讨论).

(答案:(1)$\Delta S=C_V\ln\dfrac{(T_1+T_2)^2}{4T_1T_2}$;(2)$\Delta S=nR\ln\dfrac{(V_1+V_2)^2}{V_1V_2}+C_V\ln\dfrac{(T_1+T_2)^2}{4T_1T_2}$)

3.24 用两热容量分别为 C_{p_1} 和 C_{p_2},温度为 T_1 和 T_2 的物体作热机的热源,设外压强不变,求所能得到的最大功.

(答案:$W_{\max}=C_{p_1}T_1+C_{p_2}T_2-(C_{p_1}+C_{p_2})\cdot T_1^{\alpha_1}\cdot T_2^{\alpha_2}$)

3.25 有两个相同的物体,热容量为常数,初始温度为 T_1,今使一制冷机在此两物体间工作,使其中一个的温度降到 T_2 为止,假设物体被维持在定压下,并且不发生相变,证明此过程中所需的最小功为

$$W_{\min}=C_p(T_1^2/T_2+T_2-2T_1)$$

第4章

4.1 用雅可比方法证明下列诸式:

(1) $\left(\frac{\partial U}{\partial P}\right)_V=-T\left(\frac{\partial V}{\partial T}\right)_S$；　　(3) $\left(\frac{\partial T}{\partial V}\right)_U=P\left(\frac{\partial T}{\partial U}\right)_V-T\left(\frac{\partial P}{\partial U}\right)_V$

(2) $\left(\frac{\partial U}{\partial V}\right)_P=T\left(\frac{\partial P}{\partial T}\right)_S-P$；　(4) $\left(\frac{\partial T}{\partial S}\right)_H=\frac{T}{C_P}-\frac{T^2}{V}\left(\frac{\partial V}{\partial H}\right)_P$

4.2　以 α_S 表示绝热膨胀系数，α 表示定压膨胀系数，β_S 表示绝热压力系数，β 表示定容压力系数，即

$$\alpha_S=\frac{1}{V}\left(\frac{\partial V}{\partial T}\right)_S;\quad \alpha=\frac{1}{V}\left(\frac{\partial V}{\partial T}\right)_P$$

$$\beta_S=\frac{1}{P}\left(\frac{\partial P}{\partial T}\right)_S;\quad \beta=\frac{1}{P}\left(\frac{\partial P}{\partial T}\right)_V$$

证明：$\alpha/\alpha_S=1-\gamma$，$\beta/\beta_S=1-1/\gamma$，其中 $\gamma=C_P/C_V$.

4.3　证明：$\left(\frac{\partial C_V}{\partial V}\right)_T=T\left(\frac{\partial^2 p}{\partial T^2}\right)_V$，并由此导出：

$$C_V=C_V^0+T\int_{V_0}^{V}\left(\frac{\partial^2 p}{\partial T^2}\right)_V\mathrm{d}V$$

4.4　弹性棒的物态方程为

$$t=AT\left(\frac{x}{L_0}-\frac{L_0^2}{x^2}\right)$$

其中，t 为张力，x 为棒长，L_0 为 $t=0$ 时的长度，A 为常数. 当 $t=0$ 时热容量为 C_0，以 T 和 x 为自变量计算：

(1) $\left(\frac{\partial U}{\partial x}\right)_T$；(2) $\left(\frac{\partial C_x}{\partial x}\right)_T$；(3) $C_x(T,x)$；(4) $U(T,x)$；(5) $S(T,x)$；(6) 经绝热过程使状态由初态 (L_0,T_0) 变到末态 $(1.5L_0,T_f)$，求 T_f.

（答案：(1) $\left(\frac{\partial U}{\partial x}\right)_T=0$；(2) $\left(\frac{\partial C_x}{\partial x}\right)_T=0$；(3) $C_x(T,x)=C(T,L_0)=C_0$；(4) $U(T,x)=C_0(T-T_0)+U_0$；(5) $S(T,x)=C_0\ln T-A\left(\frac{x^2}{2L_0}+\frac{L_0^2}{x}\right)+S_0$；(6) $T_f=T_0\cdot e^{0.29A_0L_0/C_0}$）

4.5　证明用变量 $(T、V、\mu)$ 表示的比热容公式为

$$C_V=T\left(\frac{\partial S}{\partial T}\right)_\mu-T\left(\frac{\partial N}{\partial T}\right)_\mu^2\Big/\left(\frac{\partial N}{\partial \mu}\right)_T$$

4.6　电介质的介电常量 $\varepsilon(T)=D/E$ 与温度有关，试求电路为闭路时电介质的热容量 C_E 与充电后再令电路断开时热容量 C_D 之差.

$\left(\text{答案：}C_E-C_D=\frac{TD^2}{\varepsilon^3}\left(\frac{\mathrm{d}\varepsilon}{\mathrm{d}T}\right)^2\right)$

4.7　证明对于磁介质有关系式

$$-T\left(\frac{\partial H}{\partial T}\right)_M=\left(\frac{\partial U}{\partial M}\right)_T-H$$

并证明若磁介质满足居里定律时，$\left(\frac{\partial U}{\partial M}\right)_T$ 与温度无关.

4.8　设顺磁介质遵守居里定律 $\chi=A/T$，无外场时的比热容 $C_0=b/T^2$.

(1) 试导出 C_H 和 C_M；

(2) 证明内能只是温度的函数；

(3) 证明 $\eta_S=Ab/T(b+AH^2)$.

说明：其中 η_S 为绝热磁化率，C_H 为磁场不变时的比热容，C_M 为磁化强度不变时的比热容，A、b 均为常数.

$\left(答案：(1)C_H=\dfrac{b}{T^2}+\dfrac{AH^2}{T^2}，C_M=\dfrac{b}{T^2}；(2)U=U_0-\dfrac{b}{T}；(3)\eta_S=\dfrac{Ab}{T(b+AH^2)}\right)$

4.9 一种物质在熵为 S_0 的可逆等熵过程中，体积从 V_0 膨胀到 V 时所做的功为：$W_{S_0}=RS_0\ln\dfrac{V}{V_0}$，此外，这种物质的温度满足：$T=R\dfrac{V_0}{V}\left(\dfrac{S}{S_0}\right)^{\alpha}$，其中 R、α、S_0、V_0 都是常数，且 $\alpha\neq-1$，S 为熵. 设在 S_0、V_0 时，该物质的内能是 U_0，试以 S、V 为独立变量，求：

(1) 体系的内能 U 和压强 p；

(2) 在熵为 S 的可逆过程中，体积从 V_0 膨胀到 V 时，体系所做的功.

$\Bigg($答案：$(1)U(S,V)=\dfrac{RV_0S_0}{(\alpha+1)V}\left[\left(\dfrac{S}{S_0}\right)^{\alpha+1}-1\right]-RS_0\ln\dfrac{V}{V_0}+U_0$，

$$p(S,V)=\frac{RV_0S_0}{(\alpha+1)V^2}\left[\left(\frac{S}{S_0}\right)^{\alpha+1}-1\right]+RS_0/V；$$

$(2)W=\dfrac{RV_0S_0}{(\alpha+1)}\left[\left(\dfrac{S}{S_0}\right)^{\alpha+1}-1\right]\left(\dfrac{1}{V_0}-\dfrac{1}{V}\right)+RS_0\ln\dfrac{V}{V_0}\Bigg)$

4.10 设某一气体的物态方程为

$$\left(p+\frac{a}{T^nV^2}\right)(V-b)=NRT$$

试应用当 $V\to\infty$ 时，气体趋于理想气体的条件，证明这个气体的自由能为

$$F=-NRT\ln(V-b)-\frac{a}{T^nV}-T\int\frac{dT}{T^2}\int C_V^0\,dT-TS_0+U_0$$

其中，C_V^0 是 C_V 在 $V\to\infty$ 时的极限值. 并由此导出 U、S、H、G 的公式，a、b、n 均为常数.

4.11 若一电介质的状态方程为 $P=CVE/T$，P 为电极化率，E 为电场强度，V 是体积，C 是常数.

(1) 在等温下，电场强度从 E_i 变到 E_f，电介质吸热多少？

(2) 在绝热可逆过程中，$E_i\to E_f$，电介质的温度变化多少(C_E 是常数)？

$\left(答案：(1)Q=-\dfrac{CV}{2T}(E_f^2-E_i^2)；(2)T_f^2-T_i^2=\dfrac{CV}{C_E}(E_f^2-E_i^2)\right)$

4.12 已知顺磁物质的磁化强度服从居里定律 $M=CH/T$，内能密度为 $u=aT^4$(a 为常数)，若维持物质的温度不变，使磁场由 0 增至 H，求磁化热.

$\left(答案：\Delta Q=-\dfrac{C}{2T}H^2\right)$

4.13 某系统的吉布斯自由能为

$$G(T,p)=RT\ln\left(\frac{ap}{(RT)^{\frac{3}{2}}}\right)$$

计算 C_p.

$\left(答案：C_p=\dfrac{3}{2}R\right)$

4.14 某物质的物态方程和比热容为

$$p(T,V)=aT^{\frac{5}{2}}+bT^3+cV^{-2}$$

$$C_V(T,V)=Vd\cdot T^{\frac{3}{2}}+eT^2V+fT^{\frac{1}{2}}$$

a、b、c、d、e、f 都是与 T、V 无关的常数,计算内能 $U(T,V)$ 和 C_p.

$\Big($答案:$U(T,V)=\frac{3}{2}aT^{\frac{5}{2}}V+2bT^3V+\frac{2}{3}fT^{\frac{3}{2}}+\frac{c}{V}+U_0$;

$$C_p=d\cdot VT^{\frac{3}{2}}+eT^2V+fT^{\frac{1}{2}}+\frac{V^3}{2c}T\left(\frac{5}{2}aT^{\frac{3}{2}}+3bT^2\right)^2\Big)$$

4.15 一平板电容器中充满介电常量为 ε 的电介质,当其两板间的电势差可逆等温地由 φ_0 变成 φ,证明吸收热量为

$$Q=\frac{TA}{8\pi L}\cdot\frac{\mathrm{d}\varepsilon}{\mathrm{d}T}\cdot(\varphi^2-\varphi_0^2)$$

其中,A 是平板面积,L 是板间距离.

4.16 设气体遵守狄特里奇方程

$$p(V-b)=NRT\mathrm{e}^{-\frac{a}{NRT^sV}}$$

试计算此气体的反转温度.

$\left(\text{答案:}T=\left[\frac{a(s+1)(V-b)}{NRbV}\right]^{\frac{1}{s}}\right)$

4.17 在气体绝热膨胀过程中,温度随压力的变化用 $\mu_S=(\partial T/\partial P)_S$ 表示,证明 μ_S 与焦耳-汤姆孙系数 μ 的关系为 $\mu_S-\mu=V/C_p$.

4.18 太阳常数(在地球轨道上每单位面积太阳辐射的功率)是 $1.38\mathrm{kW\cdot m^{-2}}$,计算太阳表面的温度.设太阳为黑体,太阳的半径 $r_s=7\times10^8\mathrm{m}$,太阳至地球的距离是 $1.5\times10^{11}\mathrm{m}$($\sigma=5.7\times10^{-8}\mathrm{W\cdot m^{-2}\cdot K^{-4}}$).

(答案:$5.6\times10^3\mathrm{K}$)

4.19 把地球看作一个黑体,表面的温度维持在300K,向太空辐射的功率为多少?(太空的背景温度为3K,可看作0K)假如地球表面的大气层看作一个热屏,其半径同地球半径,求此热屏的温度和有热屏后地球向太空辐射的功率.

$\Big($答案:向太空辐射的功率为:$\dot{Q}_1=4\pi R_e\sigma T_e^4$;热屏的温度:252K,有热屏后地球向太空辐射的功率:$\dot{Q}_2=\frac{1}{2}\dot{Q}_1\Big)$

第5章

5.1 立方点阵的点阵常数为 a,在体心立方点阵的情形下,求:(1)原胞的体积;(2)原胞的结点数;(3)最近邻结点间距离;(4)每一结点的最近邻结点数;(5)以体心到三个最近邻的顶点连线为边形成的菱面体作为原胞,求此原胞的体积和它所包含的结点数.

$\Big($答案:(1)a^3;(2)$n=1+\frac{1}{8}\times8=2$;(3)$d=\frac{1}{2}\times\sqrt{3}a=\frac{\sqrt{3}}{2}a$;(4)$n=8$;(5)以体心为坐标原

点，与三个顶点$\frac{a}{2}(-\boldsymbol{i}+\boldsymbol{j}+\boldsymbol{k})$、$\frac{a}{2}(\boldsymbol{i}-\boldsymbol{j}+\boldsymbol{k})$和$\frac{a}{2}(\boldsymbol{i}+\boldsymbol{j}-\boldsymbol{k})$的连线为边的菱形体所作的原胞体积为$\frac{a^3}{2}$)

5.2 晶体的弹性与粒子的相互作用能 E_p 有密切的关系. 试证明晶体的体积弹性模量 B、绝热压缩系数 κ_S 与 E_p 之间的关系为

$$B=\frac{1}{\kappa_S}=V\frac{\mathrm{d}^2E_p}{\mathrm{d}V^2}$$

$\left(\text{注：晶体的弹性压缩可看作为绝热过程，有 } \Delta p=-B\frac{\Delta V}{V}, B=-V\left(\frac{\partial p}{\partial V}\right)_S\right)$

5.3 将一个钠原子从钠晶体的内部移到晶体表面所需的能量为 $u'=1.0\text{eV}$，(1)计算在 1000K 的温度下空位数占原子总数的百分比；(2)如邻近空位的钠原子跳到空位上所需的能量为 $\Delta u'=0.5\text{eV}$，原子的振动频率为 10^{12}s^{-1}，相邻两钠原子的距离为 0.371nm，则在 1000K 的温度下钠的自扩散系数是多少？

(答案：(1)热振动产生的空位数服从玻氏分布 $n=N\mathrm{e}^{-u'/kT}$，$n/N=9.22\times10^{-6}$；(2)自扩散系数 $D=\frac{1}{3}\bar{v}\bar{\lambda}$，而 $\bar{v}=\frac{\bar{\lambda}}{\tau}$；$D=13\times10^{-16}\text{m}^2\cdot\text{s}^{-1}$)

5.4 试估算立方晶体中原子的振动频率 ν，设立方体的点阵常数为 $a\approx10^{-10}\text{m}$，原子质量 $m\approx10^{-26}\text{kg}$，晶体的体积弹性模量 $B\approx10^{11}\text{N}\cdot\text{m}^{-2}$.

(答案：$\nu=\frac{\omega}{2\pi}=\frac{1}{2\pi}\cdot\sqrt{\frac{k}{m}}\approx10^{13}\text{Hz}$)

5.5 用橡皮管把玻璃毛细管 A 和粗管 B 连接，内中盛水，如习题 5.5 图所示. 现固定 A 管，把 B 管缓慢提起，则 A 管中的水面将升高，到达管口，并溢出. (1)在 B 管上升时，画出几个表示液面形状的图，指出何时两管水面的高度差最大？(2)若 A 管内径 $d_1=0.7\text{mm}$，水的表面张力系数 $\alpha=7.3\times10^{-2}\text{N}\cdot\text{m}^{-1}$，接触角 $\theta=0°$，那么 A 管与 B 管中水面的最大高度差是多少？

(答案：(1)略；(2)设 A 管与 B 管水面的高度差为 ΔH，则当 $\Delta H\geqslant h_0+\frac{d_1}{2}$ 时，A 管液面为半凹球面，$h_0=4.3\text{cm}$；当 $0<\Delta H<h_0+\frac{d_1}{2}$ 时，A 管液面为凹液面，曲率半径 R 随 ΔH 的减小而增大，$\Delta H=0$ 时，液面为平面；当 $\Delta H<\frac{4\alpha}{\rho g d_2}+\frac{d_2}{2}$（$d_2$ 为 A 管外径）A 管凸液面的曲率半径大于$\frac{d_2}{2}$；当 $\Delta H=\frac{4\alpha}{\rho g d_2}+\frac{d_2}{2}$，$A$ 管凸液面为半球形，曲率半径 $R_2=\frac{d_2}{2}$，再提高 B 管液面，A 管液面破裂溢出. A 管与 B 管中水面的最大高度差 $h_{\max}=h_0=4.3\text{cm}$)

5.6 两端开口的玻璃管，上部是毛细管，下部是粗圆管. 粗端置于大口敞开的水槽内，在水槽和玻璃管内注入水，若弯月面比水槽中水面高 10cm，大气压强为 10^5Pa（习题 5.6 图），问：(1)在什么条件下可形成这个水柱？(2)在弯月面下 4cm 处的压强是多少？(3)若水的表面张力系数 $\alpha=7\times10^{-2}\text{N}\cdot\text{m}^{-1}$，接触角 $\theta=0$，求玻璃毛细管的内径 r.

(答案：(1)略；(2)$p_B=0.994\times10^5\text{Pa}$；(3)$r=0.143\text{mm}$)

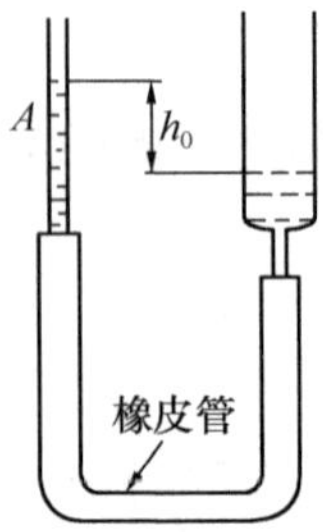

习题 5.5 图

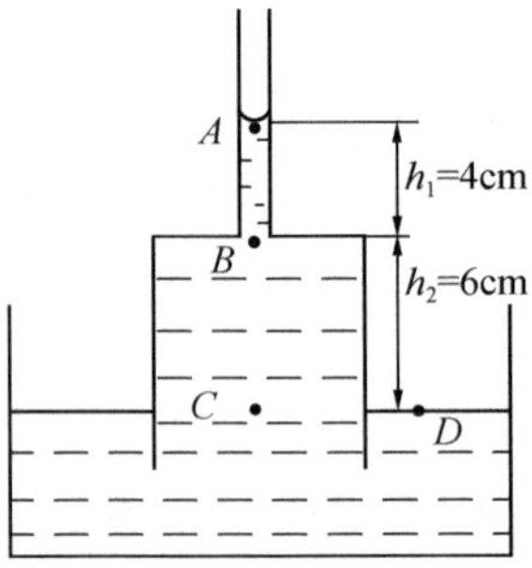

习题 5.6 图

5.7　两平行玻璃板，宽 $l=0.100\text{m}$，两板间距 $d=1.0\times10^{-4}\text{m}$，两板部分浸入水中，如习题 5.7 图所示．水的表面张力系数 $\alpha=7.0\times10^{-2}\text{N}\cdot\text{m}^{-1}$，接触角 $\theta=0$，试求：(1)两板间水面上升的高度 h 是多少？(2)两板间的吸引力 F 是多少？

（答案：$h=0.143\text{m}$；$F=10.0\text{N}$）

5.8　在习题 5.8 图中所示的两边内径不同的 U 形管中注入水，设半径较小的毛细管 A 的内径 $r=5.0\times10^{-5}\text{m}$，半径较小的毛细管 B 的内径 $R=2.0\times10^{-4}\text{m}$，试求两管水面的高度差 h．已知水的表面张力系数 $\alpha=7.3\times10^{-2}\text{N}\cdot\text{m}^{-1}$．

（答案：$h=0.223\text{m}$）

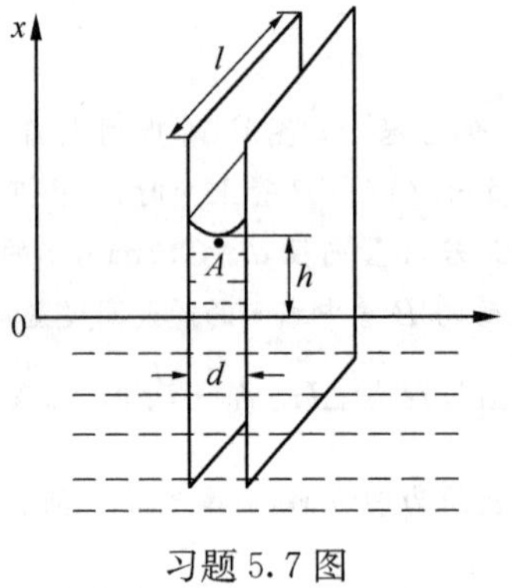

习题 5.7 图

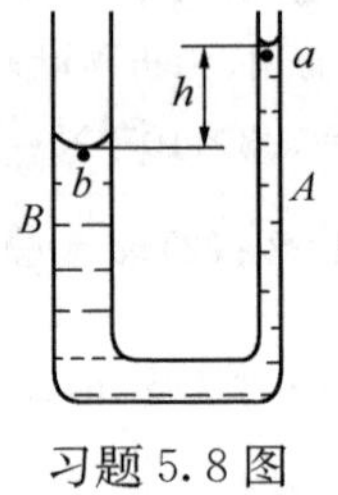

习题 5.8 图

5.9　假定在 100℃和 1atm 下，水的汽化热为 $L=5.39\times10^5\text{cal}\cdot\text{kg}^{-1}$，蒸汽的比容为 $1.67\text{m}^3\cdot\text{kg}^{-1}$，试计算在汽化过程中提供的能量中用于做机械功那部分所占的百分比．

（答案：$\eta=W/L=7.5\%$）

5.10　M(kg)固体的密度为 ρ_1，当温度为 T、压强为 p_1 时，熔解为密度为 ρ_2 的液体，熔解热为 L，试求：(1)固体溶解成液体时内能的增量；(2)熵的增量．

$\left(\text{答案：(1)}\Delta U=M\left[L-p_1\left(\frac{1}{\rho_2}-\frac{1}{\rho_1}\right)\right]\text{；(2)}\Delta S=\frac{ML}{T}\right)$

5.11　质量为 $M=0.027\text{kg}$ 的气体，占有体积 $V=1.0\times10^{-2}\text{m}^3$，温度 $T=300\text{K}$．在此温度下液体的密度 $\rho_l=1.3\times10^3\text{kg}\cdot\text{m}^{-3}$、饱和蒸气的密度 $\rho_g=4\text{kg}\cdot\text{m}^{-3}$，假设用等温压缩的方

法将此气体全部压缩成液体，试问：(1)在什么体积时气体开始液化？(2)在什么体积时液化终了？(3)当体积为 $1.0\times10^{-3}m^3$ 时，液、气各占多少体积？

（答案：(1) $V_1=6.75\times10^{-3}m^3$；(2) $V_2=2.08\times10^{-5}m^3$；(3) $x_g=98.2\%$；$x_l=1.8\%$）

第6章

6.1 当铅在大气压下熔解时，熔点为600K，密度从 $11.01g\cdot cm^3$（固体）减少到 $10.65g\cdot cm^3$（液体），熔解热为 $24.5J\cdot g^{-1}$，求：在 1.01×10^7Pa 压强下熔点是多少？

（答案：$T=600.75K$）

6.2 硅酸盐在1atm下的熔点为1300℃，液相密度与固相密度之比为0.9，它的熔解热为 $4.186\times10^5J\cdot kg^{-1}$，试估算地球表面附近硅酸盐熔点随地层深度的变化.

（答案：取地表为原点，z 方向指向地球中心，$\frac{dT}{dz}=4.1\times10^{-3}K\cdot m^{-1}$，即地层1km深处，熔点升高4.1K）

6.3 氢的三相点温度为 $T_{tr}=14K$，在三相点时，固态氢密度 $\rho_S=81.0kg\cdot m^{-3}$，液态氢密度 $\rho_L=71.0kg\cdot m^{-3}$，液态氢的蒸气压方程为：$\ln p=18.33-\frac{122}{T}-0.3\ln T$，$p_{tr}=6795Pa$；溶解温度和压强的关系为：$T_m=14+2.991\times10^{-7}p$（其中压强单位均为Pa），试计算：(1)在三相点处的汽化热、熔解热和升华热；(2)升华曲线在三相点处的斜率.

$\Big($答案：(1)在三相点处的汽化热 $L=4.895\times10^5J\cdot kg^{-1}$、熔解热 $L=8.139\times10^4J\cdot kg^{-1}$ 和升华热 $L=5.709\times10^5J\cdot kg^{-1}$；(2) $\frac{dp}{dT}=4.763\times10^3Pa\cdot K^{-1}\Big)$

6.4 证明平衡判据（假设 $S>0$）：在 S 及 V 不变的情况下，平衡态的 U 最小.

6.5 假设一物质的气相可视为理想气体，气相的比容比液相大得多，因而液相的比容可以忽略不计，证明蒸气的"两相平衡膨胀系数"为

$$\frac{1}{V}\cdot\frac{dV}{dT}=\frac{1}{T}\left(1-\frac{L}{RT}\right)$$

其中，L 为汽化热.

6.6 证明处于两相平衡的单元系，不管相变的类型如何，恒有下式成立：$C_V/\kappa_S=TV(dP/dT)^2$.

6.7 在熔点 T_i，p_i 的冰经一可逆绝热压缩过程到状态 T_f，p_f，证明：溶解的冰的百分比为

$$x=-\frac{S'_f-S'_i}{S''_f-S'_f}$$

其中，S'_i 和 S'_f 为冰在初态与终态的摩尔熵，S''_f 为水在终态的摩尔熵，又问在什么条件下，x 可以写成

$$x=-\frac{C_p(T_f-T_i)-T_fV'\alpha'(p_f-p_i)}{L_f}$$

其中，C_p 为冰的定压比热容，V' 为其比容，α' 为膨胀系数，L_f 为终态的熔解热.

（答案：条件是：$T_f-T_i\ll T_i$，C_p、V'、α' 均是与 T、p 无关的常数）

6.8 证明半径为 r 的肥皂泡达到平衡时,其内外压力之差为 $4\sigma/r$,σ 为表面张力.

6.9 一个铁磁介质的磁化率在 T_C 以上遵从 $\chi_T=A/(T-T_C)$(A 为常数). 计算在 T_C 处的比热容跳跃以及 T_C 以下(但临近 T_C)时介质的自发磁矩.

$\left(答案:\Delta C_p=\frac{a^2}{\beta_c}T_C;M=\sqrt{-\frac{a(T-T_C)}{\beta_c}}\right)$

6.10 已知超导体在正常相时为顺磁体($\chi=0$),在超导相时为抗磁体($\chi=-1$),在 $T<T_C$(临界温度)时加磁场 H,直至 $H_c(T)$(临界磁场)时,由超导相转变为正常相,求:(1)两相熵差和比热容差;(2)利用 $H_c(T)=\left[1-\left(\frac{T}{T_c}\right)^2\right]$讨论 $H=0$ 时的相变性质.

$\left(答案:(1)\Delta S=\mu_0 H_c(T)\frac{dH_c(T)}{dT};(2)\Delta C=\mu_0 T\left[\left(\frac{dH_c(T)^2}{dT}\right)+H_c(T)\frac{d^2H_c(T)}{dT^2}\right]\right)$

6.11 试证明在相变中物质摩尔内能的变化为

$$\Delta u=L\left(1-\frac{P}{T}\cdot\frac{dT}{dP}\right)$$

如果一相是气相,可看作理想气体,另一相是凝聚相,试将公式化简.

$\left(答案:\Delta u=L\left(1-\frac{RT}{L}\right)\right)$

6.12 设气体遵从方程

$$P(V-b)=RT\exp(-a/RTV)$$

试计算临界温度 T_c,临界压强 P_c 和临界体积 V_c.

$\left(答案:V_c=2b,T_c=\frac{a}{4Rb},p_c=\frac{a}{4b^2}e^{-2}\right)$

第7章

7.1 求证:(1)$\left(\frac{\partial\mu}{\partial T}\right)_{V,N}=-\left(\frac{\partial S}{\partial N}\right)_{T,V}$;(2)$\left(\frac{\partial\mu}{\partial p}\right)_{T,N}=\left(\frac{\partial V}{\partial N}\right)_{T,p}$.

7.2 克拉默斯(Kramers)函数 q 的定义是:$q=-\frac{J}{T}$,证明 q 的全微分为

$$dq=-Ud\left(\frac{1}{T}\right)+\frac{p}{T}dV+Nd\left(\frac{\mu}{T}\right)$$

由此证明:$\left(\frac{\partial N}{\partial T}\right)_{V,\frac{\mu}{T}}=\frac{1}{T}\left(\frac{\partial N}{\partial\mu}\right)_{T,V}\left(\frac{\partial U}{\partial N}\right)_{T,V}$.

7.3 若把 U 作为独立变数 $T,V,N_1,N_2,\cdots,N_k$ 的函数,证明:

$$u_i=\frac{\partial U}{\partial N_i}+v_i\frac{\partial U}{\partial V}$$

其中,u_i 及 v_i 为偏摩尔内能及偏摩尔体积.

7.4 当几种溶质溶解在一溶剂中,而且每种溶质的含量都很少时,每个组元的化学势可表示为 $\mu=g+RT\ln X$,其中 g 为该组元在化学纯状态下的化学势,X 为该组元在溶液中的成分. 今有少量的糖溶于水中,并和水蒸气平衡,证明

$$g''' = g'' + RT\ln(1-X)$$

其中，g'''为水蒸气的化学势，g''为纯水的化学势，X为糖在溶液中的成分. 如在一定温度下，使X发生一个微小变化，证明

$$(v''' - v'')\mathrm{d}P = RT\mathrm{d}[\ln(1-X)]$$

其中，v'''与v''分别为蒸汽与水的比容.

7.5 绝热容器中有隔板隔开，一边装有$n_1$mol的理想气体，温度为T，压强为P_1；另一边装有$n_2$mol的理想气体，温度也为T，压强为P_2. 今将隔板抽去，

(1) 试求气体混合后的压力；

(2) 如果两种气体是不同的，计算混合后的熵增；

(3) 如果两种气体是全同的，计算混合后的熵增.

$\left(\text{答 案：(1)}\ p = \dfrac{(N_1+N_2)p_1p_2}{N_1p_2+N_2p_1}\text{；(2)}\ \Delta S = N_1R\ln\dfrac{V}{V_1} + N_2R\ln\dfrac{V}{V_2}\text{；(3)}\ \Delta S = N_1R\ln\dfrac{N_1p_2+N_2p_1}{(N_1+N_2)p_2} + N_2R\ln\dfrac{N_1p_2+N_2p_1}{(N_1+N_2)p_1}\right)$

7.6 试证明：在NH_3分解为N_2和H_2的反应中，平衡恒量可表示为

$$\kappa = \frac{\sqrt{27}}{4}\cdot\frac{\varepsilon^2}{1-\varepsilon^2}P$$

7.7 试证明质量作用定律中的定容平衡常数κ_c满足

$$\frac{\mathrm{d}}{\mathrm{d}T}\ln\kappa_c = \frac{\Delta U}{RT^2}$$

7.8 $N_0\nu_1$mol的气体A_1和$N_0\nu_2$mol的气体A_2的混合物在温度T和压强p下所占体积为V_0，当发生化学变化：$\nu_3A_3+\nu_4A_4-\nu_1A_1-\nu_2A_2=0$，并在同样的温度和压力下平衡时，其体积为$V_e$，证明反应度$\xi$为

$$\xi = \frac{V_e - V_0}{V_0}\cdot\frac{\nu_1+\nu_2}{\nu_3+\nu_4-\nu_1-\nu_2}$$

7.9 考虑用两种方式混合两种理想气体. 第一种方式：一个绝热的与外界隔绝的容器分为两个室，纯A气体在左室，纯B气体在右室，如习题7.9图，混合的方式是在两室的隔板中打一个孔来完成. 第二种方式：中间的隔板是两个半透膜，左边的膜只能透过A气体，但不能透过B气体；右边的膜只能透过B气体，但不能透过A气体，把膜分别向两端拉到端点来混合气体. 过程中容器壁与温度为T的热源接触.

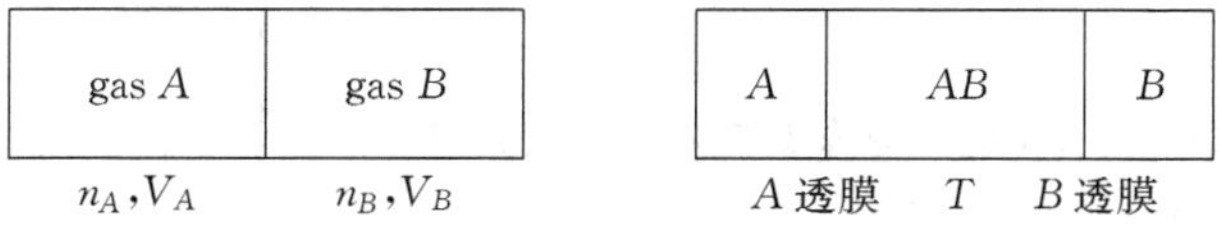

习题7.9图

(1) 求在第一种混合方式中，容器中的熵变和总熵量；

(2) 求在第二种混合方式中，容器中的熵变和总熵量；

(3) 在第二种混合方式中，热源的熵变是多少？

$\left(\text{答案:(1)}\Delta S=N_AR\ln\frac{V_A+V_B}{V_A}+N_BR\ln\frac{V_A+V_B}{V_B};\text{(2)同(1);(3)}\Delta S_r=-N_AR\ln\frac{V_A+V_B}{V_A}-N_BR\ln\frac{V_A+V_B}{V_B}\right)$

第9章

9.1 一容器内储有氧气,其压强为 $p=1.0\text{atm}$,温度 $t=27℃$,求:

(1) 单位体积内的分子数;

(2) 分子间的平均距离;

(3) 分子的平均平动动能.

(答案:把氧气看作理想气体,(1)$n=2.45\times10^{25}\text{m}^{-3}$;(2)$\overline{l}=3.44\times10^{-9}\text{m}$;(3)$\overline{\varepsilon}_k=6.21\times10^{-21}\text{J}$)

9.2 一密闭容器中储有水的饱和蒸汽,它的温度为100℃,压强为 $p=1.0\text{atm}$,已知在此状态下水汽所占的体积为1670cm^3,水的汽化热为$2250\text{J}\cdot\text{g}^{-1}$,求:

(1) 每立方厘米水汽中含有多少个水分子?

(2) 每秒有多少个水汽分子碰到单位面积水面上?

(3) 设所有碰到水面上的水汽分子都凝结为水,则每秒有多少个分子从单位面积水面上逸出?

(4) 试将水汽分子的平均平动动能 $\overline{\varepsilon}$ 与每个分子逸出所需的能量 ε_e 相比较.

(答案:(1)$n=2.00\times10^{19}\text{cm}^{-3}$;(2)$\Gamma=3.31\times10^{27}\text{s}^{-1}\cdot\text{m}^{-2}=3.31\times10^{23}\text{s}^{-1}\cdot\text{cm}^{-2}$;(3)与(2)同;(4)$\overline{\varepsilon}\ll\varepsilon_e$)

9.3 已知 $f(v)$是分子速率分布函数,说明以下各式的物理意义:(1)$f(v)\text{d}v$;(2)$nf(v)\text{d}v$;(3)$\int_{v_1}^{v_2}vf(v)\text{d}v$;(4)$\int_0^{v_P}f(v)\text{d}v$,其中 v_P 为最概然速率;(5)$\int_{v_P}^{\infty}v^2f(v)\text{d}v$.

9.4 设有一群粒子的速率分布如下:

粒子数:	2	4	6	8	2
速率 $v_i/\text{m}\cdot\text{s}^{-1}$:	1.00	2.00	3.00	4.00	5.00

试求:(1)平均速率 $\overline{v}$;(2)方均根速率$\sqrt{\overline{v^2}}$;(3)最概然速率 v_P.

(答案:(1)$\overline{v}=3.18\text{m}\cdot\text{s}^{-1}$;(2)$\sqrt{\overline{v^2}}=3.37\text{m}\cdot\text{s}^{-1}$;(3)$v_P=4.00\text{m}\cdot\text{s}^{-1}$)

9.5 设有 N 个气体分子,其速率分布如习题9.5图所示,当 $v>5v_0$ 时,分子数为零,试求:

(1)a 的值;(2)速率在 $2v_0$ 到 $3v_0$ 间隔内的分子数;(3)分子的平均速率.

$\left(\text{答案:(1)}a=\frac{N}{8v_0};\text{(2)}N_{2v_0\to3v_0}=\frac{3}{8}N;\text{(3)}\overline{v}=\frac{5}{2}v_0\right)$

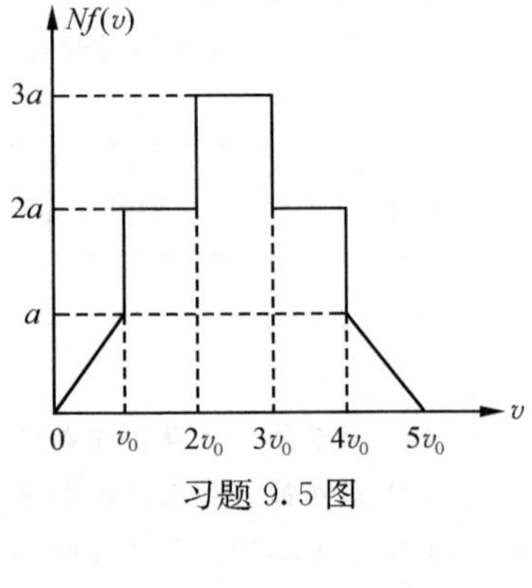

习题9.5图

9.6　设气体分子速度分布各向同性，其速度分布函数为

$$f(\boldsymbol{v})=f(v)=\begin{cases}常量(=A), & 0\leqslant v\leqslant v_0\\ 0, & v>v_0\end{cases}$$

其中，$v=|\boldsymbol{v}|$为速率. 试在一维、二维和三维情况下分别求：(1)平均速率；(2)方均根速率.

$\left(答案：一维：\bar{v}_1=\frac{v_0}{2},\sqrt{\overline{v_1^2}}=\frac{v_0}{\sqrt{3}};二维：\bar{v}_2=\frac{2}{3}v_0,\sqrt{\overline{v_2^2}}=\frac{v_0}{\sqrt{2}};三维：\bar{v}_3=\frac{3}{4}v_0,\sqrt{\overline{v_3^2}}=\sqrt{\frac{3}{5}}v_0\right)$

9.7　误差函数 erf(x)的定义为

$$\mathrm{erf}(x)=\frac{2}{\sqrt{\pi}}\int_0^x \mathrm{e}^{-x^2}\,\mathrm{d}x$$

试证明速度分量 v_x 在 $0\sim v_\mathrm{P}$ 的分子数 $\Delta N=\frac{N}{2}\mathrm{erf}(1)$，其中，$N$ 为分子总数，v_P 为最可几速率.

9.8　试就下列情况，求气体分子数占总分子的比例：

(1)速率在区间 $v_\mathrm{P}\sim1.01v_\mathrm{P}$；(2)速度分量 v_x 在区间 $v_\mathrm{P}\sim1.01v_\mathrm{P}$；(3)速度分量 v_x、v_y 和 v_z 同时在区间 $v_\mathrm{P}\sim1.01v_\mathrm{P}$.

(答案：(1)0.830%；(2)0.208%；(3)8.94×10^{-9})

9.9　某种气体处在温度为 T 的热平衡状态，其分子速度为 $\boldsymbol{v}$，$\boldsymbol{v}$ 在直角坐标中的三个分量为 v_x、v_y 和 v_z. 只用平衡态理论和简单的求和方法，回答下列问题：

(1)$\overline{v_x}$等于多少？(2)$\overline{v_x^2}$等于多少？(3)$\overline{v_xv^2}$等于多少？(4)$\overline{(v_x+bv_y)^2}$(其中 b 为常数)等于多少？

$\left(答案：(1)\overline{v_x}=0;(2)\overline{v_x^2}=\frac{kT}{m};(3)\overline{v_xv^2}=0;(4)\overline{(v_x+bv_y)^2}=(1+b^2)\frac{kT}{m}\right)$

9.10　在室温 $T=300\mathrm{K}$ 下，容积为 1L 的灯泡中充有压强为 1.0×10^{-4} mmHg 的氢气. 在某一时刻 $t=0$，突然将总表面积为 $0.2\mathrm{cm}^2$ 的灯丝加热到白炽，在这种条件下，撞击到灯丝上的氢分子全部被离解，所产生的氢原子，当它撞击到灯泡壁上就附着在那里. (1)求在初始压强下，氢分子的平均自由程 $\bar{\lambda}$(氢分子的键长为 0.74Å，它的有效直径可取键长的 3 倍)；(2)导出氢气压强随时间 t 变化的表达式；(3)求压强降低到 1.0×10^{-7} mmHg 所需的时间. 计算中忽略由于加热灯丝所引起的气体温度的改变.

(答案：(1)$\bar{\lambda}=1.42\mathrm{m}$；(2)$p(t)=p(0)\mathrm{e}^{-\frac{\bar{v}A}{4V}t}=10^{-4}\mathrm{e}^{-8.91t}$；(3)$t=0.78\mathrm{s}$)

9.11　在等温大气模型中，设大气热平衡温度 $T=300\mathrm{K}$，试求大气密度为海平面处密度之一半的高度. 设大气分子的摩尔质量为 $\mu=29\mathrm{g}\cdot\mathrm{mol}^{-1}$.

(答案：$h=6.08\times10^3\mathrm{m}$)

9.12　有一圆柱形容器，高度为 L，其内充满处于平衡态的经典理想气体，气体的温度为 T，分子质量为 m，气体处在重力场中，求气体分子的平均势能和平均平动能.

(答案：$\overline{\varepsilon_t}=\frac{3}{2}kT$；$\overline{\varepsilon_p}=kT-mgL/(\mathrm{e}^{mgL/kT}-1)$)

9.13　由麦克斯韦速度分布律证明：气体分子每个平动自由度的平均平动能为$\frac{1}{2}kT$.

9.14　在室温下($T=300\mathrm{K}$)，1mol 氢和 1mol 氮气的内能各是多少？1g 氢气和 1g 氮气的内能各是多少？

(答案：$u_{H_2}=u_{N_2}=6.23\times10^3\,J\cdot mol^{-1}$；$u'_{H_2}=3.1\times10^3\,J\cdot g^{-1}$；$u'_{N_2}=2.23\times10^2\,J\cdot g^{-1}$)

9.15 空气中烟雾颗粒的质量 $m=10^{-13}g$(数量级)，它们受空气分子碰撞而做布朗运动.(1)当空气温度 $T=300K$ 时，试问烟雾颗粒布朗运动的方均根速率 $\sqrt{\overline{v^2}}$ 为多大？(2)若将空气改为氢气，其他条件均不变，试问烟雾颗粒布朗运动的方均根速率 $\sqrt{\overline{v^2}}$ 是否会改变？

(答案：(1) $\sqrt{\overline{v^2}}=1.11\times10^{-2}\,m\cdot s^{-1}$；(2)不变)

9.16 试求 10.0g 氩气、7.0g 氮气和 9.0g 水蒸气组成的混合气体在常温下的摩尔定容热容量.

(答案：$c_V=20.8\,J\cdot mol^{-1}\cdot K^{-1}$)

9.17 某种气体分子为 4 原子分子，4 个原子分别处在四面体的 4 个顶点.(1)求此分子的平动、转动和振动自由度；(2)若这些自由度的运动已被激发，试根据能量均分定理求这种气体的摩尔定容热容量.

(答案：(1) $t=3$；$r=3$；$s=6$，(2) $c_V=9R=74.8\,J\cdot mol^{-1}\cdot K^{-1}$)

9.18 处于温度 $T=300K$ 的氢气，若测得氢分子的两原子相距 $10^{-8}cm$，氢原子的质量为 $1.66\times10^{-24}g$，不考虑分子的振动运动，求：(1)氢分子平均平动动能和平均速率；(2)分子绕质心且垂直于原子连线的轴转动的平均角速度；(3)摩尔定容热容量和两比热容之比 γ 值.

$\left(\text{答案：(1)}\ \bar{\varepsilon}_k=6.21\times10^{-21}J,\ \bar{v}=1.782\times10^3\,m\cdot s^{-1};\ (2)\ \sqrt{\overline{\omega^2}}=\sqrt{\frac{kT}{I}}=2.23\times10^{13}\,s^{-1};\ (3)\ c_V=\frac{5}{2}R,\ \gamma=\frac{c_p}{c_V}=1.4\right)$

9.19 取地面为重力势能的零点，试估计等温大气的重力势能与热运动能量之比，设大气主要由氮气和氧气等双原子分子组成，且只有分子的平动和转动的动能被激发.

(答案：2∶5)

9.20 一容器的器壁上开有一个直径为 0.20mm 的小圆孔，容器内储有 100℃的水银，容器外被抽成真空，已知水银在此温度下的蒸气压为 0.28mmHg，试求：(1)容器内水银蒸气分子的平均速率；(2)每小时有多少克水银从小孔泻出.

(答案：(1) $\bar{v}=1.984\times10^2\,m\cdot s^{-1}$；(2) $M=1.35\times10^{-2}\,g$)

9.21 一容积为 $1000cm^3$ 的容器，装有氩气，其压强为 $3.0\times10^5\,Pa$，温度为 300K，氩的原子量为 40.试问：(1)这容器中有多少个氩原子？(2)这些氩原子的平均速率有多大？(3)1s 内有多少个氩原子和器壁上 $1.0\times10^{-3}cm^2$ 面积相碰撞？(4)如果这个面积是一个小孔，而且假定所有和这孔相碰撞的原子都逸出此容器，则此容器中的原子个数减少到它初值的 1/e 要多少时间？e 为自然对数的底.

(答案：(1) $N=7.25\times10^{22}$；(2) $\bar{v}=398.4\,m\cdot s^{-1}$；(3) $N'=7.22\times10^{20}\,s^{-1}$；(4) $t=100.5s$)

9.22 一容器中装有某种单原子分子理想气体，分子质量为 m，处于温度为 T 的平衡态，器壁上有一小孔，面积为 s，在某时刻测得 1s 内从小孔逸出的气体质量为 W，试求：(1)该时刻容器内气体的压强；(2)将从小孔逸出的气体分子收集在另一个容器中，并使其达到平衡态，则其温度为多少？

$\left(\text{答案：(1)}\ p=\sqrt{\frac{2\pi kT}{m}}\frac{W}{s};\ (2)\ T'=\frac{4}{3}T\right)$

9.23 一容器中存有分子质量为 m，数密度为 n 的理想气体，在壁上贴有一吸附气体分子的固体. 若气体分子对此固体的法向速度小于 v_0 的分子不能被吸附，试求单位时间内，在吸附固体的单位表面积上能吸附多少分子？

$\left(答案：dN=n\sqrt{\frac{kT}{2\pi m}}e^{-\frac{mv_0^2}{2kT}}\right)$

9.24 在习题 9.24 图中所示的分子射线实验装置中，玻璃弯板 G 上的 p 点正对着转筒上的狭缝 S_3，测得铋蒸气的温度为 $T=827K$，转筒直径 $D=0.1m$，转速 $\omega=200\pi s^{-1}$，试求铋原子 Bi 和分子 Bi_2 的沉积点 p_1 到 p 的距离 l，设原子和分子都以平均速率运动，铋的摩尔原子量 $\mu_1=209g\cdot mol^{-1}$.

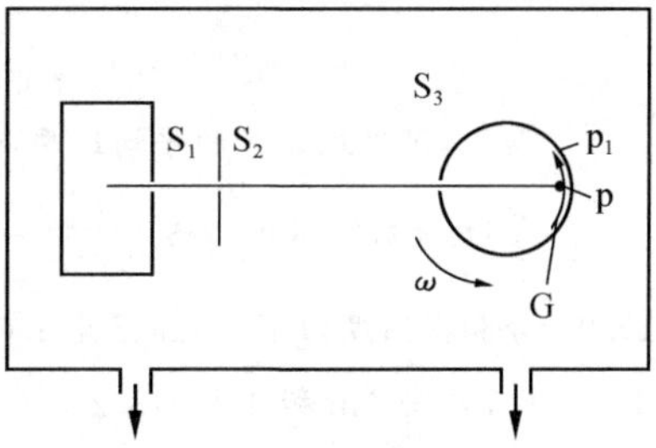

习题 9.24 图

$\left(答案：l_1=\frac{D^2\omega}{2}\sqrt{\frac{8\mu_1}{9\pi RT}}=0.922cm；l_2=\frac{D^2\omega}{2}\sqrt{\frac{8\mu_2}{9\pi RT}}=1.30cm\right)$

第 10 章

10.1 实验测得氮气在 0℃ 的导热系数 $\kappa=2.37\times10^{-3}W\cdot m^{-1}\cdot K^{-1}$，摩尔热容量 $c_V=20.9J\cdot mol^{-1}\cdot K^{-1}$. 试计算其分子的有效直径.

(答案：$d=2.23\times10^{-10}m$)

10.2 氧在标准状态下的扩散系数 $D=1.9\times10^{-5}m^2\cdot s^{-1}$，试求氧分子的平均自由程.

$\left(答案：\bar{\lambda}=\frac{3D}{\bar{v}}=1.34\times10^{-7}m\right)$

10.3 在室温($T=300K$)和一大气压条件下，并把空气视为分子量为 29 的双原子分子，试估算空气的热传导系数，设分子的有效直径 $d=3.5\times10^{-10}m$.

(答案：$\kappa=9.89\times10^{-3}W\cdot m^{-1}\cdot K^{-1}$)

10.4 证明压强与黏滞系数之比近似等于气体分子在单位时间内的碰撞次数$\left(z\approx\frac{p}{\eta}\right)$；由此结果计算在标准状态下气体分子在单位时间内的碰撞次数. 假设在标准状态下该气体的黏滞系数为 $\eta=1.8\times10^{-5}N\cdot s\cdot m^{-2}$.

(答案：$z=p/\eta=5.63\times10^9s^{-1}$)

10.5 如果在标准状态下空气的扩散系数 $D=3.1\times10^{-5}m^2\cdot s^{-1}$，空气视为分子量为 29 的双原子分子气体，试计算其黏滞系数 η 的值.

(答案：$\eta=4.014\times10^{-5}N\cdot s\cdot m^{-2}$)

10.6 某种气体分子在 25℃时的平均自由程为 $\bar{\lambda}=2.63\times10^{-7}m$，分子的有效直径为 $d=2.6\times10^{-10}m$，求：(1)气体的压强；(2)分子在 1.0m 路径上与其他分子碰撞的次数.

(答案：(1)$p=5.21\times10^4Pa$；(2)$z=3.8\times10^6$)

10.7 电子管的真空度约为 $1.333\times10^{-3}Pa$，设气体分子的有效直径 $d=3.0\times10^{-10}m$，试求：27℃单位时间内的分子数、平均自由程和碰撞频率.

(答案：$n=3.22\times10^{17}m^{-3}$；$\bar{\lambda}=7.77m$；$z=60.2s^{-1}$)

10.8 设有一半径为 r_1 的分子打入分子半径为 r_2、浓度为 n_2 的气体中，试证这一分子的平均自由程为

$$\bar{\lambda}=\frac{\overline{v_1}}{\pi n_2(r_1+r_2)^2\,\overline{v_r}}$$

其中，$\overline{v_1}$为此分子的平均速率，$\overline{v_r}$为这两种分子的平均相对速率. 又若打进去的是一个电子($r_2 \gg r_1$)，试证：$\bar{\lambda}\approx\frac{1}{n_2\pi r_2^2}$.

10.9 今测得温度为15℃，压强为 1.013×10^5 Pa时氩分子和氖分子的平均自由程分别为 $\bar{\lambda}_{Ar}=6.7\times10^{-8}$ m和 $\bar{\lambda}_{Ne}=13.2\times10^{-8}$ m试问：(1)氩分子和氖分子的有效直径之比是多少？(2) $t=20$℃，$p=1.998\times10^4$ Pa时，$\bar{\lambda}_{Ar}$为多大？(3) $t=40$℃，$p=9.999\times10^4$ Pa时，$\bar{\lambda}_{Ne}$为多大？

$\left(\text{答案：(1)}\frac{d_{Ar}}{d_{Ne}}=1.4;\text{(2)}\bar{\lambda}_{Ar}=3.46\times10^{-7}\text{m};\text{(3)}\bar{\lambda}_{Ne}=1.45\times10^{-7}\text{m}\right)$

10.10 热水瓶胆两壁间相距0.4cm，其间充满温度为27℃的氮气，氮分子的有效直径 $d=3.1\times10^{-10}$ m. 问瓶胆两壁间的压强降到多大数值以下时，氮的热导率才会比它在大气压下的数值小，从而使瓶胆有隔热性能.

(答案：$p<2.42$ Pa)

10.11 将一圆柱体沿轴悬挂在金属丝上，在圆柱体外套上一个共轴的圆筒，两者之间充以氢气，当圆筒以角速度 $\omega=8.88\text{s}^{-1}$ 转动时，由于氢气的黏滞性作用，圆柱体受一力矩 G，由悬丝的扭转角测得此力矩 $G=9.70\times10^{-5}$ N·m，圆柱体的半径为 $R_1=10.0$ cm，圆筒的半径为 $R_2=10.5$ cm，圆筒与圆柱体的长度均为 $l=10.0$ cm，试求氢气的黏滞系数 η.

$\left(\text{答案：}\eta=\frac{G(R_2-R_1)}{2\pi lR_1^2R_2\omega}=8.28\times10^{-5}\,\text{N}\cdot\text{s}\cdot\text{m}^{-2}\right)$

10.12 一细金属丝将一质量为 m，半径为 R 的均质圆盘沿中心轴铅垂吊住，盘能绕轴自由转动，盘面平行与一大的水平板，盘与平板之间充满了黏滞系数为 η 的液体. 如初始时盘以角速度 ω_0 旋转. 假定圆盘面与大平板之间的距离为 d，且在任一竖直直线上的速度梯度都相等，试问 t(s)时盘的旋转角速度是多少？

$\left(\text{答案：}\omega=\omega_0 e^{-\frac{\pi\eta R^2}{md}t}\right)$

10.13 有一内径为 r_1、外径为 r_2，热导率为 κ 的厚壁管，管内外表面的温度分别为 T_1 和 T_2. 试证透过单位长度管壁的热流为

$$\phi=\frac{2\pi\kappa(T_1-T_2)}{\ln\frac{r_2}{r_1}}=\phi_0(T_1-T_2)$$

10.14 接上题. 若管内输送的灼热气体在管口的温度为 T_1，热量沿管径流向管外水中，水温保持 T_0，管中质量流率(单位时间流过的气体质量)为 f_m，管中气体无明显压降，气体比热容 c 为常数，试证：

(1) 离管口距离为 x 处的温度 $T(x)$ 满足下式：

$$\frac{f_m c}{\phi_0}\frac{\text{d}T(x)}{\text{d}x}+T(x)=T_0$$

(2) 若管长为 l，则气体输给水的总热功率为

$$P = f_m c(T_1 - T_0)\left[1-\exp\left(-\frac{\phi_0 l}{f_m c}\right)\right]$$

10.15 已知平均日-地距离为 $d_1=1.5\times10^8$ km，平均日-海王星距离为 $d_2=4.5\times10^9$ km，太阳到地球的辐射通量 $w=1.35\times10^3\,\mathrm{W\cdot m^{-2}\cdot s^{-1}}$，试作出合理的假设，以估计海王星的表面温度.

$\left(答案：T=\left[\frac{w}{4\sigma}\left(\frac{d_1}{d_2}\right)^2\right]^{\frac{1}{4}}=50.7\mathrm{K}\right)$

参考书目

1 王竹溪. 热力学. 北京：高等教育出版社，1957

2 Zemansky M W. Heat and Thermodynamics. McGraw-Hill，Inc.（Fifth Edition），1968

3 Landau L D，Lifshitz E M. Statistical Physics. Part 1-3rd ed. Butterworth Heinemann，2001

4 吴大猷. 热力学、气体运动论及统计力学. 北京：科学出版社，1983

5 汪志诚. 热力学・统计物理. 3版. 北京：高等教育出版社，2003

6 熊吟涛. 热力学. 北京：高等教育出版社，1979

7 张玉民. 热学. 北京：科学出版社，合肥：中国科学技术大学出版社，2000

8 李椿，章立源，钱尚武. 热学. 北京：人民教育出版社，1978

9 于渌，郝柏林，陈晓松. 相变和临界现象. 北京：科学出版社，2005

10 曹烈兆，阎守胜，陈兆甲. 低温物理学. 2版. 合肥：中国科学技术大学出版社，2009

11 The International Temperature Scale of 1990. ITS-90，NPL Special Report QU S45，1989

12 White G K. Experimental Techniques in Low-Temperature Physics. Oxford，Clarendon Press，1979

附录Ⅰ　中英文人名对照

第 1 章

乌伦贝克(Uhlenbeck)
玻意耳(Robert Boyle)
查理(J. A. C. Charles)
道尔顿(Dalton)
卡末林-昂内斯(Kamerlingh Onnes)
华伦海特(G. D. Fahrenheit)
克拉珀龙(Clapeyron)
福勒(R. H. Fowler)
盖吕萨克(L. J. Gay-Lussac)
焦耳(J. P. Joule)
范德瓦耳斯(van der Waals)
居里(Curie)
摄尔修斯(A. Celsius)
普朗克(Planck)

第 2 章

斯特藩(Stefan)
斯特林(Robert Stirling)
狄塞尔(Diesel)
卡诺(Carnot)
奥托(Otto)
埃里克松(Ericsson)

第 3 章

克劳修斯(R. Clausius)
奥斯特瓦尔德(Wilhelm Ostwald)
开尔文(L. Kelvin)

第 4 章

勒让德(Legendre)
亥姆霍兹(H. von Helmholtz)
能斯特(Nernst)
汤姆孙(R. Thomson)
基尔霍夫(Kirchhoff)
麦克斯韦(Maxwell)
玻尔兹曼(Ludwig Boltzmann)
波梅兰丘克(Pomeranchuk)
维恩(Wien)

第 5 章

杜隆(Dulong)
伦纳德(Lennard)
拉普拉斯(Laplace)
珀蒂(Petit)
琼斯(Jones)
杜威兹(P. Duwez)
德拜(Debye)
阿伏伽德罗(Avogadro)
吉布斯(Gibbs)

第 6 章

奈尔(Ne’el)
范弗莱克(Van Vleck)
克拉珀龙(Clapeyron)
威尔逊(K. G. Wilson)
外斯(Weiss)
迈斯纳(Meissner)
爱伦费斯特(Ehrenfest)
海森伯(Heisenberg)
泊肃叶(Poiseuille)
朗道(Landau)

第 7 章

范托夫(van’t Hoff)

第 8 章

傅里叶(Fourier)
牛顿(Newton)
昂萨格(Onsager)

贝纳尔(H. Benard)
扎鲍京斯基(A. M. Zhabotinskii)
欧姆(Ohm)
菲克(Fick)
泽贝克(Seebeck)
瑞利(Lord Rayleigh)
杜弗(Dufour)
佩尔捷(Peltie)
别鲁索夫(B. P. Belousov)

第 9 章

洛施密特(Loschmidt)
迈克耳孙(Michelson)
玻色(Bose)
麦克斯韦(Maxwell)
多普勒(Doppler)
爱因斯坦(Albert Einstein)
施特恩(O. Stern)
塞曼(Zeeman)

第 10 章

维德曼(Wiedemann)
弗兰兹(Franz)

附录Ⅱ 基本物理常量

物理常量	符　号	数　值	单　位
真空中的光速	c	299792458	$m \cdot s^{-1}$
真空磁导率	μ_0	$4\pi\times10^{-7}=12.566370614\times10^{-7}$	$N \cdot A^{-2}$
真空介电常量 $1/\mu_0c^2$	ε_0	$8.854187817\times10^{-12}$	$F \cdot m^{-1}$
万有引力常量	G	6.6742×10^{-11}	$m^3 \cdot kg^{-1} \cdot s^{-2}$
普朗克常量	h	6.6260693×10^{-34}	$J \cdot s$
约化普朗克常量	$\hbar$	1.05457168×10^{-34}	$J \cdot s$
基本电荷	e	1.60217653×10^{-19}	C
电子质量	m_e	9.1093826×10^{-31}	kg
质子质量	m_p	1.67262171×10^{-27}	kg
阿伏伽德罗常量	N_A	6.0221415×10^{23}	mol^{-1}
法拉第常量	F	96485.3383	$C \cdot mol^{-1}$
摩尔气体常量	R	8.314472	$J \cdot mol^{-1} \cdot K^{-1}$
玻尔兹曼常量	k	1.3806505×10^{-23}	$J \cdot K^{-1}$
斯特藩-玻尔兹曼常量	σ	5.670400×10^{-8}	$W \cdot m^{-2} \cdot K^{-4}$
电子伏	eV	1.60217653×10^{-19}	J
原子质量单位	m_u	1.66053886×10^{-27}	kg

附录Ⅲ 积分公式

$$\int_0^{\infty} x^{2n} e^{-\lambda x^2} dx = \frac{1}{2}\sqrt{\frac{1}{\lambda^{2n+1}}}\int_0^{\infty} y^{n-\frac{1}{2}} e^{-y} dy = \frac{1}{2}\sqrt{\frac{1}{\lambda^{2n+1}}}\Gamma\left(n+\frac{1}{2}\right)$$

$$= \frac{(2n-1)!!}{2^{n+1}}\sqrt{\frac{\pi}{\lambda^{2n+1}}}$$

$$\int_0^{\infty} x^{2n+1} e^{-\lambda x^2} dx = \frac{1}{2\lambda^{n+1}}\int_0^{\infty} y^n e^{-y} dy = \frac{1}{2\lambda^{n+1}}\Gamma(n+1) = \frac{n!}{2\lambda^{n+1}}$$

特例：

$$\int_0^{\infty} e^{-\lambda x^2} dx = \frac{1}{2}\sqrt{\frac{\pi}{\lambda}};\quad \int_0^{\infty} x e^{-\lambda x^2} dx = \frac{1}{2\lambda}$$

$$\int_0^{\infty} x^2 e^{-\lambda x^2} dx = \frac{1}{4}\sqrt{\frac{\pi}{\lambda^3}};\quad \int_0^{\infty} x^3 e^{-\lambda x^2} dx = \frac{1}{2\lambda^2}$$

$$\int_0^{\infty} x^4 e^{-\lambda x^2} dx = \frac{3}{8}\sqrt{\frac{\pi}{\lambda^5}};\quad \int_0^{\infty} x^5 e^{-\lambda x^2} dx = \frac{1}{\lambda^3}$$

名词索引

阿伏伽德罗定律　9.2
埃里克松循环　2.8
爱因斯坦模型　5.2
昂萨格倒易关系　8.2
贝纳尔对流　8.6
标度律　6.5
表面能　4.11
表面张力　5.3
表面张力系数　1.4
别鲁索夫-扎鲍京斯基反应　8.6
玻色-爱因斯坦凝聚　9.7
玻尔兹曼分布　9.5
玻意耳定律　1.3
不可逆过程　3.1
查理定律　1.3
超导相变　6.2
超流相变　6.2
磁制冷机　2.8
大粒子源　7.1
大热源　7.1
道尔顿分压定律　1.4
德拜模型　5.2
等焓膨胀　4.6
等容压力系数　1.4
等熵膨胀　4.7
等温压缩系数　1.4
等压膨胀系数　1.4
第二类永动机　3.2
电动效应　8.4
电化学势　8.3
定容平衡恒量　7.4
定容热容量　4.5
定压平衡恒量　7.4
定压热容量　4.5
杜隆-珀蒂定律　5.2
对流传热　2.5
对应态方程　5.5
多方过程　2.6
二级相变　6.1
反铁磁相变　6.2
反铁电相变　6.2
反应度　7.4
反应热　7.4
反转温度　4.6
范德瓦耳斯方程　1.4
方均根速率　9.2
非晶态　5.2
非平衡态相变　8.6
菲克定律　8.1
分子的平均速率　9.4
辐射传热　2.5
辐射通量密度　4.12
负温度　4.9
傅里叶定律　8.1
盖吕萨克定律　1.3
刚球模型　10.1
杠杆定则　7.3
国际温标　1.5
焓　2.4
合金的相图　7.3
合金的有序-无序相变　6.2
核磁有序　6.2
核去磁　4.8
黑体辐射　4.12
互扩散系数　10.2
华氏温标　1.5

化学计量系数 7.4
化学平衡 7.4
化学亲合势 7.4
化学势 5.7
吉布斯-亥姆霍兹方程 4.4
吉布斯相律 7.3
吉布斯自由能 4.2
焦耳-汤姆孙系数 4.6
焦耳定律 2.6
接触角 5.3
局部平衡假设 8.2
巨势 7.1
绝对热电势 8.5
绝热过程方程 2.6
绝热去磁 4.8
卡末林-昂内斯方程 1.4
卡诺定理 3.3
卡诺循环 2.7
开尔文-普朗克说法 3.2
开尔文第二关系式 8.5
开尔文第一关系式 8.5
克拉珀龙方程 5.8
克劳修斯等式和不等式 3.5
克劳修斯说法 3.2
朗道二级相变理论 6.4
勒让德变换 4.2
理想气体温标 3.4
量子相变 6.2
临界指数 6.5
伦纳德-琼斯势 9.3
洛施密特数 9.2
麦克斯韦等面积原理 5.5
麦克斯韦速度分布律 9.4
麦克斯韦速率分布 9.4
麦氏关系 4.3
内能 2.1
能量均分定理 9.6
黏滞系数 10.4
牛顿定律 8.1
欧姆定律 8.1
佩尔捷系数 8.5
佩尔捷效应 8.5
碰壁数 9.4
平衡恒量 7.4
平均自由程 10.1
普朗克黑体辐射公式 4.12
气体动理论 9.1
热导率 2.5
热导系数 10.3
热电效应 8.5
热机 2.8
热力学第二定律 3.2
热力学第零定律 1.3
热力学第三定律 4.5
热力学第一定律 2.1
热力学平衡态 1.2
热力学温标 1.5
热容量 2.4
热声制冷机 2.8
瑞利-金斯公式 4.12
瑞利数 8.6
熵 3.5
熵产生 3.6
熵产生率 8.3
熵流 3.6
摄氏温标 1.5
渗透压 4.13
声子 5.2
斯特藩-玻尔兹曼常量 4.12
斯特藩-玻尔兹曼定律 2.5
斯特林循环 2.8
汤姆孙系数 8.5
汤姆孙效应 8.5
特性函数 4.4
铁磁相变 6.2
铁电相变 6.2

维德曼-弗兰兹定律　10.5
维恩公式　4.12
位力系数　1.4
温标　1.5
物态方程　1.4
涡流　9.4
雅可比行列式　4.6
液晶　5.4
液体表面膜　2.3
液体的结构因子　5.3
一级相变　6.1
泽贝克系数　8.5
泽贝克效应　8.5
蒸气压方程　5.8
质量作用定律　7.4
制冷机　2.8
状态变量　1.2
准静态过程　2.3
自扩散系数　10.2
自旋-晶格弛豫时间　4.8
自旋-自旋弛豫时间　4.8
自由程分布律　10.1
自由能　4.2
最概然速率　9.4
^3He-^4He 稀释制冷机　4.7
Korringa 常数　4.8
K-T 相变　6.2

学时分配与习题安排的参考意见

热学　热力学与统计物理(上册)

热学(60 学时)

章　节	学时分配	习题安排
第 1 章　1.1～1.5 节	3	1.1～1.7 题
第 2 章　2.1～2.8 节	9	2.1～2.12 题
第 3 章　3.1～3.5 节	6	3.1～3.12 题
第 5 章　5.1～5.8 节	9	5.1～5.11 题
第 9 章　9.1～9.8 节	10	9.1～9.24 题
第 10 章　10.1～10.5 节	7	10.1～10.15 题
习题课	6	
考试	6	

热力学与统计物理(热力学 30 学时)

章　节	学时分配	习题安排
第 1 章　1.1～1.4 节	2	1.8～1.14 题
第 2 章　2.1～2.8 节	3	2.13～2.23 题
第 3 章　3.1～3.7 节	3	3.13～3.25 题
第 4 章　4.1～4.12 节	4	4.1～4.19 题
第 6 章　6.1～6.5 节	5	6.1～6.12 题
第 7 章　7.1～7.4 节	3	7.1～7.9 题
第 8 章　8.1～8.6 节	4	
习题课	4	
考试	2	